Franz Xaver Huber

Geschichte Josephs II.

Franz Xaver Huber

Geschichte Josephs II.

ISBN/EAN: 9783743328587

Hergestellt in Europa, USA, Kanada, Australien, Japan

Cover: Foto ©ninafisch / pixelio.de

Manufactured and distributed by brebook publishing software (www.brebook.com)

Franz Xaver Huber

Geschichte Josephs II.

Geschichte
Josephs II.

römischen Kaisers, Königs von Hungarn und Böheim rc.

Aut nihil, aut dicere verum.

Von

Franz Xaver Huber.

Wien,

mit v. Steinsbergschen Schriften gedruckt, und in Kommission bey J. G. Mößle.

Vorbericht.

Schon als Mitherrscher der grossen Theresia beschäftigte Joseph II. Europens Aufmerksamkeit, und bey seiner Thronbesteigung war er der Einzige, den alle Welt anstaunte, und der Thaten, die er beginnen und ausführen würde, begierig entgegen harrte.

Im ersten Jahre seiner Alleinherrschung versprach Joseph II. den großen

Monarchen, den man in ihm schon lange vorher erwartet hatte. Er unternahm Dinge, welche nicht nur in seine Zeit, sondern noch in die späte Nachwelt mächtig einwirken sollten. Er schlug eine Bahn ein, welche zu wandeln keiner seiner Vorfahren weder Muth noch Kraft genug besaß.

Verdiente je ein Fürst, daß der Geschichtschreiber ihn schon bei seinen Lebzeiten mit der Feder in der Hand Schritt vor Schritt verfolge, und jede seiner Thaten in die Jahrbücher aufzeichne, so ist es Joseph II., dessen Geschichte, reich an Thatsachen, für Gleichzeit und Zukunft belehrend seyn muß.

Lange war es mein Vorsatz, die Thaten dieses Monarchen aufzuzeichnen. Ich beobachtete seine Handlungen, sammelte authentische Berichte, sonderte mühsam

Wahr-

Wahrheit vom Gerüchte ab, und sparrte keinen Fleiß, alles aufzufinden, was die Geschichte eines Fürsten, der der Gegenstand des aufmerksamen Europens ist, vollkommen machen kann.

Man glaube aber nicht, daß ich behaupte, eine vollkommene Geschichte Josephs II. geliefert zu haben: ich weiß zu gut, wie viel derselben bis zur Vollkommenheit noch abgehet. Jeder, der die Schwierigkeiten kennt, welche ein Geschichtschreiber, besonders ein gleichzeitiger, zu überwinden hat, wird leicht begreifen, wie beinahe unmöglich es ist, zur Zeit eine vollkommene Geschichte von diesem Monarchen zu liefern. Ich fühle dieß; und darum gebe ich mein Werk mehr für: Beiträge für künftige Historiker und Biographen Josephs II., als für eine vollständige Geschichte desselben. So viel aber kann ich versichern, daß der spätere Geschichtschreiber diesen Beiträgen mit Zuverlässigkeit wird folgen können. Ich habe auch die wahrscheinlichsten Gerüchte übergangen; nur wo ich von Josephs Kinderjahren rede, war es mir manchmal unmöglich; doch ist da jedes scheinende Gerücht mit dem Stempel des: Man sagt, es heist! bezeichnet.

Die Thaten der Fürsten richtig und genau abzuwägen ist, meines Erachtens, kein besseres Mittel, als eine gedrängte Geschichte ihres Vorfahrers vorauszuschicken. Der Leser erhält dadurch Gelegenheit, zwischen Beiden Paralelle ziehen zu können. Er sieht, in welcher Lage der Staat war, da der Vorfahrer den Thron bestieg, und in welcher Lage der Nachfolger den Staat übernahm. Er sieht durch eine getreue Erzählung der Thaten des herrschenden Fürsten, was dieser zum wahren Wohl des Staates gethan. Ob die innere Macht, der innere Reichthum, die Glückseligkeit der Bürger zu- oder abgenommen habe? Er kann die Thaten des Vorfahrers mit den Thaten des Nachfolgers vergleichen, und wer dann bey dieser Vergleichung gewinnt, sie dem Urtheile des Lesers überlassen.

Da die Pflicht des Geschichtschreibers ist, fleissig zu sammeln, das Gesammelte genau und streng zu prüfen, die Wahrheit vom Gerüchte abzusondern, und dann getreu zu erzählen, so muß Er selbst nie über Thatsachen richten; denn dieses Recht kommt allein dem Leser zu. Was allgemein über die Handlungen des Fürsten, dessen Geschichte er

 schreibt,

schreibt, geurtheilet wurde, das zeichne er auf; aber fern sey es von ihm, über die Richtigkeit oder Unrichtigkeit dieser Urtheile zu entscheiden: dieß hieß dem Leser vorgreifen, was dem Geschichtschreiber nicht geziemt. Ich bin diesen Pflichten getreu gefolget. Ich erzähle nur, aber urtheile nie.

Mir bleibt nun nichts mehr übrig, als noch etwas weniges über den Plan dieser Geschichte zu sagen. Ich habe aus angeführten Ursachen zur Einleitung eine kurze gedrängte Geschichte Marien Theresiens, dieser unvergeßlichen Monarchinn vorangeschickt. Und ob man gleich nicht immer von dem Kinde auf den künftigen Manne mit Richtigkeit schliessen darf; so habe ich doch alles, was ich mit Zuverlässigkeit von den Kinderjahren Josephs II. auffinden konnte, te, gesammelt. Die Geschichte selbst theile ich in zwey Abschnitte. Der Zeitraum von der Erneunung Josephs II. zum Mitregenten bis 1780, wo er nach dem Tode seiner großen, menschenfreundlichen Mutter den Thron bestieg, ist im ersten Abschnitte enthalten. Der zweyte begreift in sich den Zeitraum von 1780 bis 1790. Ich habe alle Thatsachen, so viel mir möglich war, chronologisch geordnet. Sind einige Fehler in der Zeitrechnung eingeflossen, haben mir, ungeachtet alles Fleisses, mit welchem ich sammelte, aller Strenge, mit welcher ich prüfte, falsche Gerüchte Wahrheit geschienen, so werde ich jede gegründete Berichtigung mit vielem Danke annehmen. Dieß ist der Vortheil des gleichzeitigen Geschichtschreibers, und der Nutzen für die Nachwelt, daß, da noch alle Augenzeugen der Thatsachen, die er aufzeichnet, leben, so leicht keine Fehler und Unwahrheiten in seine Geschichte einfliessen, die nicht alsogleich berichtiget und widerlegt werden können.

Die Kunstrichter ersuche ich zu beherzigen, daß ich selbst gestanden habe, keine vollständige Geschichte Josephs II. sondern nur Beyträge für dessen künftige Historiker und Biographen geliefert zu haben.

Wien den 1ten März
1790.

Der Verfasser.

Einleitung
in die
Geschichte Kaiser Josephs II.

Zu viel Redlichkeit, zu viel Glauben auf heilig unterzeichnete Verträge war stäts ein glänzender Vorzug des Erzhauses Oesterreich, obgleich die Wohlfahrt des Staates manchmahl sehr stark darunter litt.

Auch Karl VI. mißtraute nicht in die ihm feierlichst zugesicherten Verträge. Da ihm der Him-

Himmel das Vergnügen versagte, in einem Sohne fortzuleben, so wollte er seiner erstgebohrnen Tochter, Marien Theresien, den ruhigen Besitz aller seiner Länder versichern. Karl bemühte sich die mächtigsten Höfe Europens zu einem Bündnisse zu bewegen, vermög dessen sie seine Tochter bei ihren Gerechtsamen schützen, und gegen jeden, der dieselbe kränken würde, vertheidigen sollten. Nicht ohne viele Mühe und manches grosses Opfer sah Karl endlich seinen Wunsch erfüllet. Der Vertrag, welcher unter dem Nahmen der pragmatischen Sanktion bekannt ist, wurde im Jahre 1737 von Frankreich, England, Holland, Sardinien, Sachsen, dem deutschen Reiche, und von Preussen unterzeichnet, und Marien Theresien für den ruhigen Besitz ihres Erbtheils Gewähr geleistet.

Wäre Karl von der Redlichkeit der garantirenden Mächte eben so sehr, als von der Nothwendigkeit der pragmatischen Sanktion überzeugt gewesen, so hätte er zum Wohl seiner Erbin und des Staates keinen vortheilhafteren Vertrag errichten können. Aber leider vergaß dieser Monarch, wie wenig Oesterreich von Frankreich sich damahls versprechen durfte; er vergaß, daß ihm das Königreich Neapel, Sizilien, und ein Theil von Mailand, von Frankreich, Spanien und Sardinien entrissen wurde; daß er sogar das rechtmässige Erbe seines Schwie-

ger-

gersohns, das Herzogthum Lothringen, welches von dem Hause des Herzogs Franz seit undenklichen Zeiten besessen worden, kurz vor der Unterzeichnung der pragmatischen Sanktion an Frankreich abtreten mußte, und war zufrieden, einen Vertrag geschlossen zu haben, von dem er glaubte, daß er ihn für die Zukunft völlig beruhigen könnte.

Eugen, dieser grosse Hersteller der österreichischen Macht, der nicht nur im Felde die Heere zum Siege lenkte, sondern auch im Kabinete die Staatsgeschäfte mit gleicher Geistesgröße führte, kannte die Politik der Höfe besser. Er mißtraute in alle Verträge, und rieth dem Kaiser, da dieser mit der Errichtung seiner prakmatischen Sanktion beschäftiget war, seiner Tochter den Besitz ihrer Länder durch ein zahlreiches gut geübtes Kriegsheer, welches besser, als alle heilig beschwornen Garantien sey, zu versichern: der Erfolg lehrte, wie richtig Eugen geurtheilt hatte. Karl selbst erkannte, wie vortreflich Eugens Rath sey, und befolgte denselben. Es wurde eine Truppenvermehrung von vierzig tausend Mann beschlossen, und durch Eugens mächtiges Bestreben war das Heer bald vollzählig. Doch andere Rathgeber die Grafen Sinzendorf, und Stahremberg, vernichteten bald, was Eugen zum Wohl und Glück Oesterreichs gerathen und ausgeführt hatte. Das neue Heer wurde zu

eben

eben der Zeit entlassen, da der Kaiser wegen Vergebung der Krone Pohlens in einen Krieg verwickelt wurde. Eugen, an der Spitze des Heeres, erhielt die Waffen der Oesterreicher am Rhein in den Feldzügen 1734 und 1735. Er starb, und mit ihm das Glück der Oesterreichischen Waffen. August, von dem Kaiser und Rußland unterstützt, wurde zwar König von Pohlen; aber Karl verlor zwey Königreiche Neapel und Sizilien, nebst einigen schönen Provinzen.

Rußland bekriegte die Osmanen. Das Glück desselben verleitete auch Oesterreich zu einem Krieg wider die Pforte; aber Eugen stand nicht mehr an der Spitze des Heeres. Die unter seiner Anführung sieggewohnten Truppen wurden unter dem Kommandostab der Seckendorf, Königsecke, und Wallisse geschlagen. Neuberg schloß 1739 zu Belgrad auf dringendes Ansuchen des damaligen Großherzogs von Toskana, kurz Marien Theresien, die ihm heimlich den Auftrag gaben, den Krieg unter welchen Bedingungen es auch sey, ein Ende zu machen, den Frieden mit der Pforte, vermög dessen der Kaiser dem Osmanischen Reiche das Königreich Servien, einen Theil der Moldau, und die wichtige Stadt Belgrad abtreten mußte. Dieser Frieden der unter Vermittlung Frankreichs geschlossen wurde, setzte Oesterreichs Macht gewaltig herab, und der Ruhm,

das

das Ansehen desselben, welches Eugen so sehr erhoben hatte, wurde mit einem Mahle gänzlich verdunkelt, und vernichtet. Uiber diesen wider seinen Willen geschlossenen Frieden war der Kaiser so aufgebracht, daß er den Grafen Neuperg auf einer Festung einkerkern ließ. Doch befreite ihn Maria Theresia, sobald sie den Thron bestieg.

Karl starb, und Maria Theresia bestieg den 20ten Oktober 1740 im drey und zwanzigsten Jahre ihres Alters den Thron. Der Kaiser hinterließ den Staat seiner Nachfolgerin in der mißlichsten Lage. Das in allen weitschichtigen Provinzen vertheilte Kriegsheer war bis auf achtzig tausend Mann zusammengeschmolzen, schlecht gekleidet, und noch schlechter bewafnet. Die mißlungene Belagerung von Widin, die zweifelhafte Schlacht bey Mehadia, und das verlorene Treffen bey Kroczka hatte die Truppen muthlos gemacht. Die Einkünfte des Staats betrugen nicht zwanzig Millionen, welche kaum hinreichten die durch die zwey lezten Kriege veranlaßten Schulden zu tilgen. Die Finanzen waren in den zerrüttesten Umständen, die Kassen erschöpft, und kein Mittel vorhanden, dieselben sobald wieder anzufüllen.

Oesterreich wurde nach dem Tode des Kaisers von allen Seiten mit Kriege bedrohet, und alle Wahrscheinlichkeit sank, daß es im Stande seyn würde, so vielen Feinden Widerstand leisten

sten zu können. In dieser Lage hätte dem größten männlichen Herrschergeiste gegrauet, das Steuerruder eines so sehr zerrütteten und von allen Seiten gedrängten Staates zu führen; und eine junge Frau lenkte dasselbe, lenkte es so geschickt, daß nach dem Zeugnisse ihres größten Feindes *) der Staat durch ihre Geschicklichkeit und Standhaftigkeit aus allen ihm drohenden Gefahren glücklich gerettet wurde.

Maria Theresia nahm im vollen Glanze der Majestät Besitz von ihren Staaten, und erklärte ihren Gemal Franz Stephan von Lothringen, gegen Revers, daß er sich keinen Vorrang über seine Gemahlin anmassen wolle, zum Mitregenten. Freudenvoll huldigten ihrem Zepter Böhmen, Oesterreich, Steyermark, Kärnten, Krain, Schlesien, Mayland, Parma, Placenz, die Niederlande, die Grafschaft Tyrol, und Vorderösterreich. Die Ungarn schickten ihre Abgeordnete an die neue Königinn mit der Bitte, der Nation den Gebrauch ihrer Freyheiten zu bewilligen. Maria Theresia bedachte sich keinen Augenblick, das Gesuch einer Nation zu genehmigen, bey welcher der Keim des Aufruhrs noch nicht völlig erstickt war. Sie versicherte die Ungarn ihrer Gnade, und schwur in die Hände der Nation den alten im Jahr 1222 abgefaßten Eid,

den

*) S. Geschichte meiner Zeit Fridrichs II. 1. B.

den ihre Vorfahren stets verworfen hatten: " Wenn ich, oder einer meiner Nachfolger, " zu welcher Zeit es auch immer ist, eure " Freyheiten umstossen wollte, so sey es euch " und euren Nachkommen in Kraft dieses Ver- " sprechens erlaubt, euch dagegen zu verthei- " digen, ohne daß ihr deswegen als Rebellen " könnt angesehen werden." Durch diese Bereitwilligkeit unterwarf sich Maria Theresia die Herzen dieser edlen und tapfern Nation.

Noch waren Theresiens Thränen über den Tod ihres geliebten Vaters nicht vertrocknet, als Frankreich und die übrigen garantirenden Mächte, uneingedenk des dem verstorbenen Kaiser so heilig beschwohrenen Vertrags, den Sturz dieser jungen Monarchinn in ihren Kabinettern beschlossen. Der Churfürst Albert, von Bayern, der König von Pohlen, der König von Spanien legten ihre Protestationen wegen Besitznehmung der Oesterreichischen Staaten dem Könige vor. Preusen sah in diesem Zeitpunkte die günstigste Gelegenheit, Eroberungen zu machen. Unter dem Vorwande, daß der Kaiser sein Versprechen, die Erbfolge auf Jülich und Berg betreffend, nicht erfüllet habe, lehnte es die Gewährleistung der pragmatischen Sanktion von sich ab, und machte seine angegebene Rechte auf Schlesien geltend.

Friedrich II. König von Preusen, fiel am 23ten Dezember 1740 in Schlesien ein, das ganz von Truppen entblößt war, und dessen Einnahme dem Könige nicht viel Mühe kostete. Dieser Einfall war bey den gegenwärtigen Umständen einer der härtesten Schläge, welcher Oesterreich treffen konnte.

Friedrich ließ seine Erklärung am Wienerhofe und den auswärtigen Ministern machen, da er schon in Schlesien stand, und Marien Theresien einen Vergleich anbiethen, welchem zu folge er ihr eifrigster Beschützer zu werden versprach, wenn sie ihm Niederschlesien und den übrigen Theil dieses Landes abtreten würde. Maria Theresia verwarf diesen Antrag, und der Krieg mit Preusen wurde aus allen Kräften geführet.

Mitten in ihren Drangsalen ward Maria Theresia den 13. März 1741 durch die Geburt des Erzherzogs Joseph, Benedickt, August, Johann, Anton, Michael, Adam, des itzigen römischen Kaisers, erfreuet; aber diese Freude wurde bald durch die traurige Nachricht einer verlorenen Schlacht verbittert. Friedrich schlug am 10ten April den General Neuperg bey Mollwitz, und machte nach diesem Siege gewaltige Fortschritte in Schlesien. Fast alle Städte öfneten ihm die Thore; denn das österreichische Heer konnte nur sehr schwachen Widerstand leisten.

In diesen Unruhen suchte Maria Theresia sich der Treue der ihr ohnehin schon ergebenen ungarschen Nation dadurch, daß sie sich in Presburg krönen ließ, noch mehr zu versichern. Der Adel und das Volk huldigten dieser angebetheten Prinzessinn unter lautem Jubel, und willigte mit Freuden in den Vorschlag, ihren Gemahl zum Mitregenten anzunehmen.

Während Maria Theresia, durch Güte, Herablassung, und zugesicherte Privilegien die Herzen der ihren Vorfahren nicht allzugeneigten Ungarn gewann, mußte sie nun auch auf die Vertheidigung ihres Erbes gegen so viele mächtige Fürsten denken. Die Franzosen und Bayern waren in Oesterreich eingefallen, und bis Linz vorgedrungen. Frankreich und Spanien schlossen eine Offensiv = Allianz miteinander, welcher die Könige von Preusen, Pohlen, Sardinien und Schweden beytraten. Man hatte beschlossen, Oesterreich zu vernichten, und der Marschall Bell = Isle trug die Theilung der Länder Marien Theresiens bey sich in der Tasche.

Schon hatte der Churfürst von Bayern Linz erobert, und bedrohte nun Wien mit einem Überfalle. Die feindlichen Partheyen streiften bis an die Thore dieser Hauptstadt, und Maria Theresia sah sich genöthiget, den Sitz ihrer Väter zu verlassen. Sie reiste nach Ungarn, und vertraute sich und den Erzherzog Joseph dem Schutze einer Nation, die ehemahls das Schwerdt gegen ihre Vorfahrer gezogen, itzt aber einhellig für Marien Theresien zu sterben beschlossen hatte; denn Maria Theresia hatte derselben ihre Privilegien feyerlichst zugesichert. Mit edler Standhaftigkeit, dem Eigenthume grosser Seelen, trat diese Fürstinn, den jungen Erzherzog auf den Armen, in die Versammlung der Stände, und redete sie in lateinischer Sprache an; " Verlassen " von meinen Freunden, verfolgt von meinen " Feinden, angegriffen sogar von meinen näch" sten Blutsfreunden, weiss ich keine Rettung " als in Eurer Treue, in Eurem Muthe, und " in meiner Standhaftigkeit. Ich übergebe " in Eure Hände die Tochter, und den Sohn " Eurer Könige; von Euch erwarten sie ihr " Heil! " Hingerissen von dem Anblick und den herzdurchdringenden Worten ihrer angebetheten Königinn schrien die edlen Männer dieser tapfern Nation einhellig, indem ihre Säbel schnell aufblitzten: Moriamur pro rege nostro Maria Theresia; Laßt uns für unsern König, Maria Theresia sterben! Diese schnelle Begeisterung, wodurch sich die Ungarn zur Vertheidigung ihrer Königinn angeflammt fühlten, war nicht die Wirkung einer bald vorübergehenden Empfindung, die von einem schwachen Eindrucke entstehet; sie war der festeste Entschluss, der bald in Thaten überging. Der Adel zog zu Felde. Seinem Beyspiele folgte die ganze Nation, und bald zeigten die Ungarn den Feinden ihrer Königinn,

ginn, daß sie gekommen waren, für dieselbe zu sterben, oder zu siegen. Wirklich hat Oesterreich die Erhaltung seiner Macht grösstentheils der Treue und dem Muth dieser Nation zu verdanken. Maria Theresia erkannte die wichtigen Dienste, die ihr Ungarn zur Zeit der grösten Drangsale geleistet hatte, und war auch dafür bis an den lezten Augenblick ihres Lebens dankbar.

Der Churfürst von Bayern drang vereinigt mit der französischen Armee in Böhmen ein, eroberte Prag, und ließ sich den 7ten Dezember zum König von Böhmen krönen. Der König von Preusen spielte in Schlesien den Meister, eroberte die Grafschaft Glatz, fiel in Mähren ein, nahm Ollmütz, und bedrohte auch Brünn mit einem Uiberfall. Spanien machte auf Parma und Piacenza Ansprüche. Zwanzigtausend Spanier unter dem Befehl des Herrn von Montemar fielen in beiden Herzogthümern ein, während Don Philipp mit einem andern Heere in die Lombardey zu dringen im Anzuge war. Maria Theresia stand am Rande des Abgrundes. Alles schien für sie verloren; aber ihr Muth, ihre Standhaftigkeit blieb unerschüttert. Sie fühlte zwar ihr Unglück, und in diesem Gefühle schrieb sie an die Herzoginn von Lothringen, Ihre Schwiegermutter: „Ich be„finde mich in gesegneten Umständen; aber

„ ich weiß noch nicht, ob mir eine Stadt „ übrig bleiben wird, wo ich werde in die „ Wochen kommen können." Doch konnte das härteste Schicksal ihr Herz nicht zur Kleinmuth verleiten; sie war Weib in der Mitte Ihrer Familie, und Mann auf dem Throne.

Wollte Maria Theresia so vielen gewaltigen Feinden widerstehen, so mußte sie trachten, sich von dem mächtigsten derselben zu befreyen. Man versuchte mit Preusen einen Frieden zu schliessen, und brachte es dahin, daß Friedrich in einen geheim gehaltenen Waffenstillstand einwilligte, den er aber kaum zwey Monate hielt.

Indessen die Königinn von Ungarn sich beschäftigte, von der einen Seite ihren Feinden Widerstand zu leisten, und von der andern Seite den König von Preusen zu vermögen, die Waffen niederzulegen, wurde der Churfürst von Bayern den 24ten Jänner 1742 zum römischen König erwählt, und den 22ten Hornung unter dem Nahmen Karl VII. zum Kaiser gekrönt. Maria Theresia sah sich also auch dieser Hofnung beraubt, ihren Gemahl auf dem Kaiserthrone zu sehen.

Die Gefahr, in welcher Maria Theresia sich befand, war der allgemeine Aufruf für Ungarn, Kroatien und Slavonien, ihrer Monarchinn zu Hülfe zu eilen. Dreytausend ungarsche

sche Edelleute saßen zu Pferde, und ihrem Beyspiele folgte der übrige Adel. Die Stände von Kroatien stellten zwölftausend Mann, und eine Menge Völker aus Slavonien rükten an, alle bereit, für ihre Königinn zu siegen, oder zu sterben. Wie schlecht Marien Theresiens Umstände waren, läßt sich daraus abnehmen, daß sie, um 12000 Panduren Mäntel anzuschaffen, ihre liebsten Ohrgehänge, die sie von ihrem Vater zum Geschenk erhielt, für 20000 fl. an einen Prager Juden verkaufen mußte. So ungern Maria Theresia sich von diesem theuren Andenken ihres Vaters trennte, so sehr mußte es sie schmerzen, da sie hörte, daß die Prager-Bürger, für welche der Jude diese Ohrgehänge gekauft hatte, dieselbe ihren Feinden gaben, um sich dadurch von der Brandschatzung zu befreyen.

Je unglücklicher Maria Theresia war, desto mehr gewann sie die Herzen ihrer Unterthanen, und die bei einem Weibe so seltene Grösse und Standhaftigkeit in solchen auserordentlichen Widerwärtigkeiten erwarben ihr die stärkste Hochachtung und Bewunderung bey auswärtigen Völkern. Einen Beweis davon gaben Englands vornehmste Damen, welche sich verbanden, dieser gedrängten Fürstinn ein Geschenk von 100,000 Pfund Sterlinge zu machen, wozu die Wittwe des Herzogs von Marlborough allein 40,000 zu erlegen versprach. Aber Maria Theresia wollte keine andere Hülfe, als von der gesammten englischen Nation annehmen, und dankte den Damen auf das Verbindlichste für ihre Grosmuth.

Nicht minder eiferten Marien Theresiens Unterthanen um die Wette, ihre Ergebenheit für die angebethete Fürstinn thätig zu beweisen. Die Klerisey schoß beträchtliche Summen vor. Die Ungarn bothen nicht allein ihr Leben, sondern auch ihr ganzes Vermögen an, und durch diese von allen Seiten zuströhmende Hülfe, da auch Holland und England große Geldsummen vorschossen, sah sich Maria Theresia in den Stand gesetzt, ihren Feinden nicht nur in Zukunft die Spitze zu biethen, sondern das Verlorene wieder zu erobern. Der berühmte Graf von Khevenhüller nahm Linz ein, Bärenklau schlug den herbeygeeilten Entsatz; Baron von Menzel bemeisterte sich mit 5000 Mann Oesterreichern der Hauptstadt des Churfürstenthums Bayern; und Karl VII. befand sich nun zu Frankfurt ohne Truppen, ohne Geld und ohne Kredit.

So sehr das Glück Oesterreichs Waffen von dieser Seite begünstigte, so unglücklich waren sie in Böhmen gegen den König von Preusen. Friedrich erfocht bey Czaslau den 17. May einen vollkommenen Sieg über den Prinzen Karl.

Die-

Diese verlorene Schlacht, und der elende Zustand von Böhmen und Oesterreich vermogten endlich über Marien Theresien so viel, daß sie bald darauf den Breslauer-Frieden unterzeichnete, wodurch dem Könige von Preusen Ober- und-Niederschlesien, das Fürstenthum Teschen, und Herzogthum Troppau ausgenommen, samt der Grafschaft Glatz gegen dem abgetreten wurde, daß Preusen an England 1, 700, 000 Thaler, welche Pfandweise auf Schlesien hafteten, zu bezahlen sich verpflichtete.

Oesterreich konnte nun seine Macht gegen Bayern und Frankreich wenden. Prinz Karl ging den Franzosen entgegen, die sich bis Prag zurückzogen. Der Graf von Königseck folgte ihnen auf dem Fuße nach, und umzingelte sowohl das Lager als die Stadt. Hier schmolz fast die ganze französische Armee durch Krankheiten und Hungersnoth zusammen, und Prag wurde den 19. Dezember mit Akkord übergeben.

Nicht minder glücklich ging es in Italien, wo Maria Theresia durch ihre Waffen, am meisten aber durch ihr kluges Benehmen über die Feinde siegte. Sie schloß mit dem Herzog von Savoyen gegen dem, daß sie ihm einen Theil des Gebiets von Vigevano, die Stadt Placenz und das Pavesanische Gebieth abtrat, einen Vergleich, und machte ihn dadurch zu ihrem

Freund, der ihr gegen Spanien wichtige Dienste leistete.

Der Feldzug vom Jahre 1743 wurden nicht minder glücklich geöffnet, als der vorjährige geschlossen. Die Feinde der Königinn wurden überall geschlagen. Karl der VII. mußte zum zweyten Mahle München verlassen, und sich nach Frankfurt flüchten. Ganz Bayern war in Oesterreichs Händen. Prinz Karl vertrieb die Franzosen nicht nur aus den Staaten Marien Theresiens, sondern fast aus ganz Deutschland, und verfolgte sie bis an Rhein in der Gegend von Baaden, wo er Elsaß und Lothringen zu verheeren drohte. Während dessen wurde in Böhmen Eger, die letzte Stadt, welche die Feinde noch inne hatten, eingenommen, und die Besatzung zu Kriegsgefangenen gemacht. So viel Kriegsglück bewog den König von Pohlen, Churfürsten von Sachsen, mit Marien Theresien Frieden zu machen. Er wurde im Monath September unterzeichnet, und beyde Mächte versprachen einander eine wechselseitige Gewährleistung ihrer Staaten.

Der Krieg wurde im Jahre 1744 mit gleicher Heftigkeit fortgesetzt. Die Franzosen rüsteten sich mit aller Macht, und fielen in die österreichischen Niederlande ein, ohne daß man es verhindern konnte. Indessen setzte Prinz Karl im Angesicht der französischen Armee bey Speier über den Rhein, drang von einigen Seiten in

El-

Elsaß ein, und drohte ein gleiches in Lothringen zu thun. Schon streiften kleine österreichische, und ungarsche Partheyen bis Lüneville, als der König von Preusen den Breslauer Frieden aufhob, und mit einem Heere von achtzig tausend Mann in Böhmen einfiel. Zwey und zwanzig tausend Mann rückten nach Mähren, mit der übrigen Armee ging der König vor Prag, wo er die Besatzung, sechzehntausend Mann, zu Kriegsgefangenen machte.

Prinz Karl eilte nun mit verdoppelten Märschen nach Böhmen zurück, und zwang die Preusen, Prag zu verlassen; indessen eroberten die Franzosen Freiburg.

Den zwanzigsten Jänner 1745 starb Kaiser, Karl VII. zu München fast aller seiner Staaten beraubt, und von Kummer und Elend zu Boden gedrückt. Sein Tod flammte das Kriegsfeuer, statt dasselbe zu dämpfen, noch mehr an. Frankreich, England, Holland, Preusen, und Oesterreich rüsteten sich mit einer fürchterlichen Macht wider einander. Die Franzosen erfochten unter Anführung des Mareschalls von Sachsen bei Fontenoi über die Engländer und Oesterreicher einen vollkommenen Sieg, eroberten Tournai und Gent, und nahmen in weniger als drey Monaten Audenarde, Denbermonde, Ostende Nieuport und Ath weg.

Der

Der Churfürst von Bayern, ein Sohn des unglücklichen Kaisers Karls VII., belehrt durch das Unglück seines Vaters, entsagte der Kaiserkrone, und schloß zu Fuessen einen Vergleich mit Marien Theresien, vermöge dessen er allen Ansprüchen, die das Haus Bayern auf das Erzhaus Oesterreich machte, völlig entsagte, und eine gänzliche Neutralität angelobte. Der Vortheil dieses Bündnisses wurde durch die verlorene Schlacht bey Friedberg geschwächt. Friedrich hatte den Prinz Karl dahin gelockt, und ihn den 4ten Juny geschlagen. Man sagt, der König von Preusen habe dem Könige von Frankreich diesen Sieg mit folgenden Worten berichtet: „Ich habe den Wechselbrief, welchen „sie zu Fontenoi auf mich ausgestellt haben, „bey Friedberg bezahlt.“

Ungeachtet das Kriegsglück den Waffen Oestreichs nicht zu günstig war, genoß Maria Theresia doch den herrlichsten aller Siege; denn ihr Wunsch, ihren Gemahl auf dem Kaiserthrone zu sehen, wurde erfüllt. Franz wurde den 13ten September zu Frankfurt erwählt, und Maria Theresia begab sich selbst dahin, der Krönungsfeyerlichkeit ihres Gemahles beyzuwohnen. Indessen erfocht Friedrich einen Sieg um den andern über die Oesterreicher. Er fiel in Sachsen ein, eroberte Dresden, und spielte überall den Meister. Der König von England arbeitete nun

ernst=

ernstlich an den Frieden. Friedrich war bereit hiezu, und den 20ten Dezember wurde zu Dresden der Vertrag zwischen ihm und der Kaiserinn Königinn von neuem geschlossen. Maria Theresia bestätigte ihm den Besitz von Schlesien und der Grafschaft Glatz; Friedrich hingegen versprach ihr die Gewährleistung ihrer deutschen Staaten, und gab seine Stimme zur Kaiserwahl des Großherzogs: England leistete über diesen Vertrag die Gewähr.

Diesem Friedensschluße mit Preusen folgte, nachdem der Krieg mit wechselseitigem Glücke noch 1746, und 1747 zwischen Frankreich, Spanien, England und Oesterreich fortgesetzet wurde, endlich der allgemeine Frieden, welcher den 18. Oktober 1748 zu Achen unterzeichnet wurde. Vermöge dieses Friedens wurden

„ Alle während dem Kriege von beyden „ Seiten gemachte Eroberungen zurückgegeben.

„ Die Kaiserinn Königinn überließ an den „ Infanten Don Philipp, Parma, Plazenz und „ Guastalla für ihn und seine männliche Erben, „ mit der Bedingung, daß wenn sein männlicher „ Stamm absterben, oder auf den Thron von „ Spanien, oder Sicilien kommen würde, ge„ dachte Herzogthümer zurückgegeben werden „ sollen. ꝛc.

„ Alle kontrahirenden Mächte garantirten „ aufs Neue die pragmatische Sanktion Karls

„ VI.

„ VI. und dem König von Preusen Schlesien „ und die Grafschaft Glatz."

So endigte sich ein Krieg, der beynahe acht Jahre gedauert hatte, und zum gänzlichen Sturze des Erzhauses Oesterreich unternommen wurde. Ein minder weiser, standhafterer, und von seinen Unterthanen weniger geliebter Regent, als Maria Theresia, hätte das Reich in so mißlichen Umständen von dem ihm drohenden Untergange nicht gerettet. Aber diese grosse Fürstinn lenkte mit bewunderungswürdiger Geschicklichkeit das Regierungsruder eines von allen Seiten so sehr schwankenden Staates, und erhielt denselben mit einem so kleinen Opfer, welches sie ihren Feinden machte, daß ihr Verlust verhältnißmässig gegen die Lage, worinn sie sich befand, ein grosser Gewinn war.

Maria Theresia kannte nun keine grössere Sorge als das Glück ihrer Unterthanen zu befördern. Der lange Krieg, und die gänzlich zerrütteten Finanzen ihres Vaters hatten eine Vermehrung der Auflagen nothwendig gemacht; doch itzt war der Frieden hergestellt, nnd die Auflagen wurden vermindert, die Art der Eintreibung verbessert.

Die Kaiserinn Königinn wurde durch die Erfahrung belehrt, wie nothwendig es sey, ein zahlreiches geübtes Heer auch in Friedenszeiten auf den Beinen zu haben; sie beschloß also so

viel

viel Truppen, als nur möglich, zu halten; aber eigenmächtig wollte sie diese Last dem Lande nicht auflegen. Sie wußte zu gut, daß weise Fürsten alles mit Einwilligung ihrer Unterthanen thun; denn dann können sie überzeugt seyn, daß alles gern, und eben deswegen auch am besten geschieht. Diesen ihren Entschluß ließ Maria Theresia den Ständen aller ihrer Erbländer vortragen, und diese, überzeugt von der Nothwendigkeit, und gerührt von dem Zutrauen ihrer Monarchinn, bewiesen durch die eifrigste Unterstützung der gütigen weisen Vorsorge für die Ruhe des Staates, wie würdig sie des Vertrauens ihrer Fürstinn waren.

Nicht zufrieden, die Zahl Ihrer Krieger vermehrt zu haben, wollte Maria Theresia sie auch in einen Stand setzen, daß sie einst den Feinden des Vaterlandes furchtbar werden sollten. Sie wählte die tüchtigsten Generale; pensionirte, die zum Dienst untauglichen Offiziere; ließ die Truppen jährlich üben; erschien selbst in den Lagern bey Prag und Ollmütz; feuerte durch ihre Freygebigkeit die Truppen an; belohnte die Offiziere mit Ehrenzeichen, und erweckte dadurch überall Wetteifer, Geisteskraft und Begierde, ihr zu gefallen. Fürst Wenzel von Lichtenstein errichtete eine Artillerieschule, und verwandte hiezu aus eigenem Vermögen über hundert tausend Thaler. Unter seiner Aufsicht erreichte die Artillerie eine

Voll-

Vollkommenheit, deren sich wenige in Europa rühmen können, und wodurch er sich ein grosses Verdienst um das Haus Oesterreich erwarb. Mit einem Worte: Maria Theresia gab dem Kriegsstande eine Vollkommenheit, welche nach, dem Zeugnisse des grösten Kenners, *) die österreichischen Kaiser demselben niemahls gegeben hatten.

Den Ungarn gestattete die Kaiserinn ihre Weine auser Landes gegen eine geringe Abgabe von denjenigen, die durch das Erzherzogthum Oesterreich geführet wurden, zu verkaufen. Diese und noch mehrere andere Gnaden, mit welchen Maria Theresia die Herzen ihrer Unterthanen zu fesseln wußte, erwarb ihr die unbegränzteste Liebe dieser edlen Nation. Ungarn verlangte zur besondern Gnade, daß der Erzherzog Joseph in diesem Königreiche seine Residenz aufschlagen möchte. Maria Theresia versprach es bey seiner Volljährigkeit, und die Stände von Ungarn ließen auf ihre eigene Kosten einen prächtigen Pallast zu Ofen erbauen.

Graf Ferdinand von Haugwitz, den Maria Theresia zu Ihrem Finanzminister ernannte, vermehrte durch seine kluge Anstalten die Einkünfte des Staates um ein Beträchtliches. Obgleich die Kaiserinn Königinn durch ihre Abtretung

*) S. Friedrichs II. K. v. Pr. Geschichte des siebenjährigen Krieges. 1. Band.

kungen einen grossen Theil ihrer väterlichen Besitzungen verlor, so zog sie doch unter der klugen Verwaltung dieses grossen Mannes gegen 36 Millionen Gulden; diese Einkünfte hatte ihr Vater bey allen seinen grossen Besitzungen nie gehabt. Nicht minder führte dieser grosse Minister in Betreibung der Geschäfte, welche unter der vorigen Regierung in der größten Verwirrung sich befanden, eine bewunderungswürdige Ordnung ein.

Im Jahre 1749 legte Graf Haugewitz den Grund zu dem sogenannten General-Direktorium, unter dem Titel: Directorium in publicis et cameralibus. Die böhmische Hofkanzley und die österreichische wurden aufgehoben, an deren statt das eben gedachte General-Directorium zu Betreibung der inneren politischen Angelegenheiten der sämmtlichen österreichischen deutschen Länder eingeführt wurde. Zur Leitung des Justizwesens wurde den 14ten May die oberste Justizstelle errichtet. Das Oberpräsidium darüber erhielt der damalige österreichische Hofkanzler Graf von Sellern, und zu Präsidenten wurden die beiden österreichischen Vizekanzler Grafen von Oedt und Korczensky ernannt. Die Geschäften des General-Directoriums waren Contributionalia, Cameralia, militaria mixta (gemeinschaftlich mit dem Hofkriegsrath) Land- und Fürstentagsangelegenheiten, Landberechnungswerk. Manutenenz über die Landesfürstliche Regalia, Sicherheit, Polizey, und andere den Statum betreffende Sachen bey Land und Städten, Städtische Oekonomien. Raths Renovationes und Dispensationes quo ad impedimenta affinitatis aut consanguinitatis in Rathsstühlen. Wegreparationes, Ländergrenzdifferenzen, Invalidensachen, in so weit die Länder dazu konkurirten. Judensachen, in soweit dieselbe das Contributionale, die Polizey und Oekonomie betreffen. Privat-Mautsachen (gemeinschaftlich mit der Kammerdirektion, Manufaktur- und Kommerzsachen. (Vergebung der Dienste in publicis. Geistliche Quinquenalcollecten. Tabak- und Salzsachen. Cassa salis in Böhmen. General-Einrichtung in Zunft- und Handwerksachen. Länderbeschwerden, und Anstände in Bankogefällsachen. Privilegien (diejenigen, welche unmittelbar in das Kommerz einschlugen, gemeinschaftlich mit der Kommerz-Direktion.) Universitäts-Akademie und gelehrter Gesellschaften Sachen. Confirmationes der Bischöffe, Prälatenmahlen u. s. w. Geistliche und weltliche Stiftungssachen, Post- und Bothensachen, (gemeinschaftlich mit der Kommerzdirektion. Das Oekonomikum gehörte zur Hofkammer.) Weg- und Strassenbau (gemeinschaftlich mit der Kommerzdirektion, die Administration des Fonds zur Hofkammer) Zucht- und Spinnhaussachen. Restitutio honoris et Famæ, wenn keine Inquisition vorhergegangen. Standeserhöhungen, Incolatsertheilungen, und Erlaubniß, Fideikommisse zu errichten.

Den Ackerbau zu begünstigen versprach Maria Theresia allen Ueberläufern allgemeine Begnadigung unter der Bedingung: daß sie zur bestimmten Zeit zurückkommen, und sich dem Ackerbaue widmen sollten. Auch erlaubte sie ihren Kriegern, daß sie die Waffen niederlegen, und ihren Abschied erkaufen konnten, wenn sie den Ackerbau treiben wollten. Sie hob die auf das Ausreissen von der Armee gesetzte Todesstrafe auf, und verwandelte dieselbe in lebenslängliche Arbeit auf den Landstrassen, und in den Festungswerken. Sie ließ durch Kommissare untersuchen, durch welche Wege der Handel in Oberösterreich in grössere Aufnahme gebracht werden könnte. Sie geboth, daß alle Prozesse binnen Jahresfrist entschieden werden sollten. Sie unterstützte die Manufackturen, und ließ die weisesten Verordnungen in Absicht auf den Ackerbau und alle Zweige des Kommerzes ergehen. Durch ihre sorgfältige Bemühung blühte auch bald der Wohlstand in allen ihren Staaten wieder auf, und ihre Unterthanen fingen an zu fühlen, wie glüklich sie unter Theresiens Zepter sind.

Die größte Zeit ihres Lebens opferte Maria Theresia dem Wohl ihrer Unterthanen auf, und diejenigen Stunden, welche ihr von Besorgung der Staatsgeschäfte übrig blieben, widmete sie der Erziehung ihrer Kinder. Sie sah in dem Erzherzoge Joseph einst den Herrscher über viele Millionen, von dessen Winck es abhängen würde, diese Millionen Menschen zu beglücken. Den jungen Erherzog zum würdigen Herrscher zu bilden war nun ihre gröste Sorge; denn konnte Sie ihren Unterthanen ein grösseres Glück verschaffen, als wenn Sie denselben einen guten Fürsten hinterließ?

Joseph, so heißt es, äusserte in seiner zartesten Kindheit eine Art von Eigensinn, welcher, gut geleitet, dem Manne Festigkeit des Charakters und Standhaftigkeit in allen seinen Unternehmungen giebt.

Als Kind soll Joseph nicht viel Weißbegierde gezeiget haben, und jeden Gegenstand, zu welchem man ihn mit Gewalt führte, nur oberflächlich übergangen haben. Nicht selten führten seine Lehren darüber Klage; nicht selten wurde der Prinz deswegen gestraft; doch in spätern Jahren soll der anhaltende Fleiß des Jünglings und Mannes, was der Knabe vielleicht vernachlässiget hatte, ersetzt haben. Josephs Herz war gut. Er war mitleidig im hohen Grade, herablassend gegen jedermann, gerecht, wohlwollend und freigebig; nur der Zwang, womit man seinen Eigensinn unterdrücken wollte, machte ihn zurückhaltend, daß er schon als Kind sich zu verstellen lernte.

Je mehr Joseph des politischen und ökonomischen Unterrichts seiner Freunde genoß, desto mehr verlor sich sein Hang zur Freygebigkeit; und er äußerte schon als Jüngling eine zu sichtbare Neigung zur großen Sparsamkeit. Dieser Oekonomiegeist, den Joseph auf den Thron brachte, erweckte bey dem Volke ein sehr ungünstiges Vorurtheil gegen seinen künftigen Regenten. Man sprach überall laut: Joseph würde auf dem Throne nicht mit so freygebiger Hand die Thränen der Unglücklichen trocknen, wie Theresia! Der Verfolg dieser Geschichte wird lehren, wie ungerecht dieses Vorurtheil war; und daß Joseph nicht aufhörte, freygebig zu seyn, wenn er lernte, nach dem Sisteme seiner Freunde, deren Unterricht er genoß, mit kluger Sparsamkeit und Wahl zu geben.

Maria Theresia zeichnete jedes Jahr ihrer Regierung mit weisen Einrichtungen und Wohlthun aus. Sie hob in Böhmen die auf das Salz gelegten Abgaben auf; begünstigte alle Zweige des Handels, und unter ihrem Schutze entstanden viele neue Fabriken und Manufakturen, deren Flor dem Staate Reichthum und Wohl verschafte. Die innern Geschäfte mit mehr Thätigkeit zu betreiben, und allen Mängeln,

 Feh-

Fehlern, und Beschwerden auf dem Lande leichter und schneller abzuhelfen, veranstaltete Maria Theresia 1750 in ihren deutschen Staaten eine neue Kreiseintheilung. Zur Leitung der auswärtigen Geschäfte wählte die Kaiserin 1752 den Grafen Kaunitz zu diesem Fache, und ernannte ihn zum Hof- und Staatskanzler. Die wichtigen Dienste, welche dieser große Mann dem Staate schon geleistetet hatte, und noch immer leistet, zeugen wie genau Maria Theresia die Verdienste zu erkennen, und wie gut sie ihre Gehülfen zu wählen wußte. Dieser Minister ließ sichs am meisten angelegen seyn, seiner Monarchinn mächtige Bundsgenossen zu verschaffen. Ein Bündniß mit Frankreich schien ihm für den Staat das vortheilhafteste, und er arbeitete mit allem Fleiße, und aller Geschicklichkeit, den seit Franz I. und Karl V. zwischen Bourbon und Habsburg eingewurzelten Haß zu ersticken. Bey dem Friedensschluß zu Aachen, wo Kaunitz bevollmächtigter Minister war, gab er bereits dem Herrn von St. Severin einen Wink davon, der aber damals von Frankreich noch nicht verstanden werden wollte. Doch nun ward Kaunitz als Bothschafter nach Paris geschickt, und hier arbeitete er unermüdet an der Ausführung seines entworfenen Planes. Endlich gelang es den weisen Bemühungen des Grafen von Kaunitz, das Bündniß zwischen Oesterreich und Frankreich

zu

zu Stande zu bringen. Den 9ten May 1756 ward dasselbe im Nahmen Sr. Allerchristlichsten Majestät von dem Herrn Rouille und dem Abbe Bernis zu Versailles unterzeichnet. Beyde Mächte verbanden sich, wenn eine oder die andere angegriffen werden sollte, mit 24000 Mann Hilfstruppen der angegriffenen Macht beyzustehen.

Der Krieg, welcher schon lange unter der Asche glimmte; brach nun zuerst zwischen Frankreich und England aus. Lezteres hatte sich mit Preussen verbunden, und dieses Bündniß vergewißte die Vermuthung, daß nun der Krieg auch in Deutschland losbrechen werde. Maria Theresia rüstete sich mit voller Kraft zum Kriege. Ihre Heere wurden an der schlesischen und böhmischen Gränze zusammengezogen, um auf Preussen ein wachsames Auge zu haben.

Friedrich fiel im August 1756 in drey Haufen mit sechzig tausend Mann in Sachsen ein, und zündete der erste die Kriegsfackel an, welche sieben Jahre hindurch so manche schöne Provinzen verheerte. Er nahm Dresden ein, bemeisterte sich des dasigen Archivs, wiewohl sich die Königinn von Pohlen dagegen setzte, und suchte aus den daselbst gefundenen Schriften seinen Einfall in Sachsen zu rechtfertigen. Die sächsische Armee hatte sich indessen bey Pirna gelagert, wo Friedrich dieselbe einschloß, und damit die Oesterreicher derselben nicht zu Hülfe kommen könnten, lieferte er am 1ten Oktober dem Feldmarschall Grafen von Broune eine Schlacht bey Lowositz in Böhmen. Beyde Theile eigneten sich die Ehre des Sieges zu. Der König kehrte nach Pirna zurück, ohne weiter in Böhmen einzudringen, wie es vielleicht seine Absicht war; Broune hingegen konnte die bey Pirna eingeschlossene sächsische Armee nicht entsetzen, und diese ward durch Hunger gezwungen, da sie keine Hülfe von den Oesterreichern erwarten konnte, gegen Ende Oktober das Gewehr zu strecken, und sich als Kriegsgefangene zu ergeben.

Der Einfall des Königs von Preusen in Sachsen sezte nun fast ganz Europa in Waffen. Auf das Ansuchen **Marien Theresiens** rüstete sich Rußland, Schweden und Frankreich gegen Preusen. Die Reichsstände errichteten eine Armee zur Vertheidigung ihrer Freyheit, welche der König von Preusen durch seinen gewaltsamen Einfall in Sachsen verletzet hatte, und Oesterreich stellte in Böhmen zwey mächtige Heere dem Einbruch des Feindes entgegen. Die eine an den Gränzen von Sachsen bey Friedland, Gabel, und Rumburg, unter den Befehlen des Fürsten von Löwenstein, beunruhigte während dem Winter die Preusen unaufhörlich; die andere lagerte sich in den Gegenden von Prag, um Böhmen zu decken. Während **Maria Theresia** alle Sorgfalt auf die Vertheidigung ihrer Staaten richtete,

tete, so arbeitete sie zugleich unermüdet, das innere Wohl ihrer Unterthanen zu vergrössern, und die Finsternisse der Unwissenheit, welche Oesterreich umhüllten, immer mehr und mehr zu verscheuchen. Unter der Aufsicht, und der thätigsten Mitwirkung des K. K. Hofleibarztes Freyherrn van Swieten, dieses um die österreichische Aufklärung unvergeßlichen verdienten grossen Mannes legte Maria Theresia den ersten Grund zu einer ordentlichen Studiendirektion, welcher die gröste Sorgfalt oblag, auf die Ausreutung aller schädlichen Vorurtheile von den Lehrstühlen, so viel als möglich zu wachen.

Den 20ten und 29ten April 1757 sezte sich die Preussische Armee in Bewegung, und drang von einer Seite in Böhmen ein. Prinz Moritz rückte über den Basberg auf Komothau: Der König lagerte sich bey Nöllendorf, besetzte Teschen und Aussig, vereinigte sich bey Linai mit dem Prinzen Moritz, ging dann über den Paskopol durch die Ebenen bey Lowositz, lagerte sich bey Trebnitz, und besetzte den 2ten May die Gegenden um Prag. Der Herzog von Bevern fiel aus der Lausitz in Böhmen ein, und rückte über Krottau und Kratzen auf Machendorf. Bey Reichenberg hatte der Graf von Königseck eine vortheilhafte Stellung genommen. Der Herzog von Bevern griff ihn den 21ten April an, nöthigte ihn, sich zurückzuziehen, und verfolgte ihn bis Liebenau, wo Königseck durch eine gutgewählte Stellung hinter einem unwegsamen Defilee denselben vom ferneren Vorrücken abhielt. General Schwerin drang aus Schlesien den 18ten April in Böhmen ein, und vereinigte sich den 4ten May bey Prag mit der Armee des Königs.

Den sechsten May lieferte der König von Preusen dem Feldmarschalle Broune, noch ehe dieser sich mit dem Feldmarschall Daun vereinigen konnte, unter den Mauern von Prag eine Schlacht. Das Gefecht war eines der hitzigsten, und dauerte eilf Stunden. Der Feldmarschall Broune that Wunder der Tapferkeit. Sein Flügel, den er kommandirte, war beynahe drey Stunde siegreich, und wich nur dann zurück, als Prinz Karl mit dem linken Flügel und dem Korps de Bataille sich in Prag hinein warf. Broune ward tödtlich verwundet, und Preusen verlor seinen besten Generalen, den Grafen von Schwerin, der auch auf dem Schlachtfelde unter einer Eiche, die heute zu Tage noch seinen Namen führt, begraben wurde *) Nach der Schlacht

(* Als der Kaiser im Lustlager bey Hlaupietin 1776 ein Manöuvre hielt, und zu Schwerins Eiche kam, ließ er halten, und die 5 Grenadiersbataillone musten zur Ehre des hier gefallenen Preusischen Helden dreymal feuern. Die Umstehenden wollen dabey bemerkt ha-

Schlacht schloß Friedrich die Stadt Prag ein, und wollte sie zur Uebergabe zwingen.

Der Feldmarschall Daun war bis Deutschbrod vorgerückt, um Prag, welches der König mit Bomben gewaltig ängstigte, zu entsetzen. Er hatte die aus der Schlacht bey Prag geflüchtete Mannschaft an sich gezogen, und sein Heer mit frischen Truppen aus Ungarn verstärkt. Nun rückte Daun auf Prag los, und Friedrich zog ihm bis Kollin entgegen, wo es bey Planian den 18ten Juny Nachmittag zu einem Treffen kam. Der König von Preusen wurde aufs Haupt geschlagen, und 22 Fahnen nebst 45 Kanonen fielen den Siegern in die Hände. Friedrich ging noch am selben Abend in das Lager von Prag zurück, hob den 20ten die Einschließung dieser Stadt auf, und nahm seinen Rückzug über Nimberg nach Sachsen.

Kaum langte die Nachricht von diesem grossen Siege in Wien an, so begab sich die Kaiserin in Begleitung Ihres Gemahls zur Feldmarschallin von Daun, um selbst ihr die Nachricht davon zu überbringen. Die Dienste Ihrer tapferen Offiziere zu belohnen, und das Andenken dieses grossen Sieges zu verherrlichen errichtete **Maria Theresia** einen Militarorden, dem sie ihren eigenen Nahmen gab. Mit diesem Orden wurden alle Offiziere, die sich am Tage dieser

Schlacht

ben, daß eine Thräne aus dem Auge Josephs die Asche des Helden benetzte.

Schlacht hervorgethan hatten, beehret. Ferner ertheilte sie dem Feldmarschalle Daun die Erlaubniß, daß er nach eigenem Gutdünken eine Beförderung bey der Armee vornehmen konnte.

Friedrich, der gegen so viele Feinde zu kämpfen hatte, verließ Schlesien, um die Franzosen zu schlagen. Indessen streifte General Hadick bis nach Berlin, und brandschatzte die Stadt um 200,000 Thaler. Den 12ten November eroberte Graf Nadasty Schweidnitz. Prinz Karl griff am 22ten den bey Breslau verschanzten Prinzen von Bevern an, schlug ihn nach einem tapfern Widerstand zurück, und eroberte das ganze Lager. General Beck nahm Tags darauf den Prinzen von Bevern als dieser das österreichische Lager rekognoszîren wollte, gefangen; doch schenkte ihm Maria Theresia, da Friedrich ihn nicht loskaufen wollte, unentgeldlich die Freyheit. Breslau ergab sich den 24ten mit Kapitulation, und so fiel beynahe ganz Schlesien wieder in die Hände der Oesterreicher.

Der König von Preusen eilte nun mit aller Macht, die mißliche Lage in Schlesien wieder zu verbessern. Den 5ten Dezember schlug er den Prinzen Karl bey Lissa, und Leuthen, und den 19ten nahm er Breslau wieder weg, und machte die 17000 Mann starke Besatzung zu Kriegsgefangenen. Den 25ten ergab sich Liegnitz mit Kapitulation, und so verlor Oesterreich Schlesien

fast

fast eben so geschwind wieder, als es dasselbe erobert hatte.

Der mit so viel wechselseitigem Glücke geendigte Feldzug hatte die Wuth des Krieges nur mehr angefachet, und alle Heere rüsteten sich mit voller Kraft zu dem künftigen Feldzuge.

Den Gang der Geschäfte immer mehr und mehr zu vervollkommen, vereinigte Maria Theresia im Monat Jänner die Besorgung der Siebenbürgischen Sanitäts- und der Banatsgeschäfte mit dem General-Direktorium. Ingleichen wurde demselben die Besorgung der Geldsachen des Generalkriegskommissariats überlassen; die übrigen Kriegs-Kommissariatsgeschäfte hingegen an die unter dem Präsidio des G. F. Z. M. Grafen von Wildzek aufgestellte, und von dem General-Direktorium abhangende Kommission übertragen. Auch hob die Kaiserinn das im Jahr 1747 unterm 20. Februar als eine unmittelbare Hofstelle niedergesetztes Münz- und Bergwesens-Direktions-Collegium auf, und theilte die Geschäfte desselben dem Direktorium zu.

Zu Anfang des Jahres 1758 bothen die Ungarn aus Liebe für ihre Monarchinn Marien Theresien 30,000 Mann zu ihren Diensten an, welche die Stände dieses Reiches auf eigene Kosten ins Feld stellen wollten. In Kroatien, und den an der Save liegenden Gegenden ergriffen gleichfals gegen 70000 Mann die Waffen, um

für

für die Mutter des Vaterlandes zu siegen oder zu sterben.

Während Maria Theresia, durch die Liebe ihrer Unterthanen unterstützt, sich mit aller Macht rüstete, ihren Feinden mit Nachdruck die Spitze zu bieten, war Friedrich seiner seits nicht müssig, alle seine Kräfte zu sammeln, auch diesen Feldzug mit Ruhm und Ehre zu führen. Prinz Ferdinand von Braunschweig begann der erste die feindlichen Unternehmungen gegen die Franzosen, und der König setzte sich den 14ten März gegen Oesterreich in Bewegung. Sein erstes Augenmerk war auf Schweidnitz gerichtet, das er den Winter hindurch blokirt hielt. Er fing nun an, die Stadt förmlich zu belagern, und den 18ten April ergab sich Graf Thierheim samt der Besatzung 5000 Mann stark, zu Kriegsgefangenen. Nun drang der König in Mähren ein, und belagerte den 27ten May Ollmütz. General Loudon und Ziskowitz nahmen zwischen Lautsch und Domstadt einen sehr beträchtlichen Transport von Kriegsmunition und die ganze Kriegskassa weg, ungeachtet General Ziethen denselben sehr tapfer vertheidigte. Dieser Verlust nöthigte den König die Belagerung von Ollmütz in der Nacht von 1ten auf den 2ten Julius aufzuheben und sich nach Böhmen zurückzuziehen.

Friedrich lieferte am 26. August den Russen bey Zorndorf eine Schlacht, wo beide Heere gesiegt

siegt haben wollten. In der Nacht vom 14ten auf den 15ten Oktober griff der Feldmarschall Daun das Lager des Königs bey Hochkirchen an. Die Preusen wehrten sich tapfer, wurden aber dennoch überwunden, und verloren das ganze Lager, alle Bagage, hundert Kanonen, acht und zwanzig Fahnen, und eine Menge Mund- und Kriegsvorrath. Der Feldmarschall Keith blieb auf dem Plaz. Der Prinz von Braunschweig und Major von Kleist wurden tödtlich verwundet, und der Prinz Moritz von Anhalt Dessau gefangen. Nebst diesen grossen Männern verlohr die preusische Armee noch zehn tausend Mann. Der Feldmarschall Daun ließ dann Neisse durch den General Harsch belagern; aber der König zwang ihn, die Belagerung wieder aufzuheben.

Den 30ten Dezember wurde das zwischen Oesterreich und Frankreich herrschende Einverständniß durch einen neuen zu Versailles geschlossenen Allianztraktat noch mehr befestiget. Der Versailler Vertrag vom 1ten May 1756 wurde dabey zum Grunde gelegt. Nebst dem versprach Frankreich der Kaiserinn Königinn 18000 Mann zu Fuß und 6000 Mann zu Pferd, so lange der Krieg dauern würde, zu überlassen; oder ihr statt dieser Truppen, wenn Sie es verlangen sollte, 3,456,000 Gulden jährlich zu zahlen. Ferner gelobte der König von Frankreich

an

an, in Deutschland noch 100,000 Mann zu halten, um die Oesterreichischen Niederlande zu decken; auch sich dahin zu verwenden, daß der Erzherzog Joseph auf eine der Reichsverfassung gemäße Art zum römischen König erwählet werde. Maria Theresia hingegen entsagte Ihrem Rückfallsrecht auf die Herzogthümer Parma, Placenza, und Guastalla zu Gunsten der männlichen Nachkommenschaft des Infanten Don Philipp. ꝛc.

Das Jahr 1759 war für den König von Preusen eines der unglücklichsten in diesem Kriege. Prinz Ferdinand von Braunschweig eröfnete im April den Feldzug gegen die Franzosen mit einem für die Preusischen Waffen sehr ungünstigen Vorfalle. Den 13ten griff Prinz Ferdinand, vereinigt mit dem Prinzen von Ysenburg die Franzosen bey Frankfurt am Mayn an; aber der Herzog von Broglio empfing die Feinde in einer so gut gewählten Stellung, daß sie zurückgeschlagen wurden. Der Prinz von Ysenburg verlohr dabey sein Leben, und der Prinz Ferdinand mußte sich nach Hessen zurück ziehen.

Mit mehrerem Glücke führte Prinz Heinrich seinen Anschlag auf Böhmen aus. Er vernichtete daselbst einige Magazine, und erhielt im May verschiedene Vortheile über die Oesterreicher. Friedrich, welcher bey Landshut stand, machte gleichfalls verschiedene Einfälle in Böhmen; doch die Fortschritte der Russen in Pommern

mern zwangen ihn, diesem Feinde seine Truppen entgegen zu führen, um seine eigene Länder zu decken. Der rußische General Soltikow hatte am 23. Julius die preusische Armee unter den Befehlen des Generals Wedel und des Grafen von Dohna bey Kay, zwischen Zablmost und Krossen geschlagen. Die Preusen verlohren gegen 5000 Mann, und Pommern und Brandenburg stand nun den Russen offen. Friedrich eilte die Stadt Frankfurt zu erreichen, um die Oder zu vertheidigen. General Loudon eilte zu gleicher Zeit, sich mit den Russen zu vereinigen. Friedrich ließ ihn beobachten, um, wo möglich, dessen Vereinigung mit den Russen zu verhindern; aber Loudon führte den König irre, und da dieser glaubte, Loudon befinde sich noch bey Sorau, so war er schon an demselben Tage, an welchem der König bey Christianstadt anlangte, zu Guben angekommen, und erreichte, ohne daß es der König verhindern konnte, Frankfurt, wo er sich mit den Russen, die diesen Ort erobert hatten, vereinigte.

Am 12ten August griff der König von Preusen die russische Armee bey Reppen an, und brachte dieselbe zum weichen. Schon glaubte Friedrich den Sieg in Händen zu haben. Die Preusen hatten sich der meisten russischen Batterien bemeistert, hundert und achtzig Kanonen erobert, und die russische Armee zog sich in der größten

Unordnung zurück. Loudon stellte sich den die Russen verfolgenden Preusen entgegen; besetzte eine von den Russen verlassene Batterie, griff die Feinde von neuem an, schlug den bereits siegenden König in die Flucht, nahm ihm alle erbeutete Kanonen wieder ab, machte drey tausend Gefangene, und eroberte achtzig preusische Kanonen. Die Preusen verlohren gegen fünfzehn tausend Mann, und Friedrich selbst wäre beinahe gefangen geworden.

Während der König bey Frankfurt von den Russen aufs Haupt geschlagen wurde, setzte der Feldmarschall Daun die Belagerung von Dresden fort, und zwang den General Schmettau die Stadt mit Kapitulation zu übergeben. General Wunsch, den der König zum Entsatz abgeschickt hatte, langte an eben dem Tage vor Dresden an, als es an die Oesterreicher überging.

Den 20ten Oktober nahm Feldmarschall Daun das ganze preusische Lager bey Maxen gefangen. Vier tausend Mann blieben im Kampf, und vierzehn tausend streckten das Gewehr. Die Generale Fink, Wunsch und noch sieben andere Generale wurden zu Kriegsgefangenen gemacht, und sechs und sechzig Kanonen, alle Fahnen, Standarten, alle Zelter, Pferde und Wagen erbeutet. Nach diesem unglücklichen Vorfalle, welches der letzte in diesem Feldzuge war, führte der König seine Truppen in die Kantonirungs-

quar-

quartiere bey Wilsdruf, und die Oesterreicher thaten ein gleiches bei Plauen. Die Zelter blieben aufgeschlagen, und beide Armeen standen den härtesten Winter hindurch gegen einander im Felde.

Friedrich suchte im Winter 1760 den im vorigen Feldzug erlittenen Verlust, so viel als möglich, zu ersetzen. Der Krieg fing ihm an lästig zu werden. Er trachtete durch Unterhandlungen entweder mehrere Bundsgenossen, oder den Frieden zu erhalten: beides mißlang, und er sah sich genöthiget, seine Kräfte auf das äusserste anzustrengen, den von ihm angefachten Krieg fortsetzen zu können.

Im Frühlinge übernahm der König den Oberbefehl in Sachsen. Prinz Heinrich wurde den Russen entgegen gestellt; General Fouquet hatte die Beschützung der Pässe bey Landshut über sich, und der Prinz von Würtemberg sollte die Schweden im Zaum halten.

Im May rückte General Loudon, der den Oberbefehl über die Armee in Schlesien erhalten hatte, mit zwey Haufen durch die Grafschaft Glatz in Schlesien ein. Der König von Preusen wollte ihn durch den General Fouquet aufhalten lassen; aber Loudon wußte diesen so geschickt zu umgehen, daß er sich der beschwerlichen Pässe von Silberberg und Wartha bemeisterte, und gerade auf Glatz vorrückte, diese

Stadt zu belagern. General Fouquet, welcher geglaubt hatte, Loudon habe Absichten auf Breslau, sah sich nun getäuschet. Er kehrte mit vierzehn tausend Mann nach Landshut zurück, wo er sich auf den Blasdorferberg, und Doktorberg, von wo er glaubte, den Loudon zu zwingen, die Belagerung von Glatz aufzuheben, verschanzte. Loudon grif am 23ten Julius in der Nacht den General Fouquet auf seinen verschanzten Bergen an, und nahm das ganze Korps samt dem Generalen Fouquet nach einem hartnäckigen Widerstande gefangen. Fünf tausend Mann wurden getödtet, neun tausend streckten das Gewehr; sechzig Kanonen, alle Waffen und aller Kriegsvorrath wurde erbeutet.

Friedrich belagerte Dresden; mußte aber die Belagerung, da der Feldmarschall Daun zum Entsatz herbey eilte, aufheben. Dieser mißlungene Angrif auf Dresden wurde durch die Nachricht, daß Loudon Glatz erobert habe, für den König noch schrecklicher. Er zog sich am 1ten August in die Marggrafschaft Meissen, und von da nach Liegnitz, wo die vereinigte kaiserliche königliche Armee ihn angreifen wollte. General Loudon sollte in der Nacht vom 15ten auf den 16ten August den ersten Angriff machen. Dieser Anschlag wurde dem Könige verrathen. Der König änderte alsogleich die Stellung seiner Armee, beobachtete den General Loudon auf seinem

gan-

ganzen Marsch, und als der dicke Nebel fiel, sah sich dieser von der ganzen preusischen Armee umrungen. Loudon zeigte in dieser Gelegenheit die Grösse seines Geistes. Durch eines der schönsten Manövre zog er sich mit einem Verluste von fünf bis sechs tausend Mann zurück, ohne daß die Feinde, welche fast eben so viel verlohren, es wagten, ihn zu verfolgen. Durch diesen mißlungenen Angriff sah sich der König aus der gefährlichsten Lage gerettet. Er hatte nur noch auf wenige Tage Lebensmittel, und es wäre gänzlich um Preusen geschehen gewesen, wäre der Angriff des General Loudon thätig unterstützt worden. Der König setzte bey Parchwitz über den Katzbach, ohne daß der Feldmarschall Daun es verhindern konnte, und nahte sich seinen Magazinen. Friedrich erfocht nun einen kleinen Vortheil um den andern über die Oesterreicher, und drängte sie überall zurück.

General Lacy, vereinigt mit dem russischen General Tottleben, nahm den 7ten Oktober Berlin ein, und machte die Besatzung zu Kriegsgefangenen. Die Stadt mußte zwey Millionen Thaler Brandschatzung zahlen, worauf beide Generale bey der Annäherung des Königs sich wieder zurückzogen.

Bey Torgau kam es den 3ten November zwischen dem Könige und dem Feldmarschall Daun zu einer Schlacht. Der König selbst führte das erste Treffen an, wurde aber zurückgeschlagen; er erneuerte das Gefecht mit dem zweyten und dritten Treffen mit eben so schlechtem Erfolge, und schon war das ganze preusische Heer in Unordnung, als General Ziethen eine Anhöhe besetzte, von welcher er die Oesterreicher kanonirte. Der Feldmarschall Daun ward verwundet, und mußte sich von dem Schlachtfelde tragen lassen. Der König griff von neuem an, und die österreichische Armee sah sich genöthiget, den Kampfplatz zu verlassen. Sie zog sich in bester Ordnung zurück, und ließ den Preusen den Ruhm den Sieg erfochten zu haben, welcher sie 18000 Mann kostete, nebst einer grossen Menge Oberoffizier und vieler Generalen, die theils getödtet, theils verwundet wurden. Der König selbst erhielt einen Streifschuß auf der Brust. Die Oesterreicher verlohren über 12000 Mann.

Während die Truppen nach so viel ausgestandenen Beschwerlichkeiten in den Winterquartieren sich erhohlten, und die kriegführenden Mächte bemüht waren, ihre verlohrene Kräfte zu ersetzen, arbeitete man sehr eifrig in den Kabinettern an der Herstellung des Friedens. Frankreich und Schweden sehnten sich nach Ruhe. Maria Theresia that den Vorschlag, einen allgemeinen Kongreß in Augsburg zu halten. England und Preusen bothen willig hiezu die Hände; aber dieser Kongreß kam nicht zu Stande, und man rüstete sich nun wieder mit aller Macht zu dem künftigen Feldzuge.

Preusen, welches so gern die ottomanische Pforte wider Oesterreich aufgewiegelt hätte, schloß zu Konstantinopel mit dem Großwesir einen Freundschaftsvertrag, welcher bey Oesterreich und Rußland einiges Aufsehen erregte: wiewohl die Pforte zum gänzlichen Bruch mit Oesterreich nicht zu bereden war.

Den 7ten September wurde die Vermählung des Erzherzogs Joseph mit Maria Isabella der ältesten Prinzessin des spanischen Infanten Philipps, Herzogs von Parma und Piacenza per procurationem zu Parma auf das feierlichste vollzohen. Den 1ten Oktober traf die königl. Braut in dem Belvedere zu Wien ein, und den 6ten wurde die Trauung des königl. Brautpaars von dem päbstlichen Nuntius in der kaiserl. königl. Hofkirche mit großer Pracht vollzohen.

Maria Theresia verlohr mitten im Geräusche der Waffen das Wohl ihrer Länder nie aus den Augen, und gab einen neuen Beweis, wie sorgfältig sie auf den Gang der Geschäfte wachte, um allen Mängeln und Fehlern abzuhelfen. Im Monath Dezember führte Maria Theresia den Staatsrath ein, und das vom Grafen von Haugewitz eingeführte Generaldirektorium erlosch. Die Leitung des Contributionale und Camerale wurde abermahl an die Hofkammer übertragen;

für das Kommerzwesen wurde eine eigene Hofstelle, unter dem Nahmen: Hofkommerzienrath, niedergesetzt; und das vormahlige Direktorium bekam den Namen: böhmische und österreichische Hofkanzley. Der Chef derselben erhielt den Titel böhmischer und österreichischer erster Kanzler. Ihm wurden noch zugetheilt ein Kanzler, und Vizekanzler. Das wesentlichste des von Maria Theresia eingeführten Statsraths ist: Das Innere der Monarchie nach allen ihren Theilen zu übersehen, und er ist zugleich die Hauptkontrolle der sämtlichen Departemente für die in Deutschland, Pohlen, und Ungarn liegende österreichische Länder. Der Staatsrath hat keine Expedition; er ist daher nicht als ein öffentliches Departement anzusehen.

Der Feldzug im Jahre 1761 war sehr unglücklich für Preusen. Im Monat April zoben die Truppen in ihre Kantonirungsquartiere zusammen, und den 14ten May setzte sich der König in Bewegung, Schlesien gegen die Anfälle der Oesterreicher und Russen zu decken. Prinz Heinrich sollte den Feldmarschall Daun beobachten, und Prinz Ferdinand von Braunschweig das Münstersche gegen die Franzosen schützen.

Friedrich wollte die Vereinigung der Russen mit den Oesterreichern verhindern; aber General Loudon vereitelte die Absicht des Königs

nigs, welcher die Höhen bey Kunzendorf besetzen wollte, um das österreichische Heer von seinen Magazinen abzuschneiden, wodurch die Russen, aus Mangel an Lebensmitteln, die sie von den Oesterreichern erhielten, wären gezwungen worden, wieder nach Pohlen zurückzukehren.

General Loudon, der die Absicht des Königs errieth, kam demselben zuvor; und da Friedrich bey Kunzendorf ankam, fand er die Anhöhen von den Oesterreichern schon besetzt. Der König von Preusen, welcher angrifsweise nicht verfahren konnte, verschanzte sich in einem vortheilhaften Lager bey Schweidnitz, um das ebene Land und diese Festung, soviel als möglich, zu decken.

Der Mangel an Lebensmitteln zwang die Russen, das Loudonische Heer zu verlassen, und Friedrich, welcher glaubte, er habe nun nichts mehr zu fürchten, zog nach Neisse. Diesen Augenblick benuzte Loudon, und eroberte gegen Ende September in der Nacht Schweidnitz mit solcher Geschwindigkeit, daß die Besatzung nicht einmal so viel Zeit hatte, eine Kapitulation vorzuschlagen. Drey tausend Mann wurden darin gefangen, und zwey hundert Kanonen nebst ansehnlichen Magazinen von Waffen und Kleidungsstücken erbeutet.

Dem Könige von Preusen schien dieser Vorfall unglaublich. Seine Lage in Schlesien war

nun

nun um so mißlicher, als die Umstände in Pommern für ihn nicht günstiger waren. Bey Treptow wurde General Werner mit 500 Reutern von den Russen gefangen. General Platen wurde bey Gollnow geschlagen, und General Knobslauch erfuhr bey Treptow mit drey Bataillonen, und 500 Reutern, nachdem er von den Russen umzingelt wurde, das Schicksal des Generals Werner. Den 24ten Oktober eroberte Romanzow Treptow, und den 16ten Dezember ergab sich Kolberg.

Nicht minder war das Glück den preussischen Waffen in Sachsen ungünstig. Prinz Heinrich hatte alle sächsische Gebürge verloren, und war in den ihm übrig gebliebenen Gegenden so eingeengt, daß er kaum den für seine Truppen nöthigen Lebensunterhalt beziehen konnte. Durch die Eroberung von Schweidnitz hatte sich General Loudon zum Meister von dem ganzen schlesischen Gebürge, und der Hälfte des Landes gemacht. Durch die Eroberung von Kolberg konnten die Russen, wann es ihnen beliebte, das Kurfürstenthum Brandenburg in Besitz nehmen; mit einem Worte: Preusen war seinem gänzlichen Sturze nie näher, als nach diesem Feldzuge.

Während Maria Theresia durch das Glück ihrer Waffen die Macht ihres Staates vergrösserte, suchte Sie die innere Stärke desselben durch eine wohl eingerichtete Finanzordnung zu befestigen.

gen. Die sämmtlichen Finanzen aller deutschen und ungarschen Länder Oesterreichs befanden sich in den Händen mehrerer Minister, deren jedem eine eigene Kassa zugetheilt war. Die Gebrechen, die aus den zerstückten Kassen entstanden, zu verbessern und zu vermeiden, errichtete Maria Theresia im Dezember eine General-Kassadirektion in Wien, welcher die sämmtlichen Kassen der Hauptfonds der österreichischen Finanzen übergeben wurden. Die Hauptsorge der General-Kassadirektion bestand darin: alle reine Staatseinkünfte, welche bey den Aemtern, nach Abzug der zur Einbringung der Gefälle aufgelaufenen Unkösten übrig blieben, zu erheben, und solche zur Bestreitung der Staatserfordernisse zu verwenden.

Der Tod Elisabeths, Kaiserinn von Rußland, welcher den 5ten Jenner 1762 erfolgte veränderte die unglückliche Lage Preusens zu dessen Vortheil. Peter III. schloß mit Friedrich ein Bündniß. Die rusischen Truppen wurden von Oesterreich abgeruffen, und stiessen zu dem preusischen Heere. Diese plötzliche Veränderung gab der Lage der kriegführenden Mächte eine ganz andere Wendung. Preusen war nun in den Stand gesetzt, seinen Feinden mit aller Macht die Spitze zu biethen. Der König, welcher in diesem Feldzuge sich nur vertheidigungsweise ge-

gen

gen seine Feinde verhalten wollte, änderte nun den Plan, und beschloß angriffsweise zu verfahren. Die verschiedene Abtheilungen der Truppen wurden zusammengezogen, und der Feldzug mit verschiedenen kleinen Scharmützeln geöfnet, worin das Glück den Preusen meistentheils günstig war. Prinz Heinrich schlug in Sachsen den 12ten May das österreichische Korps unter dem Befehle des Generals Zettwitz; hingegen wurden die Preusen bey Tschopa von den Oesterreichern wieder geschlagen.

Während Friedrich sich der russischen Truppen, so viel als möglich, zu seinem Vortheile zu bedienen suchte, ereignete sich in Rußland eine neue Veränderung. Peter III. wurde des Thrones beraubt, und Katharina II. seine Gemahlin, bestieg denselben. Die russischen Truppen erhielten den Befehl, nicht nur das preusische Heer alsogleich zu verlassen, sondern auf den ersten Wink die Feindseligkeiten wider den König anzufangen. Dieser unerwartete Vorfall setzte Friedrichen in nicht geringe Verlegenheit. Der ganze Plan wurde vereitelt, und er sah sich gezwungen, nun dem Glücke das zu überlassen, was er von seiner Macht erwartet hatte.

Noch war den Oesterreichern die in Rußland vorgefallene Veränderung unbekannt. Diese Unwissenheit wollte Friedrich benutzen, und noch vor dem Abzuge der Russen etwas entschelscheidendes gegen die kaiserl. königl. Armee unternehmen. Aus dieser Absicht ersuchte der König den Herrn von Czernischef, nur noch drey Tage bey ihm zu verbleiben, welches dieser auch that. Während dieser drey Tage eroberte der König die Pässe bey Burkersdorf und Leutmannsdorf, woraus er den General Okelly verdrängte, und dadurch den Feldmarschall Daun zwang, sein vortheilhaftes Lager zu verlassen. Durch diese glückliche Unternehmung ward dem Könige die Belagerung von Schweidnitz ungemein erleichtert; denn da itzt der Feldmarschall Daun diese Festung nicht mehr entsetzen konnte, so mußte sie sich den 9ten Oktober ergeben, und General Guasko samt der Besatzung von 9000 Mann wurden zu Kriegsgefangenen gemacht.

Nach der Einnahme von Schweidnitz ereignete sich nicht mehr viel Merkwürdiges. Maria Theresia berief den General Serbelloni von der Armee, die er in Sachsen befehligte, zurück, weil er das Königreich Böhmen gegen die feindlichen Einfälle nicht gedeckt hatte, und statt seiner übernahm General Hadick den Oberbefehl. Die Preusen wurden nun aus Böhmen wieder hinausgedrückt, und bey Hartmansdorf erhielt General Hadick einige Vortheile über den Prinzen Heinrich, der aber diese Scharte bey Groß-Schirna wieder auswetzte. Die Franzosen erfochten den 30ten September bey Johannesnesberg einen Sieg über den Erbprinzen, und so endigte sich dieser letzte Feldzug eines langen und blutigen Krieges.

Die Dauer dieses beynahe siebenjährigen Krieges hatte die Finanzen Oesterreichs fast gänzlich erschöpft, und dem Hofe fehlte es so sehr an Mitteln, Gelder aufzubringen, daß Maria Theresia schon 1761 genöthiget war, 20,000 Mann von der Armee zu entlassen. Der Staat war einem Banqueroute nahe, wozu auch einige der Monarchinn schon gerathen hatten. Aber Maria Theresia verabscheute ein solches Mittel, den Staat durch das Unglück so vieler Millionen Menschen aufrecht zu erhalten. Diese menschenfreundliche Fürstinn wollte ein Mittel, welches dem Staate nutze, ohne Ihren Unterthanen zu schaden, und dieses Mittel brachte der würdige Herr Hofrath v. Puchberg *) in Vorschlag. Durch seine

(* Dieser um den Staat ausnehmend verdienstvolle Mann diente Anfangs als Sadtsrathssekretär bey der Landesfürstlichen Stadt Krems in Oesterreich, und zeichnete sich daselbst in verschiedenen Gelegenheiten, besonders in den bayrisch = französischen Einfällen ganz besonders aus. Er wurde nachher als ordentlicher Administrator verschiedener ansehnlicher Herrschaften angestellt; trat dann in Compagnie der Cottons = Manifakturen zu Sasin, und Schwechat, und beförderte durch seine ausserordentliche Bemühung die Aufnahme dieser Fabriken. Er war Interressent dieser

seine vorgeschlagene allgemeine Creditsoperation der ehemahligen Coupons, und durch die Liquidirung und Umsetzung der Bankopapiere wurde der Credit wieder hergestellt, der Staat gerettet, und die Liquidirung der übrigen Staatsschulden wie auch die Sicherheit der Bankozettel darauf gebauet. Alles zitterte bey der Ausführung dieser grossen und kühnen Unternehmung. Das Ministerium stellte sich durch schriftliche Protestationen gegen den unglücklichen Erfolg derselben sicher; aber das weise und kluge Benehmen des würdigen grossen Puechberg setzte den von ihm vorgeschlagenen Plan glücklich durch, und der Staat war gerettet, ohne Banquerout machen zu dürfen.

Das Stadtbanko schlug nun dem Hofe vor, gegen sichere Bedeckung um zwölf Millionen Bankozettel auszufertigen. Dieses Anerbiethen wurde angenommen, und zwischen der Hofkammer

und

dieser Compagnie, und es werden ihm von derselben noch weit ansehnlichere Vortheile zugestanden, als er wirklich genoß, um ihn 1761, wo das Ministerium ihn beredete, in K. K. Dienste überzutreten, zurück zu halten. Puechberg konnte die Vortheile von dem K. K. Dienste nie erwarten, die ihm die Compagnie versprach; aber sein Vaterland von dem Untergange zu retten war für ihn ein stärkerer Aufruf, als die Stimme des Gewinns, und er opferte seinen eigenen Vortheil dem Wohle des Staates auf.

und dem Banko ein ordentlicher Rezeß geschlossen, worin folgende Bedüngnisse festgesetzt wurden.

1.) Damit die Billete dem Geldumlauf gleich kämen, wurden sie in fünf Summen unter einem Datum, vom 1ten July 1762 ausgefertiget; als:

900,000	Zettel zu	5 fl.	= =	4 1/2 Mill.
350,000	= = = =	10 fl.	= =	3 1/2 —
100,000	= = = =	25 fl.	= =	2 1/2 —
20,000	= = = =	50 fl.	= =	1 1/2 —
5000	= = = =	100 fl.	= =	1/2 —
1,375,000	Zettel	= = = =		12 Millionen fl.

2. Ward verordnet, diese Billete in allen öffentlichen Contributions= und Cameralkassen der deutschen und Ungarschen Länder, wie auch in den Bankalkassen zur Hälfte der dahin abzuführenden Abgaben anzunehmen.

3. Das Zutrauen dieser Papiere zu erweitern soll jeder, der in der Stadtbankokasse eine Zahlung zu leisten habe, solche zum Drittentheile in Bankozetteln entrichten.

4. Wurde ihnen der Genuß aller Privilegien zugestanden, welche unter Joseph I. und Karl VI. den Bankoobligationen eingeraumet wurden.

5. Die Privatpersonen zur Abnahme dieser Billette nicht zu zwingen, sondern in dem Banko die Kapitalien und Interessen in baarem Gelde

de auszuzahlen. Die Bankooffizianten, die sich weigern sollten, dieses zu thun, ihres Dienstes zu entlassen.

6. Die Verfälscher mit dem Tode zu bestrafen. Dem Ankläger hingegen, wenn er auch Mitschuldiger seyn sollte, 10,000 fl. zur Belohnung zu verabfolgen.

7. Wenn jemand ein Bankozettel von 200 fl. oder darüber, in eine Bankoobligation umwechseln wollte, ist solches zuzulassen, und hat die Umsetzung zu 5 Percent ohne Zulage eines baaren Geldes zu geschehen. Juny den 12. 1762.

Zur bessern Betreibung der Militärgeschäfte theilte Maria Theresia den Hofkriegsrath in zwey Departemente; als in das Departement für die Publica und in das Departement für die judicialia. Das letztere hatte seinen eigenen Präses, sechs wirkliche Hofräthe, und ein eigenes Kanzleypersonale. Beyde Departemente standen unter einen Oberpräsidenten, welcher war Leopold, Graf von und zu Daun. Das General-Kriegskommissariatamt erhielt den Titel: Hofkriegsrath in Commissariaticis.

Während Maria Theresia sich mit der Verbesserung der innern Staatseinrichtung beschäftigte und den sinkenden Staat so viel als möglich aufrecht zu erhalten suchte, arbeitete sie zugleich, ihren Ländern den Frieden zu schenken.

Den

Den dritten November wurden die Friedensprä-liminarien zwischen Frankreich und England unterzeichnet, denen bald der völlige Friedensschluß zu Fontainebleau folgte. Maria Theresia und der König von Preusen sehnten sich gleichfals nach Ruhe. Erstere ließ dem Könige von Preusen durch Herrn Fritsch, geheimen Rath des Königs von Pohlen, Friedensvorschläge machen, die sehr gern angenommen wurden, und den 15ten Februar 1763 wurde zwischen der Kaiserinn Königinn, und dem Könige von Preusen der Frieden zu Hubertsburg unterzeichnet. Vermöge dieses Friedens wurden dem Könige von Preusen die Grafschaft Glatz, und überhaupt alle Staaten, Länder, Städte, und Festungen, die der König in Schlesien, oder anderswo vor gegenwärtigem Kriege besessen hatte, wieder abgetreten, und der Breslauer Frieden vom Jahre 1742 nebst dem Dresdner Frieden wieder erneuert. Der König von Preusen versprach seine Stimme zur römischen Königswahl des Erzherzogs Joseph, und zur Lehensfolge im Herzogthume Modena.

So endigte sich ein Krieg, der beynahe sieben Jahre gedauert, und 853,000 Menschen das Leben gekostet hatte, ohne daß eine der kriegführenden Mächte, England ausgenommen, nur Handbreit Landes eroberte. Preusen litt in diesem Kriege den größten Verlust an Leuten. Es rechnete 180,000 Mann. Rußland verlor 120,000; Oesterreich, das zehen förmliche Schlachten geliefert hatte, 140,000; Frankreich 200,000, England und seine Bundsgenossen 160,000; Schweden 25000, und die Reichstruppen 28000.

Nach geendigtem Kriege wandte Maria Theresia alle Sorgfalt an, das Wohl ihrer Staaten, welches in diesem Kriege so viel gelitten hatte, wieder herzustellen. Oesterreich hatte eine Schuldenlast von beynahe 100 Millionen Thaler. Diese zu tilgen wurde eine Kopfsteuer eingeführet, von welcher niemand, ausser Kinder bis in das vierzehnte Jahr, ausgenommen war. Diese Steuer, wurde in fünf Classen eingetheilt. Die erste Classe bezahlte vom Kopf 2 fl. Die zweyte 1 fl. 30 kr. Die dritte 1 fl. Die vierte 36 kr. und die lezte 15 kr. In der vierten Classe wurden alle Dienstbothen, und in der fünften Kinder von 15 Jahren, und die ärmste Menschenklasse eingeschrieben.

Zur Emporbringung der inländischen Manufakturen erneuerte Maria Theresia das 1749 erlassene Verboth, keine Seidenstoffe, und reiche, oder halbreiche Zeuge aus fremden Fabriken einzuführen. Deswegen wurde allen Kaufleuten angedeutet, daß in Zukunft für solche Gattung Waaren keine Pässe mehr ertheilt werden würden.

Nebst einer Menge anderer Verbesserungen, Anordnungen, und weisen Gesetzen, welche Maria Theresia zum Wohl ihrer Unterthanen veranstaltete, ließ Sie den 1ten Oktober ein Wechselgesetz ergehen, welches die Geschäfte des Merkantil- und Wechselgerichts ordnete, und deutlich auseinandersetzte.

Im Monat November wurde der kaiserliche Hof in die größte Trauer versetzt. Die Gemahlinn des Erzherzogs Joseph, welche von ihm unendlich geliebt wurde, starb den 27ten November nach einer unrichtigen Geburt an den Kinderpocken. Sie war 21 Jahre und 11 Monate alt. Joseph verließ seine Gattin von dem Augenblicke, da sich die Krankheit äusserte, keine Minute; und sie gab so zu sagen in seinen Armen den Geist auf. Josephs Schmerz über den Verlust dieser von ihm so zärtlich geliebten Gemahlinn war ohne Ausdruck. Nur in der Freundschaft seiner grossen Mutter fand er Trost und Erleichterung seines Schmerzens.

Den 27ten März 1764 erlebte Maria Theresia die Freude, den Erzherzog Joseph zum römischen König gewählt zu sehen. Kaiser Franz führte den Erzherzog nach Frankfurt am Mayn, wo er den 3ten April mit aller Feyerlichkeit gekrönet wurde.

Im Jahre 1765 den 13ten Jäner vermählte sich Joseph II. zum zweytenmahle mit Josepha, einer Tochter Kaiser Karls VII. aus dem Hause Bayern, und Leopold, der zweyte Sohn Marien Theresiens, (nunmehriger König in Hungarn,) verband sich mit der Infantin von Spa-

nien

nien, Marie Louise. Die Vermählung geschah zu Innsbruck, mit aller Pracht. Mitten unter diesen Feyerlichkeiten erhielt Theresiens Herz eine tödtliche Wunde. Den 18ten August ward Kaiser Franz, da er aus dem Schauspielhause ging, vom Schlagfluß gerührt, und verschied in den Armen seines Sohnes Josephs II.

Der Schmerz, den Maria Theresia über den Tod Ihres so zärtlich geliebten Gemahls empfand, kann gefühlt, aber nicht ausgedrückt werden. Sie war durch diesen traurigen Fall mehr, als durch alle andere Unglücksfälle, niedergebeugt, und einige Tage bangte das Volk in ängstlicher Erwartung, ob dieser Schmerz ihm nicht auch seine angebethete Landesmutter rauben würde. Die mächtigen Trostgründe der Religion und die zärtliche Liebe für ihre Familie beruhigten endlich Ihr Herz. Maria Theresia stiftete zu Innsbruck auf ewig ein Kapitel von zwölf Stiftsdamen, welche für die Seelenruhe des verstorbenen Kaisers bethen müssen; Sie selbst aber verschloß sich alle Jahr an dem Sterbetage Ihres Gemahls in Ihr Kabinet, wo sie diesen Tag mit Thränen und Gebeth dem Andenken ihres Gemahls weihte.

Franz verdiente diese unbegränzte Zärtlichkeit seiner kaiserlichen Gemahlinn. Mit den herrlichsten geselligen Eigenschaften verband er tiefe Einsicht in die Regierungskunst, Oekonomie und

Menschenliebe. Ihm hat Oesterreich wirklich viele gute Anstalten zu verdanken. Künste, Handlung und Wissenschaften blühten unter seinem Schutze auf.

Franz ging seinem Nachfolger überall mit den herrlichsten Beyspielen von Weisheit, Herrscherkunst, Liebe und Wohlwollen vor. Mit der grösten Bereitwilligkeit gab Er die ansehnlichsten Summen zur Unterstützung würdiger Armen, und strebte mit dem grösten Eifer, das Elend jedes Dürftigen zu lindern. Er scheute keine Gefahr, wann es darauf ankam, Nothleidende zu retten. Unauslöschlich wird jener Tag, wo sich die Donau ergoß, und eine Vorstadt überschwemmte, den Herzen der Einwohner Wiens eingegraben bleiben. Die Unglücklichen hatten sich auf die Dächer ihrer unter Wasser stehenden Häuser geflüchtet. Drey Tage harrten sie da ohne Speis und Trank auf Rettung. Die unerschrockendesten Schiffleute weigerten sich, wegen der Heftigkeit des reissenden Strommes, ungeachtet aller Belohnungen, ihnen zu Hülfe zu kommen. Die Armen wären verlohren gewesen, hätte nicht Franz I., dessen menschenfreundliches Herz nicht die Gefahren, die ihm drohten, sondern nur die Gefahren, worinn diese Unglücklichen schwebten, sah, selbst ein kleines Schiff bestiegen, und allen Gefahren, vor welchen Leute, die der Ueberschwemmungen gewohnt sind, zitterten, getrotzt. Er kam glücklich an das andere Ufer, tröstete die Unglücklichen, spendete ihnen Hülfe aus, und kam glücklich wieder unter dem jauchzenden Zurufe des Volkes zurück. Diesem und mehreren ähnlichen Beispielen hatte Oesterreich zu verdanken, daß Joseph II. bey allen Gefahren, die seinen Unterthanen drohten, der erste gegenwärtig war, um durch seine Anstalten, sie so schleunig als möglich zu retten.

Den 19ten August schrieb Joseph II. an die Erzherzoginnen, seine Schwestern, die in Schönbrunn zurück geblieben waren folgenden Brief *) " Verzeihet, geliebteste Schwestern, „ wenn ich bey dem Uebermaß des schreklichsten Schmerzens, der mich drückt, und den „ gehäuften Geschäften, womit ich beladen bin, „ an Euch alle zugleich schreibe. Der traurigste „ Zufall, der uns nur immer drohen konnte, „ hat uns getroffen. Wir verlieren den zärtlichsten Vater, und unsern besten Freund.

„ Laßt uns die Verfügungen der Vorsehung „ in Demuth anbethen, und Gott ohne Unterlaß für die Ruhe der Seele unsers Vaters „ bitten; aber auch zugleich die Liebe für unsre „ erhabene Mutter, das einzige Gut, das uns „ übrig bleibt, verdoppeln. Ihre Erhaltung „ ist in diesen schrecklichen Augenblicken meine

*) Der Brief ist im Original französisch.

„ einzige Sorge. Kann die gänzliche vollkommenste Freundschaft eines Bruders, die er „ Euch nicht mehr anbieten kann, weil Ihr sie „ schon lange besitzet, Euch einigermassen nützlich „ seyn, so gebiethet nur, und ich werde Trost „ darin finden, Euch zu dienen. Ich umarme „ Euch alle, und fordere nichts, als daß Ihr „ mit dem unglücklichsten Sohne Mitleid ha„ bet." Ich bin Euer gehorsamster Diener und

zärtlicher Bruder, Joseph.

Durch den Tod des Kaisers Franz I. fiel die ganze Regierungslast auf Marien Theresien. Diese für das Wohl Ihrer Unterthanen so sehr besorgte Fürstinn beschloß, sich eines Theiles dieser schweren Bürde zu entledigen, und dieselbe mit dem neuen Kaiser, Ihrem Sohne, zu theilen. Joseph der Zweyte ward den 23ten September von Ihr zum Mitregenten unter denselben Bedingungen erklärt, unter welchen sie 1740 Ihren Gemahl zum Mitherrscher ernannt hatte.

Nicht minder begab sich Maria Theresia zu Gunsten Ihres Sohnes der Großmeisterschaft des Stephans-Ordens, den Sie seit einiger Zeit wieder hergestellt hatte.

Geschichte
Josephs II.

römischen Kaisers, Königs von Hungarn und Böheim ꝛc.

Erster Abschnitt.

Aut nihil, aut dicere verum.

Geschichte Josephs II.

Erster Abschnitt.

Das Jahr 1765.

Als Kaiser und Großmeister des Theresien-Ordens veränderte Joseph einige Statuten desselben, und errichtete zwischen den Rittern des kleinen und grossen Kreutzes eine mittlere Klasse: die Kommandeurs.

Jo-

Joseph zeichnete den Antritt seiner Mitregierung durch eine Handlung der Gnade aus. Zu Ende des Jahres 1765 wurde ein Beamter zu St. Pölten, der seit drey Jahren eine Summe von sechs hundert Gulden entwendet hatte, ins Gefängnis gesetzt, und es sollte ihm der Proceß gemacht werden. Der Kaiser erfuhr, daß der Mann eine zahlreiche Familie, nur zwey hundert Gulden Besoldung, und also dieses Verbrechen mehr aus Noth, als aus Liederlichkeit begangen habe. Dieß bewog ihn, den Beamten nicht nur zu begnadigen, sondern denselben wieder in sein Amt mit fünf hundert Gulden Besoldung einzusetzen.

Das Jahr 1766.

Im Jahre 1766 unternahm Joseph die erste Reise. Er besuchte Böhmen und Sachsen, theils um den Zustand der Truppen und Festungen zu besichtigen; theils um die Gegenden zu sehen, welche der Schauplatz des letzten Krieges gewesen waren. Da er durch Torgau mußte, so ließ ihm der König von Preusen eine Zusammenkunft vorschlagen, welche jedoch diesesmal nicht geschah. Auch Ungarn sah seinen König in demselben Jahre. Er bereiste dieses Königreich bis an die äussersten Gränzen. Er half den Unterdrückungen im Banate, welche das Volk von den Großen erdulden mußte, ab, stellte scharfe Untersuchungen an, und bestrafte die Schuldigen

sehr

sehr strenge. Bey seiner Zurückkunft nach Wien stellte er der Kaiserinn die unglückliche Lage dieses gesegneten Landes vor, und zeigte ihr, wie sehr diejenigen, denen Sie Ihr ganzes Vertrauen geschenkt hatte, dasselbe mißbrauchten.

Während Joseph den größten Theil seiner Staaten durchreiste, arbeitete Maria Theresia mit unermüdeter Sorgfalt an dem innern Wohl ihrer Länder. Künste, Wissenschaften, und Handlung waren ihr vorzüglichstes Augenmerk. Zu Wien errichtete Sie eine Zeichnungsakademie, und den Oberschlesiern versprach Sie die schnellsten Mittel zu Emporbringung ihres Handels anzuwenden.

Um die Ausgaben so viel als möglich zu verringern, wurden zur Einschränkung der Hofökonomie die überhäuften Galla-Tage abgeschaft, mit der ausdrücklichen Verordnung: daß der neue Jahrstag von 1767 anzufangen, künftig der einzige Gallatag seyn werde, und die übrigen an Geburts- Nahmens- und andern Tagen mit gänzlicher Einstellung der Glückwünsche, kostbaren Aufzugs, u. s. w. aufgehoben seyn sollen. Im Monath Februar wurde eine Veränderung mit dem Hofkriegsrathe vorgenommen. Die Kommissariatsgeschäfte wurden demselben in publicis zugetheilt. Die Korrespondenz mit den Oberkriegskommissären hat im Monat Jenner 1767 aufgehört. Das Justizwesen blieb auf dem Fusse, wie solches im Jahr 1762 war. Präsident

dent des Kriegsdepartements, welches den Titel erhielt: Hofkriegsrath in publicis, Commissariaticis & judicialibus wurde Franz Moritz, Graf von Lacy.

Das Jahr 1767.

Die Bevölkerung, die vorzüglichste Stärke eines Staates, zu befördern geboth Maria Theresia 1767 allen geistlichen und weltlichen Territorialherren, sich den Heyrathen der Soldaten mit den ihrer Gerichtsbarkeit unterworfenen Weibspersonen künftig nicht nur nicht zu widersetzen, sondern dieselben vielmehr nach Möglichkeit zu befördern. Diese kluge Einrichtung schenkte in wenigen Jahren dem Staate gegen vierzig tausend Soldatenkinder, welche zu versorgen Maria Theresia verschiedene gute Anstalten machte.

Joseph, dem die Leitung des Militärwesens ganz von seiner Mutter anvertrauet war, arbeitete mit dem Grafen Moritz von Lacy, an dessen Umänderung mit vielem Fleiße. Schon im vorigen Jahre wurden viele Neuerungen bey der Armee eingeführt. Der Musketier bekam zu dem Bajonette, auch noch einen Säbel, oder ein sogenanntes Faschinenmesser. Die Uibungen der Krieger wurden mit einigen Aenderungen auf preusische Art vorgenommen; die strengste Disciplin bey dem Heere eingeführt, die Truppen vermehrt, und hauptsächlich eine ganz neue Oekonomieverfassung dem Kriegsstande gegeben. So

wur-

wurde im Monat Juny die Monturs-ökonomie-Hauptkommission errichtet, die jetzt in Wien ist, und Filiakommissionen zu Prag, Brünn, u. s. w. hat.

So wie Joseph besorgt war, den Kriegsstand auf einen furchtbaren Fuß zu setzen, und die dabey etwann herrschenden Mängel und Mißbräuche abzuschaffen; eben so sehr ließ Maria Theresia sichs angelegen seyn, den Gebrechen und eingerissenen Mißbräuchen in Absicht auf die Geistlichkeit abzuhelfen. Den 27ten März verordnete Sie, um den übermässigen Anwachs der Klöster vorzubeugen, daß künftighin nicht mehrere Kandidaten angenommen werden sollten, als vom 9ten May 1766 Geistliche gestorben, oder als gänzlich unbrauchbar von den Aerzten mit Zeugnissen erwiesen würden. Den 16ten Oktober wurde den Geistlichen auf das schärfeste untersagt, die Taxa Stolä nicht zu verletzen, und mehr für die geistlichen Funktionen zu nehmen, als die Stolæ Taxordnung zu nehmen erlaubt.

Den 28ten May verlohr Joseph seine zweyte Gemahlin Josepha, eine Prinzessin aus dem Hause Bayern. Sie starb an den Pocken in einem Alter von 27 Jahren und 10 Monaten. Maria Theresia wurde von dieser Krankheit angesteckt, und ihr Leben gerieth in Gefahr. Der größte Beweis der Liebe Ihrer Unterthanen erhellhellte bey dieser Nachricht. Ganz Wien und alle ihre Staaten geriethen in die größte Unruhe. Die Bestürzung war allgemein. In allen Strassen kündigte ein tiefes Stillschweigen das Schrecken, die Angst und die Furcht an, die geliebte Landesmutter zu verlieren. Die Kirchen waren täglich mit Bürgern von jedem Range angefüllt, welche laut um die Erhaltung dieser allgemein angebetheten Monarchinn zu Gott flehten. Die Burg war voll von Menschen, welche sich ängstlich um das Befinden der Kaiserinn erkundigten. Mütter ließen ihre Kinder das Bildniß dieser Fürstinn, ihrer Wohlthäterinn, küssen; mit einem Worte, alles fühlte den grossen Verlust, welchen das Land durch den Tod seiner Beherrscherinn leiden würde. Welche Freude belebte die Herzen aller Unterthanen, als es kund ward: Maria Theresia sey ausser Gefahr. Alle Kirchen, alle öffentlichen Plätze, alle Häuser ertönten von den lauten Ausrufungen: Es lebe Maria Theresia unsere Mutter.

Kaum war Maria Theresia genesen, so bewieß Sie ihrem Volke, wie sehr Sie von dessen ungeheuchelter Liebe gerühret sey. Sie befreyte die zwey lezten Klassen der Einwohner von der Kopfsteuer, und Ihre Großmuth ging so weit, daß Sie denjenigen, welche diese Steuer schon entrichtet hatten, dieselbe wieder zurückzahlen ließ. Ihre Erkenntlichkeit äußerte Maria

ria Theresia besonders gegen Ihrem Leibarzt, den Baron van Swieten, dem Sie ihr Bildniß einhändigte. Daß Theresia von Ihren Unterthanen aufrichtig geliebt wurde, gab der tyrolische Adel den grösten Beweis. Dieser nahm den verdienstvollen Leibarzt, Baron van Swieten zur Belohnung für die Sorgfalt, welche derselbe in der Krankheit der Kaiserinn bewies, zu seinem Mitgliede auf, und die Urkunde wurde für diesen grossen Gelehrten mit Genehmhaltung der Kaiserinn in den ehrenvollesten Ausdrücken abgefaßt. *)

Das Jahr 1768.

Den 27ten Februar 1768 wurde Wien und die umliegenden Gegenden durch ein gewaltiges Erdbeben nicht wenig gefähret. Schon am 24ten Morgens um drey viertel auf drey Uhr zeigte die Höhe des Merkurs eine ziemliche Wärme der damals ganz stillen und ruhigen Luft an. Der Himmel war völlig mit schwarzen gleichförmigen Nebeln, oder Wolken überzogen. Gegen halb zwey Uhr Nachmittag fingen die Fensterrahmen des Wohnzimmers des k. k. Astronoms, Paters Hell, an zu krachen, als wollten sie entzwey bersten; die Luft war noch immer ruhig. Nach einer Viertelstunde erhob sich plötzlich ein

F hef-

*) Dieselbe Ehre wiederfuhr ihm von den Krainerischen und Kärntnerischen Ständen.

heftiger Südwestwind mit vielen schnell aufeinander folgenden ununterbrochenen Stößen. Um zwey Uhr war die Luft wieder ruhig. Nach drey Viertel auf drey Uhr fing der astronomische Thurm an gewaltig zu beben, die fünf Schellen gaben einen Klang von sich, alles wurde bewegt, und man hörte ein unterirrdisches Getöse, das einem siedenden sprudelnden Wasser glich. Die Erschütterungen waren nicht schwankend, sondern kamen von unten herauf schnell auf einander, nicht anders, als wenn unter der Erde eine mineralische Materie in voller Gährung stünde. Diese Erschütterung dauerte länger als 30 Sekunden, in welcher Zeit etliche hundert der vorbeschriebenen Stösse mit erstaunender Geschwindigkeit folgten. Kaum hatte die Erschütterung aufgehört, so verspürte Pater Hell wieder einiges Krachen, aber nicht an den Fenstern, sondern in dem Holze der Scheidmauern des Wohnzimmers, als wollte es, nachdem es aus seiner vorigen Lage gehoben wurde, wieder in dieselbe zurücktreten. Alle diese Umstände gaben zu erkennen, daß dieses fürchterliche Erdbeben, dergleichen seit dem Jahre 1748 in Wien nicht ist bemerkt worden, von einer unterirdischen Entzündung einer Feuermaterie verursacht wurde. Eben dieses Erdbeben wurde vor drey Uhr Morgens den 27ten Februar zu Schottwien verspüret, wo viele Leute durch zwey hef-

tige

tige Stösse aus dem Schlafe gewekt wurden, und die Bewegung der Häuser, Felsen, und Berge in dieser Gegend war überaus heftig.

In der Nacht am 27ten Februar trat die Donau aus ihren Ufern, und überschwemmte die umliegenden Vorstädte und Auen. Joseph eilte auf die erste Nachricht der Gefahr selbst herbey, um durch seine Anstalten alle mögliche Mittel zur schleinigen Hilfe vorzukehren. Der Kaiser selbst scheute keine Gefahr. Er durchritt alle Gegenden, welche den Ueberschwemmungen am meisten ausgesetzt waren, und ließ sich endlich, ungeachtet des häufig treibenden Eises, in einen kleinen Kahn an das andere Ufer übersetzen, theils die nöthigen Befehle zu erlassen, theils den Nothleidenden Brod und Geld auszutheilen.

Diesem großen Zuge von Menschenliebe, und thätiger Vorsorge für das Wohl der Unterthanen verdient jenes Fest, das Maria Theresia nach der gänzlichen Herstellung der Erzherzoge Ferdinand und Maximilian, und der Erzherzoginn Theresia, welchen die Pocken eingeimpfet wurden, veranstaltete, an die Seite gesetzt zu werden. Die Kaiserinn Königinn ließ zu Schönbrun auf der grossen Gallerie fünf und sechzig kleine Knaben und Mädchen speisen, welchen die Pocken noch vor der Erzherzoglichen Familie glücklich eingeimpfet wurden. Maria Theresia selbst bediente ihre jungen Gäste, und schenkte jedem nach der Tafel einen Thaler.

Die nützliche Gewohnheit der Einimpfung zu begünstigen, bestimmte Maria Theresia ein bey Schönbrun liegendes Schloß zu diesem Endzwecke, wohin jeder die Kinder, denen man die Pocken einimpfen lassen wollte, schicken konnte; doch wurde die Einimpfung in dem Innern der Hauptstadt verbothen. Dem Müssiggange zu steuern wurde den 5ten November auf das schärfeste verbothen, künftighin freywillige von der Kirche und der Regierung nicht angeordnete Feyertage zu halten, wodurch das Landvolk von der Arbeit, und Besorgung seiner häuslichen Geschäfte abgehalten würde. Zur besserer Besorgung der geistlichen Geschäfte hatte Maria Theresia auch eine geistliche Kommission errichtet, die aber in der Folge wieder erlosch.

Das Jahr 1769.

Als einen grossen Beweis, wie sehr Maria Theresia von ihren Unterthanen geliebt wurde, kann man füglich jene beträchtlichen Summen rechnen, die Sie, ohne dieselbe zu fordern, sehr oft von Ihren Unterthanen erhielt. Zu Anfange des Jahres 1769 schickten die österreichischen Niederlande Ihrer Monarchinn, als die Vermählung der Erzherzoginn Amalia bekannt gemacht wurde, eine und eine halbe Million zum Geschenk für die durch die Vermählung verursach-

ten

ten Unkösten. Wie sehr muß diese Fürstinn von diesem Volke, das so freywillig einen Theil seines Vermögens bey jeder Gelegenheit hergab, geliebt worden seyn!

Im Monat May wurden zwischen Oesterreich und Frankreich die Gränzstreitigkeiten in Flandern berichtiget, und dadurch die Dauer der Freundschaft beyder Mächte noch mehr befestiget.

Joseph hatte indessen seine zweyte Reise angetreten, und langte den 15ten März zu Rom an. Die Strassen, wo er durchfahren mußte, wimmelten von Menschen, und ein lautes Freudengeschrey: Es lebe der Kaiser! erhob sich an allen Ecken. Joseph schickte die Garde, die ihm war zugesandt worden, alle Deputirten und die Fürsten, welche gekommen waren, ihm aufzuwarten, wieder weg mit der Antwort: er halte sich incognito hier auf!

Den 20ten März trat der Kaiser mit seinem Bruder, dem Großherzoge von Florenz, ins Conclave, wo die Kardinäle versammelt waren, ein Oberhaupt der Kirche zu wählen.

Joseph sagte den versammelten Kardinälen: Ich wünsche, daß Sie ohne Vorurtheile und Partheylichkeit einen Pabst wählten, der würdig und geschickt ist, die Rechte und Würde der Religion zu behaupten. Dann fragte er: bey welcher Wahl man am längsten im Conclave verweilet habe? Auf die Antwort, daß dieses bey der Wahl Benedikts des XIV. geschehen sey, erwiederte er: Möchte es auch ein Jahr dauern, wenn nur wieder ein Papst, wie Benedickt der XIV, gewählt würde." Josephs Wünsche wurden in der Wahl des Ganganelli erfüllt.

Von Rom reiste Joseph nach Neapel, Florenz, Parma, und Turin, wo er überall alle Merkwürdigkeiten besah. In Turin führte der Herzog von Chablais den Kaiser zum König, welcher ihn unten an der Treppe empfing." Ich habe das größte Verlangen gehabt, redete Joseph den König an; Sie zu kennen, um von einem Manne, wie Sie, die Regierungskunst zu lernen, und von Ihrem Unterricht Vortheil zu ziehen. Erlauben Sie, daß ich bey Ihnen, wie einer von Ihrer Familie, seyn darf. Joseph hielt sich acht Tage zu Turin auf, und hatte öfters sehr lange Unterredungen mit dem Könige. Von Turin reißte er nach Mayland, wo er die Angelegenheiten des Staats mit vielem Eifer betrieb. Täglich gab er alle Morgen zwey Stunden Audienz, und Nachmittags arbeitete er mit den Ministern. Da die Lombardey von den zu den Abgaben bestellten Einnehmern sehr gedrückt wurde, so schickte er die ihm überreichten Bittschriften nach Wien, und stellte der Kaiserinn Königinn die Beschwerden dieses Landes vor: Er selbst verminderte die in diesem Lande jährlich zu erhebenden Auflagen um 200000 Gulden.

Von den Ausländern bewundert, und von seinen Unterthanen geliebt kehrte Joseph in die Residenzstadt zurück, wo er aber nicht lange verweilte, sondern eine Reise nach Schlesien antrat.

Joseph reiste nach Mähren in das Lager bey Olschan. Auf der Strasse zwischen Brünn und Raudnitz bey dem Dorfe Posowitz sah er den 19ten August einen Bauern den Acker pflügen. Der Kaiser stieg aus, nahm den Pflug, und ackerte zwey Furchen. Er beschenkte dann den Bauer, und fuhr nach Ollschan.

Noch im nämlichen Sommer reiste Joseph, von dem Helden Loudon, dem Feldmarschall Lacy, und dem Obriststallmeister Grafen von Dietrichstein begleitet, in das Lager bey Neisse, wohin Friedrich II. in Gesellschaft des Kronprinzen Friedrich Wilhelm und einiger Generale dem Kaiser entgegen gekommen war. Beyde Monarchen empfingen sich mit Lobsprüchen, und Komplimenten. Friedrich schätzte diesen Tag für den glücklichsten seines Lebens; und Joseph versicherte den König: daß nun alle seine Wünsche erfüllt wären.

Maria Theresia, eine wahre eifrige Schätzerin der Künste und Wissenschaften, und dankbar gegen wahre Verdienste, errichtete ihrem Leibarzt, dem Baron van Swieten ein Denkmal ihrer Erkenntlichkeit. Dieser grosse Mann war

war Commandeur des St. Stephansorden, Präsident der medizinischen Fakultät, Präsident der Bücherzensur, und kaiserlicher Bibliothekar. Er war ein grosser Beförderer der Wissenschaften, und durch sein Bestreben ward wahre Aufklärung in Oesterreich verbreitet. Das Andenken seiner Verdienste bey der Nachwelt zu erhalten, und ihn zum Muster seiner Nacheiferer in den Wissenschaften zu setzen, wurde das Brustbild des Barons van Swieten von Metall auf einem marmornen Fussgestelle im dem medizinischen Hörsale aufgerichtet, dem die schmeichelhaftesten, diesem grossen Gelehrten verdienten Innschriften beygefügt wurden.

Das Jahr 1770.

Dieses Jahr zoh das Band, welches zwischen Oesterreich und Frankreich befestiget war, noch enger zusammen. Maria Antonia wurde mit dem Enkel Ludwigs XV., der itzt Frankreich unter dem Nahmen Ludwig XVI. beherrschet, vermählet. Dieses Fest setzte Wien und Paris in lauten Jubel.

Nach der Abreise der Erzherzoginn Maria Antonia trat der Kaiser seine Reise nach Ungarn an, wo er überall durch seine herablassende Güte, und durch seine Veranstaltungen den herrschenden Fehlern und Mängeln abzuhelfen, die Herzen seiner Unterthanen gewann. Nach seiner Zurückkunft aus Ungarn ging Jo-

seph

seph nach Neustadt in Mähren, wo er zum zweyten Male den 3iten September mit dem Könige von Preusen eine Zusammenkunft hatte.

Der Kaiser erhielt von der Pforte die Einladung, durch seine und des Berliner Hofes Vermittlung, die Uneinigkeiten zwischen ihr und den Russen beyzulegen, welche auch angenommen wurde.

Zu Beförderung der Wissenschaften, und Verbreitung der Aufklärung hatte Maria Theresia schon im Jahr 1745 zu Wien das adeliche nach ihrem Namen betitelte Theresianische Kollegium gestiftet. Nun errichtete sie zu Mayland einen ökonomisch politischen Lehrstuhl, den der Marquis von Beccaria erhielt; ferner zu Wien eine Pflanzschule für Landschullehrer, worinn jeder, der ein solches Lehramt erhalten wollte, unterrichtet werden, und von den Vorstehern die Zeugnisse seiner hinreichenden Fähigkeiten vorzeigen mußte. Zu Beförderung der Handlungswissenschaften stiftete diese weise Monarchinn eine Handlungsschule, welche zu Wien unter dem Namen der Realschule bekannt ist. In dieser Schule werden sechs und zwanzig Zöglinge in der Schreib- und Rechenkunst, im Zeichnen, in der auf die Handelschaft sich beziehenden Erdbeschreibung, in dem Kaufmannsstil, in den vornehmsten Sprachen, und in der Sittenlehre im

Absicht auf die Handlung von vier Lehrern unterrichtet.

Bemüht, ihre Unterthanen von jeder Bedrückung zu befreien, hob Maria Theresia das sogenannte Jus mitræ *) der Aebte und Prälaten auf, und verboth, künftighin unter dieser Benennung einige Abgaben mehr von den Unterthanen zu fordern. Nicht minder geboth Maria Theresia, daß bis zum 31. Dezember 1771 alles Schwarzwild entweder abgeschossen, oder in verwahrten Thiergärten aufbehalten werden sollte, und erlaubte jedem, der ein solches Wild auf freyem Felde antreffen würde, dasselbe, gleich jedem andern Raubthiere, zu fällen. Im Monat November machten Maria Theresia und Joseph

*) Dieses Jus mitræ entstand durch die Abgabe, vermög welcher bey den Erbfällen von der Seitenlinie zehn von Hundert an den Staat bezahlt werden mußten. Dieser Abgabe mußte sich jeder neuerwählte Prälat unterwerfen. Die Abteyen kamen über die auf einmahl zu bezahlende Summe mit dem Fiskus überein; forderten aber bey jedesmaliger Veränderung eines Abts jedem ihrer Vasallen einen Zehenden ab. Sie lezten also aufs den Vorschuß und die Kapitalien ihrer Unterthanen eine Abgabe, welche nur von den Ersparnissen der nach abgezogenen Unkosten gewissern Einkünften des Abtes sollten gehoben werden. Auf solche Art zogen sie hundertfach die dem Staat vorausbezahlten Summen.

seph eine Verordnung kund, daß alles Getreide, welches in ihre Staaten eingeführet würde, von allen Abgaben frey seyn soll.

Den Tag, an welchem Joseph, die erste aller Künste zu adeln, im vorigem Jahr den Pflug gelenkt hatte, zu verewigen, ließ der Fürst Wenzel von Lichtenstein, Eigenthumsherr des Dorfes Posowitz, ein prächtiges Denkmal von Marmor mit allegorischen vergöldeten Figuren auf demselben Acker errichten. Dieses Denkmal wurde am 19ten August in Gegenwart eines zahlreichen Adels, unter dem Schall verschiedener Instrumente, und dem Donner der Kanonen gesetzt. Es hat folgende Innschrift:

Jmp. Cæs. JOSEPHO
divi FRANCISCI et M. THERESIÆ aug.
pio Filio aug.
quod is anno MDCCLXIX
mense Aug. die 19.
ad excitandam populorum industriam
ducto per totum hoc jugerum aratro
agriculturam humani generis nutricem
nobilitavit,
communibus ordinum Moraviæ votis
monumentum posuit
JOSEPHUS WENCESLAUS, princeps
à LICHTENSTEIN.

Der Pflug, dessen sich der Monarch bedient hatte, wurde in Scharlach gewickelt, und in die

die Hände der Repräsentanten der mährischen Stände überliefert. Dem Pflugeisen wurde folgende Innschrift eingegraben.

Præsidente in inclyto Cæsareo
regio Gubernio
et supremo marchionatus Moraviæ
capitaneo
comite ANTONIO FRANCISCO
à SCHRATENBACH,
hic loci Brunæ patris
sibi penates inhabitante
die 19 circa
quintam pomeridianam
proficiscens ad castra Olschana
prope pagum Clavikowis
JOSEPHUS II. Cæsar romanus,
hoc aratro ruri Andrea
Trnca liras araverat binas,
gubernante principe JOSEPHO
à Lichtenstein
in suo Dominio Posowitz
in perpetuam rei memoriam:
hocce aratrum per actualem
equidem dominii directorem
Joannem Nep. Ignatium Thomam,
in proprias Statuum Moraviæ
manus consignante.

Dieses Denkmal, welches von der Achtung zeigte, welche Joseph für den Ackerbau hatte,

erward ihm die Liebe des Landmanns unendlich. Auch rechtfertigte Josephs ganzes Betragen die grosse Erwartung, welche seine Unterthanen sich von ihm damals machten. Einfach in seinem Betragen, entfernt von allem Prunke, wandelte er, wie ein Privatmann gekleidet, ohne Wache in den Strassen von Wien, um alles selbst zu sehen, selbst zu hören. Gern sprang er den Unglücklichen bey; und vernahm, ohne beleidiget zu werden, die Wahrheit.

Auf einem seiner Spaziergänge sah Joseph ein junges Mädchen, das einen Bündel trug, und herben Gram in seinen Mienen ausdrückte. Das Mädchen machte Eindruck auf ihn. Mit aller Wohlanständigkeit fragte er dasselbe: ob er, ohne unbescheiden zu scheinen, wissen dürfe, was es hier trage? Das Mädchen sagte ihm, daß es einiges Geräthe der Mutter verkaufen wolle. Weinend setzte es hinzu: dieß sey das lezte, was sie noch haben; daß die Mutter die Wittwe eines verdienten Offiziers sey, der mit Ruhm unter den kaiserlichen Truppen gedient, und nie die Belohnung erhalten habe, die er mit Recht erwarten konnte." Sie hätten, sagte der Monarch, dem Kaiser eine Bittschrift einreichen sollen. Haben Sie keinen Bekannten, der ihre Sache demselben empfehlen könnte? Das Mädchen nannte ihm einen von den Hofleuten, und fügte hinzu, wie dieser sich

frucht-

fruchtlos bemühet habe; daß sie also von der Großmuth des Kaisers nichts erwarten dürften. Sie sind hintergangen, sagte Joseph. Hätte der Kaiser Ihre Lage gekannt, er würde Rath geschafft haben. Er ist nicht so, wie er Ihnen geschildert wurde. Machen Sie eine Bittschrift, bringen Sie mir solche morgen um die und die Stunde in die Burg, ich selbst werde Sie und Ihre Bittschrift dem Kaiser vorstellen. Indessen verkaufen Sie Ihr Geräthe nicht. Ich will Ihnen zwölf Dukaten vorstrecken, bis wir den Ausgang unserer Bemühungen gesehen haben. Mit diesen Worten verließ Joseph das Mädchen und erkundigte sich bey den Oberoffizieren des Regiments, unter welchem der Vater dieser jungen Person gedient hatte, aufs genaueste nach allen Umständen, die ihm das Mädchen erzählt hatte. Er fand, daß man ihn nicht hintergangen habe, und daß seine Wohlthat nicht am unrechten Orte angebracht sey.

Den andern Morgen verfügte sich das Mädchen, von seinen Verwandten begleitet, in die Burg. Der Kaiser ließ dasselbe vorkommen. Es erschrak, da es nun seinen Monarchen erkannte, und fiel in Ohnmacht. Sobald das Mädchen sich erhohlt hatte, übergab ihm Joseph die Ausfertigung einer Pension für die Mutter, davon die Hälfte auf die Tochter fallen sollte, im Fall die Mutter stürbe. Ich bitte Sie und ihre

Mut-

Mutter um Vergebung, sagte der gütige Regent, daß Sie so lange im Elende schmachten mußten. Sie sehen, daß es nicht meine Schuld war. Wenn jemand in Zukunft von mir übel spricht, so fodere ich von Ihnen weiter nichts, als daß Sie meine Parthie ergreifen.

Dieser Vorfall veranlaßte den Kaiser, einen Tag in der Woche zu bestimmen, wo jeder ohne Unterschied des Ranges Ihm selbst seine Bitt- oder Klagschrift überreichen, oder auch mündlich sein Anliegen vortragen konnte; und er verboth auf das strengste, keinen Menschen, wer er auch immer sey, an diesem Tage abzuweisen.

Einst besuchte Joseph ganz unvermuthet einen armen Offizier, den Vater einer zahlreichen Familie. Joseph fand ihn mit zehn Kindern und einem Waisen, den er ungeachtet seiner eigener Dürftigkeit angenommen hatte, am Tische. Dieser Anblick rührte den Kaiser. Ich wußte, sagte er dem Offizier, daß sie zehn Kinder haben; wer ist das eilfte? " Ein armer Waise Euer Majestät, den ich an meiner Hausthüre gefunden habe. Ich dachte, wo zehn Kinder essen, kann auch das eilfte sich sättigen, und so nahm ich es als mein Kind an. " Eine Thräne entquoll Josephs Auge. " Von nun an, sagte er, sind alle Kinder meine Kostkinder. Fahren Sie fort, würdiger Mann, denselben Beyspiele der Ehre und Tugend zu geben.

Ich

Ich werde für jedes zweyhundert Gulden zahlen Morgen können Sie bey meinem Zahlmeister das erste Vierteljahr dieser Pension erheben Für Ihren ältern Sohn will ich sorgen, und mache ihn zum Lieutenant."

Diese Züge von Güte, und Menschenliebe unterwarfen dem Kaiser alle Herzen seiner Unterthanen, und rechtfertigten die Erwartung von Glückseligkeit, die sich jeder unter seinem Zepter versprach.

Die dem guten Leumund der Männer so schädliche Gewohnheit, den Nahmen der Väter unehlicher Kinder in das Taufbuch einzutragen, gänzlich abzuschaffen, verordnete Maria Theresia den 20ten July, daß künftighin, diese Vormerkung des Nahmens, wenn es der Vater selbst nicht ausdrücklich verlangte, bey Strafe unterbleiben soll, wenn auch die Mutter den Vater angäbe, oder sonst die größte Wahrscheinlichkeit da wäre, daß dieser und dieser Vater zum Kinde sey. Ferner geboth Maria Theresia den 13ten Oktober, daß alle Studien bey den geistlichen Orden nach den Lehrbüchern und Grundsätzen der Wiener Universität gelehret werden sollen. Den 17ten Oktober wurde untersagt, die Ordensgelübde vor dem vollen 24ten Jahre abzulegen.

Das

Im Jahre 1771 besuchte Joseph die Nonnenklöster zu Wien und in einigen andern Orten. Er fand, daß viele sich weder mit Erziehung der Kinder, noch mit Wartung der Kranken beschäftigten, und schickte diesen eine ziemliche Menge Leinwand, woraus die Nonnen für den gemeinen Soldaten Hembder verfertigen mußten. Nicht minder verordnete Maria Theresia zu Abstellung jenes Misbrauches, dessen sich die Geistlichen bey den Sterbenden bedienten, um ansehnliche Vermächtnisse für sich und ihre Klöster zu erhalten, daß künftig kein Geistlicher bey Aufsetzung eines Testamentes gegenwärtig seyn soll.

Je mehr Joseph unter seinem Volke wandelte, je mehr es denselben handeln sahe, desto lieber gewann es ihn. Aus allem, was dieser Monarch that, leuchtete Güte, Menschenliebe und Gerechtigkeit hervor. Schon zu Ende des Jahres 1770 drohte allgemeiner Getreidmangel dem ganzen Lande. Joseph ließ das in den kaiserlichen Magazinen befindliche Getreide für einen gesetzten leidentlichen Preis zum allgemeinen Besten auf die Märkte führen, und da verkaufen. In Böhmen und Mähren, wo die Noth am größten war, wiewohl sehr viel Getreide aus Ungarn dahin geführet wurde, setzte er eine eigene Kommission nieder, welche daselbst sämmtliche Landgüter, und Herrschaften und den Vorrath am Getreide genau untersuchen mußte. Nun zeigte es sich, daß die bisherige Theurung nicht sowohl aus Mangel der Früchte entstanden, sondern durch die Gewinnsucht der Güterbesitzer und Wirthschaftsbeamten verursacht worden war; denn man fand einen so grossen Vorrath an Getreide, der kaum in zwey Jahren aufgezehret werden konnte. Joseph verordnete nun, daß jeder Gutsbesitzer, oder Beamter seinen Unterthanen das nöthige Sämengetreide unentgeldlich abliefern, der Unterthan aber nach der Erndte dasselbe in Natura wieder ersetzen sollte. Ferner wurde gebothen: jeder soll bey seinem Gewissen anzeigen, wie viel er zu seiner eigenen Haushaltung bis nach der Erndte bedürfe? Dieses wurde ihm gelassen, der Uiberfluß aber um baares Geld in einem gesetzten Preise abgekauft, nach den errichteten Magazinen geführt, und daselbst öffentlich verkauft. Damit diese dem allgemeinen Wohl so ersprißliche Verordnung genau befolgt werde, wurde jedem Kommissar ein Kommando Soldaten zugegeben, wodurch sich der gute Erfolg davon gar bald zeigte; denn in kurzer Zeit fiel der Preis des Getreides über die Hälfte. Diese Vorsorge für das allgemeine Wohl machte den Kaiser zum Gegenstand der Liebe aller seiner Unterthanen; doch in diesem Jahre erwarb er sich dieselbe in dem höchsten Grade.

Un-

Ungeachtet aller Bemühungen womit Joseph dem Brodmangel abzuhelfen suchte, wuchs derselbe doch so plötzlich, daß viele tausende vom Hunger aufgerieben wurden. Niergend war die Noth grösser, als in Böhmen; besonders an dem schlesischen und sächsischen Gebürge. Die armen Leute kochten Heu, mahlten Baumrinde, vermengten dieselbe mit ein wenig Kleien, und buken Brod daraus, welches sie aßen. Diese elende Kost mußte nothwendiger Weise ihre Gesundheit zerstören. Die meisten schwollen auf, und starben unter den gräßlichsten Schmerzen dahin. Uiber siebenzig tausend Menschen wurden so hingeraft; und vielleicht hätte der Mangel noch mehrere getödtet, wäre nicht Joseph mit Vatersliebe zu ihrer Rettung herbey geeilet.

Dieser Mangel hatte alle die greulichen Folgen, welche die Noth veranlasset. Aufruhr, Räubereien und Todschläge machten das ganze Land unsicher. In Prag, wo man gegen Ende des Monats May zwey ganzer Tage kein Brod hatte, rottete sich der Pöbel zusammen, forderte laut auf der Strasse Brod, und mißhandelte viele Personen, die er Schuld an dieser allgemeiner Noth zu seyn glaubte. Der General Wied, kommandirender General in Böhmen, berichtete den elenden Zustand nicht nur der Hauptstadt, sondern des ganzen Landes an den Kaiser. Kaum erhielt dieser die Nachricht davon, so eilte er um sich selbst davon zu überzeugen, die Ursachen dieser schrecklichen Noth zu entdecken, und die besten Mittel, derselben abzuhelfen, anzuordnen. Noch an demselben Tage fuhr er von Wien ab, und bereiste alle Kreise in Böhmen. Im Gebirge, wo die Noth am größten, und fast kein Haus war, wo nicht drey, bis vier auch mehrere Kranke lagen, trat er in die schlechtesten Schaubhütten, und die Szenen des Elends, die er da antraf, rührten ihn bis zu Thränen. Da lagen oft zwey, drey mit dem Tode ringende, vom Hunger abgezehrte Kranke neben einem, der schon die Schuld der Natur bezahlt hatte. Vergebens stellte man ihm die Gefahr vor, welcher er seine eigene Gesundheit aussetzte. " Ich bin ihr Vater! sagte der gerührte Monarch. Es ist meine Pflicht, daß ich selbst das Elend und die Noth meiner Kinder sehe.

Joseph unterredete sich mit allen, von denen er glaubte, daß sie ihm einigen Aufschluß geben könnten. Er forschte genau nach der Ursache dieses allgemeinen Elends, worin er seine Unterthanen schmachten sah, und hörte: daß theils die Grausamkeit der Steuereinnehmer, welche dem armen Landmanne alles bis auf die letzte Garbe wegnahmen, theils die Dienstbarkeit, worunter das Land seufze, Schuld sey. Mit der herablassendsten Güte versprach er allen Hülfe,

se, ließ die schuldigen Steuereinnehmer ins Gefängniß werfen, und schrieb seiner großen Mutter die elende Lage, worin er das Land gefunden hatte, mit der Bitte: sobald als möglich, Mehl und Getreide nach Böhmen zu schicken.

Maria Theresia, gerühret von dem Elende ihres Volkes, welches glücklich zu machen ihr einziges Bestreben war, gab die gemessensten Befehle, der Noth in Böhmen zu steuern. Die Strassen von Wien bis Prag waren mit Wagen bedeckt, welche Lebensmittel dahin führten. Dem Landmann wurde der Samen vorgestreckt, und den Dürftigen Reis und Brod unentgeldlich hergegeben.

Nun besuchte Joseph Prag, wo er unter die Dürftigen Brod austheilen ließ. Die Feldbäcker erhielten den Auftrag, auch für den Bürger von dem für das Militär vorräthigem Mehl zu backen, und so dem Mangel abzuhelfen. Joseph war da so sehr mit dem Wohl seiner Unterthanen beschäftiget, daß er nicht ein einzigesmal die Schaubühne besuchte. Als man ihn dazu einlud, sagte er: Ich habe hier zu viel Geschäfte, um meine Zeit mit Zerstreuungen zu verlieren. Von dieser landesväterlichen Güte gerührt, hielten die Einwohner der Stadt Prag am 11ten Juny ein feyerliches Dankfest. Auch die Judenschaft feyerte den 12ten die Gnade des Kaisers. In allen Synagogen wurde

 ein

ein Bethtag gehalten, und von den Vorsängern ein Dankgebeth abgelesen.

Joseph ließ sich nun angelegen seyn, eine hinlängliche Anzahl Vorrathhäuser zu errichten, welche jedesmahl auf zwey Jahre versehen seyn mußten. Diese Vorrathshäuser waren von den militärischen ganz unabhängig. Sobald alle seine Anstalten pünktlich vollzohen waren, kehrte er von den Segenswünschen seiner Unterthanen begleitet nach Wien zurück, um auch da durch seine Gegenwart und gute Anstalten dem Mangel abzuhelfen. Er besuchte mehrmahl des Tages die auf seinen Befehl in der Residenzstadt errichteten Brodhütten, und hatte darauf acht, ob seine Befehle pünktlich vollzohen wurden. Auf seinen Befehl wurde auf allen Gründen der Stadt Wien eingesagt, daß sich alle Kranke, Unvermögende und Arme bey dem Richter ihres Grundes melden sollten. Sie wurden von drey hiezu bestellten Kommissaren, die auf den Gründen herumgehen mußten, aufgeschrieben. Die Kranken kamen in die Spitäler, den gesunden Armen wurde Brod und andere Lebensmittel unentgeldlich ausgetheilt.

Da Joseph erfahren hatte, daß durch die Unmenschlichkeit der Kornwucherer der Brodmangel so sehr eingerissen war, und in Böhmen sogar die Geistlichkeit und einige Vornehme vom Adel dieses schändliche Gewerbe getrieben

ben haben sollten, so ließ er die strengsten Gesetze dagegen ergehen, und befahl, jeden, der als ein Kornwucherer entdeckt würde, ohne Ansehen des Standes auf das schärfeste zu bestrafen.

Dem Kaiser genügte es nicht, die Mängel und Ursachen des Drucks seiner Unterthanen eingesehen zu haben, er wollte demselben abhelfen. Die Juden hatten den größten Theil der Abgaben in Pachtung. Durch sie wurden die Unterthanen gewaltig gedrückt, und diesem Mißbrauche wollte Joseph steuren. Er gab seiner großen Mutter einen treuen Bericht von allem, und diese gütige Monarchin verordnete auf der Stelle, daß, in der Folge alle in ihren Staaten auf die Lebensmittel gelegte Abgaben, verrechnet, und nicht verpachtet werden sollten; auch verboth sie, künftighin dazu keinen einzigen Juden zu gebrauchen. Gleichfalls wurden auch alle Verpachtungen der Einkünfte und Kammergüter in der österreichischen Lombarden aufgehoben, und an deren Statt wurde eine Rechnungskammer errichtet.

Zu Emporbringung des Handels ernannte Maria Theresia eine Kommission, welche den Lauf der in Oesterreich und Böhmen befindlichen Flüsse untersuchen mußte, um die gehörigen Maaßregeln zu treffen, diejenigen Flüsse, welche in die Donau oder Elbe sich ergiessen, schiffbar zu machen. Maria Theresia wollte dadurch

durch nicht nur das Kommerz, sondern auch bey sich ereignender Hungersnoth die Verführung der Lebensmittel in die verschiedenen Provinzen erleichtern.

Theresiens größtes Augenmerk war immer die Erziehung der Jugend. Sie wußte, wie viel dieselbe zur Glückseligkeit der Bürger beytrage, und darum bemühte sie sich, das Schulwesen auf den besten Unterricht zu gründen. Den 2ten Jenner wurde die bey St. Stephan angelegte mit der Hauptschule vereinigte Normalschule mit aller Feyerlichkeit eröfnet, und dieselbe nach und nach auf dem Lande eingeführt. Nicht weniger entgieng die Landwirthschaft Marien Theresiens Sorgfalt. Den 4ten May wurde durch eine öffentliche Nachricht die Einführung einer Schule der Landwirthschaft angezeiget. In dieser Schule wurde die Theorie davon gelehret, auf einer Herrschaft aber die praktische Anweisung derselben in allen ihren Theilen gegeben.

Den 17ten August verboth Maria Theresia, keine neuen Bruderschaften mehr zu errichten, zugleich verordnete Sie, die schon bestehenden zu untersuchen, und diejenigen, welche wider die Kirche, oder den Staat anstössige Satzungen enthielten, aufzuheben.

So sehr Maria Theresia eine eifrige Verehrerin der Religion war, eben so sehr haßte

sie

sie alle andächtige Mißbräuche; besonders, wenn dieselben zum Müssiggange und andern Lastern verleiten. Überzeugt, daß die wahre Anbetung Gottes und Verehrung seiner Heiligen in der Erfüllung der Pflichten, und einem reinen Herzen bestehet, daß die vielfältigen Feyertage den Landmann nicht nur in seinen Arbeiten hindern, sondern ihn sogar zu gefährlichen Ausschweifungen führen, hatte Sie schon 1753 die große Anzahl der Feyertage vermindert. Da aber die Erfahrung Sie lehrte, daß dem ungeachtet der Feyertage noch immer zu viel seyen, so verlangte sie vom Papst die Abschaffung der meisten Feyertage, welches ihr auch bewilliget wurde. Den 6ten Oktober wurde die vom Papste hierüber ausgefertigte Bulla öffentlich bekannt gemacht, und allen Obrigkeiten auf das schärfeste aufgetragen, sorgfältig zu wachen, damit das Volk an den aufgehobenen Feyertagen sich nicht unter dem Vorwand, den Tag dieses oder jenes Heiligen zu verehren, dem Müssiggange widme. Den Ordenskandidaten wurde unterm 26ten August verbothen, nicht mehr als 1500 fl., unter was immer vor einem Vorwande ihrem Kloster zuzubringen. Am 29sten August hob Maria Theresia alle Klosterkerker auf. Den 4ten September wurde allen Geistlichen untersagt, sich bey Testamentsfertigungen brauchen zu lassen, und den Ordensgeistlichen sogar im

 Noth-

Nothfalle die Fähigkeit eines Zeugen bey Testamenten benommen. Ingleichen wurde allen Geistlichen verbothen, Geld ausser Landes unter was immer vor einem Vorwande zu verschicken.

Das Jahr 1772.

Ungeachtet aller Sorgfalt, mit welcher Maria Theresia und Joseph dem in ihren Staaten eingerissenen Brodmangel abzuhelfen suchten, hatte die Noth im Jahre 1772 noch nicht gänzlich nachgelassen. Der Kaiser, gerührt von dem Elende seiner Unterthanen, stellte dem Grafen von Kaunitz, Landeshauptmann von Mähren, 60000 fl. für diese Provinz zu, um dieses Geld unter die Nothleidenden auszutheilen. Joseph wollte nicht, daß dieses Werk seiner Liebe bekannt wurde; aber Maria Theresia erfuhr es doch und ließ, um dem Beyspiele ihres Sohnes zu folgen, eine gleiche Summe unter die nothleidenden Unterhanen des Königreichs Böhmen vertheilen.

Eine Menge arme und kranke Ausländer suchten in Theresiens Staaten einen Zufluchtsort. Man stellte der Monarchin vor, daß es nöthig wäre, damit nicht durch diese Einwanderer die Krankheiten im Lande verbreitet werden, einen Cordon zu ziehen, um jedem Preshaften, und Armen die Betretung der kaiserlichen Staaten zu verwehren. Maria Theresia, deren Herz alle Menschen mit warmer Liebe umfaßte, antwortete: „Die Lage dieser Unglück-

„lichen

„lichen, ihre Armuth, ihr kränklicher Zustand
„geben denselben das größte Recht auf mein
„Herz; ja es ist eine Ursache mehr, diese Un-
„glücklichen in meine Staaten aufzunehmen,
„sie zu trösten, ihrer zu pflegen, und sie in
„Spitäler unterzubringen, sobald sie nir-
„gend anderswo Hülfe erwarten können!

Den 18ten Juny verlor Oesterreich einen seiner größten, verdienstvollesten Männer, den k. k. Leibarzt, Baron van Swieten. Er starb zu Hiezing nächst Schönbrun im zwey und siebenzigsten Jahre seines Alters. Ihm hat Wien den blühenden Zustand der Wissenschaften zu danken. Sieben und zwanzig Jahre arbeitete er unermüdet, alle Hindernisse, die sich ihm dabey im Wege stellten, zu überwinden. Er ist der Wiederhersteller der Arzneykunst, und der Studien, und sein Kommentar des Boerhave hat ihn unsterblich bey der gelehrten Nachwelt gemacht. Er war ein Mann von den strengsten Sitten, und genoß darum und seiner vorzüglichen Kenntnisse wegen der ausgezeichnetesten Hochachtung seiner Monarchinn. Maria Theresia besuchte ihn während seiner Krankheit sehr oft, und nach seinem Tode befahl sie, den entseelten Körper bei den Augustinern zu Wien in der Kapelle, wo die Asche berühmter Helden und andrer großer und um den Staat verdienter Männer ruhet, bey zu setzen. Sie ließ ihm zum immer-

immerwährenden Zeichen ihrer Achtung und Liebe ein Denkmal errichten, worauf folgende Grabschrift mit goldenen Buchstaben eingeätzet ist:

Maria Theresia Aug.
Memoriae
Gerard. L. B. van Swieten
Ord. S. Steph. Commen. Consiliar.
Aul. Architrorum. Comitis.
Studii restauratoris
Rei. Med. Bibliothec. Palat. ac libror.
Cens. Praesid. Paris. Petrop.
Variarumq. Academ. Membri.
Nat. VII. Maii M. D. CC. christiani et
Heroice. vitâ funct. XVIII. Jun.
MDCC. LXXII.
ob
Laborum. indefessum eminentem
Doctrinam. integritatem. Sinceritatem.
Constantiam. poni. jussit.

Noch immer war Maria Theresia aufmerksam, die im Religionsfache schädlichen Vorurtheile auszureuten. Den 11ten April wurden alle Prozessionen in- und ausser Landes, wo man über Nacht ausbleiben muß, verboten, und nur eine aus der Hauptstadt nach Maria Zell erlaubt, wenn sie vorher üblich war. Ferner gebot die Monarchinn unterm 14ten August, daß künftighin der Eingang in die Gruften nicht mehr in der Kirche, sondern ausserhalb derselben

ben seyn soll; daß kein Körper mehr in den Kirchen zu begraben sey, wenn er nicht recht dick mit ungelöschtem Kalk bestreuet wäre, auch sollte dieses bey allen sowohl in Städten als auf dem Lande, welche an einer epidemischen Krankheit stärben, beobachtet werden. Auch wurden die Klöster angehalten, die ihnen wegen ihrer Brüder zugekommenen Steckbriefe der weltlichen Obrigkeit vorzuzeigen.

Zu Vermeidung eines allgemeinen Krieges kam 1772 zwischen den Höfen von Wien, Petersburg und Berlin ein Vertrag zu Stande, wodurch jedem ein Stück des angränzenden Pohlens zugetheilt wurde. Der Kaiser ließ nun seine Truppen in Pohlen einrücken, um von demjenigen Theile, der ihm als Eigenthum zuerkannt wurde, Besitz zu nehmen.

Den 20ten September wurde der Graf von Pergen nach Lemberg abgeschickt, um in der Eigenschaft eines bevollmächtigten Kommißars und Gouverneurs im Nahmen ihrer K. K. Majestäten von dem Antheil Pohlens feyerlichen Besitz und die Civilverwaltung darüber zu nehmen.

Das Jahr 1773.

Maria Theresia began das Jahr 1773 mit weisen Einrichtungen für die neu erhaltenen Provinzen in Pohlen. Es wurde eine für diese neue Besitzungen weise, und angemessene Administration niedergesetzt, der es oblag, die innere re Verfassung der übrigen Erbstaaten immer mehr und mehr gleichförmig zu machen. Durch eine Verordnung machte Sie bekannt, daß künftighin alle Pachtung, Landwirthschaften, Starosteyen der Krone angehören sollen; doch wurde allen jenen, die sich dem österreichischen Zepter unterworfen hatten, die lebenslängliche Nutzniessung von diesen Gütern gestattet. Den Gesandten und auswärtigen Ministern ließ die Monarchinn ein Manifest einhändigen, worin Sie ihre gerechte Ansprüche auf die von ihr in Besitz genommenen Provinzen von Pohlen auseinander setzte. Diese Ansprüche gründen sich auf die Gerechtsame des Königreichs Ungarn, und der Krone Böhmen.

Den 27ten Dezember wurde die Huldigung mit vieler Pracht und Freude zu Lemberg gefeyert, worauf folgende Denkmünze in Gold, und Silber geprägt wurde. Auf der einen Seite sind die Brustbilder beyder K. K. Majestäten mit der Inschrift Josephus II. M. Theresia. Augg. Auf der Rückseite sitzt eine Oesterreich vorstellende Frauensperson, deren rechter Arm auf dem österreichischen Wappenschild ruht, und in der linken Hand haltet sie einen Oelzweig. Zu ihren Füssen liegen die zwey Wappenschilder des Königreichs Galizien, und Lodomerien. Vor ihr kniet eine andere Frauensperson, welche Galizien vorstellet, und die rechte Hand auf ihre Brust hal-

haltet. Die Umschrift ist: Antiqua jura vindicata. Unter dem Fußgestelle ist folgende Innschrift: Galicia Lodomeria in Fidem receptis MDCCLXXIII.

Auch wurde den 12ten Februar eine neue Studienhofkommißion unter dem Präsidio des Freyherrn von Kresel niedergesetzt.

Von den Geistlichen verlangte Maria Theresia den 13ten Februar, daß jede geistliche Provinz über ihren Vermögensstand eine Faßion einreichen solle. Den 22ten März verboth Sie allen Pfarrern, künftig das in Kirchen eingehende Allmosen sich zuzueignen.

Während Maria Theresia für das Wohl ihrer Kinder so mütterlich sorgte, bemühte sich Joseph seinerseits die vollkommenste Kenntniß aller seiner Staaten zu erlangen. Er durchreiste ganz Ungarn, und hinterließ überall die glänzendsten Merkmale seiner Gerechtigkeit und Gnade. Da dieser Fürst seinen Unterthanen alle außerordentliche Unkösten ersparren wollte, so verboth er, wo er durchreisen würde, Freudenfeste zu veranstalten, ihm Abgeordnete entgegen zu schicken, die Glocken zu läuten, Kanonen loszubrennen, ja sogar die Wege, die er befahren müße, auszubessern. Er forderte nichts mehr, als daß man die Löcher auf den Strassen ausfülle, die verfallenen Brücken herstelle, und für ihn und sein ohnehin nicht allzuzahlreiches Gefolfolge in den gewöhnlichen Gasthöfen, oder in Bauernhütten und Privathäusern eine Wohnung in Bereitschaft halte, oder im Fall das nicht seyn könnte, man für ihn auf dem Felde Zelter errichten sollte.

Die Güte, Herablassung, und das Zuvorkommende, welches Joseph gegen seine Unterthanen äusserte, erfüllte alle Herzen mit Liebe gegen diesen hoffungsvollen Monarchen. Nie ließ Er eine Gelegenheit vorbeygehen, wo er nicht zeigte, wie bereit er sey, allen Beschwerden abzuhelfen, und seinen Unterthanen den Weg dahin zu gelangen, zu erleichtern. Ein Beweis hievon mag folgende wahre Anekdote seyn. Es wurden zwey Bauern aus ihrem Dorfe mit einer Bittschrift an den Kaiser abgeschickt. Sie verfügten sich vom Anfang dieses Jahres nach Wien, und stellten sich ihrer erhaltenen Verordnung gemäß, bey den k. k. Stallungen hin, wo der Monarch ganz sicher hinkommen würde. Eben als sie angekommen waren, geht der Kaiser vorüber, den sie aber nicht kannten. Sie hielten ihn für jemanden von der Hofstaat, und fragten: Nicht wahr, hier muß der Kaiser vorbey kommen? — Ja was wollt ihr ihm? Wir haben ihm eine Bittschrift einzureichen. Der Kaiser übernahm dieselbe, und versprach ihnen, mit dem Kaiser davon zu reden. Der Monarch ging in ein Zimmer, schrieb einige Worte te auf die Bittschrift, kehrte zu den Bauern wieder zurück, übergab ihnen dieselbe, und erklärte ihnen, wohin sie sie itzt tragen sollten. Die Bauern dankten ihm unendlich, zogen zwey Siebenzehner aus ihrer Tasche, und bathen ihn sehr dringend, dieselben als ein Zeichen ihrer Erkenntlichkeit anzunehmen. Der Kaiser nimmt das Geschenk an, und geht sogleich zu seiner Mutter, der er diesen Vorfall erzählte, und ihr anboth, das Geschenk, welches er so eben bekommen hatte, mit ihm zu theilen. Euer Majestät sehen, sagte er, daß kein Aemtchen so klein ist, das nicht etwas abwirft, wenn man es nur anzugreifen weiß." Folgende Anekdote verdient dieser an die Seite gesetzt zu werden. Zu Anfang des Monats März sollte ein Bauer aus einem Dorfe nahe bey Eger in Böhmen 24 fl. binnen vier und zwanzig Stunden zahlen, oder ins Gefängniß gesetzt werden. Der Arme hatte keine Aussicht das Geld aufzubringen. Sein Sohn, gemeiner Soldat bey dem Regimente Stahremberg, welcher sich eben auf Urlaub bey seinem Vater befand, vertraute ihm, daß noch diesen nähmlichen Abend sein Kammerad desertiren wolle, und rieth ihm, denselben anzuzeigen, um die auf einen Deserteur gesetzte Taglia pr. 24 fl. zu erhalten. Der Vater verwies ihm Anfangs die Untreue, die er an seinem Kameraden beginge; doch von seiner traurigen Lage gedruckt gab er den Vorstellungen des Sohnes nach. Als die Nacht einbrach, schlich sich der Sohn an den Ort, wo sich der vorgegebene Deserteur befinden sollte, wurde daselbst angehalten, und zu seinem Regimente abgeschickt. Indessen der Vater die 24 fl. erhielt, wurde sein Sohn, ohne daß er es wußte, verurtheilt, Gassen zu laufen. Mit Standhaftigkeit lief er fünfmal auf und ab; aber beym sechsten Gang beklagte er sich, daß er unschuldig leide. Ein Lieutenant hörte das, fragte ihn um die Ursache, und erfuhr von ihm die edle List, die er gebraucht habe, seinen Vater zu retten. Die Sache kam vor dem Obersten, und endlich vor die Monarchinn, welche, gerührt von diesem kindlichen Opfer, den Soldaten zum Lieutenant machte, und seinem Vater einen Gnadengehalt von 100 fl. schenkte.

Den 22. September wurde in allen Kirchen zu Wien das Aufhebungsbreve des Jesuitenordens öffentlich abgelesen.

Das Andenken des um das Haus Oesterreich so sehr verdienten Fürsten, Joseph Wenzel von Lichtenstein, Generalfeldmarschalls, und Artilleriegeneraldirektors zu verewigen, ließ Maria Theresia eine Denkmünze in Gold und Silber prägen. Die eine Seite stellt das Brustbild dieses verehrungswürdigen Fürsten vor mit der Umschrift:

Jos.

Jos. Wenc. S. R. I. Pr. de Lichtenstein, Opp. & Carn. Dux.
Com. Rittb.

Die Rückseite enthält das Ehrengerüste, welches die Monarchinn dem damals noch lebenden Fürsten in dem k. k. Zeughause errichten ließ, und hat folgende Unterschrift.

Maria Theresia Aug.
Restitutori. Armamentariæ Belli Pacisque Artibus illustri Amico Patriæ. & suo
M. DCC. LXXIII.

Das Jahr 1774.

Den 7. Jenner 1774 hob Maria Theresia den seit 1770 bestandenen Aufschlag auf alle aus den deutschen Erblanden nach dem Königreiche Ungarn abgehende Bücher, Bilder, und andere Papiermaterialien gänzlich auf, um den Handel zwischen ihren deutschen Erbstaaten, und diesem Königreiche mehr zu befördern. Den 5. Hornung wurden durch eine k. k. Verordnung alle Freyheiten und Privilegien des Jesultenordens aufgehoben, und allen Gliedern desselben anbefohlen, binnen 14 Tagen die Collegien zu verlassen. Das Collegium zu Wien auf dem Hof wurde um ein Stockwerk erhöhet, und zur künftigen k. k. Kriegskanzley bereitet.

Mit jedem Jahre verdoppelte sich Marien Theresiens Sorge für das Wohl ihrer Unterthanen. Sie ließ eine Nachricht von der Einrichtung und Verbesserung des deutschen Schulwesens öffentlich kund machen. Sie traf die Anstalt, daß denjenigen, welche sich dem Lehramte in deutschen Hauptschulen, oder in gemeinen Stadt- und Landschulen, widmen wollten, und einige Geschicklichkeit, nebst einer wahren, geprüften Neigung zum öffentlichen Unterricht der Schuljugend hatten, Vorlesungen sowohl über die Lehrart, als über die Gegenstände der deutschen Haupt- oder Stadt- und Landschulen gehalten wurden, und ließ es an keiner Art von Aufmunterung fehlen, um ihre wohlthätige Absichten zu erreichen.

Aber nicht nur für einen guten Unterricht der Kinder, sondern auch für den Unterhalt derselben sorgte diese gütige Landesmutter. Sie versprach allen und jeden, welche ein Soldatenkind annehmen und aufziehen würden, eine jährliche Belohnung von 14 fl. bis das Kind acht Jahre alt seyn würde.

Nicht weniger hatte Maria Theresia ihr Augenmerk auf das Kommerz gerichtet, und sie ließ keine Gelegenheit vorbeygehen, den Handelsstand zu begünstigen. Aus dieser Ursache hat die Kaiserinn statt der bisher bestandenen Niederleger das Gremium der Großhändler den 27. May errichtet.

Im Anfang Juny gab der Französische Ambassadeur, Fürst von Rohan, beiden k. k.

Ma-

Majestäten die Nachricht, daß Ludwig der XV. König von Frankreich den 10. May Nachmittags um 3 Uhr verstorben sey.

Der Kaiserinn größtes Vergnügen war Verdienste belohnen zu können. Der bisherige Hofkriegsraths Präsident, Moritz Graf von Lacy wurde Kriegsminister, und an seine Stelle ernannte die Monarchinn den Grafen Hadik, nachdem Sie ihm vorher den Feldmarschallsstab überreicht hatte.

Den 10. Juny langte der türkische Abgesandte, Suleiman Effendi zu Wien an. Er wurde mit der größten Pracht empfangen, und in die für ihn beym goldnen Lamm in der Leopoldstadt zubereitete Wohnung geführt. Er hatte seine erste Audienz den 16. bey dem Reichsvicekanzler, Fürsten, von Kolloredo, und den 17. bey dem Hof, und Staatskanzler Fürsten von Kaunitz. Den 27. ertheilten ihm Se. Majestät der Kaiser Audienz. Er wurde um halb zwölf Uhr in einem mit 6 Pferden bespannten kaiserlichen Hofwagen nach der Burg geführt, wo ihn Se. Majestät, umgeben von einer Menge Grossen, in der Rathsstube mit bedecktem Haupt auf einem breiten Staffel, an einem mit Goldstof behangenem Tische unter einem Baldachin, ebenfalls von Goldstof, stehend empfingen. Den 30. hatte er bey Ihrer Majestät der Kaiserinn Königinn zu Schönbrunn Audienz.

Noch immer fuhr Joseph fort seinem Volke zu zeigen, wie sehr er für den geringsten seiner Unterthanen besorgt sey, und er gab hiervon zu Wien im August einen neuen Beweis. Ein alten Taglöhner und ein junger Maurergesell gruben in einem neuen Hause in der Josephstadt an einem Brunnen. Da sie bereits sieben Klafter tief gegraben hatten, stürzte der Brunnen zusammen, und verschüttete sie. Kaum erfuhr der Kaiser diesen traurigen Vorfall, so eilte er dahin, und traf die schleunigsten Anstalten zu ihrer Rettung. Neunzehn Arbeiter, die der Kaiser jeden mit einem Ducaten aufmunterte, arbeiteten ohne Unterlaß an ihrer Rettung. Die Sorgfalt des Kaisers bey dieser Gelegenheit nezte die Wangen der häufigen Zuschauer mit Freudenthränen. Er erkundigte sich verschiedenemal persönlich nach den Unglücklichen; legte sich selbst auf die Erde hin, und sprach den Vergrabenen Muth und Trost zu. Nach einer zwey Tage und zwey Nächte ununterbrochenen Arbeit wurden endlich beyde ohne die mindeste Beschädigung befreyet. Joseph hörte es, und kam, sich mit den beyden Gereteten zu besprechen. Er schenkte jedem 25 Dukaten, und befahl, für den alten Taglöhner, der wahnsinnig zu seyn schien, alle mögliche Sorge zu tragen. Einen gleich großen Beweis seiner Menschenliebe gab Joseph, da er im Lager zu Pest in Ungarn war. Ein Bauer warf mit den Wagen um, und brach ein Bein. Der Kaiser sah es, eilte herzu, tröstete den Unglücklichen, ließ ihn auf der Stelle durch seinen Leibchirurgus verbinden, und schenkte ihm 100 Dukaten.

Diesen beiden edlen Handlungen Josephs verdient eine eben so gütige, menschenfreundliche Handlung Marien Theresiens an die Seite gesetzt zu werden. Ein von dem d'Aynaischen Kürassierregimente auf dem Piket zu Hetzendorf stehender Gemeiner, Nahmens Jakob Rieppel, aus Schwaben, der bereits vierzig Jahre gedient, und zehn Hauptaktionen beigewohnt hatte, wurde am 24sten Oktober zur Kaiserinn gerufen. Er kam, und fiel aus Liebe und Ehrfurcht zu den Füssen seiner Monarchinn nieder, die ihm geboth, aufzustehen. Er wollte dem Befehle seiner Monarchinn gehorchen; aber sein kraftloses Alter vermochte es nicht. Man half ihm auf die Beine und gab ihm einen Sessel. Er mußte der Monarchinn erzählen, wie ihm sein Leben unter den Waffen dahin floß, und endlich forderte Sie seinen Nahmen schriftlich von ihm; aber der gute Alte hatte nur gelernt den Säbel zu führen, und nicht die Feder. Theresia schrieb also selbst seinen Nahmen auf, beschenkte ihn mit 13 Dukaten, schickte ihn mit 20 kr. täglichen Gehalt ins Militär-Invalidenhaus, und sagte ihm: „Beschließe deine Tage

„ ruhig, lieber alter Soldat, und vergieß nicht, „ dich manchmal bey mir sehen zu lassen!“

Das Jahr 1775.

Maria Theresia, immer mit der Erziehung als dem wesentlichsten Theile der Gesetzgebung beschäftiget, machte im Anfang des Monats Jenner 1775 eine allgemeine Schuldornung für die deutschen Normal- Haupt- und Trivialschulen bekannt. Der Eingang dieser allgemeinen Schulordnung beweiset, wie sehr Maria Theresia überzeugt war, daß ein Fürst sein größtes Augenmerk auf die Erziehung haben müsse, weil davon die ganze künftige Lebens- und Denkensart der Völker abhängt. Die Schulordnung selbst verräth die weise Gesetzgeberinn, die den Gegenstand, welchen sie als ein Gesetz ihrem Volke vorschreibt, vorher reiflich überdacht, und von allen Seiten geprüft hat. Dieser neuen Einrichtung zufolge wurde in jeder Provinz der k. k. Erbländer eine aus 2 oder 3 Räthen der Landesstelle, einem Bevollmächtigten des Ordinariats, einem Sekretär und dem Direktor der Normalschule bestehende Kommission niedergesetzt, welcher die Obsorge über das Schulwesen, die Lehrer, die Befolgung der vorgeschriebenen Lehrart, und den Fortgang des Schulwesens oblieget. Die deutschen Schulen sollen von dreyerlei Art seyn. Normalschulen, welche allen übrigen in der Provinz zur Richt-

schnur

schnur dienen, und in dem Orte, wo die Schulkommission sich befindet, angelegt werden sollen. In diesen werden vorzüglich die Lehrer für andere Schulen gebildet. Hauptschulen werden in grössere Städte, auch in die Klöster, und in die Viertelkreise, oder Bezirke des Landes vertheilet. Trivialschulen sollen in allen kleinern Städten, Märkten und auf dem Lande aller Orten seyn, wo sich Pfarr- oder Filialkirchen befinden. Ferner enthält diese Schulordnung die Gegenstände, die den Kindern gelehrt werden sollen, und noch mehrere weise Verfügungen, welche geschickt sind, die Absicht dieser grossen Monarchinn, das Herz und den Kopf ihrer Völker zu bilden, zu befördern.

Die Bienenzucht, diesen wichtigen Nahrungszweig fleissiger Unterthanen in ihren Provinzen zu verbreiten, hatte Maria Theresia den 8ten April durch eine öffentliche Verordnung kund gemacht, daß in Wien auf Kosten des Aerariums in dem Garten des Beveldere eine Hauptlehrschule der Bienenzucht errichtet werden würde, welche alle Lehrbegierige unentgeldlich besuchen, und sich darin in den nöthigen Kenntnissen theoretisch und praktisch unterrichten lassen können. Zu grösserer Aufmunterung der Bienenzucht, wo dieselbe noch nicht getrieben wurde, erklärte sie diese Produkte frey auf ewige Zeiten von der Bürde alles herrschaftlichen Zehends.

hends, auch sogar von aller Staatsabgabe. Die Schaafzucht in Flor zu bringen, hatte Maria Theresia beschlossen, durch mehrere Jahre den die Schaafzucht liebenden Gültenbesitzern edles Schaafvieh unentgeldlich auszutheilen, mit der Bedingung, daß nach den in den künftigen Pollizeymaaßnehmungen festzusetzenden Grundsätzen durch Herausgabe einer kleinen Anzahl jungen Nachwachses, diese Absicht auch unter dem Landvolke erreichet, und die Landeswolle durch ein allgemeines, sich in alle deutsche und ungarsche Provinzen erstreckendes Mittel verbessert werde. Um in der Folge damit auszulangen, ist ein eigener Ort an der Karolinerstrasse, Mercopail, gewählet worden, wo man eine zureichende Pflanzschule, durchgängig von spanischem und paduanischem Schaafviehe, unterhält, und die jungen Abstämmlinge in dem zweyten Jahre zu verstandener Austheilung überschicket.

In Böhmen und Mähren hatten sich im Sommer einige Misvergnügte gegen ihre Grundobrigkeiten empöret, und weigerten sich, die gewöhnlichen Frohndienste zu leisten. Viele hunderte rotteten sich zusammen, zogen im Lande herum, verwüsteten einige herrschaftliche Schlösser, und mißhandelten hie und da die Wirthschaftsbeamten. Diesem Unfuge zu steuern ließ Maria Theresia einige Truppen wider die Miß-

ver-

vergnügten anrücken, wodurch diese aufrührerische Rotte bald zerstreuet wurde. Die Rädelsführer wurden mit dem Tode bestrafet, und so ward die Ruhe wieder hergestellt. Nun untersuchte Maria Theresia die Ursache, aus welcher die allgemeine Ruhe gestöret wurde. Sie fand die Klagen der Mißvergnügten nicht ganz ungegründet, und beschloß nach ihrer Gerechtigkeitsliebe, denselben für die Zukunft alle billige Ursache zu einer Klage zu benehmen. Den 26ten Oktober wurde ein neues Robotpatent kund gemacht, worin die Forderung der Herrschaften und die Schuldigkeit der Unterthanen auf das genaueste ausgeglichen wurde. Sie verminderte die Frohndienste, erweiterte die Freyheit des Landmanns, sicherte dessen Eigenthum, und verbesserte sein Loos, ohne daß die Grundherrn sich darüber beklagen konnten. So erleichterte diese weise Fürstinn die Last eines Standes, ohne den andern zu drücken, welches das Vorzüglichste der Gesetzgebung ist.

Zu Innsbruck, der Haupt- und Residenzstadt der gefürsteten Grafschaft Tyrol, errichtete Maria Theresia ein adeliches Collegium, worin dreyßig arme adeliche Jünglinge unentgeldlich erzogen, und in allen Wissenschaften unterrichtet werden, um einst dem Staate entweder beym Civil- oder Kriegsstande, wichtige Dienste leisten zu können. Eben so veranstaltete diese gütige

Landesmutter, den vermögenlosen Mädchen von Wien eine anständige Erziehung zu verschaffen, welche sie von ihren Eltern Armuthshalber nicht erhalten können, daß jedes Frauenkloster zwey solche Mädchen aufnehmen, und darin unentgeldlich nähren, kleiden, und in allen einem Frauenzimmer anständigen Arbeiten unterrichten soll.

Überzeugt, daß das Laster nirgend eine Freystätte haben soll, und wie ungereimt es sey, wenn man die Tempel Gottes dem Laster, welches das höchste Wesen verabscheuet, zum Schutzorte weihet, hob **Maria Theresia** den 15ten September die meisten Asylen, oder Freystätte auf, und bestimmte nur einige wenige geringe Verbrechen, welche in den Kirchen, oder andern Gott geweihten Orten, Schutz gegen die sie verfolgende Gerechtigkeit finden können.

So wie **Maria Theresia** mit rastlosem Eifer und tiefer Weisheit das innere Wohl Ihrer Staaten vergrößerte, eben so erwarb Joseph durch sein menschenfreundliches, herablassendes Betragen immer mehr und mehr die Liebe und Verehrung seiner Unterthanen. Im Anfange des Monats May wurde zu Wien die sogenannte alte Favorite, oder der Augarten für das gesammte Publikum, ohne Unterschied des Standes, zum erstenmale geöfnet. Die Inschrift des Augarten macht dem gekrönten Erfinder Ehre:

sie

sie lautet: **Für Jedermann gewidmeter Belustigungs-Ort von seinem Schätzer.**

Die Achtung und Liebe, die Joseph für seine Mutter äußerte, war unbegränzt. Aus vielen Beyspielen seiner kindlichen Achtung gegen sie, soll nur eines, dessen Wahrheit authentisch erwiesen ist, hier Platz greifen. *Maria Theresia* setzte sich den 7ten August in Begleitung der jungen Herrschaften aus Mayland, und beyder Erzherzoginnen, *Maria Anna*, und *Elisabeth* früh vor 7 Uhr im Prater zu Schiffe, um auf dem grossen Donaustrom eine Lustreise nach Schloßhof zu machen. Drey Stunden war die Monarchinn bereits auf dem Wasser, als der ungestümme Wind derselben nicht erlaubte, weiter fortzuschiffen, und sie sah sich genöthiget, bey Albern, zwey Meilen unter Wien, ans Land zu stossen. *Maria Theresia* gab ihrem Sohne von diesem widrigen Zufalle Nachricht, und verlangte zu Land nach Schönbrunn zurückgeholt zu werden.

Joseph machte nicht nur augenblicklich in eigener Person die Anstalten zu Abschickung der erforderlichen Wagen, sondern auch seine Mutter mit einem Mittagmahl zu versehen. Er wußte, daß es ihr an einem so abgelegenen, an sich armen, einsamen Fischerorte an der geringsten Bequemlichkeit fehlen mußte; und darum ließ er sein eigenes Mittagmahl, welches eben für ihn auf-

aufgetragen werden sollte) sogleich in seinen silbernen Reiseservice einmachen, und eilte selbst damit nach Albern, wo die Reisegesellschaft indessen verweilte. Durch diese ung meine Liebe, und zärtliche Fürsorge Ihres Sohnes, womit er Sie überraschte, wurde die Kaiserinn bis zu Thränen gerührt.

Nicht minder groß war Josephs Liebe gegen sein Volk, und er zeigte die größte Bereitwilligkeit jedem zu dienen, und den geringsten seiner Unterthanen auch mit Gefahr seines eigenen Lebens zu retten. Fast täglich gab er hievon die stärksten Beweise, und aus den unzähligen Beyspielen, womit er in diesem Jahre die hohen Begriffe, die sein Volk von ihn ohnehin schon hatte, noch mehr vergrößerte, wollen wir nur einige wenige anführen. Da der Kaiser einst im Winter um die Stadt Wien spazieren ritt, fiel sein Reitknecht mit dem Pferd in eine mit Schnee bedeckte Grube. Joseph, als er dieß sah, stieg alsobald vom Pferde, und gab sich alle Mühe, den Reitknecht aus der Grube herauszuziehen. Da Er sich aber vergebens anstrengte, und allein zu schwach war, setzte er sich zu Pferd, und ritt im gestreckten Galopp in das nächste Dorf, wo sein Gefolge ihn erwartete. Hier nahm er einige mit sich, ritt mit ihnen wieder im gestreckten Galopp zurück, und rettete glücklich seinen Reitknecht.

Bald

Bald darauf brannte es Nachts in der Stadt. Augenblicklich eilte der Kaiser dahin, drang in das Haus hinein, wo die größte Gefahr war, um selbst alle Löschanstalten zu treffen. Kaum hatte er den Hof verlassen, so stürzte ein Schornstein auf den nähmlichen Ort herab, wo der Kaiser gestanden hatte, dessen Sturz, um wenige Augenblicke früher, Deutschland seinen Kaiser geraubt hätte. Dessen ungeachtet hinderte dieser Umstand ihn nicht, die Leute mit Worten und Mienen aufzumuntern, das Feuer zu löschen.

Der Kaiser fuhr einst von Wien nach Schönbrunn. Es war ein kalter, mit Regen, und Schneegestöber vermischter Tag. Unterwegs begegnete ihm ein Gärtner, der die Aufsicht über den zu Wien neu angelegten Garten hatte, und nun wieder zu Fuß nach Hause zurückkehrte. Der Kaiser saß ganz allein in einer Kalesche, und fuhr selbst. Er hielt still, ließ den Gärtner zu sich hineinsetzen, und führte ihn bis an seine Hausthüre, indem er sich mit ihm unterwegs auf die leutseligste Art besprach.

Auf seiner Reise nach Kroatien stürzte der Postillon, der den Wagen des Kaisers führte, zwischen Bellovar, und Lejassma von Pferde. Der Kaiser stieg alsogleich aus dem Wagen, und eilte dem Postillon zu Hülfe. Er nahm ihn bey der Hand, führte ihn selbst in ein Bauerhaus, ließ ihn durch seinen eigenen Arzt un-

ter-

tersuchen, gab ihm eine beträchtliche Summe Geldes, beschenkte alle, die diesem Unglücklichen beygestanden hatten, und verließ ihn nicht eher, als bis Er versichert war, daß dessen Sturz von keinen verdrüßlichen Folgen seyn würde.

In einer Stadt in Kroatien erfuhr Joseph von einem aus seinem Gefolge, daß unter der Menge des Volks, die den Kaiser umrangen, ein sehr betagter Mann sey, welcher weine, und sich mit Gewalt durch das Volk dränge, indem er beständig ruffe: „Da er den Kaiser nicht „eben so gut sehen könne, wie die andern, so „wünschte er wenigstens, ihn anzurühren." Es war ein alter Soldat, der in dem letzten Kriege das Gesicht verloren hatte. Der Kaiser befahl, daß man denselben zu ihm führe, und gieng ihm selbst einige Schritte entgegen. Sobald der alte Krieger bey ihm war, reichte ihm Joseph die Hand, welche dieser in die seinigen schloß, küßte, und mit seinen Thränen benetzte, während der Kaiser mit ihm sehr vertraut sprach. Da er ihn verließ, sprach der alte gerührte Soldat: „Nur einen Augenblick wünschte „te ich mir jezt mein Gesicht zurück. Ich wür„de Euer Majestät sehen, und dann den Him„mel bitten, mir mein Leben zu nehmen, das „zu ihrem Dienste nicht mehr taugt, und mich „in dem Ubermaaße der Freude, mit welcher „mein Herz durchdrungen ist, sterben zu lassen."

Der

Der Kaiser ward gerührt, beschenkte diesen treuen redlichen Diener, und versicherte ihm einen jährlichen Gnadengehalt.

So handelte Joseph; und was sollte sein Volk sich nicht von ihm versprechen? Er bewies, wie treu er den erhabenen Beyspielen von Menschenliebe seiner großen Mutter folge, die ihn täglich durch ähnliche Handlungen belehrte, daß des Fürsten Glück nur in dem Glück seiner Unterthanen bestehe, und daß er nur dann versichert seyn könne, von seinem Volke geliebt zu werden, wenn Er selbst sein Volk liebet. Der Sohn einer solchen Mutter konnte nur edel handeln. Nie hat ein Fürst mehr die Innschrift verdient, als Maria Theresia, welche der rühmlich bekannte Herr Johann Baptist Bolla unter das Bildniß der Kaiserinn in griechischen Versen gesetzt hat. Sie verdient ihrer Vortreflichkeit und Wahrheit wegen in der Geschichte einen Platz. Hier ist sie:

'Αυτοκράτως ἐ πατὴρ λῶ..απτος, τοίτε γονῆες
Πάντων καὶ πόσις ἠδ', ὑιὸς κρατερός Τ' ἀμαδόστε
Αυτὴ θηλυτέρας δ' ἀρετῆσι κεκασαι ἐπ' 'αίαν,
Τάς προτέρας καὶ ἀγγοτέρη μὲν Πηνελοπείς,
Αρήτης δὲ σοφωτέρη, οὐδὲ πόσιν ἡ 'εφίλησεν
Αλκήσσιςπλέον. "Αγγελον ἐν κέν πῶς ἐπ'
Ολύμπω,
φαίης 'ελδέμεναι τόσον ἡ λαοῖσιν ὄνειαρ.
Πολλὰς δὴ μαχας νικῶσ' αὔτη, τελύσευσεν

Αργαλέες πολέμες. δῖκον κραπίδεσσι, δεμιςας
Ιλυνέες᾽ εἰδύιης. καὶ ἀγορῇ περιοιδε
Πάντων. Σκηπτῦχος ἔχε δ᾽ ἐν δεινοῖσι φρόνημα
Η᾽ ρωος ἄμμιν μήτηρ ὀυσ᾽, ἠέ πολῖτις
Η᾽ χαρίεις ἕταρος τοιαύτης ἦδε γυναικὸς
'Εικὼν, καί βασιλεῦς᾽ αἰδοίης.. ἀλλάτεδηπῶς
φὴς δηησάμενος, ὅτι ΦΡΑΝΚΙΣΚΟΥ ΠΑΡΑ-
ΚΟΙΤΙΣ !*)

Das Jahr 1776.

Die Gesetzgebung, jene Stütze, worauf sich die Glückseligkeit ganzer Nationen gründet, beschäftigte Marien Theresien seit dem Antritte ih-

*) „Ihr Vater, Ihr Großvater, und die Väter „ihrer Ahnen waren Kaiser, und nun ist es ihr „tapfrer und weiser Sohn. Sie ist an Tugend „über alle des weiblichen Geschlechts erhaben. „Keuscher als Penelope, weiser als Arete, und „Alzeste liebte ihren Gemahl nicht so. Sie ist „zum Heyl ihrer Völker von Olymp gesandt. „Sie erfocht viele Schlachten, und endigte glück„lich die gefährlichen Kriege, indeß Sie zu Hau„se mit tiefer Einsicht die Gerechtigkeit verwaltete. „Im Rathe wird jeder von seiner Königinn an „Klugheit übertroffen. In Gefahren zeigt sie „Heldenmuth, und uns ist Sie entweder Mut„ter, Bürgerinn, oder Freundinn. Dieß ist ei„ner solchen Frauen Bildniß, welches selbst Kö„nigen erwürdig ist! === Du staunst, und sprichst, „nachdem du es lange mit Bewunderung angese„hen: Das ist Franzens Gemahlin!"

ihrer Regierung, und mit jedem Jahre, wo sie die bestehenden Gesetze fehlerhaft, oder wegen veränderten Umständen nicht mehr anwendbar fand, arbeitete sie an der Verbesserung derselben. Die größte Aufmerksamkeit hatte sie auf die peinlichen Gesetze, und auf das Verfahren, der Kriminalrichter bey Untersuchung der Missethäter gerichtet. Das unmenschliche Verfahren, das Geständniß durch nahmenlose Peinen und Martern zu erzwingen, empörte das menschenfreundliche Herz Theresiens. Sie hob vom Anfang des Jahrs 1776 in allen ihren Staaten die Tortur für immer auf, und verbot, künftighin das Geständniß durch eine Art von Marter zu erpressen; ein Mittel, das nur der Unwissenheit, oder Bequemlichkeit des Richters, keineswegs aber der Gerechtigkeit selbst nützlich ist. Nicht minder schränkte Maria Theresia die Todesstrafe ein, und verordnete, daß dieselbe, künftig nur bey den scheußlichsten Verbrechen statt haben soll; mindere Verbrechen aber seyen mit öffentlichen Arbeiten zu bestrafen.

Mit gleicher Sorgfalt wachte Maria Theresia über die Reinigkeit der Sitten, und sie suchte auch die entferntesten Gelegenheiten, die zur Verderbung derselben beitragen könnten, zu vernichten. So wurde im Februar in allen Kirchen das Verboth kund gemacht, daß niemand, besonders das schöne Geschlecht, mit ungebührlichem Betragen, mit Federputz, und die Sittsamkeit beleidigender Kleidung in den Kirchen erscheine. Die kirchlichen Polizeidiener, oder sogenannte Schwätzkommissars erhielten den Auftrag, alle jene, die auf eine Begierden oder Neugierde erweckende Art gekleidet in die Kirchen eintretten würden, ingleichen jene, die sich mit einer dem höchsten Wesen ungebührender Art betragen würden, alsogleich hinauszuführen.

Zur Bequemlichkeit des Publikums wurde der in Wien sogenannte rothe Thurm, wodurch nur ein Wagen fahren konnte, im Monat März abgetragen, und die Einfahrt offener und bequemer gemacht. Die öffentliche Sicherheit, besonders in der Nacht, mehr zu erhalten, wurde im Oktober die Anstalt getroffen, daß die zwischen der Stadt und den Vorstädten befindliche Glacis und die Hauptgassen jeder Vorstadt beleuchtet werden sollen.

Die Erziehung ihrer Völker, welche Marien Theresien so sehr am Herzen lag, immer mehr und mehr zu vervollkommen, und jedem Talente die Mittel zu verschaffen, sich entwickeln zu können, wurde für das Königreich Ungarn ein allgemeines Lehrsystem entworfen, nach welchem die Jugend, ohne Hinsicht auf Nation und Religion in den weltlichen Wissenschaften unterrichtet werden sollte. Vermög dieses Systems wurde das Königreich Ungarn in zehn Distrikte getheilt, und jedem ein Mann von Würde Ansehen und Geschicklichkeit als Präsident vorgesetzet. Diese Präsidenten haben darauf zu sehen, daß geschickte Haupt- und Unterlehrer erwählet, und die Wissenschaften nach dem gemeinschaftlichen Plane vorgetragen werden. Zur Aufmunterung der Lehrer wurden den geschicktesten und emsigen auch größere Belohnungen versprochen. Um desto mehr brauchbare Lehrer und Genies zu bilden wurden im Lande eine Universität, und fünf sogenannte Akademien errichtet, als zu Ofen die Universität. Die Akademien zu Raab, Großwardein, Kaschau, Tyrnau und Agram. In der Universität werden alle Künste und Wissenschaften, in den Akademien, ausser den schönen Wissenschaften, Philosophie, Agrikultur, Rechts- und Gottesgelahrtheit gelehret.

Den 15ten Juny geboth Maria Theresia, daß nach Absterben eines Mitglieds des dritten Ordens kein neues darin mehr aufgenommen werden, sondern dieses Institut gänzlich erlöschen soll. Die Verbesserungen, welche Maria Theresia in der äusserlichen Kirchenzucht und den Temporalien der Geistlichen vornahm, hatten bey Welt- und Ordensgeistlichen nicht wenig Unzufriedenheit erreget, und diese unterließen nicht, bey verschiedenen Gelegenheiten wacker darauf zu schimpfen. Diesem Unfuge zu steuern,

ern, geboth Maria Theresia den 5ten Oktober auf das schärfeste, daß kein Geistlicher bey schwerester Ahndung sich unterfangen soll, gegen die landesfürstlichen Gesetze in kirchlichen Sachen auf eine ungebührende Art zu reden. Die Gleichförmigkeit der Lehre im geistlichen Rechte zu erhalten, wurde gleichfalls den 5ten Oktober geboten, daß die neue Synopsis Juris Ecclesiastici publici & privati, wie auch die Vorlesung der Institutionum Rieggeri allen Geist- und Weltlichen zu halten, und privative vorzulesen sey, besonders aber wurde den sammentlich bischöflichen Ordinarien aufgetragen, hauptsächlich darüber zu wachen, daß in Klöstern keine andere Grundsätze, als diese, von den Lektoren vorgetragen werden.

So bestrebte sich Maria Theresia die Vorurtheile in den kirchlichen Sachen immer mehr und mehr zu verscheuchen, und das Licht der reinen Vernunft in ihren Staaten zu verbreiten.

Um allen Irrungen und Mißverständnissen vorzubeugen, welche in den Ländern, wo die verschiedenen christlichen Religionen herrschen, leicht einschleichen konnten, hat der Kaiser durch ein Reskript vom 7ten Juny die auf dem Reichstage zu Regensburg einstimmige Entschliessung der Reichsstände gebilliget, und befohlen, daß der neue gregorianische Kalender in deutschem Reiche allgemein angenommen werden solle.

Noch

Noch immer fuhr der von ganz Deutschland verehrte Kaiser fort, sich der Liebe seines Volkes mehr und mehr zu versichern, und der Welt zu zeigen, wie würdig er sey. den Zepter zu führen. Im Februar begab sich der Kaiser ohne alles Gefolge in den Augarten, und sah den Arbeitern zu, welche grosse Bäume aushoben, und in die ausgesteckten Schattengänge übersetzten. Ein Taglöhner sah den Kaiser, und gewahrte zugleich, daß ein Baum, gerade wo der Monarch stand, umzustürzen drohe. Schnell lief er auf den Kaiser zu, riß ihn von dem Orteszweg, und brachte ihn glücklich aus der Gefahr, welcher er selbst nicht mehr entweichen konnte; denn kaum hatte er den Kaiser von dem Platze weggestossen, so fiel der Baum um, und zerschmetterte den Taglöhner. Von dem Unglücke seines Erretters gerührt vergoß Joseph Thränen über den Leichnahm des Erschlagenen, und erklärte öffentlich, daß Er für dessen Weib und Kinder sorgen würde.

Oefters besuchte Joseph ganz unvermuthet die Krankenhäuser, untersuchte die Verwaltung derselben, und überhäufte sie mit seinen Wohlthaten. Auch die Gefängnisse empfanden die Wirkungen seiner Großmuth, Menschlichkeit und Güte. Einst begab er sich ganz allein in eines der Stadtgefängnisse, und da er verschiedene Gefangene besucht, und mit ihnen gesprochen

 hat-

hatte, wurde er in das Behältnis einer Weibsperson geführt, die wegen eines berüchtigten Lebenswandels eingekerkert ward. Kaum erkannte diese Unglückliche den Kaiser, so warf sie sich zu seinen Füssen, und bat ihn, sie anzuhören. Joseph willfahrte mit Vergnügen ihrer Bitte, und sie erzählte ihm ihr Unglück mit folgenden Worten: " Von einer edlen Herkunft verlor " ich meine Eltern sehr frühzeitig, und wurde " Leuten überlassen, deren äusserliche andächtige " Miene eine schwarze eigennützige Seele ver-" barg. Da ich das zwanzigste Jahr erreichte, " suchte der Baron *** meine Liebe zu erwer-" ben. Es gelang ihm, und ich ward mit ihm " im Angesichte der Kirche verbunden. Nun " glaubt ich mich auf der höchsten Stufe des " Glückes. Drey Knaben waren die Frucht " unsrer Verbindung, und ich theilte meine " Sorgfalt zwischen ihnen und meinem Gemah-" le. Da ich einst in Wien war, wurde ich " plötzlich aufgehoben, und ohne zu wissen wa-" rum? ins Gefängnis geschleppt. Bald her-" nach erfuhr ich, daß mein Mann noch eine " andere Gemahlinn in Mähren habe, welche " mich und ihn verfolgte. Die wider mich ge-" führte Beschuldigung war für mich nur ent-" ehrend; aber eine Anklage der Zweyweibe-" rey konnte meinem Gemahl, den ich liebte, " das Leben kosten. Ich schwankte keinen Au-

" gen

„ genblick, und beschloß, ihn auf Kosten meiner „ Ehre zu retten. Ich gestand die mir zugemu„thete berüchtigte Lebensart ein, und verschwieg „ die Heurath mit ihm. . . Thränen erstickten nun „ die Worte dieser Unglücklichen. . . . . Aber „ meine Kinder, fuhr sie nach einer Pause fort, „ meine theuren Kinder! Ich weiß nicht, was „ aus ihnen geworden ist. Ich habe ihrem Va„ter das Leben gerettet, und dieser Vater hat „ mich vergessen! “ — Von dieser ausserordentlichen Begebenheit gerührt, fragte Joseph die Gefangene, was ihr Wunsch sey? Ach! sagte sie, wenn ein Kloster durch die Aufnahme meiner Person nicht entehret würde, so wünschte ich, meine Tage darin zu beschliessen. Joseph versprach ihr zu dienen, und hielt Wort. Sobald Er sich von der Wahrheit aller Thatsachen, die sie ihm erzählte, unterrichtet hatte, gab er die strengsten Befehle, ihre Kinder aufzufinden, die der Gnade dieses wohlthätigen Fürsten geniessen. Die Mutter ging in ein Kloster, und die Kaiserinn gab ihr einen Lebenslänglichen Gnadengehalt.

Einen andern Beweis von seiner Gerechtigkeit und Menschenliebe gab Joseph in dem Lager zu Brünn. Einem Rekruten starb sein Vater. Er war der einzige Sohn, und seine Mutter sehnte sich nach ihn, als der Stütze ihres Alters. Sie schrieb ihm aus dieser Ursache einen sehr

 nai-

naiven rührenden Brief, den der junge Krieger seinem Offizier zeigte, den dieser wieder andern sehen liess, und so ging der Brief von Hand zu Hand, bis er dem Kaiser zukam. Joseph, gerührt von der Lage der Wittwe, liess den Soldaten hohlen. Der junge Mann war stark, gross, und wohlgemacht. Willst du, fragte ihn der Kaiser, zu deiner Mutter zurückkehren? — — „ Wie es Euer Majestät gefällt, antwortete der wackere Krieger. Freylich wollte ich lieber Soldat bleiben, und mein Leben für Sie aufopfern, wenn nur meine Mutter ohne mich zu leben hätte. „ Nun wohl bleibe, sagte der Kaiser. Ich mache dich zum Korporalen. Schreibe deiner Mutter, dass sie von nun an wöchentlich einen Dukaten beziehen soll. Ich werde für dich sorgen, und ich glaube, dass du dein Glück machen wirst. „

Wie sehr Joseph überhaupt strebte, die Noth und das Elend der leidenden Menschheit zu erleichtern, und wie er dann keine Gefahr scheute, beweist die Zueignungsschrift des Herrn Johan Alexander Brambilla, des Kaisers Leibwundarztes. Alles was der Verfasser darin sagt ist Wahrheit, und darum wollen wir sie den Lesern mittheilen.

„ Euer Majestät (sagt der Verfasser) hat-
„ ten sich allergnädigst gewürdiget, mich in die
„ Zahl derjenigen zu setzen, denen Dero kostbareste

„ Ge-

" Gesundheit anvertrauet ist, welches mir nicht
" allein Anlaß gab zu bewundern, was für
" grossen Antheil Dieselben an der Gesundheit
" derjenigen nehmen, welche die ihnen von
" dem unerbittlichen Schicksale in ihrem eige-
" nen Hause versagte Hilfe von dem Mitleiden
" anderer erbetteln müssen; sondern ich mußte
" auch ein Augenzeuge seyn, daß der elende
" Zustand der Soldaten - und Bürgerkranken-
" häuser nichts eckelhaftes, nichts unflätiges
" für einen Monarchen hat, der das Leben der
" Dürftigen schätzet, und selbe nicht nur münd-
" lich tröstet, sondern auch mit väterlichen Gna-
" denbezeugungen überschüttet. –

" Meine Mühe war bisweilen vergeblich,
" wenn ich E. K. M. von Betretung solcher
" Häuser abzuhalten suchte, wo die von bösen
" Ausdünstungen verdorbene Luft gemeiniglich
" Gefahr drohet; allein Höchstdieselben scheueten
" sie nicht; genug, daß, es um das Wohl der
" Nothleidenden zu thun war! Dieser Trieb der
" Menschenliebe, so Dero großmuthvolles Herz
" zum Wohlthun leitet, sey den itzt regieren-
" den Fürsten ein Beispiel, wie er auch der
" spätesten Nachkommenschaft ein Gegenstand
" der Bewunderung seyn wird. Krankenhäuser
" errichten, sie erhalten, und ihnen Gutes er-
" weisen sind Werke eines frommen und groß-

mü-

„ müthigen Monarchen; aber solche persönlich „ und ohne Schrecken und Abscheu, und was „ noch mehr ist, mit augenscheinlicher Lebens- „ gefahr besuchen, sind Werke eines Monarchen, „ der ein wahrer Vater seines Volkes ist.“ Obgleich sonst Zueignungsschriften wenig Glauben verdienen, weil meistentheils Schmeicheley die Feder dabey führt, so ist doch in dieser nichts als Wahrheit enthalten; denn ganz Wien kann und muß bezeugen, daß der Verfasser dem Kaiser hier nichts zum Lobe sagt, was dieser nicht durch seine Handlungen jedermann als wahr bewiesen hat.

Gegen Ende dieses Jahrs erhielt der Hof die Nachricht, daß der Großfürst von Rußland sich den 26ten September zum zweitenmale mit einer Prinzessin, aus dem Hause Würtemberg, Stuttgard, nachdem sie den 14. des nähmlichen Monats das Glaubensbekenntniß abgelegt, und bey der heiligen Salbung den Namen, Maria Feodorowna erhalten hatte, vermählet habe.

Das Jahr 1777.

Immer besorgt für das Wohl ihrer Staaten beschäftigte sich auch Maria Theresia, mit allem, was ihrem Volke Vergnügen, und Bequemlichkeit machen konnte. Da die Schaubühne eine der beliebtesten, und zur moralischen Bildung des Charakters einer Nation die vorzüglichste Ergötzlichkeit ist, so hatte Maria The-

ressia Ihr besonders Augenmerk darauf gerichtet, die deutsche Schaubühne ihrem wahren Endzwecke immer näher zu bringen. Schon in vorigen Jahren wurde der grüne Hut des Hanswurstes vom Theater verbannt, und darauf gesehen, daß nur gute, regelmässige Stücke aufgeführt würden. Da aber noch immer, vielleicht aus Mangel feinerer Lustspiele, mit unter grober, und nicht selten sittenbeleidigender Scherz vorkam, so bewilligte Maria Theresia den 13ten Februar 1777 zur Aufmunterung der dramatischen Dichter, daß für jedes neues noch ungedrucktes Stück dem Verfasser die ganze dritte Einnahme überlassen werden soll. Zur Verschönerung der Hauptstadt Wien genehmigte die Kaiserinn, daß die Leopoldstadt mit einer neuen Strasse vergrößert wurde. Auf Befehl J. K. K. Majestäten, wurde auf beyden Seiten eine Reihe von drey und vierzig Häusern angelegt, wozu der grosse Baron Eggersche Garten angewandt wurde. Hiedurch gewann sowohl die Aussicht aus dem Augarten, als auch die Bevölkerung die Gewerbschaften, und der Handel.

Auf die Vorstellung der niederländischen Stände beschloß Maria Theresia gegen Ende Aprils, in allen großen Städten dieser Provinzen neue Kollegien zur Erziehung der Jugend zu errichten, und zwar zu Brüssel eines, welchem das Theresianische Kollegium zu Wien zum Mu-

ste

ster diente; dann zu Antwerpen, Gent, Brügge, Namur, Luxemburg, Rürmond, Ypern, Courtrai und in andern Städten. Die Hauptpflicht der Lehrmeister ging dahin, die Jugend in den Gründen der Religion, und guten Sitten anzuleiten, keine der gesellschaftlichen Tugenden auser Acht zu lassen, und mit der lateinischen und griechischen Litteratur die lebendigen Sprachen, die Anfangsgründe der Geschichte, der Erdbeschreibung, der mathematischen Künste u. s. w. zu verbinden. Zu diesen Lehrämtern wurden sowohl weltliche, als geistliche, Inn- oder Ausländer, sobald sie die hinlänglichen Fähigkeiten hatten, zugelassen.

In den ersten Tagen des May ließ Maria Theresia, gerührt von dem Unglücke der Einwohner von Kremnitz in Ungarn, welche Stadt den 15ten April völlig abbrannte, 200,000 fl. unter diese Unglückliche vertheilen. In Wien wurde auf ihren Befehl ein Haus errichtet, worin den Kindern die Pocken eingeimpfet werden. Die Aufsicht darüber erhielt der k. k. ersten Leibmedikus, Baron von Störk; und dem Doktor Ingenhousz, der bis itzt mit sehr vielem Glücke in dieser Behandlung der Pocken war, wurde die Einimpfung derselben übergeben.

Die Rechte der Bischöfe und des Staates gegen die Anmassungen des päpstlichen Hofes zu behaupten, entschied Maria Theresia den

27sten

27sten September, daß künftighin bei schwerer Strafe verboten seyn soll, sich ohne landesfürstliche Erlaubniß wegen eines Dispensations-Falls in Ehesachen persönlich nach Rom zu verwenden, sondern jedermann, ohne Unterschied des Standes, habe die ihm zur Vollziehung der Ehe nöthige Dispensation bei dem Ordinarius anzusuchen, welcher solche entweder selbst ertheilen, oder, wenn sothane Dispensation statt haben könne, bey dem päpstlichen Stuhl bewirken würde. Nicht minder wurde allen Ordinarien bedeutet, daß sie jederzeit auf die geringste Taxe allen wirksamen Antrag machen sollen.

Im Monat März gab Joseph Befehl, die Regimenter vollzählig zu machen, zu welchem Ende in allen k. k. Staaten eine große Rekrutenaushebung vorgenommen wurde.

Den 11ten März verließ der Kaiser Wien, und trat in Begleitung der Grafen von Kobenzl und Kolloredo seine Reise nach Frankreich an. Ein Feind von aller Pracht reiste Er auch diesesmahl mit einem sehr kleinen Gefolge unter dem Nahmen eines Grafen von Falkenstein.*) Den 9ten April kam er zu Strasburg an, wo

*) Die Grafschaft, wovon der Kaiser den Nahmen auf seiner Reise führte, ist zum oberrheinischen Kreise

wo er die Wachtparade besuchte, sich um das Brod, und die Betten der Soldaten erkundigte, und dann seine Reise nach Paris antrat, wo er den 18ten Abends nach halb sechs Uhr eintraf, und in der Behausuug seines Ambassadeurs, Grafen von Mercy, abstieg. Den 19ten ging Er nach Versailles, wo ihn die Königinn, seine Schwester, dem Könige und dem Prinzen und Prinzessinnen aus der königlichen Familie vorführte.

Ganz Paris war von der Leutseligkeit des Grafen von Falkenstein eingenommen. Noch am nähmlichen Tage besuchte er die Grafen von Maurepas und von Vergennes.

Wie sehr die Franzosen die erhabenen Eigenschaften des Grafen von Falkenstein schätzen bewiesen sie, als Er am 25ten April mit der Kö-

Reise gehörig, und liegt auf dem sogenannten Hundsrück zwischen Zweybrücken und dem Churfürstlichen Amte und der Stadt Alzey. Sie hatte vor Zeiten ihre eigene Grafen. Im Jahr 1458 belehnte Kaiser Friedrich der dritte die Herzoge von Lothringen damit, von welche die Grafen Falkenstein Dhaun dieselbe zum Afterlehen erhielten. Nach vielen Veränderungen und Rechtsstreitigkeien nahmen die Herzoge sie selbst wieder in Besitz. Da im Jahr 1736 Herzog Franz Stephan, nachmahliger Kaiser, das Herzogthum Lothringen an Frankreich abtrat, so behielt er sich diese Grafschaft als ein Eigenthum vor, von welchem Sie auf Joseph II. als den Erbfolger, kam.

Königinn, Madam, und der Gräfinn von Artois der Vorstellung der Oper Iphigenie beywohnte. Das Publikum drückte durch überlaute Freudensbezeugungen das innigste Vergnügen über die Gegenwart des hohen Gastes aus, und ergriff eine zur Anwendung schicklichste Stelle aus der Oper, um dem Grafen von Falkenstein Proben der Ehrfurcht und Bewunderung zu geben.

Nichts entging dem forschenden Blicke Josephs. Er besuchte alle Kirchen, Palläste, Spitäller, Akademien, öffentliche Gärten und Schauspielhäuser, wo er alles mit besonderer Aufmerksamkeit betrachtete. Er besuchte den Herrn Necker, unterhielt sich sehr lange mit dem Grafen von Buffon; auch äußerte er sein besonderes Wohlgefallen an der Bemühung des Abts l'Epée, die Taubstummen zu unterweisen. Lezterem gab Er eine mit seinem Bildnüsse gezierte, und mit 50 Louisd'ors gefühlte Dose mit dem Ersuchen, diese kleine Summen unter seine Zöglinge auszutheilen.

Sobald Joseph seine Wißbegierde befriediget, und sich über viele ihm wichtige Gegenstände belehret hatte, verließ er in der Nacht vom 30ten auf den 31ten May Paris, um die Provinzen von Frankreich zu bereisen. Auf seine Anwesenheit in Paris sind eine Menge Gedichte erschienen; denn es verging fast kein Tag, wo nicht eine Menge Verse zu seinem Lobe die Presse verfließen: Wir wollen zwey der besten hersetzen. Das erste hat die Gräfin von Desparbes zur Verfasserin.

Vérs à l'Empereur, pendant son sèjour à Pâris.

De vos propres sujets, n'avés vous pas afsés?
Voulés vous donc regner sur tout ce qui respire?
Gagner les cœurs par tout ou vous pafsés,
Des princes vos voisins c'est usurper l'empire.
Mille vertus vous font chèrir.
Vos bienfaits sont des loix, que votre coeur impose;
Et voyager & conquérir,
C'est pour vous une même chose

Cortege de l'Empereur.

La bienfaisance le précede,
La Modeste vertu se tient à son Côté,
A la vertu l'hummanité succede,
Et la marche finit par l'immortalité. *)

Der

(* Hast du der eigenen Unterthanen nicht genug? Willst du über alle Geschöpfe herrschen? Die Herzen, überall, wo du durchreisest, gewinnen, heist die Fürsten, deine Nachbarn, ihrer Herrschaft berauben. Tausend Tugenden machen dich beliebt. Deine Wohlthaten sind die Gesetze, die dein Herz giebt; Und reisen, und erobern ist bey dir einerley.

Ge=

Der Kaiser nahm seinen Weg nach Brest, und den übrigen vornehmsten Seehäfen in der Bretagne. Zu St. Malo, wo er den 5ten Juny anlangte, kehrte Er, wie gewöhnlich, in einem Gasthofe ein. Er hörte, daß neben ihm ein Kaufmann, der eben aus Isle de France zurückgekommen war, wohnte. Der Kaiser ging zu ihm, und unterhielt sich mit ihm vom Kommerz. Da Joseph auch das Innere von Frankreich beaugenscheinigt hatte, nahm er seinen Rückweg durch die Schweiz nach seinen Staaten zurück, und traf den ersten August zur allgemeinen Freude seines Volkes zu Schönbrunn ein.

Den 30ten Dezember starb Maximilian Joseph Churfürst von Bayern, der letzte aus der Wilhelminischen Linie, an den Pocken.

Das Jahr 1778.

Der Tod des Churfürsten von Bayern störte die Ruhe Deutschlands. Die Kaiserinn ließ am 11ten Jenner 1778 zwey Kolonnen ihrer Truppen mit 80 Kanonen, die eine unter dem Befehl des General Majors Grafen von Kinsky, die andere unter dem General Langlois in Bayern einrücken, und Niederbayern, die böhmischen Lehen in der Oberpfalz, und diejenigen Landschaf-

Gefolge des Kaisers.

Wohlthätigkeit zieht vor ihm her. Bescheidenheit wandelt ihm zur Seite, Menschlichkeit folgt ihm, und Unsterblichkeit schließt den Reihen.

ten, welche man als eröfnete Reichslehen betrachtete, besetzen. Durch eine Erklärung vom 12ten Jennet, forderte Sie als Königinn von Ungarn und Böhmen, die Herrschaft Mindelheim, mit allen ihren Ein= und Zugehörungen, vermöge einer vom Kaiser Mathias im Jahre 1614 dem Erzherzoglichen Hause ertheilten Anwartschaft, und durch eine andere Erklärung vom 15ten machte Sie Ihre Ansprüche auf alle diejenigen Bezirke, welche das Churhaus Bayern von der Krone Böhmen zum Lehen getragen dann auf alle diejenige Distrikte in Nieder= und Oberbayern, auch Oberpfalz, welche die damalige mit dem Herzoge Johann von Bayern erloschene straubingische Linie besessen hatte, gelten. Man berief sich hiebey auf die vom Kaiser Sigmund im Jahre 1426 dem Erzherzoge Albrecht von Oesterreich ertheilte Belehnung. Nicht minder machte der Kaiser am 16ten Jenner bekannt, daß verschiedene Reichslehen, als die Landgrafschaft Leuchtenberg, Grafschaft Wolfstein, Grafschaft Haag, ihm, als römischen Kaiser und obersten Reichslehensherrn, anheim gefallen; daß er jedoch bereit sey, allen denjenigen, welche auf besagte Reichslehen Ansprüche machten, die genaueste Gerechtigkeit angedeihen zu lassen.

Sobald der Churfürst von der Pfalz von diesen Erklärungen, und dem Marsch der öster=

reichischen Truppen in der Oberpfalz Nachricht erhielt, schickte er fast zu gleicher Zeit seiner Regierung nach Amberg folgende Entschliessung zu.
" Wir Karl Theodor, Churfürst, allen unsern
" lieben, und getreuen Unterthanen unsern Gruß.
" Da wir die Nachricht erhalten haben, daß
" die k. k. Truppen wirklich von Eger nach der
" Oberpfalz in Marsch begriffen sind, so befehlen
" wir euch, daß ihr, im Fall diese Truppen
" wider alle Erwartung in das Land einmar=
" schiren sollten, dem Befehlshaber derselben zu
" wissen machet, daß wir wirklich schon von der
" Oberpfalz Besitz genommen haben; daß ihr,
" so wie alle übrige Obrigkeitliche Beamte der
" Oberpfalz uns den schuldigen Eid der Treue
" geleistet habt; daß es den Reichskonstitutionen
" entgegen sey, daß fremde Truppen, ohne vor=
" her gemachte Anzeige, die Distrikte der Ober=
" pfalz, als welche einen Theil des Reichs aus=
" macht, betretten; und daß ihr folglich gegen
" diesen Einmarsch die stärkste Protestation zu
" machen habt."

Auch der Churfürst von Sachsen, Friedrich August, dem die damals verwittwete, nunmehro verstorbene Churfürstinn von Sachsen, Maria Antonia, als nächste, und folglich nach den Lehenrechten, als alleinige Nachfolgerin in den gesammten bayerischen Weiberlehen, Erbe, und Eigenthum, bereits im Jahre 1776 ihre

 sammt=

sämmtlichen Rechte abgetretten hatte, sandte nach erhaltener Nachricht von dem Absterben des Churfürsten von Bayern, den 7ten Jenner den geheimen Rath Adolph, Alexander, Freyherrn von Zehmen nach München, um seine Ansprüche auf die Landgrafschaft Leuchtenberg, und noch einige andere Güter und Allodialherrschaften wie auch auf die Zahlung einer Summe von 13 Mil. geltend zu machen, und in Besitz zu nehmen. Da aber die Unterhandlungen des sächsischen geheimen Raths keinen Erfolg hatten, so übergab derselbe den 13ten Februar zur Aufrechthaltung der Gerechtsamen seines Herrn eine schriftliche Protestation mit aller hiezu erforderlichen Feyerlichkeit, und verließ München. Der Herzog von Mecklenburg - Schwerin, der Fürst von Lamberg, das Haus Braunschweig Wolfenbüttel machten gleichfalls Ansprüche auf die bayerische Nachlassenschaft.

Gegen Ende des Monats Februars übergab der Staats- und Hofkanzler Fürst von Kaunitz allen auswärtigen Ministern eine Note, worin die Rechte Ihrer k. k. Majestät auf die Länder und Districkte von Bayern, welche die österreichischen Truppen in Besitz genommen hatten, wie auch das Übereinkommniß mit dem Churfürsten von der Pfalz deutlich enthalten waren.

Karl

Karl Theodor, welcher von den bayerischen Landen Besitz genommen hatte, schloß den 3ten Jenner mit dem Wienerhofe einen Vertrag, worin er nicht nur die Ansprüche des Kaisers und der Kaiserinn für rechtmässig anerkannte, sondern auch die von Oesterreich in Besitz genommene Distrikte an dasselbe abtrat. Nun war es eben an dem, daß der Nachfolger des Churfürsten, der Herzog von Zweybrücken, diesen Vertrag, welcher seine Genehmigung dazu wirklich schon mündlich gegeben hatte, und vollkommen damit zufrieden war, unterschreiben sollte, als der König von Preusen, da er den Beytritt des Herzogs von Zweybrücken zu dem zwischen dem Kaiser und dem Churfürsten von der Pfalz geschlossenen Vertrag vernahm, den Grafen von Görz an denselben schickte, und ihn durch Vorstellungen davon abwendig machte. Der Herzog von Zweybrücken verließ in der Nacht München, und übergab den 17ten März dem Reichstage eine Erklärung, worin er dem zwischen Oesterreich und dem Churfürsten Karl Theodor geschlossenen Vergleiche, wie auch der österreichischen Besitznehmung widersprach. Ingleichen ersuchte der Herzog von Zweybrücken den König von Preusen um dessen Schutz, welches auch Sachsen that.

Dieser Antrag war dem Berliner-Hofe nicht unangenehm. Der Schritt des Kaisers hatte

nicht

nicht wenig Besorgnisse daselbst erregt, und man wartete nur auf eine schickliche Gelegenheit, um dem Wiener-Hofe verstehen zu geben, daß man über die Bayerische Erbfolge nicht gleiche Gesinnungen hege. Nun konnte der König, unter dem Vorwande, die Rechte des Herzogs von Zweybrücken, und des Churfürsten von Sachsen zu vertheidigen, mit dem Kaiser in Unterhandlungen treten.

Anfangs bestritt der König die Ansprüche des Kaisers nur mit der Feder, und bezeigte sich nicht abgeneigt, denselben beyzupflichten, sobald man ihm eine Aufklärung über die Rechte, die man auf Bayern habe, geben würde. Indessen diese politische Federkämpfe währten, erforschte der König die Gesinnung des Versailler Hofes, der mit Oesterreich durch einen Vertrag verbunden war. Der König sah ein, daß er, wenn Frankreich mit dem Kaiser einverstanden wäre, durch die überwiegenden Mächte in Verlegenheit gesetzt würde, da Rußland, wiewohl es ein Bundsgenosse von Preusen war, demselben nie würde beystehen können, indem es einen Krieg mit der Pforte zu fürchten hatte. Der König trat mit allen europäischen Höfen in Unterhandlungen. Er fand zu seinem grösten Vergnügen das Ministerium von Versailles ganz kalt für das Interesse des Kaisers, und erhielt die Versicherung, daß Frankreich neutral

blei-

bleiben würde. Die Pest, welche in Konstantinopel entsetzlich wüthete, flößte dem Volke ruhigere Gesinnungen ein, und bewog den Divan, den friedlichen Vorstellungen Frankreichs, hinter welches sich der König von Preussen gesteckt hatte, um auf Rußlands Beystand rechnen zu können, Gehör zu geben.

Sobald Friedrich von allen Seiten seiner Sache gewiß war, änderte er nun den Ton, und erklärte als sein Ultimatum: Wofern Oesterreich nicht den größten Theil von Bayern an den Churfürsten von der Pfalz zurückgeben wollte, so würde man diese Weigerung als eine Kriegserklärung ansehen. Den 18ten April schrieb der Kaiser eigenhändig aus Ollmütz an den König, und schloß diesem Briefe einige Vergleichspunkte bey, um diesen Zwist, welcher die Ruhe Deutschlands zu stören drohte, gütlich beyzulegen. Das Hauptsächlichste dieser Vergleichspunkte war: Der König sollte seine Genehmigung zu der den 3ten Jenner zwischen der Kaiserinn Königinn und dem Churfürsten von der Pfalz eingegangenen Verabredung geben, die Rechtmässigkeit des Besitzstandes der bayerischen Provinzen anerkennen, und, wenn beyde einen Tausch mit einigen ihren Provinzen treffen wollten, sich demselben nicht widersetzen; hingegen wollte die Kaiserinn Königinn die Gültigkeit der Einverleibung der Fürstenthümer Anspach und

Bayreuth in die Churlinie des Hauses Brandenburg anerkennen, und friedlich jeden Tausch mit diesen Ländern geschehen lassen. Der König antwortete den 14ten April auf eine gar nicht befriedigende Art. Es wurden zwischen beyden Majestäten noch einige Briefe gewechselt, aber in gleichem Erfolge.

Den 12ten April machte der k. k. Gesandte bey dem Reichstage zu Regensburg auf die von der Gesandtschaft des Königs von Preusen, als Churfürsten von Brandenburg, mündlich gethanene Aeuserung, die Erbfolgssache in Bayern betreffend, eine Gegenäuserung.

Indessen die interessirten Mächte durch ihre Minister ihre Rechte durch die Feder zu vertheidigen suchten, ließ Maria Theresia die in Besitz genommenen Länder und Districkte ihrem Zepter huldigen. Den 3ten Hornung wurde zu Mindelheim von dem dasigen Pfleggericht, dem Magistrate und der Bürgerschaft durch den k. k. Kommissarius, Freyherrn von Ried die Huldigung eingenommen, und den 4ten und 5ten darauf die sämmtliche Landschaft in Pflicht genommen. Den 23sten und 26sten März wurde zu Straubingen, den 30sten zu Stadt am Hof die Huldigung mit vieler Feyerlichkeit geleistet.

Wie Maria Theresia und Joseph, daß sie sich überall huldigen ließen, die Treue dieser neuen Unterthanen sich versichern wollten, eben

so

so waren beyde Majestäten gleichfalls besorgt, ihre Ansprüche im Erforderungsfalle, gegen jeden, der dieselben bestreiten würde, auf das nachdrücklichste zu vertheidigen. Schon zu Anfange des Monats März wurden die Truppen zusammengezogen. Die Regimenter erhielten Befehl, sich auf den Kriegsfuß zu setzen, und zwar wurde jede Kompagnie der Feldbatallionen, statt 160 Mann, welches sonst der gewöhnliche Stand war, auf 210 Mann gesetzt. Die Niederländer erbothen sich, ihrer geliebten Landesfürstinn 2 neue Regimenter auf eigene Unkosten zu errichten. Die Truppen in Italien, in Ungarn, in Flandern mußten nach Böhmen marschieren, und zu Anfang April bezoben die Armeen ihre Kantonirungsquartiere bey Leutmeritz, und bey Königgrätz. Den 11ten April gieng der Kaiser in Begleitung des Erzherzogs Maximilian über Brünn nach Böhmen: Der Herzog Albert von Sachsen-Teschen, der Feldmarschall Lacy, der Fürst Karl v. Lichtenstein, und der Graf Nositz waren bereits den 9ten dahin voraus gegangen. Den 15ten May traf der Kaiser mit dem Erzherzoge Maximilian und dem Feldmarschall Loudon in Prag ein, und von da begab er sich nach Leutmeritz, wo er alles in Augenschein nahm. Die Kriegsrüstungen wurden mit dem größten Eifer betrieben. Zu Leutmeritz wurde an der großen Brücke über die Elbe eine Redoute angelegt, woran das Militar

tar unermüdet arbeiten mußte. Nicht weniger wurde das Hauptlager bey Königgratz verschanzt, und mit 1500 Kanonen besetzt, so daß dasselbe mehr einer Festung als einem Lager gleich sah. Die Vorposten reichten bis an die sächsische und schlesische Gränze.

Da der Landmann durch einige vom Militar sehr gedrückt wurde, und eine Menge Klagen deswegen zum Kaiser gelangten, so ließ der Monarch den 15ten May eine scharfe Verordnung an alle Regimenter ergehen: dem Landmann unter keinem Vorwand etwas unentgeldlich abzufordern, oder ihn zu Vorspannsleistungen u. d. gl. wo es nicht der allerhöchste Dienst erfordert, zu zwingen.

Die Kriegsrüstungen Oesterreichs zwangen den König von Preusen sich auf jeden Fall vorzusehen. Er setzte seine Truppen in Bewegung, und zwey Armeen, jede von 80000 Mann, versammelten sich, die eine unter den Befehlen, des Prinzen Heinrich in der Gegend von Berlin, um sogleich zu den Sachsen stossen zu können, die andere in Schlesien, an deren Spitze sich der König stellte. Den 4ten April ging der König von Berlin nach Breslau, und von da nach Frankenstein, wo die schlesische Truppen eintrafen.

Indessen dauerten zwar die Unterhandlungen noch immer fort, wurden aber den

24sten

letzten Juny abgebrochen, und nun wurden die mächtigen Kriegsheere, welche bis itzt unthätig einander gegenüberstanden, mit einemmale in Bewegung gesetzt. Die Hauptarmee des Königs, an deren Spitze Friedrich stand, setzte sich in Bewegung; und am 6ten Julius rückte der König über Nachod in Böhmen ein. Die Armee des Kaisers unter Joseph und des Feldmarschalls Lacy Anführung stand hinter der Elbe von Königgrätz bis an die kleine Stadt Arnau in unüberwindlichen Verschanzungen. Das Korps des Feldmarschalls von Loudon, 40 bis 50,000 Mann stark, hatte die Posten von Reichenbach, Gabel und Schluckenau gegen die Lausitz besetzt. Ein anderes Korps von drey Infanterie-Regimentern und einem leichten Dragonerregimente, unter dem Befehle des Fürsten Karl von Lichtenstein, stand bei Leutmeritz, die daselbst errichtete Schanze zu vertheidigen. Alle in Mähren gestandene Truppen bis auf einige tausende hatten sich mit der Hauptarmee in Böhmen vereiniget.

Sobald die Hauptarmee des Königs in Böhmen eingerückt war, setzte sich die bereits bis Dresden vorgerückte 80,000 Mann starke Armee des Prinzen Heinrichs, mit welcher sich noch 18000 Sachsen vereiniget hatten, in Bewegung, und drang mit verschiedenem Korps in Böhmen ein, drückte die Vorposten bey Gabel zurück

und,

und nahm 1500 Mann theils vom Kaprarischen Regimente, theils Kroaten gefangen. Der Feldmarschall Laudon bezog ein Lager bey Münchengrätz. Der General Platen rückte auf Leutmeritz vor, und Fürst Karl von Lichtenstein zog sich in der Nacht vom 2ten auf den 3ten August mit seinem Korps zurück, und vereinigte sich auf den Anhöhen bey Kosmanos mit der loudonische Armee. Indessen rückte General Platen bis Wellwarn, drey Meilen von Prag, vor, wodurch der Schrecken in dieser Stadt ungemein verbreitet wurde.

Der Plan der preusischen Operazionen war Anfangs, den Krieg nach Mähren zu spielen, etwa 20,000 Mann zur Bedeckung von Glaz und der Pässe bey Landshut zurück zu lassen, den Posten bey Heidepilitsch zu umgehen, die Oesterreicher zu einem Treffen zu zwingen, und wenn dasselbe glücklich ausschlüge, 20,000 Mann hinter der Morava grade zu nach Presburg zu schicken, die dortige Brücke über die Donau zu gewinnen, und dadurch der kaiserlichen Armee alle Lebensmittel, die sie aus Ungarn erhielt, abzuschneiden, und so durch die Schwächung des Heeres in Böhmen, dem Prinzen Heinrich freyere Hand zu verschaffen. So schön dieser Plan war, so konnte Friedrich denselben nicht ausführen. Er mußte fürchten, daß der Kaiser, welcher seine Hauptmacht in Böhmen hatte,

in

in Schlesien einfallen, und ihn nöthigen würde, zur Vertheidigung der Grafschaft Glaz, und der Pässe bei Landshut zurück zu eilen, auch war zu besorgen, daß die Oesterreicher in Sachsen einfallen, und Dresden wegnehmen könnten, wodurch also der Schauplatz des Krieges in Sachsen und Schlesien eröffnet worden wäre. Da der König diesen ersten Plan aufgeben mußte, so wollte er nach dem nämlichen Plane wie 1757 operiren, und ebenfalls, wie damals, mit beyden Armeen bey Prag zusammen treffen.

Diese Absicht, welche der König hatte, wurde durch das unbezwingbare Lager bey Königgrätz vereitelt. Diese Stadt war an sich selbst schon eine gute Festung, die eine Belagerung von einigen Wochen aushalten konnte, und den rechten Flügel des Lagers deckte. Jenseits der Elbe und in der Nähe von Königgrätz stand ein Korps von Grenadieren und einiger Kavallerie in Werken gelagert, die eher einer Festung als einer Feldverschanzung glichen. Von Semonitz bis Schurz stand ein anderes Korps von 30,000 Mann, von acht Fuß tiefen, und sechzen Fuß breiten Gräben gedeckt, mit Sturmpfählen, Palisaden und spanischen Reiter reichlich versehen, wodurch die einzelnen Werke mit einander verbunden wurden. Weiterhin erhob sich die Kukushöhe, welche das diesseitige Ufer der Elbe bestreicht, und sich von Hügel zu Hügel

gel durch Königssaal bis Arnau erstreckt. Von da läuft diese Gebirgskette bis Hohenelbe fort, wo sie sich an das sogenannte Riesengebirge anschließt, und in dasselbe übergeht. Alle Uiberfahrten über die Elbe waren mit dreyfachen Redouten besetzt. Auf den Gipfeln dieser mit Bäumen bedeckten Gebirge, waren Verhacke gemacht, hinter welchen 40 Batallone vom Rückhalte lagen, um da schnell zu Hülfe zu kommen, wenn die Preusen irgendwo angreifen wollten.

Bey der ersten Rekognoszirung, die der König vornahm, die Stellung der österreichischen Armee zu untersuchen, erkannte er, daß es ihm diesmal nicht so leicht seyn würde, wie 1757 dem General Schwerin, über Arnau und Brandeis bey Prag einzutreffen. Er würde, hätte er den Feind aus seinem nach des Königs eigenem Geständnisse unbezwingbarem Lager vertreiben wollen, seine 120,000 Mann starke Armee aufgeopfert, und seinen Zweck doch nicht erreicht haben. Was also Gewalt nicht vermochte, sollte die List bewirken.

Prinz Heinrich, welcher Anfangs über Komothau in Böhmen eindringen sollte, erhielt Befehl nach Dresden zurückzukehren, und über Rumburg in den Leitmeritzer Kreis zu bringen, welches dieser auch bewerkstelliget hatte. Zu gleicher Zeit verstärkte der König das bey Neis unter dem General Werner gestandene Korps durch

eine

eine zahlreiche Division, welche General Stutterheim anführte. Dieser hatte den Auftrag, vereinigt mit dem General Werner, so geschwind als möglich durch die Herzogthümer Troppau und Teschen nach Mähren vorzurücken, und die daselbst gestandenen 10,000 Oesterreicher über den Haufen zu werfen. Durch diesen Einfall in Mähren hofte der König, daß der Feldmarschall Lacy einen Theil der Hauptarmee dahin abschicken würde. Nicht weniger hofte der König, daß dem Feldmarschall Loudon einige Verstärkung, die Iser zu vertheidigen, würde zugeschickt werden, wodurch dem Könige die Ausführung seines Planes sehr erleichtert worden wäre, aber alle Versuche Friedrichs mißlangen, und er konnte nirgends seine Absicht erreichen.

Ausser einigen kleinen Vorfallenheiten ereignete sich in diesem ganzen Feldzuge nichts merkwürdiges. Die Armeen standen unthätig in ihren Lagern, bis der herannahende Winter sie zwang, die Zelter zu verlassen, und in der friedlichen Hütte des Landmannes von den ausgestandenen Unbequemlichkeiten und Strapazen, woran es dem Soldaten, obgleich es zu keiner entscheidenden Schlacht kam, doch nicht gebrach, auszuruhen.

Nachdem alle Bemühungen des Königs, über die österreichische Armee einigen Vortheil zu erhalten, vergebens waren, so sah er sich endlich zum Rückzuge gezwungen; doch wollte er den Stand zwischen Schazlar und Schartenberg nicht eher verlassen, bis er von der Ankunft des Heinrichischen Kriegsheeres in Sachsen, und was man auf österreichischer Seite thun wollte, die zuverlässigsten Berichte empfangen hätte. Um den 22sten und 23sten September brach die Armee des Prinzen Heinrich bey Budin auf. Feldmarschall Loudon folgte ihm am nähmlichen Tage in vier Kolonen. Alles harrte beim Heere einer Schlacht begierig entgegen, wozu es allen Anschein hatte. Auf einmal machte die Armee halt, lagerte sich gegen sechs Stunden in der größten Hitze auf dem Felde, marschirte dann einige tausend Schritte rechts, und schlug bey Raudnitz Lager. Indessen sah man das preussische Heer von Budin aufbrechen, und sich nach Lowositz zurückziehen. Hier verweilte dasselbe nur zwey Tage, und kehrte dann gegen Sachsen zurück, wo es am 27sten September an den Gränzen anlangte. Der Rückzug des Prinzen Heinrich sah mehr einer Flucht, als einem ordentlichen Rückzuge gleich. Zerbrochene Wagen, zerstreutes Pulver, abgeworfene Kugeln, versenkte Kanonen, und hingestreckte Pferde bezeichneten den Weg, auf welchen die Preusen sich zurückzogen. Zu Leutmeritz brannten sie die Brücken ab, und drückten sichtbar die Verwirrung aus, in der sie sich befanden.

Sobald der König die Nachricht erhielt, daß Prinz Heinrich sein Kriegsheer nach Sachsen zurückgeführt, und in die Winterquatiere verlegt habe, machte er gleichfals Anstalt, sein Heer in Schlesien in die Winterquartiere zu vertheilen. Die Ungewißheit, ob Feldmarschall Loudon die Operation auf Sachsen fortsetzen, oder sich gegèn die Lausitz wenden würde, welche zu decken Prinz Heinrich den Prinzen von Anhalt Bernburg mit 20,000 Mann bey Zittau gelassen hatte, hielt den König noch ab, von Schazlar nach Landshut zu gehen. Sobald er aber mit Gewißheit erfuhr, daß die österreichische Armee gleichfalls die Winterquartiere bezohen habe, versetzte er auch sogleich am 15ten Oktober sein Hauptquartier von Schazlar nach Landshut, von da er nach Breslau ging, die nöthigen Anstalten zu dem künftigen Feldzuge zu treffen.

So wenig entscheidendes in dem verflossenen Feldzuge vorgefallen war, so hatte derselbe dem König von Preusen doch unendlich viel Leute gekostet. Seine Armee verlor mehr als 20,000 Mann an Ausreissern; denn jeden Tag trafen 80, 100. auch 150 und mehr Mann in den Hauptquartieren der kaiserlichen Armeen an. Am stärksten war das Ausreissen bey der Prinz Heinrichischen Armee, wo zuletzt die sächsischen Truppen so zu sagen einen Kordon um das preusische Heer ziehen mußten, auch durfte kein Mann aus der Kompagniengasse sich entfernen. Bey der Königs Armee ging sogar ein ganzes Piket von 60 Mann, samt dem Offizier, den es zwang mitzugehen, zu den Kaiserrlichen über. Nicht minder hatten die Krankheiten eine Menge Leute hingerafft, so daß dieser einzige Feldzug dem Könige einen beträchtlichen Theil seiner Armee und viele Millionen kostete, ohne daß er seine Absicht, in Böhmen weiter einzubringen, erreichen konnte.

In seinen Winterkordon faßte Friedrich die zwey Städte Troppau und Jägerndorf, und sicherte seinen Stand in denselben durch eine schleunig betriebene Feldbefestigung.

Die Truppen ließen keine Gelegenheit vorbeygehen, einander in den Winterquartieren zu beunruhigen. Indessen arbeitete man auch in den Kabinettern, seine Gerechtsame mit der Feder zu vertheidigen. Zu Wien erschien eine Schrift unter dem Titel: Ihrer kais. königl. apost. Maj. Gerechtsamen und Maaßregeln in Absicht auf die bayerische Erbfolge in der wahren Gestalt vorgelegt und gegen die Widersprüche des Berliner Hofes vertheidiget. Der Berliner Hof beantwortete sie, und es wurden noch eine Menge Schriften darüber gewechselt. Besonders waren die Zeitungsschreiber beschäftiget, die Parthey desjenigen Hofes, welchem sie ergeben waren, zu verfechten, welches

dann

dann nicht immer in den gebührlichsten Ausdrücken geschah. Dieses veranlaßte den grossen Friedrich im Monat November alle jene auswärtige Zeitungen, die sich einer unerlaubten Partheylichkeit gegen den königl. preusischen Staat schuldig gemacht, als die französische Zeitung von Köln und Brüssel, dann die deutschen Zeitungen von Köln, Frankfurth am Mayn, und andere sogenannte Reichsoberpostamts-Zeitungen bey 50 Dukaten Strafe kommen, oder debitiren zu lassen.

Dem Könige von Preusen, der in diesem Feldzuge die erwarteten Vortheile vernichtet sah, lag es nicht weniger daran, den Frieden hergestellt zu sehen, als Marien Theresien. Aus dieser Ursache wandte sich der König an seine Bundsgenossinn, die Kaiserinn von Rußland, und forderte, den ihm versprochenen Beystand zu leisten, nachdem sie durch Frankreichs Vermittelung von Seite der Pforte gänzlich gesichert war. Die Kaiserinn von Rußland ließ daher durch ihre Minister zu Wien und Regensburg den 17ten Dezember erklären: „Daß die „Kaiserinn Königinn über der Besitznehmung „von Bayern der gerechten Forderung der „Reichsfürsten und des Königs von Preusen „Genüge leisten möchte, wozu die Kaiserinn „von Rußland ihre Mediation anböte; wäre „diese aber ohne Wirkung, so würde sie sich

„ gezwungen sehen, ihre Verbindlichkeiten ge„gen den König von Preussen zu erfüllen, und „ihm das Korps Hülfstruppen zu schicken, „welches sie ihm vermög ihrer Verträge schul„dig wäre.“ Diese Erklärung wirkte auf Marien Theresien, welche ohnedem mehr zum Frieden geneigt war. Sie nahm nicht nur die Vermittelung Rußlands an, sondern suchte auch noch die Vermittelung Frankreichs zu erhalten. Der Fürst von Repin kam in Gestalt eines bevollmächtigten Ministers von Seiten der Kaiserinn von Rußland nach Breslau, wohin der König sich verfügte, um sich mit dem Fürsten zu besprechen.

Das Jahr 1779.

Indessen man in den Kabinetern an der Herstellung des Friedens arbeitete, genossen die Truppen wenig Ruhe; und es schien, als wollte man im Winter ersetzen, was im Sommer nicht bewerkstelliget werden konnte. Da aber die meisten Vorfallenheiten nur in kleinen Neckereyen und Ueberrumpelungen bestanden, so wollen wir nur die hauptsächlichsten berühren.

Der Verdruß, welchen der König von Preussen wegen des Ueberfalls bei Ditterbach hatte blicken lassen, und die auf das Thaddensche Regiment geworfene Ungnade, ward nicht nur ein Sporn der Wachsamkeit für die preussischen Truppen, sondern sie flammte auch den

Eifer

Eifer seiner Generale an, eine That auszuführen, wodurch so viele Fahnen erobert werden möchten, als das Thaddensche Regiment verloren hatte. Die preusischen Generale wollten ihrem Könige zu seinem acht und sechzigsten Geburtstage mit den Fahnen des Migazzischen Regiments, wovon ein Bataillon zu Obersdorf stand, oder von einem bey Zuckmantel stehenden Regimente ein Angebind machen. Der Entwurf ihres Unternehmens war: daß die Division des Erbprinzen von Braunschweig von Troppau über Jaktar den österreichischen Posten Freyhermsdorf in einem Blendangriff ängstigen, dorthin die Aufmerksamkeit des österreichischen Befehlshabers in Mähren ziehen, am nähmlichen Tage die Division des Generallieutenants Stutterheim den Posten Obersdorf und Tropplowitz angreifen, indessen der Generallieutenant Wunsch mit seiner Division aus der Grafschaft Glatz gegen Zuckmantel marschiren sollte, die dort postirten österreichischen Truppen aufzuheben. Diese Unternehmung wurde so geheim gehalten, daß die Oesterreicher auch nicht die geringste Vermuthung davon erhalten konnten.

Den 11. Jenner 1779 als den Abend vorher, wo die Preusen ihre Unternehmung ausführen wollten, gab der Befehlshaber der in Mähren gestandenen österreichischen Truppen dem Husaren-Obersten Freyherrn von Wallisch, und

 dem

dem Oberstlieutenant Koezi Befehl, daß ersterer die Preusen bei Pikau, lezterer bei Mösnick alarmiren sollte. Dieser griff um 11 Uhr in der Nacht das preusische Blockhaus bei Mösnick mit solcher Geschwindigkeit an, daß die darin gestandene Besatzung nicht einmal Zeit hatte zum Gewehr zu greifen, sondern mit Zurücklassung aller Waffen und alles Gepäckes zu eben der Zeit entfliehen mußte, als die zu dem Angriff auf Obersdorf bestimmten preusischen Bataillons von der Division des Generallieutenants von Stutterheim auf ihrem Sammelplatze eintrafen. Vor dem Angriffe hatte dieser General die Zimmerleute von seinen Bataillons voraus geschickt, durch die Pallisaden bey Brausdorf und Mösnick einen Weg zu öfnen, und sein Vortrab bedrohete den Posten Pikau. Mit Anbruch des Tages ließ er fünf Regimenter Fußvolk, und acht Schwadronen Reiterey über preusisch Peterswitz bis zu der Anhöhe bey Tropplowitz vorrücken, und von da wendete er sich mit ihnen gerade auf Obersdorf, wo der Oberste Baron Staader, mit einem Bataillon von Mygazzi, einem Bataillon Kroaten, zwey Divisionen Dragoner von Saint - Ignon, und zwey Divisionen Hussaren von Esterhazi stand.

Die wohl überlegte richtige Zurückhaltung, mit welcher der Oberste, Baron Staader, den Angriff der Preusen erwartete, machte sie glauben,

ben, daß die an Tropplowitz und Obersdorf stossende Wälder mit einer zahlreichen Reserve österreichischer Truppen besetzt wären. Diese Vermuthung bewog den General Stutterheim auf einmal Halt zu machen, und vor der Hand weiter nichts zu unternehmen, als den Posten Obersdorf zu kanoniren, welches keinen andern Schaden verursachte, als daß ein Haus in Obersdorf in Flammen gerieth. Bey dieser Gelegenheit bewiesen die Divisionen der Saint-Ignoischen Dragoner, und Esterhazy Hussaren, wie eine tapfere Reiterey den Donner der Kanonen ausdauern, und der Gefahr desselben geschickt auszuweichen weiß. In einer Zeit von fünf Viertelstunden geschahen auf sie mehr als 200 Kanonenschüsse; aber der sie kommandirende Offizier vereitelte die Wirkung dieses feindlichen Feuers dadurch, daß er dieselbe in beständig geänderten, bald erweiterten, bald verminderten Zwischenräumen der Einschnitte wie auf einem Exerzierplatze in immerwährenden Bewegungen lenkte. Die Preusen zoben sich gegen Mittag wieder zurück, und hinterließen einige Verwundete, und einen Pulverkarren.

Der Blendangriff, welchen der Erbprinz von Braunschweig, die Stutterheimsche Unternehmung zu begünstigen, vor Troppau über Jaktar auf den Posten Freyhermsdorf machen

ließ,

ließ, mißlang gleichfals. Auf diesen Posten standen zwey Kompagnien Kroaten unter dem Befehl des Hauptmanns Sulkowitz, mit 50 slavonischen Hussaren. Die zum Anlaufen bestimmte Preusen bestanden aus zwey Bataillons Fußvolk, und 1500 Pferden. Die feindliche Reiterey rückte mit Entschlossenheit an; aber das Feuer der Kroaten zwang sie bald zum Rückzuge. Nun schritt das preussische Fußvolk mit vier Sechspfündern und einer Haubitze vor, lief auf zwey Seiten an, und die Reiterey auf der dritten, als eben ein Bataillon Slavonier, zwey Kompagnien von Fink, und zwey Kompagnien des Winkopschen Freybataillons die 200 Kroaten zu unterstützen, ankamen. Das Gefecht wurde jetzt fürchterlich, und der Oberstlieutenant Graf Staray gewann die Zeit, mit seinen Truppen und mit den Kavallerie-Kanonen dem Feind in die Flanke zu fallen. Die Preusen wurden nun zum Weichen genöthiget, nachdem ihr Feuer drey Stunden gedauert hatte. Das Manövre dieses tapfern Ungars bewies sein Talent in der Taktik, und der Kaiser ernannte ihn bey dieser Gelegenheit zum Obersten eines Gränzregiments.

Obwohl weder der Versuch von Troppau her, noch jener von Jägerndorf den Preusen gelang, so dienten beyde doch dazu, den Marsch des preusischen Generals Wunsch gegen Zuckmanmantel zu decken, um da den österreichischen Obersten Baron Löwenehr zu überfallen. General Wunsch hatte während seines Hinterzuges seine Division mit einigen Batallons aus Neisse verstärkt, und kam am 13 Jenner mit 16 Batallons Infanterie, einer grossen Anzahl Reiterey, und 50 Kanonen vor Zuckmantel an. Der Oberste Baron von Löwenehr erwartete den Angriff, wiewohl er nur 16 Kompagnien deutsches Fußvolk, das Banatische und Baumgartensche Freybataillon, ein Batallion Kroaten, und das Dragonerregiment von Darmstadt bey sich hatte. Als die Preusen anliefen, zog er sich bedachtsam aus den Redouten N: 1 und 2, mit dem darin gestandenen Geschütze in die Redoute Nro. 3. Dieser Rückzug brachte den General Wunsch auf die Vermuthung, daß Baron Löwenehr im Rückzuge fechten, und so der etwa erwartenden Hilfe Zeit verschaffen wollte, heranzueilen. Dieses zu verhindern befahl er einigen Bataillonen, daß sie anlaufen, und stürmen sollten. Die Preusen stürmten mit Entschlossenheit auf den Rochusberg; allein aus der Redoute Nro. 3. empfing sie ein so häufiges Kartätschenfeuer, daß sie in der größten Unordnung zurückkehrten, und die Flucht ergriffen. Während des Rückzuges aus den Redouten Nro. 1 und 2 in die Redoute Nro. 3. hatte der Oberste Baron Löwenehr die an seine rechte Flanke

stossen-

stossende Gesträuche mit Kroaten und 50 Jägern besetzen lassen, welche ein Bataillon von Lanzglois unterstützte. Ihr Feuer bestrich die Feinde im Angriffe, und vermehrte die Unordnung ihrer Flucht. Links von Zuckmantel hatte Baron Löwenehr zwey Divisionen des Regiments Deutschmeister mit einem Zweypfünder und drey Dreypfündern aufgestellt, die preusischen vier Bataillons und ein Reiterregiment, die dort als Reserve figurirten, in Ersurcht zu halten. Sie schienen den Erfolg des Angriffs auf den Rochusberg abzuwarten, als unvermuthet das Feuer ersterwähnter Kanonen mit so entscheidender Wirkung auf sie spielte, daß die preusische Reserve plötzlich umkehrte und aus dem Gesichte verschwand.

Die Preusen verloren gegen dreyhundert Mann, und eroberten hier eben so wenig, als bey den zwey andern Unternehmungen, kaiserliche Fahnen, wie sie sich fest vorgenommen hatten. Der Verlust der Oesterreicher bestand an Toden und Bleßirten in 17 Mann, 7 Pferden, und 14 Mann, die gefangen wurden; hingegen kamen bey dieser Gelegenheit 213 preusische Deserteurs zu den Kaiserlichen. Der guten Vertheidigungs Anstalt wegen erhob der Kaiser den Obersten, Baron Löwenehr, zum Generalmajor.

Besser als den Preußen, gelang es den Oesterreichern am 18. Jenner unter Anführung des Generals Wurmser die Feinde in Habelschwerd zu überraschen. Die kaiserlichen Truppen hatten eine Stunde noch vor Tages Anbruch die bestimmten Punkte erreicht, der Anlauf geschah mit der größten Geschwindigkeit ohne Gebrauch des Musketenfeuers. Die Regimenter Fabris und d'Alton legten die mitgebrachten Leitern an, erstiegen die Mauern, sprengten die Thore, überwältigten mit dem Säbel in der Faust die Hauptwache, nahmen den Generalmajor, Prinzen v. Hessen = Philippsthal im Angesicht seiner Truppen gefangen, und zwangen die aus den Gassen und Häusern zur Gegenwehr aufgetrettenen Pelotons der Preusen das Gewehr zu strecken. Die Zahl der Kriegsgefangenen bestand in 25 Offiziers und 714 Gemeinen vom Feldwäbel an; auch wurden 10 Fahnen und 3 Kanonen erobert.

General Wunsch eilte auf dem ersten Kanonenschuß an der Spitze seiner Husaren = Schwadronen im gestreckten Galopp gegen Habelschwerd, nachdem er dem Generalmajor Lengerfeld befohlen, ihm mit seinem Infanterieregiment auf dem Fuße nachzufolgen. Dasselbe war erst von Zuckmantel zurückgekommen, und von neun hin und hergemachten Tagreisen ganz abgemattet. Auf dem Wege erfuhr er, daß Habelschwerd von den Oesterreichern eingenommen, und nur 200 Mann mit dem Major Rabe vom Regimente Luck sich durch die Flucht gerettet haben, die übrige Besasatzung aber zu Kriegsgefangenen gemacht worden sey. In eben dem Augenblicke hörte er in der Gegend um Oberschwedeldorf von Zeit zu Zeit einige Musketenschüsse. Er wendete nun mit seinen Hußaren um, schickte dem Generalmajor Lengenfeld den Befehl zu, ihm mit seinem Infanterieregiment auf dieser geänderten Direktion zu folgen, und eilte der Strasse nach Oberschwedeldorf zu. Auf diesem Wege erhielt er nun wieder die traurige Nachricht, daß ein aus den Regimentern Berenhauer und Hallmann zusammengesetztes Bataillon, welches der Kommandant der Festung Glatz zur Rettung des Blockhauses Oberschwedeldorf abgeschickt hatte, auf freyem Felde von drey Divisionen der österreichischen Hußaren, von Wurmser und Barko, umrungen worden sey, daß das Bataillon zwar ein Viereck formirt, sich tapfer gewehrt, und alle Kräfte des Musketenfeuers angewandt habe, sich zu vertheidigen, daß aber die Hußaren mit dem Säbel in der Faust in das Viereck eingedrungen, dasselbe getrennt, theils niedergemacht, und theils gefangen genommen haben. Die Zahl der Kriegsgefangenen belief sich auf einen Major, 12 Offiziers und 341 Gemeinen vom Feldwäbel an, nebst einer erbeuteten Kanone.

Das Gefecht bey dem Blockhause war schon so heftig, daß die darin gestandene Besatzung, nach eider zweystündigen Gegenwehr sich dem Uiberwinder ergeben mußte, als eben der General Wunsch von ferne mit seinen Hußaren gesehen wurde. Der Widerstand, welchen der preusische Hauptmann Kapeller mit sechzig Mann darin geleistet hatte, verdient von allen Kennern Hochachtung. Das Blockhaus war gegen Kanonenschüsse befestigt, und hatte acht wohlgeordnete Flanken, deren Feuer sich an allen Orten kreuzte. Ein sehr breiter, tiefer und mit zwey Reihen Pallisaden besetzter Graben erschwerte den Sturm. Die von den Regimentern Joseph Kolloredo de Ligne und Murray zum Sturm gewählten Freywillige zeichneten sich durch ihre Herzhaftigkeit und Geschwindigkeit rühmlich aus. Sie sprangen in den Graben; da sie aber mit der Mündung ihres Gewehrs die Schießlöcher nicht erreichen konnten, und auf die feindlichen Kanoniers zufeuerten, so ließ der sie anführende Oberstlieutenant van der Mersch eine Haubitze in das Blockhauß werfen, wodurch dasselbe in Brand gerieth, und genannter Hauptmann Kapeller genöthiget wurde, sich mit der Besatzung zu ergeben. Zwey Offiziers und 60 Mann wurden gefangen, und zwey Mörser erbeutet.

General Wunsch kehrte nun mit dem zu Neurode, Wünschelberg und Altheyde postirten Fußvolke nach Glatz zurück, und die Oesterreicher setzten sich auf dem wichtigen Posten von

Rei-

Reinerz sehr vortheilhaft. Die Vorposten des Generals Wurmser zogen von Wünschelberg ihren Kordon bei Neuheyde vorbei bis Habelschwerd. In Neuheyde stellte sich der Oberst, Baron Klebeck, mit dem Kreuzerregimente, und vernichtete durch Feuer das Blockhaus zu Oberschwedeldorf bis auf den Grund. Oberst Klebeck stand Glatz am nächsten. Durch diese Stellung wurde nun General Wunsch genöthiget, seine Stellung bei Warta zu nehmen, und von dem Posten Johannesberg die Truppen nach Patschkau zurück zu ziehen.

Der König wurde durch diese erhaltenen Berichte so böslaunigt, daß er bey dem ersten Anblick des General Tauenzin fragte: „Haben „die Oesterreicher nicht schon wieder ein Paar „Bataillons überrascht?" Den General Wurmser zu zwingen, das Glazische Gebiet zu verlassen, ertheilte der König dem im Fürstenthum Schweidnitz und Jauer stehenden Kordonsbefehlshaber die Ordre, einen Einfall in den Königgrätzer Kreis zu veranstalten. Zu gleicher Zeit erhielt General Möllendorf den Befehl, von dem sächsischen Erzgebirge einen Einfall gegen Brix zu wagen. Von dem Erfolg der Möllendorfischen Unternehmung sollte der Nachdruck des Einfalls in Königgrätzer Kreis abhangen.

Diesem erhaltenen Befehl gemäs fiel General Möllendorf den 5ten Februar in 3 Kolonnen,

nen, welche zusammen aus 47 Schwadronen, und 17 Bataillons, dann dem Hartischen Korps, 600 sächsischen Jägern und 400 Freywilligen bestanden, über den Paß von Einsiedel in Böhmen ein. Er hatte dem Generalmajor, Baron Teufel, den Befehl gegeben, mit seiner Brigade nach Altenburg zu marschiren. Dieser sollte sich mit ihm, wenn es ihm gelänge Brix zu forciren, bei Laun vereinigen; oder er sollte von Töplitz her Möllendorfs Flanke decken; besonders aber dahin sehen, die Hauptabsicht, welche auf Brix zielte, durch die Regimenter Saldern und Letton mit 5 Schwadronen von Czettwitz Hußaren zu maskiren. Den Vortrab führte der Prinz Johann Georg von Anhalt Dessau.

Bey Jahrsdorf stand ein österreichischer Rittmeister mit 60 Hußaren von Kalnocki auf der Wache. Bey Obergörzenthal ein Rittmeister mit 50 Dragonern von Löwenstein, und bei Untergörzenthal der Oberstlieutenant Graf von Auersperg mit 200 Dragonern von Lobkowitz. Gegen diese manövrirten die zwey preussischen Hußarenregimenter mit Übergewicht im halben Mondförmigen Vorrücken; doch wurde ihnen jede Bewegung sehr erschweret. Endlich wichen die Vorposten gegen Brix zurück, wo der Feldmarschallieutenant, Graf von Kinsky, das Infanterie-Regiment, Ulrich-Kinsky, mit den Kanonen auf eine Anhöhe gestellt hatte; Eine Seite dieser Anhöhe war durch einen Morast gedeckt; die andere Seite durch zwey Divisionen von Lobkowitz besetzt.

Gegen 7 Uhr Morgens hatte das preusische Fußvolk, welches um 1 Uhr nach Mitternacht zu marschiren angefangen hatte, die von den Grenzen Böhmens herabwallenden Berge überstiegen, und nun stellte General Möllendorf die Grenadiers des Vortrabs an den Fuß der letzt überstiegenen Anhöhe, seine Reiterey aber ließ er bis auf 4 Schwadronen, die er, die Gemeinschaft mit dem Fußvolke zu erhalten, als ein Reserve zurück hielt, gegen das Kinskysche Regiment anlaufen. Das Kinskysche Regiment kanonirte sie mit erwünschtem Erfolge, und hielt den Feind, ungeachtet seiner Ulberlegenheit, drey Stunden lang auf. Indessen hatte der Feind bey Obergörzenthal immer mehr Volk deploiret, und bereits die Stadt Brix mit Haubitzen beschossen.

Um die Stadt Brix nicht einer Feuersgefahr auszusetzen, zog sich das Kinskysche Regiment, von dem Dragonerregiment gedeckt, Schritt vor Schritt gegen die Anhöhen von Deelen, sonst Webel genannt, zurück. Fünfzehn Schwadronen preusischer Husaren und Dragoner suchten den linken Flügel desselben zu umgehen, und es im Rücken, Flank und Fron-

te

te anzugreifen. Aber die Staabsoffiziers dieses Regiments benuzten den Augenblick, wo die Preusen zu dem Flankenangriffe sich schwenckten, so gut, daß sie die Feinde in ihrer eigenen Flanke faßten, und zurück jagten.

Die zurückgetriebenen preusischen Hussaren sammelten sich wieder. Die Lobkowitzischen Dragoner folgten zur Vertheidigung dem Rückzuge des Kinskyschen Regiments, welches zuweilen halt machte, und die kühnsten preusischen Scharmuzirer durch das Musketenfeuer abtrieb. Vergebens strengte die feindliche Reiterey allen Muth und alle Kräfte an; sie konnte nie zum Einhauen kommen. Die Standhaftigkeit, die Gegenwart des Geistes, die Tapferkeit der Offizier und des gemeinen Mannes vernichtete alle Angriffe. Vorzüglich wußte der Oberste von Khell so gut die Ordnung zu erhalten, daß kein Mann, kein Peloton ohne Befehl feuerte. Das Regiment erreichte die Anhöhe von Deleen ohne sonderlichen Verlust; nur zwey Kanonen, die sich gleich Anfangs von dem Regimente getrennt hätten, und dann im Schnee stecken geblieben wären, geriethen den Feinden in die Hände. Die Preusen, da sie sahen, daß sie dem Regiment Kinsky nichts anhaben konnten, hörten auf, dasselbe weiter zu verfolgen. Zu Hochpetsch ließ der General Graf von Kinsky halt machen, verzögerte da eine

Weile, und nahm dann den Rückzug weiter nach Laun.

General Möllendorf erhielt nun die Nachricht, daß die Kolonne des Baron Teufel, welche über Nikolsburg und Grab hätte herbeykommen sollen, des tiefen Schnees wegen nicht einmal bis an den Nikolsburger Verhau gelangen konnte. Itzt sah er, in welche gefährliche Schlinge der Rückzug des Grafen von Kinsky ihn zu ziehen dachte; denn alle durch die angezündeten Lärmstangen aufgeforderte österreichischen Regimenter marschirten gegen Laun zu. Noch ehe die Sonne unterging gab General Möllendorf Befehl zum Rückzug auf den andern Tag. Er kehrte am 6ten zurück, und in der Nacht vom 6ten auf den 7ten stand er schon hinter der böhmischen Grenzlinie nach einer sehr ermüdeten Tagreise.

Der Major Belling von Bellenau von Oguliner wurde mit 60 Kroaten und 30 Husaren, dann ein Rittmeister von Kalnocky mit 60 Pferden dem Feind nachgeschickt. Gedachter Major überfiel gegen 12 Uhr Nachts das Wunschische Infanterieregiment in seinen Quartieren in dem sächsischen Dorfe Kommerswald.

Die Kroaten drangen mit dem Säbel in der Hand in das Dorf vor das Quartier des Majors, tödteten die Schildwache, und nahmen den Major Auerswald, einen Fähnrich,

ei-

einen Fahnenjunker, und 7 Gemeine nebst 4 Fahnen, gefangen. Dann ließ der Major Belling in die Fenster schiessen, um dadurch dem Feinde einen grössern Schaden zu verursachen, und auch seine geringe Anzahl, da er mit sechzig Mann ein ganzes Bataillon angriff, zu verhehlen. Beydes gelang ihm; denn nach Aussage der Deserteurs sind gegen 200 Mann durch die Fenster getödtet worden.

Der Oberlieutenant Blaskovich von Kalnocky stieß bey Olbersdorf mit 45 Hußaren, einigen Ogulinern, und Tyroler Scharfschützen auf einen preusischen Rittmeister, der allda mit 150 Pferden postirt war. Er griff die Preusen an, und machte nebst einem Estandartjunker 25 Hußaren zu Gefangenen.

Am 6ten vor Anbruch des Tages nahm der Feldmarschall-Lieutenant seine vorige Position wieder. Der Verlust der Oesterreicher bestand in 2 Kanonen, einem Rittmeister und einem Lieutenant von Lobkowitz, einem Artillerie-Hauptmann, und 150 Gemeinen, die theils getödtet, theils verwundet wurden.

Am 17ten Februar thaten die Preusen, 10000 Mann stark, einen Einfall in den Königgrätzer Kreis. Sie lagerten sich vor der Stadtmauer von Braunau, erstaunten aber nicht wenig, als sie den Grafen Wurmser, den sie noch im Glätzischen vermutheten, daselbst in Bereitschaft sahen, sie zu empfangen; sie mußten also unverrichteter Sache wieder zurückkehren. In der Grabschaft Glatz behauptete der österreichische Generalmajor. Baron Terzi, die ihm anvertraute Posten Rückers, Lewin, und Reinerz troz allen Anfällen, die der preusische General Wunsch mehrmal wiederholte, ihn von dort zu verdrängen.

Alle kleine Vorfälle anzuführen, die während des Winterstandes durch Beunruhigung wechselseitiger Quartiere sich ereigneten, ist hier der Raum zu eng. Nur noch einer Begebenheit werde hier gedacht, die sich zur nähmlichen Zeit, als die kriegführenden sowohl als die vermittelnden Höfe wegen Eröfnung eines Kongresses unterhandelten, zutrug. Den 25ten Februar langte der österreichische Feldmarschall Lieutenant, Graf Olivier Wallis, nachdem er vorher die ganze Nacht marschiret war, mit einigen Bataillonen in aller frühe vor dem Thore von Schlesisch-Neustadt an, um das daselbst postirte preusische Regiment des Prinzen von Preusen aufzuheben. Gleich nach seiner Ankunft forderte er das benannte Regiment zur Ubergabe auf; aber die Preusen gaben ihm eine abschlägige Antwort, worauf er das Städtchen mit Haubitzen beschoß und in Brand steckte. Die Besatzung zog bey dem rükwärtigen Thore hinaus, vereinigte sich mit den von dem General Stutter-

helm

heim zu ihrer Unterstützung herbeigeführten Truppen, und nöthigte den General Wallis sich unverrichteter Dinge zurückzuziehen. Dieser Vorfall war der lezte von Bedeutung.

Maria Theresia sehnte sich nach Ruhe, und der Baron von Breteuil, französischer Bothschafter am Wiener Hofe, berichtete dem Fürsten Repnin, der sich am Berliner Hofe aufhielt, den Wunsch der Kaiserinn Königinn, einen Waffenstillstand zu treffen: Friedrich erhielt die Nachricht hievon am 4ten März. Sogleich gab er seinen Generalen Befehl, sich deshalb mit den österreichischen Befehlshabern einzuverstehen. Beyde Heere trafen die Verabredung, daß für Böhmen der 7te, für Oberschlesien und Mähren der 8te, und für Sachsen und Böhmen der 10te März zum Waffenstillstande soll angesetzt werden.

Indessen war der Kongreß durch die vermittelnde Mächte von Frankreich und Rußland zu Stand gebracht, und die Stadt Teschen dazu bestimmt. Den 8ten März ging der Graf Philipp von Kobenzl dahin ab. Der französische Bothschafter, Baron von Breteuil, und der russische Fürst von Repnin trafen den 10ten daselbst ein. Von Seite Preusens wurde der zu Wien gestandene preusische Gesandte, Baron Riedesel, dahin abgeschickt. Ferner erschienen daselbst der sächsische Minister, Graf von Zinzendorf, der

 Chur-

Churpfälzische Minister, Freyherr von Törring Seefeld, und der Zweybrückische Gesandte, Freyherr von Hohenfels. Diese Minister arbeiteten an der Wiederherstellung des Friedens, welcher endlich den 13ten May, am Geburtstage Marien Theresiens, zu Teschen geschlossen, und von den anwesenden Bevollmächtigten unterzeichnet wurde.

" Vermög dieses Friedensvertrages wurden
" an Churpfalz alle Bezirke, welche das Haus
" Oesterreich in Besitz genommen hatte, wieder
" abgetreten, der Churfürst von der Verbind-
" lichkeit der Konvention vom 3ten Jenner 1778.
" freygesprochen, und ihm zugleich die Herr-
" schaft Mündelheim überlassen, wogegen der-
" selbe für sich und seine Erben die Aemter
" Wildshut, Braunau, samt der Stadt dieses
" Namens, Mauerkirchen, Fridburg, Mattigs-
" hofen, Ried, Scharding, und überhaupt den
" ganzen Antheil Bayerns, welcher zwischen der
" Donau, dem Inn und der Salza liegt, und
" einen Theil der Burghausischen Regierung aus-
" macht, an Oesterreich abgetreten. Alles zwi-
" schen Oesterreich und Preusen in Besitz genom-
" mene wurde wieder abgetreten, und binnen 15
" Tagen geraumt. Die Vereinigung der Mar-
" grafthümer Anspach und Bayreuth mit der
" Primogenitur des Churfürstenthum Branden-
" burg wurde bewilliget, dem Hause Mecklen-

" burg

" burg das Privilegium de non appellando zu-
" gesichert, und die Verträge von Breslau,
" Berlin, Dreßden und Hubertsburg erneuert
" und bestättiget. Der Herzog von Zweybrü-
" cken wurde als ein Hauptmitkontrahent be-
" trachtet, und Sachsen erhielt für seine Allo-
" dialansprüche in Fristen sechs Millionen Gul-
" den. Der Kaiser trat in der Eigenschaft ei-
" nes Mitregenten diesem Vertrage bey, und
" Frankreich und Rußland garantirten den-
" selben.

So kurz dieser Krieg war, und so wenig, ja fast gar nichts Entscheidendes ausgeführt wurde, so hatten Oesterreichs Truppen doch bey dem kleinsten Vorfalle bewiesen, was sie, hätte man sie zu grossen Unternehmungen angeführt, zu leisten im Stande wären. Offiziere und Gemeine zeichneten sich in den kleinen Winterneckereyen vorzüglich aus, und erwarben sich jenes Ehrenzeichen, welches Maria Theresia um Andenken der entscheidenden Schlacht bei Planian zum Lohn der Tapferkeit bestimmt hatte. Joseph erkannte die Verdienste seiner Krieger, und belohnte sie. Er gab den Feldzeugmeister Freyherrn von Elerichshausen, für die getroffenen Dispositionen in Mähren, und dem Generalmajor von Terzy das Kommandeurkreuz: Mit den kleinen Kreuzen wurden belohnt: Der General, Graf Pallavizini, der Generalmajor Alvinzi, der General

Lewenehr, der Oberst Klebeck von Waradsiner-Kreuzern, der Oberste Kheil von Ulrich Kinsky, der Major Boutet von Ezsterhazy Hußaren, der Oberste Staader von Migazzy; der Oberste Borschüzky von Wurmser Hußaren, der Oberstlieutenant Baron Buccow von Barko Hußaren, der Major Belling von Bellenau von Ogulinern, der Major Bürich, von Potokischen Freykorps, der Major Oreskovics von Szluinern, der Major Davidovich, von D'Alton Infanterie, der Obristlieutenant Perzina von der Artillerie, der Major Nauendorf von Wurmser Hußaren, der Oberste Quosdanovich vom Slavonischen Gränz-Hußarenregimente. Die Gemeinen der Grenztruppen, welche sich durch persönliche Tapferkeit ausgezeichnet hatten, erhielten eine silberne Denkmünze, welche sie an einem seidenen Bande befestiget auch im Dienste tragen durften.

Das Kostspielige dieses Krieges hatte Marien Theresien genöthiget, von ihren Unterthanen ein sogenanntes Donum gratuitum abzufordern, weil aber dieses zu Bestreitung der Staatsbedürfnisse nicht hinreichte, so schrieb sie den 1ten März ein öffentliches Darlehen aus. Wir wollen die Nachricht davon wörtlich hersetzen.

„ Nachdem der gegenwärtige Krieg die „ Nothwendigkeit nach sich gezogen hat, sehr „ zahlreiche Kriegsheere ins Feld zu stellen, „ und zu deren Unterhalt und Rüstung unge-

„ wöhn-

„ wöhnlich große Geldsummen aufzuwenden: so
„ haben Ihre k. k. apostl. Maj. sich bewogen
„ gefunden, zur Vermehrung der baaren Geld-
„ masse, auch in einigen fremden Provinzen
„ Darlehen aufzunehmen, und letzterhand jenen
„ Darleihern, welche ihre Baarschaft bis Ende
„ May laufenden Jahrs 1779 einlegen werden,
„ ein höheres Interesse mit jährlichen 4 1/2
„ vom Hundert einzugestehen.

„ Nach der landesmütterlichen Zuneigung
„ welche Ihre k. k. apost. Maj. zu ihren getreuen
„ Unterthanen stäts hin zu tragen geruhen, sind
„ Allerhöchst dieselben niemals entschlossen, aus-
„ wärtigen Geldbesitzern Vortheile zuzuwenden,
„ ohne hieran auch ihre innländische Kapitali-
„ sten Theil nehmen zu lassen; daher haben Aller-
„ höchstgedacht Ihre Maj. gnädigst angeordnet,
„ bey den innländischen Kreditskassen ebenfalls
„ das höhere Interesse mit 4 1/2 pro Cento für die
„ unten zu bestimmende Frist der Kapitalsan-
„ lage einzugestehen.

„ Die bey allen öffentlichen Kreditskassen
„ unverbrüchig eingehaltene Erfüllung allen und
„ jeden dem Publikum zugesagten Verbindlichkei-
„ ten hat die Folge nach sich gezogen, daß unge-
„ achtet des eingetretenen kostspieligen Krieges
„ dennoch die aufgekündigten Kapitalien während
„ des ganzen letzten Kriegsjahres gegen die Ge-
„ wohnheit voriger Zeiten baar und pünktlich
„ zurückgezahlt worden sind.

„ Da

„Da jedoch die baare Kapitals=Hinauszahlung mit der vorgedachten Erhöhung des Interesse keineswegs verträglich ist, mithin beides neben einander nicht stehen bleiben kann, So haben Ihre k. k. apost. Majestät Allerhöchst anzubefehlen geruhet, daß die Annehmung der Kapitalsaufkündigungen, und die baare Rückzahlung der Kapitalien bis zu Ende des nächstkünftigen Monats May ausgesetzt werden solle.

„Zufolge diesem Allerhöchsten Entschlusse wird also von Seite der kais. auch k. k. Hofkammer durch gegenwärtiges Avertissement folgendes bekannt gemacht.

„1) Wird bey der Kupfer=Amts=Zahlungshauptkasse, der Universal=Staats=Schuldenkasse, dem Ständischen Obereinnehmeramte in Wien, dann bey allen Ständischen Kassen in den verschiedenen erbländischen Provinzen, wie auch bey der königl. hungarischen Hofkammer allen Geldbesitzern, wann sie ihre baare Kapitalsanlage von nun an bis zu Ende des Monats May des 1779 Jahres verrichten werden, die Verzinsung ihres neu angelegten Kapitals mit jährl. 4 1/2 pr. Cento Interesse ausgefertiget werden.

„Dagegen werden jene Kapitalisten, welche diese erstgemeldte Anlagsfrist unbenutzt vorbeygehen lassen, an dem eingestandenen

„Vor=

„ Vortheile dieser höheren Verzinsung nicht mehr
„ Theil nehmen.

„ 2) Werden von nun an bis letzten, als
„ nächstkünftigen Monat May aus den obange-
„ führten Bewegursachen keine Aufkündigungen
„ der Kapitalien bey den vorgedachten Kredits-
„ kassen angenommen werden, wenn aber der
„ besagte Monat May verstrichen, so sollen die
„ Aufkündigungen wieder statt finden, und die
„ baare Auszahlung der aufgekündigten Kapi-
„ talien richtig und ohne Anstand geleistet wer-
„ den. Wien den 1ten März, 1779.

Theresiens Sorgfalt gieng nun dahin, das Glück des Friedens ihren Unterthanen fühlen zu lassen. Diejenigen, welche entweder vom Feinde, oder von den eigenen Truppen an ihren Feldfrüchten, oder sonst woran Schaden gelitten hatten, erhielten eine Entschädigung, auch ließ die Kaiserinn eine Menge ausgemusterter Pferde, sowohl von der Kavallerie, als dem Fuhrwesen unentgeldlich unter das Landvolk austheilen.

Den 26sten Juny ereignete sich zu Wien das Unglück, daß das Pulvermagazin an der Nußdorferlinie, welches mit Stuckmunition gefüllt war, durch eine plötzliche Entzündung in die Luft gesprengt wurde. Die nächst daran gelegene Gebäude wurden sehr beschädiget, am heftigsten aber hat die Gewalt des Pulvers auf

die

die Dächer, Fenster und Thüren, und dieß nicht allein in dem sogenannten Lichtenthal, sondern auch in der Stadt selbst, und in den nächsten Dorfschäften gewirket. Es wurden 67 Personen theils vom Civil theils von Militarpersonen und Handlangern, welche beym Magazin in Arbeit standen, getödtet; nebst dem noch 46 gefährlich und 51 leicht verwundet.

Kaum erhielt der Kaiser Nachricht von diesem Unglücke, so eilte er dem in die Luft gesprengten Pulvermagazine zu, um die schleunigsten Anstalten zu Rettung der vom Feuer angegriffenen Häuser, noch mehr aber zur Hülfe der unter dem Schutte seufzenden, oder auf den Strassen und in den Häusern verwundet liegenden Personen, auch zu Wegschaffung der Todten zu treffen.

Den 8ten August wurde dem Reichstage zu Regensburg zwey kaiserliche Kommissionsdekrete vorgelegt. Das eine enthielt den nachgesuchten Beitritt und Einwilligung kais. Maj. und des Reichs zu dem Teschner Frieden, das andere die für das ganze pfälzische Haus gebetene neue Verleihung der verschiedenen kaiserlichen Majestät und dem Reiche durch den Todesfall des letztern Herrn Churfürsten in Bayern erledigten Reichslehen. Ferner wurden die Ersuchungsschreiben an den Kaiser, von der Kaiserinn Königinn, dem Könige von Preussen, dem

Her-

Herzoge von Zweybrücken, und Churfürsten von Bayern als Beylage derselben beygeschlossen.

Den 18ten August Nachmittag trat der Kaiser seine Reise nach Mähren und Böhmen an. Den 23sten September bereiste er in Begleitung des Generals von Brown, des Oberstlieutenants Lange vom Ingenieurkorps, und zweyer Kapitains von gedachtem Korps, die böhmischen Gränzen an der Oberlausitz. Den 15ten Oktober traf er in Prag ein, wo er die Kasernen, das Zeughaus, und die im vorigen Jahre neuerbauten Werke in Augenschein nahm. Den 7ten November langte er zu Wien wieder an.

Theresiens Sorge für die Abschaffung der Misbräuche im geistlichen Fache wurde durch nichts unterbrochen. Den 7ten Februar wurden die äuserlichen Kirchenstrafen, oder Bussen ohne Vorwissen, oder Konkurrenz der Landesstelle allen Pfarrern auf das schärfeste verboten. Den 24sten July wurde auf das strengste untersagt, Sammlungen in beschränkten oder zu sammeln verbotenen Distrikten von andern Klöstern des gleichen Ordens bey Unfähigkeit und Absetzung der Obern vorzunehmen. Den 28sten August wurde allen Klöstern untersagt, Gelder von weltlichen Personen unter dem Bedingniß anzunehmen, daß jemand zeitlebens von dem Kloster unterhalten werden, nach dem Tode aber das Geld dem Kloster verbleiben, wofür dieses verbunden

seyn

seyn soll, die Person zu beerdigen, und zum Trost ihrer Seelen einige heilige Messen lesen zu lassen. Den 28sten September wurde verordnet, daß alle Testamente der Ordensgeistlichen der Landesstelle vorgeleget werden sollen; auch wurden alle unnöthigen Vermächtnisse auf Lampen, Altäre, Messen ꝛc. ꝛc., wodurch die Klöster nur mehr Gelder an sich zu bringen suchten, abgestellt, und als nichtig anerkannt.

Das Jahr 1780.

Im Februar 1780 bewies Joseph durch das dem verstorbenen General-Feldzeugmeister, Freyherrn von Ellrichshausen zu Prag bey der Ruhestätte des Seligen zwischen den Werken auf dem Hradschin errichtete Denkmal, daß er gegen geleistete Dienste nicht unerkenntlich sey. Dieses Denkmal besteht aus einem Postamente, zwey, und einer Pyramide fünf Ellen hoch vom feinsten rothen Marmor. Gegen die Spitze der Pyramide sind Kriegsarmaturen, und darunter zwey über Kreuz geflochtene Lorberzweige, schön vergoldet, angebracht; in der Mitte ist dessen Wappen sammt dem Theresien Orden, von weißem Marmor eingelegt zu sehen. Auf dem Postamente ist folgende Inschrift mit goldenen Buchstaben:

Viro indefesso & forti
Austriæ generoso Duci,
Carolo Reinhardo
L. B. ab Elrichshausen
Hoc
Virtutis Præmium
Gratidudinis exemplum
Monumentum posuit
Josephus II. Rom. Imp.
M. DCC. LXXIX.
Die IX. Mensis Junii. *)

Die Wohlgewogenheit, mit welcher sowohl Maria Theresia, als Joseph, der edlen tapferen ungarschen Nation zugethan war, zu bezeigen, wurde vom Anfang des Monats April der hungarischen adelichen Leibgarde das Amt der geheimen Kabinetskuriere, welche die kaiserlichen Depeschen an auswärtige Höfe überbringen müssen, aufgetragen, damit dieser junge ungarische Adel dadurch Gelegenheit bekomme, sich auch in fremden Ländern mit nützlichen Kennt-

nis-

*) Dem unermüdeten und tapfern Manne, dem heldenmüthigen Heerführer Oesterreichs, Karl Reinhard Freyherrn von Ellrichshausen, hat dieses Denkmal zur Belohnung seiner Tapferkeit, und zum Beispiele der Dankbarkeit errichten lassen. Joseph der Zweyte Römischer Kaiser. Im Jahre 1779. den 9ten Junius.

N

nissen zu bereichern. Zu diesem Ende wurden zwanzig solcher adelicher Gardisten aus dem ganzen Korps ausgezohen, welche dieses Amt sogleich antreten mußten.

Den 28sten April Morgens vor acht Uhr trat Joseph unter dem gewöhnlichen Namen eines Grafen von Falkenstein eine Reise nach Gallizien an, traf den 13ten May Abends gegen sechs Uhr in Lemberg ein, und von da gieng er nach Mohilow, Rußlands grosse Kaiserinn zu besuchen, wo er den 2ten Juny anlangte. Hier umarmte er die große Katharina II. vor den Augen eines Volkes, das sich vor der Kirche versammelt hatte, seine angebetete Landesmutter zu sehen. Das Volk rief bey Erblickung dieser Szene laut aus: Es lebe Joseph II.! Den 10ten Junius begleitete der Kaiser die Kaiserinn nach Smolensko, von da er über Moskau nach Petersburg gieng, wo er den 28sten Junius eintraf. Nach einem Aufenthalte von vier Wochen verließ Joseph Petersburg. Er reiste den 19ten Julius ab, und nahm seinen Weg über Riga, Mitau u. s. w. nach Wien zurück, wo er den 20ten August im besten Wohlseyn anlangte.

Während Joseph Rußlands große Kaiserinn besuchte, erhielt Maria Theresia die betrübte Nachricht, daß Karl Alexander, Herzog von Lothringen und Bar, Generalstatthalter der österreichischen Niederlande, Hoch- und Deutschmeister ꝛc. im 68sten Jahre seines Alters den 4ten Julius Nachts um 10 Uhr in dem Schlosse zu Tervueren gestorben sey. So sehr Maria Theresia über den Todesfall des Bruders ihres geliebten Gemahls betrübt war, eben so sehr wurde sie den 11ten August durch die fröhliche Nachricht erfreuet, welche ihr ein von dem kaiserl. Wahl-Kommissarius, Herrn Grafen von Metternich abgefertigter Kurier überbrachte, daß bey der den 7ten August zu Kölln vorgegangenen Koadjutorswahl, der Erzherzog Maximilian, mit einhelligen Stimmen zum Koadjutor des hohen Erz- und Domstiftes zu Kölln erwählt worden sey. Diese frohe Nachricht wurde durch den von dem Churfürsten zu Kölln selbst nach Wien beförderten Kurier Freyherrn von Belderbusch bestättiget.

Den 25sten September reiste Joseph über Brünn nach Böhmen, und langte den 13ten Oktober zu Prag an. Auf dieser Reise gab Joseph abermal einen Beweis, daß Verdienste zu belohnen, sein größtes Vergnügen sey. Den 28sten September kam er nach Leutomischel, wo eine Kompagnie vom Leibbataillon des im Feldzuge von 1778 und 1779 vorzüglich bekannt gewordenen Fabrischen Infanterieregiments im Quartier lag. Der Kaiser lobte dieses Regiment nicht nur gegen den das dortige Kommando führenden zweyten Major wegen dessen bey Habelschwerd bewiesenen Tapferkeit, mit den ihm ganz eigenen gnädigen Ausdrücken; sondern ließ auch zum größern Zeichen seiner Gnaden 300 Dukaten unter dasselbe vertheilen. Der Wache, die aus einem Unteroffizier und 16 Gemeinen bestand, ließ er nebst dem noch 12 Dukaten geben. Am meisten rührte das Herz dieser wackeren Krieger der Zuruf des Kaisers: Ihr seyd brave Männer! Zugleich überreichte der Feldmarschall Graf von Lacy dem Major ein Billet folgenden Inhalts:

„Se. Majestät der Kaiser wollen, daß „diese 300 Dukaten in dem Fabrischen Infan„terieregimente an diejenige Mannschaft von „Feldwäbel an, die bey Habelschwerd gegen„wärtig gewesen, auf die Hand vertheilet wer„den, und daß, da Allerhöchst dieselben seit „dieser Zeit das Regiment weder gesehen, noch „durch dessen Numern, ausser heute, durchge„reiset sind; so wollen sie dieses, als ein Merk„mal ihrer besonderen Zufriedenheit wegen des „von demselben bey diesem feindlichen Uiber„falle bezeigten vorzüglichen Muths und Un„verdrossenheit in der so üblen Witterung, ver„anlassen, und zugleich das gesammte Offiziers„korps und Regiment ihrer Erkenntlichkeit we„gen der dabei so gut geleisteten Dienste, wie „auch ihrer zukünftigen allerseits davon gnä-

dig=

„ digsten Errinnerung versichern. Welches ins„ gesammt beym Regimentsbefehl auszugeben „ seyn wird, damit es zu jedermanns Kennt„ niß gelange. Se. Majestät erwarten bey ähn„ lichen Fällen gleichen Eifer und Treue, „ und daß das Regiment den in Habelschwerd „ erworbenen Ruhm beständig und vorzüglich „ zu behaupten sich bestreben werde. Leutomi„ schel den 28ten September 1780.

Den 22ten Oktober kam Joseph zu Wien wieder an.

Zur Verbreitung der landesfürstlichen Befehle und Gesetze geboth Maria Theresia den 11ten März, daß die Seelsorger dem Volke jene landesfürstlichen Befehle, die dasselbe wissen muß, kund machen, sich damit legitimiren, die Kreisämter sorgfältig darüber wachen, und die Pfarrer Protokolle über alle weltlichen ihnen zugekommenen Verordnungen führen sollen.

So arbeitete Maria Theresia mit unermüdetem Eifer an dem Wohl ihrer Unterthanen als sie gegen die Mitte des Monats November von einem Steckkarthar befallen wurde. Das Übel schien anfangs von keinen gefährlichen Folgen, und sie empfand nach einigen Tagen merkliche Erleichterung. Aber am 24sten des nähmlichen Monats wurde Sie Abends neuerdings mit einem heftigen Schauder und abwechselnden Hitzen überfallen. Das Athmen wurde ängstig,

der

der Puls weich und ungleich, und die Kräfte nahmen dergestalt ab, daß Sie sich den 25. in Gefahr befand. Den 26. verlangte sie mit den h. Sakramenten öffentlich versehen zu werden, welches auch Nachmittag um vier Uhr auf die feyerlichste Art geschah.

Alle Schauspielzetteln wurden abgerissen, und die Specktakel eingestellt.

Den 27. und 28. wurde die Krankheit immer gefährlicher, und am 29. Abends gegen 9 Uhr starb diese von ihren Unterthanen angebetete Monarchinn zum größten Leidwesen aller ihrer getreuen Staaten, in einem Alter von 63 Jahren 6 Monaten und 16 Tagen, nachdem Sie 40 Jahre, 1 Monat und 9 Tage regieret hatte. Der Körper wurde den 30. eröfnet, und balsamirt. Den 1. Dezember in die ganz schwarz ausspalirte und mit den kais. Wappen behangene Hofkapelle überbracht, und ausgesetzt. Den 3. Dezember wurde die Leiche auf die feyerlichste Art in die Gruft zu den Kapuzinern übertragen; das Herz kam zu den Augustinern, und das Eingeweide in die Metropolitankirche zu St. Stephan.

Wie sehr Maria Theresia von ihrem Volke geliebt wurde, bewies die allgemeine Bestürzung, in welche ihre Länder bey der Nachricht, daß Ihr Leben in Gefahr sey, geriethen. Wahrhafte Theilnehmung, innigstes Besorgniß für das theure Leben der Monarchinn las man in den

Gesichtszügen eines jeden. Man habte, sich nach Ihrem Befinden zu erkundigen, aus Furcht zu vernehmen, daß die Gefahr sich vergrößere. Bey der kleinsten Hofnung fuhr jedermann froh auf, flehte laut: Ach der Himmel erhalte unsre Mutter! Wahrer Todesschrecken durchzitterte alle, als es im Lande erscholl: Maria Theresia sey nicht mehr! Alle ihre Unterthanen schienen eine einzige Familie auszumachen, die ihre Mutter verloren hat. Die Größe des Schmerzens, den das Volk empfand, übersteigt allen Ausdruck. Ungeheuchelte Thränen rollten über die Wangen der Grossen, der Bürger, des Landmanns herab. Nicht bloß in der Hauptstadt, in allen Provinzen trauerte das Volk. Alles ging wie vom Donner betäubt herum, die Gewerbe stockten; denn keiner fühlte sich fähig zu Geschäften. Hätte die Verklärte diesen stärksten Beweis der Liebe ihres Volkes gesehen, sie würde sich mehr als belohnt für alle Regierungssorgen gehalten haben.

Nie sind auf den Tod eines Fürsten, selbst auf Friedrich des Einzigen, nicht so viele Gedichte erschienen, als auf den Tod Marien Theresiens. Nicht blos die vaterländische Muse betrauerte den Verlust dieser grossen, menschenfreundlichen Fürstinn; sondern auch fremde Dichter stimmten in den klagenden Akkort ein. Die meisten Gedichte verriethen, daß sie nicht das Werk einer erkauften Leyer sind. Unter den guten Gedichdichten verdient Klopfstocks Ode den Vorzug. Es herrscht eine Art von Sehergeist darin, der das Gedicht für die Nachwelt merkwürdig macht. Hier ist es:

Ihr Tod.

Von Klopfstock.

Schlaf sanft, du Größte deines Stammes,
Weil du die Menschlichste warst!
Das warst Du, und das gräbt die ernste
Geschichte,
Die Todenrichterin in ihre Felsen.

Oft wollt' ich dich singen. Die Leyer stand,
Klang von selbst in geliebterem Tone von Dir.
Ich ließ sie klingen. Denn, wie Du
Alles, was nicht edel war haßtest,
So haß ich,
Bis auf ihren verlorensten Schein,
Das schwindenste Wölkchen
Des Räucheraltars, die Schmeicheley.

Jetzt kann ich dich singen. Die Schlangen-
zunge selbst,
Dürfte nun von jenem Scheine nicht zischen
Denn Du bist tod!
Aber ich habe geliebt, und vor Wehmuth
Sinket mir die Hand die Saiten herab.

Doch

Doch ein Laut der Göttersprache,
Ein Flammenwort. "Dein Sohn wird forschen,
„ strebend,
„ Ringend, dürstend, weinend vor Ehrbegier:
„ Ob er dich erreichen könne!" — —

Friedrich mag sein graues Haupt
Hinsenken in die Zukunft: Ob von ihm
Erreichung melden werde
Die Felsenschrift der Todenrichterin?

Schlaf sanft, Theresia. Du schlafen?
Nein, denn du thust jetzo Thaten,
Welche noch menschlicher sind,
Belohnt durch sie, in höhern Welten!

Die Menschlichste! das war Theresia! Ihr Herz kannte kein grösseres Vergnügen, als Wohlthun. Das Glück ihrer Unterthanen lag Ihr so am Herzen, daß Sie nichts mehr schmerzte; als wenn sie vernahm, daß nicht alle Ihre Unterthanen glücklich sind. Mit freygebiger Hand unterstützte sie die Elenden, welche von ihrer Gnade Rettung flehten; und nicht selten flossen Thränen des zärtlichsten Mitleids aus den Augen der Fürstinn, wenn Unglückliche derselben ihre Leiden klagten. Streng hielt Sie über gute Sitten und Religion, ohne bigot und abergläubisch zu seyn. Ihre Verbesserungen in der Kirchenzucht, die Abschaffung so vieler geheiligten Misbräuche zeugten von dem aufgeklärten

Geist, den sie besas. Wenn sie in ihren Verbesserungen nicht weiter ging, so war blos die Ursache, weil sie zu gut einsah, die Zeit sey noch nicht da, weiter zugehen. Maria Theresia war in Absicht auf die Gegenstände der Religion so aufgeklärt, als man es nur seyn kann. Sie hatte feste Grundsätze, und handelte auch darnach.

Theresiens größter Fehler war vielleicht allzugrosse Herzensgüte. Dies war die Ursache, daß Sie manchmal von jenen, denen Sie ihr ganzes Vertrauen schenkte, hintergangen, und Ihre grosse edle Absicht nicht immer so erfühlt wurde, als sie es wollte. Maria Theresia sah es, sie war oft aufgebracht darüber; aber sie entzoh dem ungeachtet ihren Ministern und Räthen Ihr Vertrauen nicht. Sie wußte zu gut, daß ein Fürst, wenn er auch der weiseste ist, nicht alles allein thun könne; daß er Gehülfen nöthig habe; und daß es lange nicht so nachtheilig für das Land ist, wenn er, sollten auch diese Gehülfen sein Zutrauen manchmal misbrauchen, sich derselben bedienet, als wenn er ganz allein ohne Zuziehung seiner Minister und Räthe die Staatsgeschäfte führen wollte.

Theresia verdient unter den größten Herrschern der Erde den Rang. Durch Ihre Bemühung ist Oesterreich zu der Macht herangewachsen, die es nun ehrwürdig macht. Die Lage, in welcher sie den Staat überkam, ist bekannt. Es wurde wirklich ausserordentlich viel Verstand, rastlose Mühe und Standhaftigkeit erfordert, einen sinkenden Staat nicht nur aufrecht zu erhalten, sondern ihn zu vergrössern, und seine innere Kräfte dergestalt zu verstärken, daß er so leicht keiner Erschütterung ausgesetzt seyn kann.

Ihre Unterthanen genossen eines Wohlstands, deren sie unter den vorigen Regierungen nicht hatten. Künste und Manufakturen blühten. Die Früchte waren in sehr wohlfeilen Preisen. Der öffentliche Kredit ward begünstiget, und der arbeitsame Mann durfte nicht über verdienstlose Zeiten klagen. Sie hatte Ordnung und gute Polizey eingeführt, und die öffentliche Sicherheit überall erhalten. Mit einem Worte: Sie hat nach dem einstimmigen Zeugnisse Ihrer Unterthanen, Ihr Volk glücklich gemacht, und starb, von allen angebethet, beweint, und lebt noch jetzt in den Herzen Ihres Volkes.

Geschichte

Josephs II.

römischen Kaisers, Königs in Hungarn, und Böhmen 2c.

Zweyter Abschnitt.

Aut nihil, aut dicere verum.

Von

Franz Xaver Huber.

Wien, 1790.

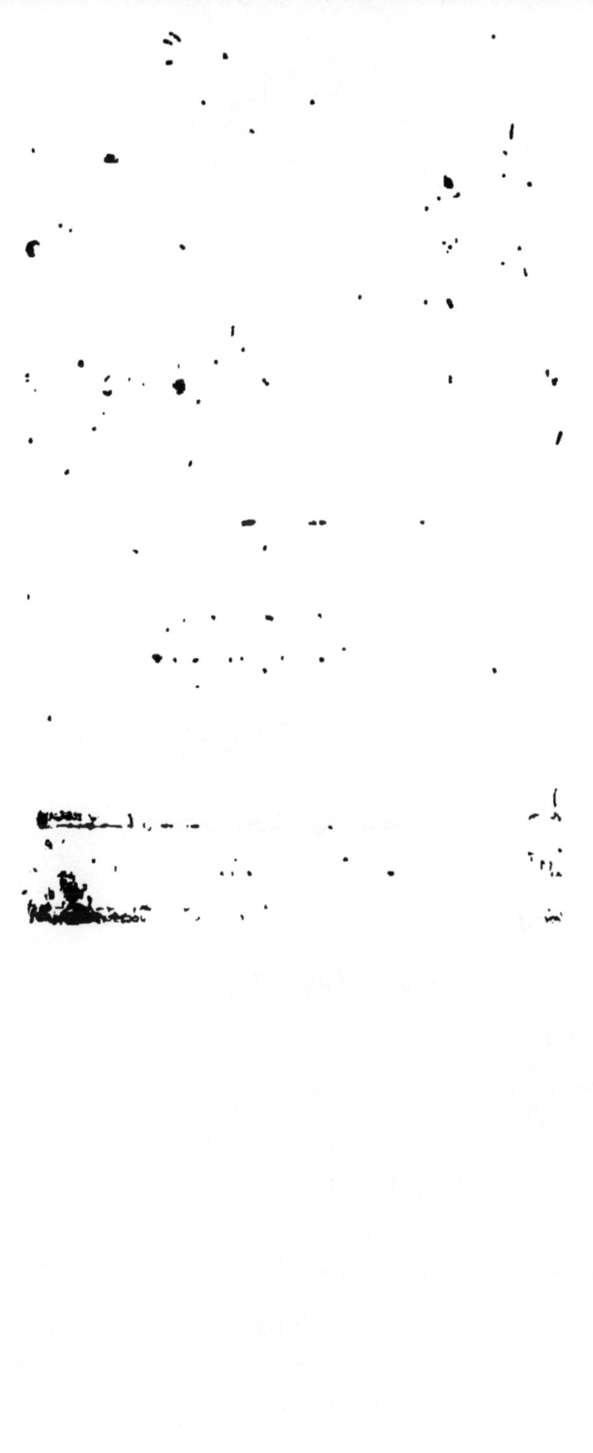

Geschichte Josephs II.

Zweyter Abschnitt.

Das Jahr 1780.

Von seinem Volke geliebt, und von den Auswärtigen verehret, stieg Joseph II. auf den Thron. Die grosse Erwartung, die man von ihm hatte, tröstete die über den Tod Marien Theresiens betrübte Unterthanen. Diese hoften, Joseph würde die Mängel und Beschwerden, die seine grosse Mutter mancherley Umstände wegen nicht heben

konn-

konnte, verbessern und tilgen, und in dieser Hoffnung frohlockte jeder, und segnete den neuen Monarchen als den Gründer eines dauerhaften Wohlstandes.

Joseph hatte seit der siebenzehn Jahre seiner Mitherrscherschaft nicht ohne sonderlichen Unwillen bemerkt, wie sehr das Zutrauen seiner grossen Mutter von vielen mißbraucht wurde. Diese Erfahrung flößte ihm ein gränzenloses Mißtrauen gegen alle Menschen ein, und er hatte fest bey sich beschlossen, niemanden zu trauen, sondern alles nur durch sich selbst zu wirken. Er wollte lieber jeden Tag seines Lebens in rastloser Arbeit dem Wohl seiner Staaten aufopfern, als seine Absichten unerreicht, oder gar vereitelt, und seine Plane unausgeführt zu sehen.

Sobald Maria Theresia verschieden war, bestättigte Joseph alle Landesstellen mit ihren Chefs und dem denselben untergeordneten Personale, in ihren Würden und Diensten. Ferner erkundigte er sich bey dem Kammerzahlmeister, wie viel Geld in dem Kammerbeutel vorräthig sey? Unglaublich schien es ihm, als er hörte, daß Maria Theresia, ungeachtet ihrer grossen Freygebigkeit etwas über 700,000 fl. baar zurückgelassen habe, *) ohne das geringste an-

*) Da Maria Theresia den Thron bestieg, fand sie in dem Kammerbeutel etwas über 700 fl.

andere Kassen schuldig zu seyn. Dem Fürsten von Kaunitz, diesem österreichischen Nestor, schrieb er folgendes Billet:

„Bisher wußte ich blos gehorsamer Sohn „zu seyn, und das war alles, was ich wußte. „Durch den tödlichen Schlag sehe ich mich nun „an der Spitze meiner Staaten, und beladen „mit einer Last, die ich für meine Kräfte zu „schwer erkenne. Was mich dabey noch aufrich„tet, ist die Uiberzeugung, daß ich mich durch „die Fortsetzung Ihrer Unterweisungen und Ih„res guten Rathes in dieser wichtigen und „schweren Bürde wesentlich erleichtert finden „werde, und ich sende Ihnen deswegen dieses „zu, um Sie hierum auf das dringendeste zu „ersuchen. Joseph.

Das Andenken Marien Theresiens zu verewigen, und ein Merkmal der tiefesten Verehrung gegen seine grosse Mutter zu geben, nannte Joseph die bey deutsch Kopist, nächst Leutmeritz, neu erbaute Stadt und Festung Theresienstadt. Auch geboth er, das von der unvergeßlichen Monarchinn der ganzen Armee vermachte Legat, welches in einer Monatgage, vom Generalen bis zum Gemeinen, bestand, auszuzahlen.

Ungarn und Böhmen erwarteten die Bestimmung des Tages, an welchem sich Joseph zum Könige krönen lassen würde, um die Anstalten zu dieser Feyerlichkeit treffen zu können. Allein Joseph fand diese Zeremonie unnöthig, weil beyde Reiche erblich sind, und er, als Erstgebohrner, dem Erbrechte gemäß, ohnehin als rechtmässiger König von Ungarn und Böhmen anzusehen wäre. Man sagte, er habe es auch aus der Ursache nicht gethan, seinem Volke die unnöthigen Unkosten einer feyerlichen Krönung zu ersparren. Indessen nahm er doch die Huldigung in seinen Staaten an, welche den 25sten July in Mayland, und den 21sten August 1781 in Siebenbürgen mit der größten Feyerlichkeit vor sich ging.

Unter den hinterlassenen Schriften, welche Joseph nach dem Tode seiner grossen Mutter öfnete, befand sich eine noch nicht entledigte Untersuchung zweyer Beamten, durch deren Entscheidung Joseph gleich anfangs von seiner Gerechtigkeitspflege nicht allzugünstige Begriffe seinem Volke beybrachte. Die Veranlassung zu dieser Untersuchung geschah durch einen in seiner Art ganz besondern Fall, welcher sich zu Ende 1777 ereignete. Bey der Kriegszahlkassa besorgte der Zahlmeister die Rechnungsgeschäfte, und der Kontrolor die Kassa, weswegen letzterem auch ganz allein die Schlüssel zu derselben anvertrauet waren; doch mußte einer für den andern, und beyde für die ganze Kassa haften. Nun erkrankte der Kontrolor, und da er das

Bette

Bette zu hüten gezwungen war, übersandte er die Schlüssel zur Kassa dem Zahlmeister. Dieser hatte bey Erhaltung der Kassaschlüssel, der vorgeschriebenen Ordnung zufolge, mit Zuziehung der Beamten die Kassa revidiret, skontrirt, und übernommen. Bey der Revision fand er einen Abgang von 20,000 fl., den er vergebens in seinen Rechnungsbüchern suchte; da er aber glaubte, der Verstoß müßte bloß in den Büchern stecken, so beruhigte er sich mit der Hoffnung, daß sich der Abgang schon finden würde. Indessen erfuhr der Kontrolor die vorgenommene Kassarevision und Übernahme derselben. Er äusserte in einem Brief an den Zahlmeister sein Befremden über die revidirte Kassaübernahm, zugleich aber schrieb er ihm, unbesorgt zu seyn, im Fall die Kassa auch nicht ganz richtig wäre. Der Zahlmeister, welcher lang fruchtlos den Abgang in seinen Büchern gesucht hatte, entdeckte nun dem Kontrolor, daß, wofern die Kassa nicht bedeckt seyn würde, er, seiner Pflicht gemäß, den vorgefundenen Abgang anzeigen müßte. Nun nahm der Kontrolor 10000 fl. auf, die er in die Kassa legte, und versicherte den Zahlmeister, daß er die noch abgängigen 10000 fl. mit nächstem bedecken würde. Da der Kontrolor genas, und die Schlüssel von der Kassa wieder zurückforderte, diese aber nicht richtig, nicht ganz bedeckt war, auch die Rechnungen immer gleich richtig befunden wurden, so zeigte der Zahlmeister den Abgang an. Die Sache wurde von der Stelle gehörig untersucht, und einem Raitrath zur Revision mitgetheilt, welcher die Rechnungsbücher richtig befand. Nun erhielt ein zweyter Raitrath den Auftrag, die Sache noch einmal zu untersuchen; und da auch dieser die von dem Zahlmeister geführten Bücher richtig, von aller Bemänglung frey erklärte, so wurden sie einem dritten Raitrath übergeben, welcher eben so, wie die zwey ersteren, dem Zahlmeister keine Mängel ausstellte. Während dieser Untersuchung verstrichen drey Jahre. Maria Theresia wollte nun die Sache beendigt wissen. Man legte ihr den ganzen Verlauf derselben vor, und da jedermann glaubte, daß die Unschuld des Zahlmeisters erkannt, und die 10000 fl. dem Kontrolor nachgelassen werden würden, starb diese grosse Monarchinn. Joseph fand diesen ganzen Vorfall petschierter unter den nachgelassenen Schriften der seligen Kaiserinn, und er entschied durch einen Machtspruch, daß sowohl der Kontrolor, als der Zahlmeister die abgängigen 10000 fl. ersetzen sollten. Fruchtlos waren alle Bitten, Vorstellungen, und Vorträge von der Stelle; er verboth, ihm deshalb etwas mehr vorzulegen, und die beyden Beamten mußten diese 10000 fl. bezahlen. Kaum hatten sie die Summe erlegt, so kam ein Priester zum

Kai-

Kaiser, und übergab ihm 10000 fl., welche er im Beichtstuhl erhalten hatte, mit der Aussage, daß von seinem Beichtkinde 20,000 fl. aus der Kriegszahlkassa wären entwendet worden. Joseph sandte diese Summe mittels Handbillets an die Kriegskassa. Der Hofkriegsrath machte nun dem Kaiser den Vortrag, diese 10000 fl. den zwey Beamten, welche dieselben haben ersetzen müssen, wieder hinaus zu bezahlen; aber der Kaiser gab dem Hofkriegsrath einen Verweis, daß derselbe so wenig für das Aerarium besorgt wäre, indem doch hie und da so viele Summen schon wären entwendet worden. Bald darauf starb der Zahlmeister nach 46 treu und unermüdet geleisteten Dienstjahren. Er hatte 3500 fl. Besoldung und seine Wittwe nebst zwey Töchtern wurden mit 400 fl. jährlicher Pension abgefertiget. Der Vortrag der Stelle, für jede Tochter wenigstens eine Pension von 100 fl. zu bewilligen, wurde von dem Kaiser eben so, wie das Gesuch der Mutter, ihr die von ihrem Manne ersetzten 5000 fl. welche dem Kaiser durch den Beichtvater sind überreicht worden, zurückzuzahlen, abgeschlagen.

Das Jahr 1781.

Die Fähigkeiten, den Diensteifer und das sittliche Betragen seiner Beamten genauer kennen zu lernen befahl der Kaiser im Jänner allen Präsidenten, ihm künftig von sechs zu sechs Monaten eine Konduitliste von ihren Untergebenen einzureichen. Die ausgetheilten Formulare enthielten fünfzehn Rubricken. Nähmlich: über den verheurratheten Stand, die Kinderzahl, das Salarium, die allenfalsige Extrapension, die Hofquartierbewohnung, das Dienstalter, die Fähigkeiten, den Fleiß, die Neigungen. u. s. w.

Die Hofquartiere zu Wien, welche Joseph für die Hausinhaber lästig zu seyn glaubte, hob er den 16. Februar gegen dem auf, daß jeder sich erklären mußte, wie viel er an Geld ein für allemal, oder jährlich dafür zu bezahlen gesinnet sey. Die auf verschiedene Mehlgattungen bisher bestandene Satzung wurde von ihm den 7ten April zu Wien aufgehoben, und jedermann der freye Verkauf aller Mehlgattungen auf den Wochenmärkten gestattet. Auch bewilligte er den Landleuten, denen bisher nur an Wochenmärkten erlaubt war, Brod in die Stadt zu führen, alle Tage in der Woche das Landbrod zu verkaufen.

Der Winkelschreiberey Einhalt zu thun verboth Joseph den 7ten April, weder ihm, noch den Hofstellen eine Bittschrift, oder ein Anbringen einzureichen, wenn eine dergleichen Schrift nicht von einem Hofagenten unterschrieben wäre.

Schon unter Maria Theresia wurde an Verfertigung einer neuen allgemeinen Gerichtsordnung gearbeitet, deren Ausarbeitung Joseph auf das schleunigste betrieb. Diese neue allgemeimeine Gerichtsordnung, nebst einer neuen Konkursordnung sollten den 1ten Jänner 1782 bey allen Justizstellen eingeführt, und dann sollte nach ihrer Vorschrift verfahren werden; doch wurde den 1ten Dezember das Verfahren nach der neuen Gerichtsordnung erst auf den 1ten May 1782 festgesetzt.

Den Geldausfluß in fremde Länder untersagte Joseph den 9ten July, und verboth auf das schärfeste, unter keinem Vorwande weder im grossen noch in kleinen Summen Gelder ausserhalb der Erblande zu verschicken. Das bisher bestandene Freyherrlich-Pichlerische Tragsesselprivilegium hob Joseph den 20. August auf, und gestattete vom 1ten Jänner 1782 jedermann, der sich bey der N. Oest. Regierung gehörig um diese Freyheit melden würde, Tragsessel zu halten. Die Verpachtung der Landstrassen setzte er auf den 5ten November fest, und hob das in Wien auf Aerarialunkosten bestellte Bergwerks-Hauptmandatariat und die in den Bergwerksbezirken ebenfalls vom Aerario besoldeten Mandatarii den 19ten Oktober gänzlich auf.

Damit der Unterthan wisse, wie er sich gegen seine Grundobrigkeit zu verhalten, und diese gegentheils belehrt werde, wie sie sich gegen den Unterthan zu betragen habe, erließ Joseph den 1ten November zwey Verordnungen, worin er das beyderseitige Verhältnis auseinander setzte.

Er

Er geboth darin dem Unterthan, allen Anordnungen und Verfügungen der Grundobrigkeit vollkommenen Gehorsam zu leisten. Hingegen erlaubte er demselben, sollte ihm ein Auftrag der Grundobrigkeit unbillig scheinen, seine Beschwerde ordnungsmässig anzubringen, und versprach ihm hinlängliche Entschädigung und Genugthuung. Jeder Unterthan, der den Verordnungen seiner Grundobrigkeit die Folgleistung verweigern würde, soll strafbar seyn, und die Bestimmung der Strafe überließ der Kaiser der Obrigkeit; doch muß dieselbe, eh sie was immer für eine Strafe gegen den Unterthan verhängt, demselben sein Vergehen beym Amte in Gegenwart ines Richters, oder zweyer wohlverhaltener und unbefangener Mitnachbarn vorhalten, und dessen Entschuldigung gelassen anhören. Auch ist die Obrigkeit verbunden, über derley Verhandluugen ein eigenes Verhör = und Strafprotokoll einzuführen, und scheint dem Unterthan die aufgelegte Strafe unbillig, so steht ihm frey, von der Obrigkeit eine unentgeldliche Abschrift von der Verhandlung aus dem Verhör = und Strafprotokoll zu verlangen, und, mit dieser Urkunde versehen, sich ordnungsmässig zu beschweren. Die der Obrigkeit überlassenen Strafen sind: a) Anständiger der Gesundheit offenbar unnachtheiliger Arrest; allenfalls auch bei Wasser und Brod. b) Die Strafarbeit. c) Die Verschärfung des

Ar=

Arrestes und der Strafarbeit mit Anlegung des Fußeisens. Will aber eine Obrigkeit den Unterthan mit einem über acht Tag langen Arrest, oder mit Abstiftung von Haus und Hof strafen, so muß sie es vorher beym Kreisamt anzeigen. Der Unterthan darf für den Arrest an Sitzgebühr nichts bezahlen, und überhaupt an Geld oder Geldswerth nicht gestraft werden. So wie Joseph den Unterthanen Gehorsam gegen ihre Grundobrigkeiten geboth, so verboth er diesen, den Unterthanen etwas Ungebührliches aufzutragen, und befahl den Kreisämtern, jedem derley Unfuge zu steuern, und dem gekränkten Unterthan alle mögliche Genugthuung und Entschädigung zu verschaffen.

Die Klagen des mißvergnügten Landmanns in Böhmen und Mähren zu heben verwilligte der Kaiser durch eine Verordnung vom 16ten November pro ultimato, daß allen Unterthanen und Gemeinden, die mit den neuen Robothsschuldigkeiten unzufrieden wären, binnen dem Termino præclusivo von sechs Monaten, vom Tage der Kundmachung dieser Verordnung, freystehen soll, auf ihre vorhin geleistete Schuldigkeiten, so als wenn sie die neuen nie gewählt hätten, zurückzutreten. Dieser grossen Wohlthat ging eine noch grössere dem Landmanne vortheilhaftere vor. Durch eine Verordnung vom 1. November hatte Joseph die Fesseln der Leibeigenschaft in Böhmen

men und Mähren zerbrochen, und folgende Verbindlichkeit zwischen Obrigkeit und Unterthan vorgeschrieben.

Jeder Unterthan ist berechtiget, gegen vorherige Anzeige und unentgeldlichen Meldzettel sich zu verehligen. Jedem steht es frey, von der Herrschaft wegzuziehen, und sich inner Landes anderswo niederzulassen. Können die Unterthanen nach Willkühr Handwerke und Künste erlernen und ohne Losbrief ihrem Nahrungsverdienste nachgehen. Sind die Unterthanen nicht mehr schuldig, einen Hofdienst zu verrichten; ausser die beyder Aeltern beraubte Waisen, und auch diese nicht länger als drey Jahre. Kann den Unterthanen, unter dem Vorwand der Leibeigenschaft, welche nun gänzlich aufgehoben ist, nicht mehr abgefordert werden, als was sie an Roboten, oder Natural- und Geldprästationen nach den Urbarialpatenten zu leisten verbunden sind. Wurde den Unterthanen das Eigenthumsrecht gegen ein billiges Entgelt einberaumt.

Im Monat Dez. hob Joseph die Todesstrafen bis zu einem gewissen Grade des Verbrechens in der ganzen österreichischen Monarchie auf. Statt des Galgens sollte denen, die ihn verdient hätten, von nun an das Zeichen desselben in die Wangen sichtbar eingeprägt werden. Weil aber bisher nicht recht damit ist verfahren worden, so ward an alle Gerichtshöfe von der Obersten Ju-

stizstitzstelle darüber eine neue Verordung zugefertiget, die das Verfahren bei dem Einprägen des Brandzeichens sehr umständlich auseinander setzt, und erkläret.

Das unter Maria Theresia zu Wien angelegte Arbeitshaus für dienstlose Bediente wurde durch die thätige Betreibung des Kaisers in diesem Jahre völlig zu Stande gebracht; auch Prag erhielt ein gleiches Arbeitshaus.

Zu Wien wurde im Juny in dem Soldaten-Krankenhaus zu Gumpendorf unter der Direktion des kaiserl. Leibchirurgus von Brambilla eine chirurgische Pflanzschule angelegt, in welcher junge Wundärzte gebildet werden. Die Scharwachen wurden bei der ganzen k. k. Armee und in den Garnisonen abgestellt. *) Auch wurden zur Bildung der Soldatenkinder militarische Erziehungshäuser zu Krems und andern Orten errichtet. Wegen der überzähligen Fähnriche und Kadeten erging an die Komitate im Nov. der Befehl, dergleichen adeliche Jünglinge zur ungarschen Noblegarde anzuempfehlen.

Die

*) Die Scharwachen wurden durchgängig mit der Mitternachtstunde gehalten. Der Ursprung derselben soll sich aus einem Türkenkriege herschreiben, da die Kaiserl. von den Türken überfallen, und durch die Trommeln, welche diese zusammen stiessen, geweckt wurden.

Die Gesetze zu verbessern ertheilte Joseph den Befehl, alle Landesverordnungen zu sammeln, um die unnützen zu vertilgen, und ein neues Gesetzbuch daraus verfertigen zu können.

So wie Joseph alle seine Staaten durch seine Neuerungen zu verbessern gedachte, war auch sein Augenmerk auf Ungarn gerichtet. Den Handel dieses gesegneten Königreichs zu befördern befahl der Kaiser im Monat März den Draufluß zu reinigen, und zur Schiffahrt bequemer zu machen. In Slavonien, wo der Handel um ein merkliches auf dem Savestrom wuchs, ergieng an die Einwohner des Gränzbezirks der Befehl, die Wege zu verbessern und in vollkommenen guten Stand herzustellen. Im Monat August wurde der Vorschlag gemacht, den Fluß Trebes schiffbar zu machen, und so die Handlung nach der Türkey zu erleichtern. Ein gleicher Befehl, die Wege eben so gut herzustellen, als in Kriegszeiten, ergins an alle Komitate von Ungarn; besonders wurde den Gränzern von Slavonien aufgetragen, die Zahl der Tschaikisten (Schiffsoldaten) zu vermehren, um dadurch dem Handel, so viel als möglich, Vorschub zu geben.

In Siebenbürgen wurden um viele Millionen Domänengüter verkäuflich hindangegeben, und jedermann, ohne Unterschied der Religion, zum Ankauf gelassen. In der Buckowine wurde jedem, der sich in dortiger Gegend niederlassen wollte, eine dreyjährige Befreyung von allen Abgaben zugestanden. Diese, und die im Monat Juny erlassene Verordnung, daß allen Ausländern, wes Standes sie immer seyn mögen, erlaubt sey, Güter in den kais. königl. Erblanden zu kaufen wenn sie sich darin wenigstens nur sechs Monate aufhalten, oder, in Ermanglung dessen, einen Beytrag zum Lande entrichten wollen, brachte bald die gute Wirkung hervor, daß viele Unterthanen aus der türkischen Moldau herüber kamen, und sich ansässig machten.

Zum Besten der in Siebenbürgen zu erziehenden Jugend ward bekannt gemacht, daß alda eine Schulkommission eröfnet werden solle, bey welcher der Bischof von Siebenbürgen das Präsidium haben wird. Die Mitglieder zu dieser neuen Stelle seyn aus allen drey Religionen zu erwählen, und mit Sitz und Stimmen zu versehen.

Den 8ten Oktober wurde das Diplom, vermög dessen Karlstadt in Kroatien zu einer königl. Freystadt erhoben wurde, ausgefertiget. In Kremnitz wurden die sogenannten vier und zwanziger, als überflüssig abgestellt, statt deren die Vormünder von beyden daselbst befindlichen Religionsverwandten wechselsweise zu Aemtern gewählt werden sollten.

Nicht nur in Ungarn allein genoß der Handel Josephs Aufmerksamkeit, sondern auch in seinen übrigen Staaten. In Triest erhielt der Leinwandhandel durch Josephs Vorschub einen thätigen Schwung, besonders wurde derselbe aus Ober-Ungarn nach dem Meere sehr stark. Im Monat Oktober haben vier ungarische Kaufleute einen beträchtlichen Vorrath dieser Waare auf Wagen nach Triest gebracht, und fanden daselbst einen sehr guten Absatz. Zur Unterstützung des Handels und der Manufakturen wurden im Monat September aus den kaiserlichen Kassen beträchtliche Vorschüsse nicht nur nach Böhmen und Mähren, sondern auch nach Ungarn, nach Zeng, Carlobago, Buccari und Fiume gemacht, wodurch besonders der ungarische Getreid- und Tabackhandel, wie auch die Nationalschiffahrt vergrössert wurde. In Mayland wurde in eben demselben Monat den Magistratspersonen der erneuerte Befehl gegeben, die Nationalindustrie zu befördern, und zu diesem Ende erhielten sie auch die Vollmacht, angemessene Belohnungen unter diejenigen, welche den größten Eifer zeigten, zu vertheilen. Ferner wurde den königlichen Landbeamten angedeutet, den Grundeignern die wohlthätige Meinung des Kaisers kund zu machen, und ein Verzeichniß derjenigen einzusenden, welche in ihren Häusern die Flachs-Baum- und Schafwollespinnereyen eingeführt,

wie

wie auch die Pfarrer, welche dazu aufgemuntert haben, anzuzeigen.

Um zwischen Aegipten und den Häfen von Triest und Fiume einen regelmäßigen Handel wieder herzustellen, indem die vor einigen Jahren errichtete Handelgesellschaft zu Grunde gegangen war, wurde der Ritter Agostini, als österreichischer Konsul, nach Alexandrien in Aegypten geschickt, welcher daselbst im Monat Oktober anlangte, und in dieser Eigenschaft das österreichische Wappen aufhing.

Während Joseph diese zum Wohl seiner Staaten ersprießliche Verordnungen ergehen ließ, hatte er am 22sten May unter dem Namen eines Grafen von Falkenstein eine Reise nach den österreichischen Niederlanden, wohin seit ungefähr hundert und fünfzig Jahren keiner ihrer Monarchen gekommen war, angetreten. Die zwey Erzherzoginnen Marianna und Elisabeth hatten sich schon, erstere den 24sten April nach Klagenfurth, und letztere den 30sten des nähmlichen Monats nach Innsbruck, als den ihnen vom Kaiser angewiesenen Residenzen, begeben.

Den 1ten Juny langte der Kaiser zu Luxenburg an. Jedermann war es erlaubt, während der Tafel in das Gemach zu treten, um ihn zu sehen. Er nahm von allen Unterthanen, den Militarstand ausgenommen, Bittschriften an, und begegnete allen auf das leutseligste. Zu

Gent, wo der Kaiser am 15ten Juny anlangte, begegnete demselben in der Schleifergasse das Hochwürdige, welches zu einem Kranken getragen wurde. Der Kaiser ließ sogleich still halten, stieg heraus, kniete auf die Erde nieder, ohne einen Lehnsessel, den man ihm anboth, anzunehmen, und empfieng in dieser demüthigen Stellung den Seegen vom Pfarrer. Diese rührende Bezeigung der Ehrfurcht des Kaisers gegen Gott entzückte alle Einwohner. Sie rießen die Steine, worauf er kniete, auf, und setzten an die Stelle des aufgerissenen Pflasters einen Stein mit folgender Innschrift: „Den 15ten „Juny 1781 empfing Kaiser Joseph II. auf „diesem Platze den Segen des heiligen Sa„kramentes von dem Pfarrer dieses Kirch„sprengels."

Von Gent verfügte sich der Kaiser nach Antwerpen, wo er den 18ten Juny anlangte. Von da gieng er nach Mecheln, und dann nach Brüssel, wo er am 22sten eintraf. Am 2ten July begab sich der Kaiser nach dem Hotel des geheimen Rathes, wo er die Einrichtung der Urkunden des Sekretariats in Augenschein nahm, und den Berathschlagungen des Raths mehr als 3 Stunden beywohnte. Den 6ten verließ er Brüssel, und reiste nach Spaa, wo er den Prinzen Heinrich von Preusen umarmte. Von Spaa gieng der Kaiser nach Holland, und von da nach Brüssel

zu-

zurück, wo er den 22. July eintraf, sich einige Tage aufhielt, und dann nach Paris reiste. Den 29. traf er daselbst ganz incognito ein, und den 30. verfügte er sich nach Versailles, wo er nur bis den 5. August blieb, und dann nach seiner Residenz zurückkehrte, auch den 24. glücklich zu Wien anlangte.

Josephs Reise nach den Niederlanden hatte für diese Provinzen vortheilhafte Folgen. Er erklärte den 15. Juny Ostende für einen Freyhaven, gestattete dem Handel sehr ausgedehnte Freyheiten, und hob alle vorhin üblich geweste Formalitäten und Zölle, bis auf einige wenige Artikel gänzlich auf.

Der 17. July wurde zum Huldigungstag für die österreichische Niederlande bestimmt, welche zu Brüssel in die Hände des Herzogs von Sachsen Teschen abgelegt werden sollte, der zu diesem Ende den 3ten Juny sammt der Erzherzoginn Christina, als ernannte Generalgouverneurs der Niederlande, Wien verließ, und nach Brüssel reiste. Die Huldigung geschah mit der größten Pracht und Feyerlichkeit. Auf dem neuen Platze, Place Royale genannt, war auf einer daselbst aufgeschlagenen Bühne ein Thron errichtet, auf welchem der Herzog sich setzte; dann wurden die Privilegien und Statuten des Landes in französischer Sprache gelesen, welche der Herzog im Nahmen des Kaisers beschwur. Nach geendigter Feyerlichkeit wurden goldene, silberne, und kupferne Denkmünzen ausgestreuet. Die Freude der Brüßler Einwohner überstieg allen Ausdruck. Sie vernichteten zum Zeichen Ihrer Ergebenheit gegen den Monarchen, der sie mit seinem Besuch beehret hatte, den Schuldschein über das im letzten Krieg gemachte Darlehn von einigen Millionen, und erboten sich für die Zukunft zu allem Möglichen, was man von ihnen fordern würde.

Am 2. August übergab der Legationssekretär des Wiener Hofes; Doringer, den Generalstaaten eine Denkschrift, worin er meldete, daß der Kaiser den Herzog von Ursel und den Prinzen von Gavres ernannt hätte, die Huldigung in den Barrierstädten am 21. 22. und 23. dieses Monats anzunehmen; der Kaiser erwarte daher, Ihre Hochmögenden würden diesen Bevollmächtigten die erforderlichen Ehrenbezeugungen in besagten Städten erweisen, wie solches 1744 geschehen ist; welches Ihre Hochmögenden auch zusagten.

Auf die Ankunft des Kaisers in den Niederlanden wurden goldene und silberne Denkmünzen geprägt. Auf der einen Seite war das Bildniß des Kaisers nach antiker Art, mit der Umschrift:

Iosephus II. Augustus.

Auf

Auf der Rückseite hielt ein stehendes Weibsbild in der rechten Hand den Stab des Merkurius, ein Sinnbild der Gelehrtheit und der Handlung. Unter dem rechten Arm drückte sie das Füllhorn des Uiberflusses, ein Sinnbild des Ackerbaues und der Friedensfrüchte, mit der Innschrift:

Belgii Felicitas

Am Rande las man:

Adventus Augusti MDCCLXXXI.

Nicht unrecht feyerten die Niederländer die Ankunft des Kaisers. Die Vortheile, die er denselben verschafte, waren wirklich beträchtlich, und die Ostender erkennen noch heut zu Tage, wie viel er zu ihrem Glück und Wohlstand gethan hat. Der Handel dieses itzigen Freyhavens stieg merklich, und zog eine solche Menge Kolonisten aus England und Frankreich dahin, daß man Mühe hatte, sie alle unterzubringen.

Im Monat September wurde der Bau von 300 neuen Häusern angefangen, zugleich wurden in der Stadt verschiedene neue Magazine angelegt, und auf den Werften Schiffe von aller Art gezimmert. Der Niederländische und österreichische Handel auf dem adriatischen Meere erreichte durch die Sorgfalt Josephs eine Verbindung, indem Er das Haus Rhomberg und Sohn dazu vorschlug.

Im Monate Oktober kam zu Brüssel die kaiserliche Verordnung an, alle Festungen, und Festungswerke in dasigen Landen zu schleifen, und die Materialien davon zu verkaufen. Die von der Schleifung ausgenommenen Plätze waren Luxemburg, Namur, Antwerpen, und Ostende; doch blieb letzteres nur von der Seeseite befestiget. Durch diese Verordnung verlor die Republik Holland ihre Vormauer zu Lande, welche sie vermög Traktaten in diesen Provinzen besessen hatte, und zu deren Erhaltung die Niederlande jährliche Subsidien bezahlen mußten, eine Last, wovon der Kaiser dieselben befreyen wollte, und darum beharrte er auf die Räumung und Schleifung der Barrierstädte. Die Generalstaaten ersuchten das Brüßler Ministerium um eine nähere Erklärung der kaiserl. Forderung. Die Antwort war: " Das Memoir, welches " dem Baron van Hop am 7ten November übergeben worden sey, liesse wegen der kaiserlichen " Willensmeinung keinen Zweifel übrig. Ihre " Königl. Hoheiten die Generalgouverneurs, " erwarten demnach von Ihro Hochmögenden, " daß Sie an die Generals und Kommandanten der in gedachten Städten befindlichen Truppen die gehörigen Befehle zuschicken werden, " über Dero Determination Ihro K. Hoheiten " sich auf die Weisheit und Einsicht Ihro H. " M. verliessen." Auf diese Antwort faßten

die

die Generalstaaten in ihren Berathschlagungen unterm 11ten Dezember die Resolution, dem Verlangen des Kaisers zu willfahren, und den Erbstatthalter zu bevollmächtigen, die holländischen Truppen aus den Barrierstädten herauszuziehen.

Geistesfreyheit und Aufklärung im geistlichen Fache beschäftigte den Kaiser nicht minder, als seine übrigen Einrichtungen. Die unter Maria Theresia eingeschränkte Preßfreyheit zu erweitern lies er im May eine Zensursverordnung ergehen, worin die Schreib- und Lesefreyheit merklich ausgedehnt wurde. Vorzüglich merkwürdig ist der 3. §. dieses Zensuredickts: „Kritiken, wenn sie nur keine Schmähschriften sind, sie mögen nun treffen wen sie „wollen, vom Landesfürsten an, bis zum „Untersten, sollen, besonders wenn der Verfasser seinen Namen dazu drucken läßt, „und sich also für die Wahrheit der Sache „als Bürge darstellt, nicht verboten werden, da es jedem Wahrheitliebenden eine Freude seyn muß, wenn ihm selbe auch „in diesem Wege zukommt.“ Die Universitäten und Akademien erhielten den Auftrag, einzuberichten, wie viel sie Lehrer in jedem Fache haben, wie sie beschaffen, und besoldet sind, und worin die Gesetze ihrer Fundationen bestehen.

Damit die innerliche Verfassung des Staates durch Wochenblätter, oder andere Werke nicht

nicht bekannt gemacht werde, erhielt die Zensur unterm 10. Oktober eine Weisung, daß bey allen öffentlichen, oder auch heimlichen Anzeigen, welche die Population, den Viehstand, die Steuern und Einkünfte, folglich die innere Verfassung eines ganzen Landes betreffen, alle jene Behutsamkeit angewendet werden solle, welche dergleichen Gegenstände verdienen, und die Zensurkommission wurde erinnert, keine solche Nachrichten in den Schriften zu passiren. Unter dem 14. November erschien die Zensurverordnung, daß alle Werke, welche von den innern Kräften des Staats, der innern Verfassung, Polizey, den Finanzen u. s. w. handeln, derjenigen Stelle vorgelegt werden sollen, die ein solcher Gegenstand betrift; als Hofkriegsrath, Finanzstelle, u. s. w. Auch wurde unter dem nähmlichen Datum befohlen, keine Brochüre oder Kritik zuzulassen, wo nicht der Nahme des Verfassers darauf stehet.

Joseph erwog den Schaden, welcher durch die Intoleranz seiner Vorfahren dem Staate zugefügt wurde. Er beschloß den Gewissenszwang aufzuheben, und jedermann Freyheit in Religionssachen zu gestatten. Zu diesem Ende erging für Oesterreich unter dem 13. Oktober ein Toleranzedickt, vermög dessen den Protestanten der helvetischen und augspurgischen Konfession, wie auch den nicht unirten Griechen

eine

eine freye Religionsübung gestattet, und ihnen erlaubt wurde, Bethhäuser und Schulen zu erbauen. Den 26. Oktober wurde dasselbe gleichfals in Böhmen publizirt, dem noch die Verordnung beygefügt wurde: alle Transmigranten, welche der Religion wegen ausgewandert sind, wenn sie in ihr Vaterland zurückkehren wollten, ohne einiges Hinderniß auf- und anzunehmen. Ein gleiches wurde für alle andere Erblande kundgemacht, und den der Religion wegen emigrirten Unterthanen eine Jahresfrist zu ihrer Rückkehr eingeräumet. Den 27. des nähmlichen Monats wurde das Religionsedickt auch in Mähren publizirt.

Auch für Hungarn und Siebenbürgen ließ Joseph ein Toleranzedickt ergehen, dem zu Folge den verschiedenen Glaubensgenossen die nähmlichen Freyheiten, wo sie dieselbe noch nicht besaßen, wie in Oesterreich, Böhmen und Mähren, eingeräumet wurden.

Die Juden dem Staate nützlicher zu machen verordnete Joseph unter dem 9. Oktober, daß sie zu Beseitigung ihrer Nationalsprache binnen zwey Jahren verhalten werden sollen, alle ihre Kontrakte, Testamente, Handlungsbücher u. s. w. kurz, alles was eine Verbindlichkeit im gerichtlichen oder aussergerichtlichen Falle haben soll, in der Gerichts üblichen Landessprache bey Strafe der Nullität und Ver-

wei-

weigerung der gerichtlichen Hilfe auszufertigen, und nur in ihrem Gottesdienst allein sich ihrer Nationalsprache zu gebrauchen. Dieses um so eher zu bewirken wurde unter der Aufsicht der bestehenden Schul-Direktion an den jüdischen Hauptschulen eine Normalschule errichtet, jedoch ohne mindeste Beirrung ihres Gottesdienstes und Glaubens. Wo schon jüdische Schulen bestanden, wurden diese gehalten, einige geschickte Leute von ihren Glaubensgenossen in die Normal- und Hauptschulen abzusenden, damit diese zu Lehrern und Schulmeistern gebildet werden. Der Schulkommission wurde ferner aufgetragen, die Lehr- und Lesebücher der Juden, in soweit sie die christlichen nicht brauchen können, zu prüfen, die Sittenlehre darin nach der philosophischen Moral einzurichten, dabey sich aber von Einmengung in ihr Religionsfach und ihre Gebräuche bey Andachten sorgfältig zu enthalten. Den Juden wurde erlaubt, ihre Kinder auch in die öffentlichen christlichen Schulen zu schicken; besonders wo auf dem Lande nur einzelne Juden sind, deren Kinder angehalten werden müssen, in den christlichen Schulen lesen, schreiben, uud rechnen zu lernen; auch erhielten sie die Erlaubniß, die höhern Schulen auf innländischen Universitäten zu besuchen. Zu Erweiterung ihrer Nahrungswege wurde ihnen erlaubt, in den Orten, wo sie wirklich sind,

und

und gebildet werden, den Ackerbau zu treiben; jedoch nur pachtweise auf 20 und mehrere Jahre, und von unbebauten Feldern, oder auch von kultivirten Grundstücken nicht unterthäniger Kontribuenten; jedoch gegen dem, daß der Ackerbau nur durch jüdische Hände zu betreiben sey; doch soll ihnen die ersten Jahre gestattet seyn, wegen Unerfahrenheit im Ackerbau, christliche Knechte zu halten. Durften sie alle Handwerke und Professionen bey christlichen Meistern erlernen, deren Ausführung ihnen gestattet wird; ingleichen wurden ihnen alle freye Künste, alle Arbeiten in den Fabricken, der Großhandel, und Waaren-Kommerzialhandel bewilliget.

Dem Kaiser genügte es nicht, die Duldung der verschiedenen Religionen in seinen Staaten einzuführen; er wollte auch die herrschende Religion von den vielen Misbräuchen reinigen, und überhaupt im geistlichen Fache vieles reformiren. Die Bischöffe zweifelten nicht, Joseph würde sie bey dieser Reformation zu Rathe ziehen, und mit ihrer Einwilligung alles bewirken. Aber das Mißtrauen des Kaisers ließ ihn fürchten, man würde seine Absichten vereiteln, und darum beschloß er, allein auszuführen, was Er entworfen hatte.

Den unnützen und kostspieligen Prunk bey Leichenbegängnissen einzuschränken, und überhaupt eine Gleichheit in Zahlung für geistliche Funktionen

eine

einzuführen, verordnete der Kaiser den 27sten Jenner eine neue allgemeine Stollordnung für das Land.

Im Februar wurde an sämmtliche Handwerkszünfte ein Dekret erlassen, künftighin bey den Fronleichnams-Prozessionen statt der bisherigen grossen und unbequemen Zunftfahnen kleine Schwungfahnen, oder Standarten, allenfalls auch Kirchenfahnen einzuführen.

Den 3ten März verboth Joseph, Stipendien, oder Messengelder ausser den kaiserl. königl. Staaten zu schicken. Die Vorurtheile, die bey dem gemeinen Mann wegen Begrabung der Selbstmörder herrschten, auszureuten, trug Er am 16. März allen Pfarrern auf, sie sollten sich bestreben, das Volk über den Irrwahn, als würde die Gegend, wo ein Selbstmörder begraben liegt, vom Hagel und Mißwachs hergenommen, zu belehren.

Den 24sten März wurden alle Verbindungen der Klöster Stifter, &c. mit auswärtigen Obern Klöstern und Stiftern auf das schärfeste untersagt, und zugleich gebothen, daß die Ordensgeistliche alle Verbindung mit ihrem P. General, wenn er nicht in den k. k. Staaten für beständig wohnet, so wohl im Geistlichen, und der innern Disziplin, besonders aber in Betreff der Temporalien aufheben sollen, und haben die Ordensglieder blos von den erbländischen Provinzialen, unter der Aufsicht der Erz- und Bischöfe

und

und der vorgesetzten Landesstelle abzuhängen. Diese Unabhängigkeit der Ordensgeistlichen von allen auswärtigen Obrigkeiten wurde auch in den Niederlanden den 24sten Dezember kund gemacht. Den 26sten März wurde gebothen, daß künftig alle von dem päpstlichen Stuhl erlassene Bullen, Breven, Dekrete oder Konstitutionen, sie mögen dogmatische, geistliche, oder Disziplinarsachen betreffen, vorher um das Placitum Regium einkommen, und ehe sie das erhalten haben, nicht kund gemacht werden sollen.

Den 14ten April wurde den Ordinarien angedeutet, die ihnen vom päpstlichen Stuhle den Grundsätzen des Kaisers entgegengesetzte Vollmacht, zu dispensiren und absolviren, besonders aber die Vollmacht von dem in der Bulla Cœnæ vorbehaltenen Fällen loszusprechen, als nichtig und ungiltig zu verwerfen; indem die Bulla Cœnæ in den k. k. Landen nicht angenommen, auch eine solche Vollmacht gegen die eigene Rechte der Bischöffe anstössig ist. Die Bulla Unigenitus wurde den 4ten May gleichfalls auf das schärfeste verbothen, und befohlen, dieselbe bey 50 fl. Strafe aus allen Ritualen zu reissen. Die Bischöffe erhielten zugleich die Weisung, in Betreff der verbothenen oder erlaubten Bücher sich nach der Wiener-Zensur zu richten, und dem Clerus kein Buch zu verbiethen, das von dieser zugelassen worden ist. Die Zahl der Mönche einzuschränken geboth Joseph den 20ten May allen Klöstern

in

in so lang keine Kandidaten anzunehmen, bis ihnen eine bestimmte Zahl würde ausgewiesen seyn. Dem gemeinen Volke erlaubte Joseph den 10. August die katholische Bibel zu lesen; und verboth überhaupt, jemanden ein Buch wegzunehmen, bevor es nicht bey der Wiener-Zensur angezeigt worden ist.

Die Bischöfe in ihre ersten Rechte wieder einzusetzen, geboth Joseph den 10ten September in Ehesachen weder zu Rom, noch bei den Nunziaturen, sondern bey dem ordentlichen Bischofe die Dispensation anzusuchen. Den Seelsorgern untersagte er auf das schärfeste, ein Brautpaar, welches sich in einem Dispensationsfall befindet, gegen Aufzeigung einer andern, als der Dispensation des ordentlichen Bischofs zu trauen.

Schon am 21ten August hatte Joseph verbothen, ohne Landesfürstliche Einwilligung den Titel eines Prælati domestici, Protonotarii apostolici, episcopi in Partibus zu Rom anzusuchen. Den 2ten Oktober erweiterte Er dieses Verboth auch auf die päpstliche Notariatsstelle. Um zu verhindern, daß die Ordinarien dem Clerus die Landesfürstlichen Verordnungen nicht in einem falschen Lichte darstellen, wurde ihnen den 25. Oktober aufgetragen, alle Consistorial-Intimationen und Publikationen der Landesstelle zur Einsicht und Gutheißung vorzulegen. Den Gebrauch, Jünglinge welche sich dem theologischen

Stugium widmeten, in das deutsche Kollegium nach Rom zu schicken, verboth der Kaiser den 12ten November, indem er zugleich erklärte, daß er in seinen italienischen Staaten eben eine solche Einrichtung treffen wolle, wo die erbländischen Unterthanen die nämliche Erziehung, wie zu Rom, erhalten würden.

Die Mißbräuche des Portiunkula-Ablaßes zu vertilgen geboth der Kaiser am 27sten November allen Ordinarien, die Ablaß-Tafeln toties quoties gänzlich zu vernichten, und den Geistlichen aufzutragen, daß sie dem Volke einen wahren Begriff von diesem Ablasse beybringen sollten. Nicht minder äuserte er gegen die Bischöfe seinen Wunsch, die Bruderschaftgürtel des Tertiar-Ordens, auch die Herz Jesu und andere Bruderschaften gänzlich abgeschafft zu sehen.

Josephs Reformation in Kirchen- und Mönchssachen erregte zu Rom grosses Aufsehen. Der päpstliche Nuntius zu Wien, Monsignor Garrampi, überreichte den 12ten Dezember im Namen Sr. Heiligkeit dem Fürsten Staatskanzler von Kaunitz Rietberg ein Promemoria worin er sich beschwerte, „daß der Kaiser durch „einige seiner Verordnungen in geistlichen Sa„chen; besonders diejenigen, welche die Auf„hebung einiger geistlichen Häuser betreffen, „der Religion, der Kirche, und dem Seelen„heile vielen Schaden verursachet, und gewis-

C „sen

„ sen durch die Religion vorgeschriebenen Ge-
„ setzen entgegen gehandelt habe. Daß der Kai-
„ ser sogar Willens sey, die regelmässigen In-
„ stitute solcher geistlichen Häuser, welche von
„ der Kirche feyerlich gebilliget worden wären,
„ aufzuheben. Er sagte ferner darinn, daß es
„ unter den vielen Fürsten des deutschen Reichs
„ noch keinen einzigen, welcher in der röm.
„ kathol. Gemeinschaft geblieben ist, gegeben
„ habe, der sich unterstanden hätte, die Ausü-
„ bung seiner Macht so weit zu erstrecken. Er
„ gab zu verstehen, daß der Kaiser durch diese
„ seine Reformation seine Unterthanen in die
„ Umstände versetzt habe, sich dem Gehorsam
„ des Landesfürsten entziehen zu müssen. End-
„ lich beklagte er sich, daß der Kaiser über
„ Rechte, welche dem päpstlichen Stuhle aus-
„ schließungsweise in der allgemeinen Kirche zu-
„ stünden, gebothen hätte, und solche den Bi-
„ schöfen zueignen wollen.

Da der päpstliche Nuntius dieses Promemoria nicht blos dem Fürsten von Kaunitz eingehändiget, sondern auch einigen Bischöfen in den k. k. Staaten, wie auch auswärtig mitgetheilt hatte, so beantwortete der Fürst Hof- und Staatskanzler auf Befehl des Kaisers das Promemoria den 19ten Dezember wie folget.

„ Durch die Abstellung der Mißbräuche,
„ die nach und nach in die Gegenstände der

„ Kir-

„ Kirchenzucht eingeschlichen sind, erwachse der
„ Religion kein Nachtheil, sondern vielmehr ein
„ Nutzen. Unter diesen Mißbräuchen befinde sich
„ kein einziger in der Wesenheit der von den
„ Aposteln fortgepflanzten christlichen Religion,
„ welche von den Regenten nicht würde so be-
„ reitwillig angenommen worden seyn, wenn
„ irgend ein einziger der oberherrlichen Gewalt
„ zu nahe tretender oder einer weisen Regierung
„ nicht angemessener Mißbrauch sich in dersel-
„ ben vorgefunden hätte, und folglich könne
„ die Abstellung solcher Mißbräuche, welche we-
„ der Grundsätze des Glaubens, noch den Geist
„ und die Seele allein betreffen, nimmermehr
„ von dem päpstlichen Stuhle abhangen, und
„ folglich stehet dieses Recht ausschlüßlich dem
„ Landesfürsten allein zu, der die Gewalt hat,
„ im Staate zu befehlen. Der Kaiser sey weit
„ davon entfernt, rechtmässige Befugnisse zu be-
„ einträchtigen. Er habe nie daran gedacht,
„ das vom päpstlichen Stuhle gebilligte Institut
„ eines geistlichen Ordens aufzuheben, da es
„ dem Kaiser gleichgültig ist, ob dieses oder je-
„ nes Institut, welches er in seinen Staaten
„ aufgehoben hat, in fremden Staaten noch
„ ferner bestehe. Nie werde sich der Kaiser den
„ Gerechtsamen der allgem. Kirchen in dogmati-
„ schen, die Seele allein betreffenden Gegenstän-
„ den entziehen; aber er wird auch nie eine

„ fremde Einmischung in Angelegenheiten, wel„ che er landesfürstlichen Machtvollkommenheit „ allein zu stehen, gestatten. Der Kaiser wird „ nie in dem Fall seyn, seinen Unterthanen et„ was zu befehlen, was wider ihr Gewissen „ seyn könnte, und daher habe er keinen Un„ gehorsam zu besorgen, in jedem Falle „ aber würde er wissen, sich Gehorsam zu „ verschaffen. Wenn aber jemand glauben „ sollte, daß sein Gewissen ihm nicht erlaube, „ zu gehorchen, so würde er ihm volle Freyheit „ lassen, hinzuziehen, wohin es ihm beliebte. „ Die Rechte, welche der Kaiser den Bischöfen „ wieder eingeräumet, seyen seit so vielen Jahr„ hunderten in unsrer heiligsten Religion dem „ Episkopat ausschliessungsweise zugestanden. „ Er habe also weiter nichts gethan, als einen „ Mißbrauch aufgehoben, der dem Vermögens„ stande seiner Unterthanen bisher sehr nach„ theilig gewesen ist.“

Diese Antwort des Fürsten von Kaunitz wurde den Landesstellen zur Richtschnur in allen Fällen quoad Publico ecclesiastica mitgetheilt.

Den Pfarrern und Kaplänen in den Gränzörtern von Kroatien und Slavonien, hat der Kaiser im December einen jährlichen Gehalt erstern pr. 300, letztern pr. 100 fl. ausgeworfen, damit sie nicht nöthig haben, sich so viel mit der Landwirthschaft abzugeben, und so die Seelsorge zu vernachlässigen.

Nicht bloß die innländischen Angelegenheiten beschäftigten den Kaiser, sondern auch die auswärtigen zogen seine Aufmerksamkeit auf sich; besonders in sofern sie auf das Wohl seiner Staaten einen Einfluß hatten. Fünf Kauffartheyschiffe, welche unter k. k. Flagge segelten, wurden von den Algierern gekapert. Der Kaiser ließ durch seinen Internuntius zu Konstantinopel, Freyherrn von Herbert, die Pforte ersuchen, bey den Algierern die Zurückgabe der Schiffe in Natura, mit allem, was sie führten, oder in Ermanglung dess , einen hinlänglichen Ersatz im Gelde zu bewirken. Die Pforte zeugte sich bereitwillig einen Capigibachi nach Algier abzuschicken, und die Zurückgabe der Schiffe von dem Dey zu fordern. Sollte nun dies Ansuchen, wie stark zu vermuthen war, fruchtlos seyn, so glaubte sie, zu keiner fernern Entschädigung und Genugthuung sich verpflichtet. Mit diesen Entschluß war der Kaiser nicht zufrieden; sondern er verlangte, daß die Pforte, wenn die Algierer die Schiffe nicht ausfolgen ließen, vermöge des zwischen dem Wienerhofe und der Pforte bestehenden Traktats, Kraft dessen alle kaiserliche Schiffe freyen Paß und Repaß haben, und in Fall sie von den Barbarischen Korsaren angegriffen würden,

 durch

durch das Ansehen und die Macht der Pforte geschützt werden sollten, den Betrag dieser weggenommenen Schiffe im Gelde bezahle. Dieses muste nun die Pforte auch wirklich thun, da sich die Algierer zur Herausgabe der Schiffe nicht verstehen wollten.

Den Höfen von London, Paris und Madrid both der Kaiser seine Mediation an, und trat, die Kriegführenden Mächte desto eher zum Frieden zu bringen, der bewaffneten Neutralität bey. Dieser Beytritt wurde zu Petersburg den 31ten Oktober durch den k. k. Gesandten unterzeichnet.

Den Theil der Grafschaft Montfort, der am Bodnersee auf der schwäbischen Seite zwischen den vier Reichsstädten, Buchorn, Lindau, Wangen und Ravensburg liegt, und welchen die Bregenzische Linie besessen hatte, hat der Kaiser durch Kauf an sich gebracht.

Den Großfürsten von Rußland, welcher dem Kaiser einen Besuch in seinen Staaten machte, zu empfangen, wurde der Graf Choteck nach Lemberg abgeschickt, der mit dem Gouverneur von Gallizien, Grafen von Brigido, dem Großfürsten bis Brody entgegen ging. Der Kaiser selbst fuhr demselben, da er von dem Lustlager aus Böhmen zurückgekommen war, einige Tag reisen entgegen, und den 21. November langte er in Gesellschaft des Großfürsten und dessen Gemahlinn zu Wien an, wo der Herzog von Würtemberg, des-

sen

sen Gemahlinn, Prinzessinn Tochter, Elisabeth, und sein Sohn, Prinz Ferdinand, bereits den 10. Nov. eingetroffen waren.

Das Jahr 1782.

Joseph gab sich alle Mühe, seinen hohen Gästen die kurze Zeit ihres Aufenthalts in seinen Staaten so angenehm, als möglich, zu verkürzen. Nachdem der Großfürst und dessen Gemahlinn, alles Merkwürdige von Wien und den umliegenden Gegenden in Augenschein genommen hatten, verließen sie den 4. Jänner 1782 Wien, um ihre Reise nach Italien unter dem Nahmen eines Grafen von Norden fortzusetzen. Der Kaiser, der Erzherzog Maxmilian, der Herzog von Würtenberg, dessen Gemahlinn und Sohn begleiteten die Reisenden bis Wiener-Neustadt, wo sie das erste Nachtlager hielten. Den 9ten Jänner trat der Herzog von Würtemberg seine Rükreise nach Mömpelgarde an.

Kaum hatten der Großfürst, und der Herzog von Würtemberg Wien verlassen, so erscholl das Gerücht von einem neuen Besuche, den Joseph in seinen Staaten erhalten würde. Roms Oberhaupt, das ehedem gewöhnt war, Kaiser und Könige zu seinen Füssen zu sehen, entschloß sich, den Römischen Kaiser selbst aufzusuchen, um mit demselben über die bereits vorgenommenen und vermuthlich noch vorzunehmenden Neuerungen in Mönchs- und Religionssachen sich zu besprechen. Den 25. Februar hielt Pius der VI. ein Konsistorium zu Rom, worin er dem heiligen Kollegium seine vorhabende Reise nach Wien erklärte, und den 27. Februar trat er mit einem ganz kleinen Gefolge die Reise über Otricoli, Loretto, Cesena nach Wien an.

Die Reise des Papstes dauerte unterwegs etwas länger, als er sich vorgenommen hatte. Er nahm den Weg durch das Venetianische Gebieth, und war über die Ehrenbezeugungen, die ihm überall von der Republick erwiesen wurden, überaus gerührt. Sobald er das österreichische Gebiet betrat, wurde er von dem Grafen von Kobenzel, den der Kaiser am 5. März dem Papste entgegen geschickt hatte, und dem päpstlichen Nuntius, Garampi empfangen und begleitet, und man erwies ihm alle, einem grossen Fürsten gebührende Ehrenbezeugungen. Auf jeder Poststation stand ein Korporal und 15 Mann, den ungestimmen Zulauf des Volks abzuhalten, und ihn zu bedecken, und an jedem Nachtquartier hatte ein Offizier mit 40 Mann die Wache.

Den 21. März fuhr der Kaiser in Begleitung des Erzherzogs Maximilian nach Wiener-Neustadt, und den 22ten nach Neunkirchen dem H. Vater entgegen. Sie begegneten sich unter Wegs. Der Papst bestieg nun den Wagen des Kaisers, und beide fuhren unter Begleitung einer

zahl-

zahlreichen Menge Volks nach Wien zurück. Am Wienerberge bei der sogenannten Spinnerinnen am Kreuze erwartete die k. k. adeliche ungarsche und gallizische Noblegard Se. Heiligkeit, und begleitete dieselbe bis in die Hofburg. Beym Absteigen waren nebst dem päpstlichen Herrn Nuntius alle k. k. Ministers, geheimen Räthe, Kämmerer und Truchsesse versammelt, welche den Kaiser und den Papst bis in die Zimmer begleiteten.

Die Zimmer, die Pius VI. eingeraumet wurden, waren auf das prächtigste ganz neu eingerichtet. Das Audienzzimmer war violet mit Silber ausspalirt, und darin ein kostbarer Thron mit überhangendem Himmel errichtet. Das Schlafzimmer war mit allen Reliquien aus der Schatzkammer und dem wunderbaren Kruzifixe, welches mit dem Kaiser Ferdinand II. gesprochen haben soll, auch mit einem überaus prächtigen Altare geziert.

Uiberall, wo Pius erschien, drängte sich eine Menge Volks hinzu, das sichtbare Oberhaupt der Kirche zu sehen. Viele der vornehmsten Damen verlangten zum Fußkuß gelassen zu werden, und als Pius auf dem Hof öffentlich den Segen ertheilte, wurden einige Leute im Gedränge beschädiget. Am 22ten April reiste der Papst von Wien ab, und kehrte über München und Augsburg nach Rom zurück.

Die Reise des Papstes nach Wien hat eine Menge Brochuren erzeugt, unter welchen jene: Was ist der Pabst? das größte Aufsehen machte. Der Verfasser nannte sich nicht, und die Zensur sprach bey dieser Brochure zum erstenmal den Verfasser von der Verbindlichkeit los, seinem Werke den Nahmen vorzusetzen. Dieses veranlaßte den Kaiser durch ein Handbillet vom 3ten März anzubefehlen; " daß, „ da die Zensur sich neuerdings habe gelüsten lassen, den Author von Beysetzung „ des Nahmens loszusprechen, künftighin ohne „ Rücksicht jedermanns wahrer und nicht ein „ fingirter Nahme beygedrückt, oder das im„ primatur versagt werden solle."

Auf die Anwesenheit Pius VI. in Wien hat der Kaiser zwey Denkmünzen verschiedener Grösse, aber gleichen Inhalts in Gold und Silber prägen lassen. Die Aversseite zeigt des Papstes wohlgetroffenes Brustbild mit der Ueberschrift: Pius VI. Pontifex maximus; auf der Rückseite liest man die Inschrift: Ioseph. II. Aug. Vindob. Hospes A. die IX Kal. Apr. ad X. Kal. Maj. MD.CC.LXXXII.

Den 5ten May kam der regierende Herzog von Würtemberg nach Wien, und hielt sich bis auf den 26ten des nähmlichen Monats auf, und den 4ten Oktober kam der Großfürst nebst dessen Gemahlinn von der Reise nach Italien wie-

der

der in Wien an, und kehrte den 19ten Oktober nach Petersburg zurück; der Kaiser begleitete ihn einige Posten.

Mit rastlosem Eifer arbeitete Joseph an seinen neuen Einrichtungen, wodurch er das Wohl des Staates zu befördern glaubte. Am 12ten Jänner wurde durch eine öffentliche Anzeige des Kaisers Sorgfalt für die armen Kranken kund gemacht. Der Staabsmedikus des bürgerl. Regiments der Stadt Wien, Joachim Spalowsky, erhielt den Auftrag, Montag, Donnerstag und Samstag von eilf Uhr bis halb ein Uhr Mittags, allen armen Kranken, die an ihn durch diese Kundmachung angewiesen wurden, die nöthigen Arzneyen zu verschreiben, welche denselben in einer hiezu angewiesenen Apothecke unentgeltlich ausgefolgt werden sollen.

Den 23ten Jänner befreyte Joseph durch eine am 29ten Dezember vorigen Jahres ausgefertigte Verordnung den Eisen- und Stahlhandel von allen Zwangsanstalten und Preissatzungen, und erlaubte jedermann, Eisen und Stahl, oder die daraus erzeugte Waaren in den Erblanden aller Orten von der ersten Hand anzuschaffen. Den 12ten März hob er das auf die Schriftgiesserey bestandene Privilegium auf, und stellte jedermann frey, wo immer in den K. K. Landen Schriftgiessereyen anzulegen.

Die Staatsausgaben so viel als möglich zu verringern war Josephs Hauptaugenmerk, daher verminderte er bey vielen Stellen das Personale, wo er dasselbe überflüssig erachtete, und reduzierte viele Stellen gänzlich, die er unnöthig glaubte. Aus dieser Ursache hob er die Bankaladministration in Schlesien auf, und vereinigte dieselbe mit der Bankaladministration des Marggrafthum Mähren; in Schlesien aber blieb nur ein Inspektorat.

Schon im vorigen Jahre wurde die Einführung einer neuen Gerichtsordnung bekannt gemacht, welche nun auch den 1ten May dieses Jahres ihre volle Kraft erhielt. Die Einführung dieser neuen vom Hofrath von Kees entworfene Gerichtsordnung zog noch einige andere Veränderungen im Justizfache nach sich, die durch eine Verordnung vom 1ten November 1781 und vom 11ten April 1782 vorher bekannt gemacht wurden. Durch die erstere führte der Kaiser eine neue Taxordnung ein, um, wie in dieser Verordnung gesagt wird, den ordentlichen Rechtsweg durch übermässige Taxen nicht zu erschweren. Die Taxen werden in vier Klassen getheilt. Die Hauptstädte jeder Provinz gehören in die erste, die Magistrate in den grossen Städten in die zweyte, kleinere Städte in die dritte, Städtchen, Märkte und Dörfer in die vierte Klasse. Auser diesen vier Klassen findet kein an-

der

derer Unterschied weder in Ansehung der Person, noch der Streitsache, sie mag 20000 fl. oder 6 fl. betreffen, statt. Nebst dem, daß für jedes erledigte Anbringen Taxen bezahlt werden müssen, sind die Gerichtstaxen beträchtlich erhöhet worden. Jedes Urtheil, wodurch ein Endspruch in der Hauptsache erfolgt, kostet jeder Parthey in der 1ten Klasse, 12 fl. in der 2ten 6 fl. in der 3ten, 4 fl. 30 in der 4ten 3 fl. folglich ein gänzlich entschiedener Prozeß, worüber bey allen drey Stellen gesprochen wird, jeder Parthey allein ohne die andern Taxen 36 fl. *)

Kraft der zweyten Verordnung wurde die damals bestandene N. Oest. Regierung in Bezug auf die besorgte Justizverwaltung vom 1. May an als aufgehoben erklärt, und die von demselben verhandelten Justizgeschäfte den Landrechten und Magistraten zugetheilt: auch wurde ein allgemeines Appellationsgericht, nebst einem Revisorium, welches die oberste Justizstelle ist, eingeführt. Der Grundsatz dieser neuen Gerichtsverfassung bestehet darin, daß jeder drey Instanzen haben soll; wenn aber zwey Instanzen gleichförmig sprechen, so darf an die dritte nicht mehr rekurriret werden.

Die

*) Unter Karl VI. wurde für ein Urtheil nie mehr „als 30 kr. und unter Maria Theresia 1 fl. 15 kr. „mit Inbegriff des Stempels von jeder Parthey „bezahlt.

Die Verwaltung der politischen Geschäfte wurden mit der N. Oest. Landschaft vereinigt, und der Landmarschall, Graf von Pergen, zum Chef der politischen Landesregierung ernannt. Zum Besten der Stadt Wien und ihrer Vorstädte errichtete Joseph in der Person des Grafen August von Auersberg einen Stadthauptmann, der den fünften Kreishauptmann in U. Oest. vorstellt, und alle Geschäfte, welche den Kreishauptleuten auf dem Lande zustehen, in der Stadt und innerhalb der Linien zu besorgen hat.

Die Beleuchtung der Stadt Wien und ihrer Vorstädte wurde den 28ten April dem Stadtrath übertragen, welcher den 1ten May damit anfieng. Zur besseren Verbindung der Stadt und den Vorstädten wurde unfern der Rossau bey den Weisgärbern eine neue Brücke über die Donau geschlagen, auch die Herstellung einer neuen breiten Strasse durch die sogenannte Holzstätte mit vielem Eifer betrieben.

Nicht minder war Joseph für die Gesundheit und Bequemlichkeit der Bürger Wiens besorgt, da er verordnete, daß sowohl in der Stadt als in den Vorstädten zweymal des Tags zu gleicher Stunde soll aufgespritzt werden, um den häufigen Staub, der der Gesundheit so schädlich ist, zu ersticken. *) Durch den Wall beym rothen

Thurm

*) Dieses Aufspritzen wurde nach 2 Jahren, als der Gesundheit höchst nachtheilig, wieder eingestellt.

Thurm wurde zur Bequemlichkeit der Fußgeher ein Gang durchgebrochen, auch die Aus- und Einfahrt erweitert, daß nun kein Wagen auf den andern zu warten nöthig hat, und die Ausfahrenden durch die Einfahrenden nicht gehindert werden. Zur Verschönerung der Stadt ließ der Kaiser um die ganze Glacis Bäume setzen.

Den 29ten July wurden die Landstrassen in Mähren, in Steuermarkt, Kärnthen und Tyrol verpachtet, wodurch diese schönen mit so vielen Unkösten angelegten Strassen durch die Gewinnsucht der Pächter sehr in Verfall geriethen.

Damit der Landmann ein genaues Kenntniß der landesherrlichen Verordnungen erhalte trug Joseph den Pfarrern auf, alle Gesetze und Verordnungen von der Kanzel in den Kirchen dem Volke abzulesen, und die Richter sollen genau sich erkundigen, ob es auch wirklich geschehen sey.

Den 16ten July wurden alle mit Sprengglas belegte Waaren, als welche der Gesundheit höchst nachtheilig werden können, einzuführen und zu verkaufen verbothen, hingegen wurde im Dezember die Erzeugung des Zinnobers jedermann gestattet, und das darauf bestandene Privilegium privativum aufgehoben.

Vom Anfange des Augusts wurden die wegen verschiedener Verbrechen im Zuchthause verwahrte Missethäter Männer und Weiber *) zum erstenmale die Strassen in der Stadt und in den Vorstädten Wiens zu reinigen ausgeführt. Sie waren alle gleichförmig gekleidet, das Haupt völlig geschorren, und paarweis an einander gekettet. Diese Polizeyverfügung wurde in allen Hauptstädten der Provinzen eingeführt. Schon im vorigen Jahre hob Joseph die Todesstrafen auf, und den 28ten August dieses Jahrs wurde das erste Urtheil nach dem neuen Strafgesetze an einem Mörder vollzohen. Dieser, der seine Geliebte auf die vorsetzlichste Art in dem Augenblicke, wo sie ihn mit der größten Liebe unterhielt, im Wagen mit vielen tödtlichen Wunden ermordete, wurde auf der Richtstätte in beiden Wangen mit einem Rade gebrandmarket, dann lebenslänglich mit schweren Eisen beladen in einem unterirrdischen Gefängnisse viermal die Woche mit Wasser und Brod gespeiset, und zur harten Arbeit verurtheilt; auch empfieng er am Tage des vollzogenen Urtheils, und dann an jedem Jahrstage seines begangenen Verbrechens fünfzig Stockstreiche.

Die

*) Die Weiber kehrten nur 2 Jahre die Gassen, dann wurden sie zu andern groben Arbeiten in dem Zuchthause verurtheilt.

Die Eheverlobnisse, welche ehedem den Verlobten die Verbindlichkeit, einander zu ehligen, auferlegte, wurden den 30sten August gänzlich aufgehoben, und verloren alle rechtliche Kraft. Das nähmliche wurde in Betreff einer nach vorhergegangenem Eheversprechen erfolgten Schwängerung verordnet, und ist nun der Verführer nicht mehr verbunden, die durch ein Eheversprechen betrogene Geschwächte zu ehligen.

Den 14ten September hob Joseph die von Ollmütz nach Brünn übersetzte Universität auf, und errichtete statt derselben ein Lycäum zu Ollmütz. Den 30ten Oktober wurde das bisher bestandene Spielgrafenamt, und den 2ten November alle Privatmäute, welche die Grundherrn gezogen hatten, aufgehoben, so daß letztere mit dem 1ten Februar 1783. aufhörten.

Zur Unterstützung wahrhaft armer und preßhafter Menschen hatte der verdienstvolle Graf Johann von Buquol auf seinen Gütern in Böhmen ein Armeninstitut eingeführt, welches der Kaiser, überzeugt von der Nützlichkeit desselben, den 9ten Dezember nicht nur bestättigte, sondern allen Obrigkeiten zur Einführung anempfahl.

Die Emporbringung der Bergwerke in Ungarn ließ sich Joseph sehr angelegen seyn. Durch eine Verordnung vom 26sten Oktober des verflossenen Jahres an die königl. Statthalterey in Ofen wurde nicht nur der Nutzen des Bergbaues deutlich auseinander gesetzt, sondern auch in wie weit derselbe als ein königliches Regale mit der Krone verbunden ist bestimmt, und zu Betreibung desselben jedermann aufgemuntert. Den Getreidhandel dieses gesegneten Reiches zu begünstigen wurde den 23sten Jänner die auf alle Körner und Getreidgattungen, welche aus dem Königreiche Ungarn in die deutschen Erblande ausgeführt werden, bisher gelegene Mauthgebühr durch sechs Monate auf die Hälfte herabgesetzt. Ferner wurde befohlen, daß bey der siebenbürgischen Kammer auch Protestanten zu Aemtern zugelassen werden sollen. Das siebenbürgische Gubernium erhielt den Auftrag, mit den in diesem Großfürstenthume befindlichen Zigeunern *) die

*) Die erste Erscheinung der Zigeuner in Europa trifft in das Jahr 1417, wo sie zuerst in der Moldau, Walachey, in Ungarn, und in eben diesem Jahre auch schon am deutschen Meer gesehen wurden. Sie stammen aus Hindostan ab, welches die Aehnlichkeit der Sprache, Sitten und Lebensart beweiset. Der Krieg des Timurs 1408. in Hindostan veranlaßte ihr Auswanderung. Dieser Eroberer hatte bey seinem Eindringen über 100,000 Sklaven gemacht. Da es bey Delhy zu einem Haupttreffen kommen sollte, machten diese sich verdächtig. Timur befahl, sie alle zu tödten, und in einer Stunde waren auch alle ermordet. Dieses

die nähmlichen Verfügungen zu treffen, welche seit mehreren Jahren mit gutem Erfolge in Ungarn bestehen. Zufolge dessen soll ihnen nicht mehr erlaubt seyn, einzeln in Zeltern zu wohnen, und sich durch Kleidungsstücke und andere Unterscheidungsmerkmale von den Einwohnern zu trennen. Der Nahme Zigeuner soll in den Nahmen Neubauer verwandelt, und ihnen erlaubt werden, sich mit den Eingebornen zu verehligen. Statt der Handarbeiten, womit sie sich bis itzt ernährten, sollen sie zum Feldbau angehalten, und ihre Kinder auf Kosten der Komitater zu den Bauern vertheilt, und so von der ersten Jugend an zu Feldarbeiten geleitet und angehalten werden.

Dem Getreidmangel an dem ungarischen Seegebiete abzuhelfen, streckte Joseph aus dem Schatze der königl. Kammer den beyden Städten Fiume nnd Buccari 15000 fl. vor, um einen Getreide Vorrath einzukaufen, und dasselbe dem dürftigen Volke um den möglichst niedrigsten Preis zu geben.

Den 29ten April gab der Kaiser durch ein Handbillet an den Ungarschen Hofkanzler Grafen von Esterhazy seine Zufriedenheit über das Betragen des Primas von Un-

ses verbreitete ein allgemeines Schrecken, und was noch übrig war, rettete sich mit der Flucht.

garn, Fürsten Bathyan und des Erzbischofs von Colocza, Patachich, bey der Anwesenheit des Papstes zu erkennen, dem er ein Paket beyschloß mit dem Auftrage, dasselbe dem Kardinal Primas zu überreichen, worin ein Stern mit Brillanten, als ein Zeichen des Stephansorden, für den Kardinal Primas, Fürsten von Bathyan, und das grössere Kreutz von dem nähmlichen Orden für den Erzbischof von Colocza sich befand. Der Kaiser begleitete diese Geschenke mit einem sehr schmeichelhaften Handbillet, welches in der Versammlung der Bischöfe in Gegenwart des Hofkanzlers öffentlich abgelesen wurde.

Der Handel beschäftigte den Kaiser nicht weniger, als seine übrigen neuen Einrichtungen. Da die zwey zu Teschen eingeführten neuen Jahrsmessen nur von sehr wenigen Fieranten besucht wurden, so hob er dieselbe den 12ten July wieder auf. Hingegen begünstigte Joseph immer mehr und mehr die Handlung der Niederlande. Zu Ostende wurde eine Assekuranz Kompagnie von österreichisch Flandern errichtet, und mit einer Kaiserlichen Octroy versehen. Auch zu Triest erhielt eine Kompagnie eine Ocktroy des Kaisers zu einem unmittelbaren Handel nach China. Dem Handelsmann Bolts ertheilte der Kaiser ein besonderes Privilegium zu einem unmittelbaren Handel nach der Malabar=

labarschen und koromandelschen Küste nach Ostindien, wohin bereits im März drey kaiserliche Schiffe unter der Bedeckung einer großherzoglichen Florentinischen bewaffneten Barque abgegangen waren.

Josephs besonderes Augenmerk war auf den ostindischen Handel gerichtet; vorzüglich trachtete er, einige neue österreichische Niederlassungen daselbst anzulegen. Er wußte die Freundschaft des Hyder Ally zu gewinnen, der den Oesterreichern nicht nur den Gebrauch des berühmten Handlunghavens, Mangalore, im Reiche Kanara, gestattete, sondern ihnen auch bei Ballapatnam und Carwar verschiedene Strekken Landes abtrat, worauf österreichische Faktoreyen angelegt wurden. Diesen Beweis der Freundschaft begleitete Hyder Ally mit einem Geschenke von Juwelen an den Kaiser, welches dieser mit einem Gegengeschenke von einer Musterlavette, acht Kanonen, und noch andern von Hyder Ally erbetenen Sachen erwiederte. Nebst diesen in Hyder-Allys Gebiet angelegten Faktoreyen und Besitzungen hat das kaiserliche Schiff, Joseph und Theresia, von den Nikobar-Inseln Besitz genommen.

Zum Schutz dieses neuen ostindischen Handels wurde von Antwerpen in England ein Kriegsschiff von 24 Kanonen erkauft und nach Livorno geschickt, von da es nach Indien zu seiner Bestimmung abgieng. Damit aber auch die österreichische Flagge gegen die Korsaren in Sicherheit gesetzt würde, schloß Joseph mit dem Dey von Tunis und Algier einen Frieden von sechs Monaten, bis die Unterhandlungen mit diesen beyden barbarischen Mächten gänzlich würden zu Stand gekommen seyn. Doch dieser Friede dauerte nicht lange. Ein kaiserliches Schiff wurde unweit Genua von einem kleinen algierischen Kaper von 6 Kanonen angehalten, und sollte seine Pässe vorzeigen. Der österreichische Kapitain, welcher 18 Kanonen führte, gab dem Kaper eine volle Lage, und zwang ihn, eiligst zu fliehen. Dieser Vorfall wurde zu Algier als ein Bruch des sechs monatlichen Waffenstillstandes betrachtet, und die Korsaren fingen wieder an, auf die kaiserlichen Schiffe Jagd zu machen. Der Kaiser ließ deswegen durch seinen Internuntius zu Konstantinopel nachdrückliche Vorstellungen machen, und verlangte, daß die Pforte die österreichische Schiffart gegen die Kapereyen der Korsaren mit aller Macht schützen sollte; auch forderte er von den afrikanischen Freystaaten eine Entschädigung und Genugthuung wegen der Beleidigung und des Angriffs seiner Flagge.

Die Vorsetzung des Nahmens kann oft für den Verfasser einen heiklichen Schritt der Umstände wegen, worin er sich befindet, verdrüßliche

liche Folgen haben. Diese jedem fähigen Kopfe zu ersparren, erlaubte der Kaiser am 21ten Jänner, daß bey dergleichen heiklichen Schriften der Verfasser seinen Nahmen nicht vorsetzen müsse. Die Erlaubniß wurde durch eine Verordnung vom 18ten April auf die Vorstellung der Zensurskommission, welche diese bey Erlassung des in Betreff der Brochür: **Was ist der Papst?** erlassenen Handbillets machte, dahin beschränkt, daß nur mit Beysetzung eines fremden Druckorts ein Werk anonymisch herausgegeben werden dürfe.

Gegen die Predigtenkritick, welche zu Prag, und dann auch zu Wien herauskam, hatte der Kardinal-Erzbischof von Wien eine Vorstellung eingereicht, damit dieselbe verbothen werden möchte; aber Joseph, welcher durch sein Zensuredickt alle Kriticken erlaubt hatte, entschied den 6ten Juny darauf, daß die Kriticken unter der Aufsicht der gehörigen Zensur ohne weiters erlaubt, und gedruckt werden sollen. In Betreff der Erklärung des bischöflichen geistlichen Raths erklärte Joseph den 14ten September, daß kein Geistlicher der Augspurger Diözes bey unausbleiblicher Strafe sich unterfangen sollte, der landesfürstlichen Verordnung zu wider, den Leuten ketzerische Bücher wegzunehmen, und sey dieses dem Augsburgischen bischöfl. Konsistorium in voraus zu bedeuten.

Den Geist der Duldung, wozu Joseph schon voriges Jahr den Grund geleget hatte, immer mehr zu verbreiten, erließ der Kaiser am 2ten Jänner eine Verordnung, worinn den Juden in Oesterreich die nähmlichen Begünstigungen zugestanden wurden, die er voriges Jahr den Juden in Böhmen angedeihen ließ. Nicht minder trachtete Joseph den eingewurzelten Religionshaß, welcher der Verbreitung der Toleranz als seiner einzigen Absicht, nicht anders als schädlich seyn konnte, gänzlich auszurotten. Dieses zu bewirken, erging den 16ten Jänner eine Verordnung, welche den verschiedenen Religionspartheyen alles Schimpfen und Schmähen sowohl in Privat- als an öffentlichen Orten über die Religion ihrer anders glaubenden Brüder, die Verunehrung ihrer Kirchen und Bethhäuser, mit einem Worte, alles Betragen, wodurch andere geärgert, und der Religionhaß noch mehr gestärket werden könnte, bey schwerer Strafe untersagte. Nicht minder ward den Geistlichen darin gebothen, sich von allen Kontroversien und Schmähungen sowohl auf der Kanzel, bey den Kristenlehren als im Privatumgange zu enthalten, nur die Lehre Jesu auszulegen, und die Nützlichkeit derselben ohne Sticheleyen auf die Glaubensgegner zu beweisen; mit einem Worte: nur die Religion und reine Sittenlehre, aber keine theologische dem

Volke

Volke ohnehin unbegreifliche Zwistigkeiten ihren Zuhörern einzuprägen.

Die Gewissensfreyheit, welche Joseph allen seinen Unterthanen ertheilt hatte, und Kraft welcher ihnen erlaubt war, sich zu einer von den geduldeten Religionen, wenn sie auch unter der vorigen Regierung für katholisch gehalten wurden, ungescheut zu bekennen, wurde durch eine Verordnung vom 31sten Jänner dahin erläutert, daß die Uibertrettung zu einer andern Religion keineswegs Haufenweise oder von ganzen Gemeinden, sondern vor dem Amte oder Magistrate in Beyseyn eines hiezu aufgestellten geistlichen Kommissars einzeln zu geschehen habe. Dieser geistliche Kommissar sey verbunden, jene, welche in ihren Grundsätzen, oder in der Religion, zu der sie übertreten wollen, schwanken, und nicht recht unterrichtet sind, mit Güte zu belehren, und wo möglich zur katholischen Religion zurückzuführen. Ferner, daß jene, welche eine andere, als die im Toleranzgesetz ausdrücklich benannte drey Religionen, ergreifen wollten, sogleich abzuweisen seyn.

Diese Verfügung des Kaisers würde von vielen mißverstanden. Die Unterthanen glaubten, man wolle sie dadurch abschrecken, sich nach ihrer Uiberzeugung zu einer der geduldeten Religionen zu bekennen, und einige übertriebenen Eiferer wollten darin eine Vollmacht finden, alle jene, welche sie in der Akatholischen Religion für nicht gut unterrichtet hielten, auch mit Gewalt zwingen zu können, Katholiken zu bleiben. Dieser Irrhum von der einen und der andern Seite bewog der Kaiser unterm 9ten und 11ten April die Erläuterung zu geben: daß nur aus der Ursache jeder einzeln wegen Übertretung zu einer andern Religion befraget werde, damit keiner entweder wider Wissen von seiner Gemeinde zur Annahme einer andern Religion eingetragen, oder wider Willen dazu gezwungen werde. Was die Frage: ob nicht gut Unterrichtete gezwungen werden könnten, bey der katholischen Religion zu bleiben? betrift, so sey dieß nie die Willensmeinung des Kaisers, und er werde das nie zugeben, weil dadurch der kaum aufgehobene Gewissenszwang in seiner vorigen gehäßigen Gestalt wieder Platz greifen würde; denn es hienge blos von dem Gutdünken des Geistlichen Kommissars ab, die Leute für gut oder schlecht unterrichtet anzugeben. Es sey daher jeder, der sich erkläret, daß er nicht katholisch seyn wolle, ungehindert dabey zu lassen.

Den 12ten Oktober befahl der Kaiser, die den Protestanten abgenommenen noch vorhandenen Bibeln, Postillen, Andachts- und Gesangbücher den Eigenthümern zurückzustellen.

Ungeachtet dieser deutlichen Erklärung des Kaisers, und seines ausdrücklichen Willens, dem

Gewis-

Gewissen nicht den mindesten Zwang anzuthun, handelten doch sehr viele grade dieser Verordnung entgegen. Die zu Teschen sich meldenden Akatholiken wurden nicht nur von dem geistlichen Kommissar hart angelassen; sondern mußten eine Menge niedrige Schmähungen über die Religion, zu welcher sie sich bekannten, anhören; junge Personen wurden so gar, als unmündig eine Religion zu wählen, mit Gewalt zurück gewiesen. Die Kränkungen, welche die zur protestantischen Religion sich Bekennende erdulden musten, wurden da so weit getrieben, daß diese sich endlich gezwungen sahen, dem Kaiser eine Klagschrift deswegen am 29ten August einzureichen.

Auch der Bischof von Stuhlweissenburg in Ungarn eiferte wider Josephs Religionsduldung und reichte bey dem königl. Rath eine lange Vorstellung dagegen ein, worin er zu beweisen suchte, daß die von Joseph eingeführte Duldung der Lehre Jesu Christi und den Gesetzen von Ungarn zuwider wäre. Doch Joseph achtete solcher Vorstellungen wenig, und handelte nach seiner Uiberzeugung.

Noch immer fuhr der Kaiser mit seinen Verbesserungen in Kirchen- und Mönchssachen fort. Den 25ten Jänner geboth er, daß alle Ordensgeistliche beyderley Geschlechts, welche von ihren Ordensgelübden dispensirt werden wollen, das Ansuchen unmittelbar bey ihren Ordinarien und Bischöfen machen sollen. Wien er-

erhielt eine neue Stollordnung, wie solche im verflossenen Jahr für das Land eingeführt wurde.

Die Schädlichkeit der Begräbnisse in den Kirchen und in der Stadt bewog den Kaiser am 7ten Februar dieselbe gänzlich zu verbiethen, und die Kirchhöfe ausserhalb den Städten zu verlegen. Die Leichen werden itzt nur in den Kirchengruften beygesetzt, und Nachtzeit in den eigends hiezu bestimmten Todtenwagen in die vor der Stadt befindlichen Kirchhöfe geführet. Diese Verordnung wurde den 3ten April abermals bestättiget, mit dem Anhange, daß künftighin die todten Körper gleich in den Truhen mit Kalck bestreuet werden sollen, um ihre Verwesung zu befördern. Den 21ten März forderte Joseph, alle Kirchen- und Fundationsgelder in die öffentlichen Fonds anzulegen, und dieselbe unter keine Partikulärs auch auf die sicherste Hypothek auszuleihen. Den 26ten März bestättigte Joseph die Consistorien in Civil-Sachen als erste Instanz dergestalt daß vom 1. May der weitere Rechtszug an das gemeine bestellte Appellationsgericht, und der Rekurs an die Oberste Justizstelle zu gehen habe. In jenen Fällen aber, welche dem geistlichen Forum noch überlassen bleiben, als Streitigkeiten in Ehesachen, Trennung von Tisch und Bette, soll aller Rekurs nach Rom, oder die von daher kommenden Delegationen gänzlich aufgehoben seyn. Ein solcher

Fall

Fall ist in erster Instanz von dem Bischofe, und im weiteren Rechtszuge von dem Metropoliten zu entscheiden; und wo zwey verschiedene Sprüche der geistlichen Behörde vorhanden sind, hat der Ordinarius ein Judicium delegatum im Lande von solchen Geistlichen, die in der vorigen Instanz nicht zum Spruch mit konkurirt haben, zu ernennen. Diese Verordnung wurde den 15. Oktober dahin abgeändert, daß wenn ein Bischof, ein Metropolit, oder Erzbischof selbst in der ersten Instanz gesprochen, dessen Judicium delegatum in zweyter Instanz eingeschritten ist, und bey diesen beyden Gerichtsbehörden verschiedene Sprüche erfolgt sind, von dem Erzbischofe eines jeden Landes zu Rom eine Delegation anverlangt werden soll, zu welcher ein im Lande residirender Bischof als Delegatus ernennet werden muß.

Die Seelsorge mit tüchtigen Hirten zu besetzen verordnete der Kaiser den 19ten April, die Pfarreyen durch schriftliche Konkurse zu vergeben, und dabei nicht auf scholastische Methode, sondern auf gründliche Kenntniß und Urtheilskraft des Prüfenten zu sehen. Das nähmliche ist auch bey dem zur Seelsorge anzustellenden Mönchen zu beobachten. Die Bischöfe ermahnte Joseph den 11ten May, die Vollmacht, in obwaltenden Ehehindernissen der Blutsfreundschaft im dritten und vierten Grad auch bey Adelichen und Reichen dispensiren zu können, von dem päpstlichen Stuhle zu verlangen, und sich dieselbe auf lebenslänglich ertheilen zu lassen. Was aber die nähern Grade anbetrift, deren Dispensation nach der heutigen Kirchendisziplin noch zu Rom angesucht werden müsse, so haben derley Personen, da nach dem Konzilium tridentium solche Dispensen nur grossen Fürsten des allgemeinen Wohls wegen zu ertheilen sind, künftighin vorher die Landesfürstliche Erlaubniß zu bewirken, und ihre Beweggründe bei der Regierung anzuzeigen, welche, wenn keine hinlängliche Ursache des öffentlichen Wohls obwaltet, das Gesuch ohne weiters abzuweisen hat; im Fall aber die Regierung die Erlaubniß hiezu ertheilet, dann sollen die Partheyen bey dem Ordinarius sich melden, welcher in ihrem Nahmen die gesuchte Dispens zu Rom zu bewirken hat. Den die wahre Religion entehrenden Kirchenprunk, die gefährliche Beleuchtung der Kirchen und Kapellen und die Andachten in Privathäusern zur Dämmerungszeit schuf Joseph den 14. May gänzlich ab. Nicht minder verboth er den 23ten des nähmlichen Monats, ohne landesfürstliche Erlaubniß eine geistliche Dignität zu Rom zu suchen, noch einen Vikarius generalis oder Coadjutor von den Ordinarien zu bestellen. Den 30ten May erließ er ein Generale die Geistlichkeit der österreichischen Lombardey betreffend, worin die nähm-

li-

lichen Verfügungen in Kirchensachen, wie sie in den übrigen Erblanden eingeführt wurden, auch für die Lombardey angeordnet werden.

Der Professor Schwarzl, und Doktor Theologiä zu Innsbruck hatte statt des bey Universitäten gewöhnlichen Eides auf die unbefleckte Empfängniß Mariä auf die katholische Religion geschworen. Er wurde deswegen bey dem Fürst Bischof von Brixen verklagt, wo er auch seinen Prozeß verlor. Das Innsbrucker Gubernium forderte dem Beklagten seine Verantwortung ab, und schickte den Prozeß an die Hofstudien-Commission nach Wien, welcher endlich dem Kaiser selbst eingehändiget wurde. Joseph sah das Ungereimte dieses Eides, gab den Klägern des Professors einen scharfen Verweis, und verordnete den 3ten Juny, daß dieser Eid von der unbefleckten Empfängniß bey allen Universitäten, Lyceen, bey Ertheilung der Doktorswürde u. s. w. von nun an wegzulassen sey. *)

Zur Gründung und Handhabung der in Kirchen- und Mönchssachen vorgenommenen Reformation errichtete Joseph den 15ten Juny eine

ei-

*) Die Jesuiten führten unter dem Papst Paul V. den Gebrauch auf Universitäten ein, am 8ten Dezember, als am Feste der Empfängniß Mariä, zu schwören, daß Maria ohne Erbsünde empfangen sey.

eigene Hofkommission, unter dem Titel: geistliches Oeckonomat, bei welcher der verdienstvolle Karl Freyherr von Kresel, itziger Kanzler bei der vereinigten böhmisch=östreichischen Hofstelle, den Vorsitz erhielt.

Joseph erfuhr, was bey Neuerungen so gewöhnlich ist, wie sehr man seinen Verordnungen entgegen arbeite; daß manche Bischöffe die Landesfürstlichen Befehle in Publico-Ecclesiasticis ihren untergebenen Geistlichen entweder gar nicht, oder nur Bruchweise mittheilen, und folglich die Erreichung seiner Absicht dadurch gehindert werde. Dieses in Zukunft zu verhüten, befahl er den 15ten July, daß alle Konsistorien, Stifter und Klöster alle Verordnungen, die ihnen zugestellt werden, in ein eigenes Protokol eintragen, ihrer untergeordneten Geistlichkeit getreu publiziren und diese Publikation mit Bezeichnung des Tages, wann es geschehen ist, einzuschreiben haben. Für die Übertreter dieses Befehls wurde eine Strafe von hundert Dukaten zu Handen der Armenhäuser und Spitäler bestimmt.

Schon Maria Theresia hatte 1779 den 4ten May befohlen, die in dem Brevier Gregors VII. enthaltene Lektion von der Gewalt des Papstes, Monarchen abzusetzen, mit einem weissen Papier zu verpappen. Joseph erneuerte den 20ten Juny diesen Befehl, mit dem Zusatze,

satze, daß auch die Stellen, welche der Landesfürstlichen Verordnung in Betreff der Aufhebung des Nexus der Religiosen entgegen stehen, gänzlich ausgelöscht werden sollen, und zwar bey 50 fl. Strafe für jedes Brevier, wo eine solche Stelle nicht gänzlich ausgelöscht seyn würde.

Wie wohl schon im vorigen Jahre verbothen war, keine päpstliche Bulla, Breve, und s. w. ohne vorher angesuchtes Placitum regium zu publiziren, so bewilligte doch Joseph den 23. July; daß alle jene Urkunden, welche von der poenitentiaria romana einkommen, das Placitum regium anzusuchen nicht nöthig hätten.

Den 23ten August verordnete Joseph, daß alle bey den aufgehobenen Klöstern vorhandene kostbaren Kirchenrequisiten, Ornate und Paramente an reiche Kirchen, Bisthümer, oder Prälaturen verkauft, oder gegen minder kostbare umgetauscht werden sollen. Auch befahl er den 10ten September, künftighin keine Stiftungskapitalien ohne Einwilligung der geistlichen Kommission aufzükünden, weil von nun an das gesammte geistliche Vermögen zum Besten der Religion angewendet werden, und der Geistlichkeit nur die Nutznießung ohne alle weitere Disposition gestattet seyn soll.

Die allzuweite Entfernung der Gemeinden von ihren Seelenhirten, besonders in den Ge-

 burbürgen, wodurch die Leute entweder den Gottesdienst vernachlässigen, oder auf dem Sterbebette den Trost des Geistlichen entbehren mußten, bewog den Kaiser, da, wo es nöthig war, neue Pfarreyen und Kaplaneyen zu errichten. Um dieses wichtige Werk desto besser zu Stand zu bringen schrieb er den 10ten September an den Präsidenten der geistlichen Kommission, Freyherrn von Kresel, ein Handbillet, worin er seine Meinung in Absicht auf die Einrichtung der Pfarreyen deutlich zu erkennen gab. Er bestimmte die Stadt Wien, wo der Anfang mit dieser neuen Einrichtung gemacht werden sollte, zum Muster für die übrigen Städte und Flecken, und sollte daselbst nach folgenden Maßregeln vorgeschritten werden. Statt drey Pfarreyen sollten in der Stadt sechs seyn; in den Vorstädten aber sollte, so viel als möglich, jede Grundabtheilung, die ihren eigenen Grundrichter hat, auch eine eigene Pfarre haben. Zu diesen neuen Pfarreyen sind ohne Unterschied Mönchsklöster, oder Kollegiat-Stifte zu wählen. Um die zur Seelsorge erforderliche Anzahl bey jeder Pfarre genau bestimmen zu können, ist zur Richtschnur anzunehmen, daß in jeder Stadt- und Vorstadtpfarrey von früh 4 Uhr bis 12 Uhr alle halbe Stunde, und zwar mit dem Schlag derselben, eine Meße ausgebe; jedoch nur am Hochalter. Die Hochämter sind

auf

auf Sonn- und gebotene Feyertage allein einzuschrenken, und dadurch die Musik samt andern Bekösttigungen des Personals und der Assistenten zum Besten des Religionsfonds in Ersparung zu bringen. Die auf dem Lande zerstreut liegende Klöster und Gnadenbilder sind in so weit beyzubehalten, wenn sie zu Pfarreyen verwendet werden können. Alle kleine Kapellen und Kirchen sind gänzlich zu sperren und zu verkaufen." Nebst diesem erlassenen Handbillet gab er den 12. September eine Direktivregel heraus, nach welchen bei diesem neuen Systeme ohne Rücksicht auf die alte Pfarreintheilung auf dem Lande vorgeschritten werden sollte.

Den Bischöfen schrieb Joseph den 16ten September folgende nach dem Beyspiele der französischen Bischöfe begnehmigte Eidesformel vor.

" Ich N. N. schwöre bey dem geheiligten „ und allerheiligsten Nahmen Gottes, und gelobe Seiner Majestät. . . . lebenslang getreu und unterthänig zu seyn, das Beste des „ Staats und ihren Dienst nach allen Kräften „ zu befördern, keinen Zusammenkünften, Unternehmungen, oder Anschlägen beyzuwohnen, welche zum Nachtheil eines oder des „ andern gereichen könnten, vielmehr, woferu „ etwas von dieser Art zu meinem Kenntnisse

„ gelangen sollte, es Sr. Majestät ungesäumt zu eröfnen.

" So wahr mir Gott helfe und die heili„ gen Evangelien, die ich hier berühre. "

Den 7ten Oktober wurden die päpstlichen Monate aufgehoben, und die Kanonikate, welche der römische Hof in diesen Monaten vergeben hat, künftig der königlichen Vertheilung vorbehalten.

Dem Mißbrauche der allzuhäufigen und überflüssigen Ablässen Schranken zu setzen befahl Joseph den 15ten Oktober, daß um Verleihung der Ablässe bey den Ordinarien eingekommen werden soll, welche, wenn sie die Nothwendigkeit derselben erkennen, zu Rom darum anzusuchen haben.

Den 18ten Oktober wurde die Errichtung des neuen Kollegium für die dem geistlichen Stande sich widmende Jugend zu Pavia bekannt gemacht, welches nun alle die Theologie studierende Jünglinge aus den Erblanden statt des Kollegium Germanico Hungaricum zu Rom, dessen Institut im wesentlichen beybehalten worden ist, besuchen können, wo sie unentgeldlichen Unterricht erhalten.

Joseph größtes Augenmerk im Religionssache gieng dahin, den Religionsunterricht gemeinnütziger zu machen, wozu die Regulierung des Pfarrwesens das meiste beytragen konnte. Die richtige Regulierung desselben

ben machte nothwendig: 1.) einen zureichenden Fond; 2.) wohl unterrichtete Seelsorger 3.) eine ebenmässige Vertheilung derselben 4.) bey grösserer Anzahl der Seelsorger die Anstellung mehrerer Oberhirten.

Zur Erhaltung eines zureichenden Religionsfonds glaubte Joseph nothwendig, das Vermögen der Klöster dieser Absicht widmen zu müssen. Diese Bestimmung des Klostervermögens zum Religionsfond veranlaßte die Aufhebung und gänzliche Erlöschung jener Klöster, welche für die Seelsorge entbehrlich gefunden wurden. Am 12. Jänner wurden alle Eremiten oder Waldbrüder aufgehoben, denen im Monat Februar die Aufhebung anderer Manns- und Frauenklöster folgte, welche Joseph durch folgendes Handbillet verordnete:

„Die Betrachtung, daß diejenigen geistlichen Orden, männlich und weiblichen Geschlechts, welche blos vitam contemplativam führen, und daher zum Besten des Nächsten und der bürgerlichen Gesellschaft nichts sichtbares beitragen, hat mich veranlasset, die Aufhebung all derley geistlichen Orden beyderley Geschlechts, die weder Schulen halten, noch Kranke bedienen, noch predigen, noch den Beichtstuhl versehen, noch sonst in den Studien sich hervorthun, von nun an allgemein in meinen Staaten festzusetzen.

" Ich verstehe unter diesen Orden die gesammten Karthäuser, Camaldulenser, Eremiten, dann alle weibliche Orden der Carmeliterinnen, Clarisserinen, Kapuzinerinen, und dergleichen mehrere, die keine Jugend erziehen, keine Schulen halten, und nicht die Kranken warten.

" Es ist an die böhmische und österreichische Kanzley bereits meine Anordnung ergangen, daß sogleich in jedem Lande die Orden durch die Landesstelle durch Commißarien aufgeschrieben, ihr Vermögen und Einkünfte, wie es mit jenen der Jesuiten geschehen, übernommen, den Individuis einsweilen davon nur Pensionen ausgeworfen und ihnen freygelassen werden soll, entweder, da sie nicht zahlreich sind, in Klöster ihrer noch bestehenden Orden ausser Landes ohne Pension zu gehen, oder selbst bey ihrer Diözesenbehörde anzulangen, a votis dispensirt zu werden, in den weltlichen Stand, oder einen andern Orden tretten zu können. Ich habe zugleich auch die Kanzley angewiesen, mir die Berichte über die Einkünfte vorerwehnter Ordensklöster des ehestens zu übergeben, damit ich hernach solche blos zur Aufnahme der Religion und dem Besten des Nächsten verwenden könne.

" Die

„ Die nämliche Anordnung will ich auch der „ Hofkammer bekannt machen, die mir des Förderſamſten, ob auch in den unterſtehenden Diſtrikten der Fall der Aufhebung obhanden ſey, „ die Anzeige zu erſtatten, und wenn dieſer Fall „ beſtände, zugleich über die Art der Befolgung „ ſich zu äuſſern haben wird.

Joſeph.

Dieſer Verordnung gemäs wurden in Böhmen ein Karthäuſerkloſter, und 12 Nonnenklöſter, in Gallizien 14 Nonnenklöſter, zu Görz 3 Nonnenklöſter, in Ungarn 4 Manns- und 6 Nonnenklöſter, in Kärnthen 1 Manns- und 2 Nonnenklöſter, in Krain 1 Manns- und 4 Nonnenklöſter, in Mähren 2 Manns- und 7 Nonnenklöſter, in Oberöſterreich 2 Nonnenklöſter in Unteröſterreich 4 Manns- und 7 Nonnenklöſter, in Steuermark 1 Manns- und 6 Nonnenklöſter, in Tyrol 1 Manns- und 13 Nonnenklöſter, in Vorderöſterreich 1 Manns- und 20 Nonnenklöſter aufgehoben.

Dem Kaiſer genügte es nicht, die Zahl unnützer Klöſter vermindert zu haben, er wollte auch die Misbräuche der noch beſtehenden ausreuten. Den 2. May hob er alle Exemtionen der Orden, Stifter und Klöſter auf, und unterwarf dieſelbe der Gewalt ihrer Ordinarien und Biſchöfe. Den 1ten Juny verboth er allen fremden Geiſtlichen und Ordensleuten in den k. k. Landen unter was immer vor einem Vorwande de zu sammeln; und trug den Bischöfen und Seelsorgern auf, das Volk zu belehren, daß es nicht nur kein gutes Werk, sondern eine Sünde verübe, wenn es fremden Sammlern ein Allmosen gäbe. Dieses Verboth wurde den 13ten September auch auf alle inländische Klöster erlassen, und ihnen auf das schärfeste untersagt, ohne ausdrückliche Erlaubniß zu sammeln. Den 14ten September erneuerte Joseph das Verboth wegen Aufnehmung der Novizen; auch befahl er, in so lange keine höhern Weihen auszutheilen, bis nicht die zur Seelsorge erforderliche Anzahl der Geistlichkeit hinlänglich bekannt seyn wird, und die fremde Geistliche, welche keine andere Verrichtungen, als Meßlesen, hätten, ausser Landes zu schicken. Die den Paulanern ertheilte päpstliche Freyheit wurde den 16ten September für nichtig erklärt.

Die Aufhebung der Klöster veranlaßte einen Vorfall, der in den österreichischen Staaten viel Aufsehens machte. Philipp Graf von Kollowrath Krakowsky wurde den 18ten März als landesfürstlicher Kommissar nach Doxan in Böhmen geschickt, das dortige Nonnenkloster aufzuheben. Seine Instruktion war: daß er sich selbst ins Kloster verfügen, und den landesfürstlichen Willen kund machen; daß er die Schlüssel von allen Gemächern abfordern, und was nicht zum alltäglichen Gebrauch des Hauses und der Kirche

noth-

nothwendig ist, versigle und inventire. Daß er alle das Vermögen des Klosters verwaltende Personen das juramentum manifestationis, alles Vermögen getreulich anzuzeigen, ablegen lasse. u. s. w. Graf Kollowrath befolgte die ihm gegebene Instruktion auf das genaueste, und arbeitete Tag und Nacht, um das Geschäft bald zu beenden. Indessen Graf Kollowrath rastlos seine Pflicht erfüllte, arbeitete der Prälat von Doxan, welcher ohne Wissen des landesfürstlichen Kommissars das Kloster verlassen hatte, mit dem Prälaten von Strahow zu Prag an dem Sturz des Grafen.

Nach dem bereits abgelegten Eide des Prälaten, alles getreu angezeigt zu haben, entdeckte Graf Kollowrath in Gegenwart des Baron von Eben und des geistlichen Paters Sekretars, der zugleich die Bibliothek und das Archiv in Verwahrung hatte, eine geheime Wendeltreppe. Uiber die Frage des Grafen, wohin diese Treppe führe? gab der geistliche Sekretar ganz verwirrt zur Antwort; „in eines von den Gemächern des Prälaten!“ Und da der Graf hinauf gehen wollte, bat der P. Sekretar: Er möchte nur so lange sich gedulden, bis er dem Prälaten würde Nachricht gegeben haben. Der Graf merkte aus der Verwirrung des Sekretars Unrath, und begab sich auf der Stelle hinauf. Da fand er nun in dem Prälaten-Gemach ein Meß-

buch

tuch mit Silber beschlagen, einen silbernen vergoldeten mit guten Steinen besetzten Kelch, und 12 Paar silberne schwere Bestecke. Uiber diesen nach bereits abgelegtem Eide gemachten Fund stellte der Graf den Prälaten zur Rede, und dieser erwiederte: Er habe in der Bestürzung darauf vergessen. Die Bibliothek fand der Graf, nachdem er sie versiegelt hatte, aufgebrochen; sie ward wieder versiegelt, und wieder aufgebrochen. Man entdeckte darin hinter den Bücherschränken Aushölungen, um allerley Geräthschaften darin verwahren zu können, und die itzt leer waren.

Diese Entdeckungen machten den Prälaten von Doxan eine scharfe Verantwortung fürchten, welcher er vorzukommen trachtete. In Prag streute er allerley die Ehre des Grafen beleidigende Mährchen aus, und reichte unter der Hand eine Klage wider denselben beym Gubernium ein. Ohne verhört und untersucht zu werden wurde dem Grafen auf der Stelle die Würde eines Kommissars benommen, und der Ritter von Bienenberg beordert, das Geschäft auf Unkosten des Grafen zu vollenden, indem ihm den 3ten April eine Gubernialverordnung zugeschickt wurde, daß er Instruktionswidrig verfahren habe. Der Graf vertheidigte sich bey dem Gubernium so gut, daß dasselbe ihm wieder die Beendigung des Aufhebungsgeschäfts überließ. Indessen hatte

das

das Guberyium den Bericht an den Kaiser abgestattet, und dieser entsetzte den unverhörten Grafen der Kreishauptmannsstelle, die er vorher bekleidet hatte. Graf Kollowrath vertheidigte sich bey dem Monarchen, der endlich auch die Unschuld des Grafen erkannte, und ihn zum Gubernialrath ohne Besoldung in Prag ernannte. Dieses schien aber dem Grafen keine hinlängliche Entschädigung, und er verließ die Dienste des Kaisers *)

Es ist leicht zu vermuthen, daß Josephs Neuerungen im Geistlichen und Religionsfache eine Menge unzufrieden machte, und daß Roms Oberhaupt nicht vollkommen damit zufrieden seyn konnte. Wirklich schrieb der Papst dem Kaiser am 3ten August, und beklagte sich, daß derselbe in die Gewalt des Papstes so viele Eingriffe mache, und wie es den Anschein hat, alle Klöster

*) Im Jahre 1788 verbesserte der Kaiser das dem Grafen Kollowrath geschehene Unrecht. „Ich habe Sie verkannt, sagte der Monarch zu ihm; und ich habe an die Hofstelle den Befehl gegeben, auf Sie Bedacht zu nehmen.“ Der Monarch verließ ihn mit den Worten: „Sie brauchen um nichts mehr anzusuchen; sondern schreiben Sie mir nur, wenn eine Stelle erlediget ist.“ Diesen Befehl erfüllte nun der Graf genau. Er schrieb an den Kaiser zur Armee: „Eure Maj. haben befohlen, Ihnen an=

ster und Mönche gänzlich vertilgen wolle. Joseph antwortete dem Papsten unterm 19ten August wie folget:

„ Ich habe die Ehre, Euer Heiligkeit Schrei-
„ ben, welches Sie in der Vermuthung an mich
„ erliessen, als wollte ich alle Kirchen und geist-
„ lichen Stiftungen aufheben, und die Geistlich-
„ keit zu blossen Pensionisten machen, mit lau-
„ fender Post zu beantworten. Die Nachrich-
„ ten derjenigen Personen, welche mir schon die
„ hohe Ehre verschaft haben, E. H. in meiner
„ Residenz zu sehen, haben mir ungezweifelt
„ auch dieses neue schriftliche Zeugniß von Dero
„ Freundschaft und apostolischem Eifer zu we-
„ gen gebracht. Ich kann, ohne mich in Weit-
„ läufigkeiten einzulassen, nichts anders sagen,
„ als daß die zu E. H. Ohren gekommene Ver-
„ muthung, wie sich dieselben ausdrücken, falsch
„ ist, und ohne die Zeugenschaften sowohl der
„ heil. Schrift als der Väter lange aufzusuchen,
„ die doch immer Auslegungen und Erklärun-
„ gen unterworfen sind, habe ich eine Stimme

in

anzuzeigen, wenn eine Stelle erlediget ist; ich komme Ihrem Allerhöchsten Befehle nach, und berichte in Unterthänigkeit, daß die Kreishauptmannsstelle zu Ellbogen erlediget ist ꝛc." Und wirklich wurde Graf von Kollowrath auf diese einfache Anzeige als Kreishauptmann von Ellbogen angestellt.

„ in mir, welche mir dasjenige sagt, was mir „ als Gesetzgeber und Beschützer der Religion zu „ thun und zu lassen zusteht. Und diese Stim„ me, mit dem Beystande der göttlichen Gnade „ und mit einem redlichen und billigen Charak„ ter, den ich in mir fühle, kann mich nie„ mals in Irthum führen. Wenn E. H. von „ dieser Wahrheit überzeugt bleiben wollen, wie „ ich es hoffe, so bitte ich dieselben versichert „ zu seyn, daß ich mit kindlicher Ergebenheit „ und Hochachtung seye."

Joseph.

Vorderösterreich wurde bisher in drey Haupttheile, 1) Brisgau, 2) schwäbisch Oesterreich, 3) in die Voralbergische Herrschaften getheilt. Die letztere trennte nun Joseph von Vorderösterreich, und vereinigte sie mit der Grafschaft Tyrol.

Die kroatische Gränze wurde von den türkischen Räubern auch in diesem Jahre beunruhiget, indem ein Schwarm derselben in Kroatien eindrang, und tief ins Land streifte. Der Kaiser ließ einige Detachements gegen diese Räuber ausrücken, und es fielen verschiedene Scharmützel vor. Diesen Neckereyen ein Ende zu machen, wurden 16000 Mann, nebst Feldartillerie, beordert, in Bosnien einzurücken, und alles mit Feuer und Schwerdt zu verheeren. Diese

Be=

Befehle wurden vollzohen, und 30 Dörfer in die Achse gelegt.

Den 26sten Dezember legte die Würtembergische Prinzessinn Elisabeth in der Hofkapelle das katholische Glaubensbekenntniß in die Hände des Kardinals Erzbischofs von Wien ab.

Das Jahr 1783.

Es war der Regierung Josephs vorbehalten, daß Wien im vorigen Jahre das Oberhaupt der Kirche, und zu Anfang des Jahres 1783. einen Abgesandten des Kaisers von Marokko in seinen Mauren sah. Mehemed Ben Abdul Malick, Gouverneur von Tanger, der erste Marokkanische Gesandte zu Wien *), traf den 20sten Februar in der Kaiserstadt ein, und reiste den 8ten May wieder von da ab. Er hatte den Auftrag, einen Freundschaftsvertrag mit dem Kaiser zu schliessen, welcher in lateinischer Sprache abgefaßt, und folgende Punkte enthielt.

1) Beyderseitige Unterthanen sollen die freye Handlung und Schiffahrt nach beyderseitigen Ländern geniessen. 2) Ist Ihnen die freye Ein- und Ausfuhr aller Artikel ohne Ausnahme erlaubt.

3)

*) Im Jahr 1529 wurde zwar auch ein marokkanischer Gesandter an Kaiser Karl V. als König von Spanien geschickt, um einen Friedenstraktat zu schliessen, er kam aber nur bis Linz, wo Karl sich damals aufhielt.

3) Haben sie nur 3 von 100 an Zollabgaben zu entrichten; es wäre denn, daß 4) Wichtige Staatsangelegenheiten es nöthig machten, die Zollabgaben zu erhöhen, in welchem Falle diese doch nie über 5 von 100 zu erhöhen wären. 5) Soll die kaiserliche Flagge vor allen Kapereyen der Marokkaner gesichert seyn; und wenn sich auch ein oder anderes unter andern weggenommenen Schiffen befände, so soll nicht allein das weggenommene, sondern auch der durch Aufenthalt und dergleichen zugefügte Schaden dem Schiffspatron ersetzt werden. 6) Sollte ein den kaiserlichen Unterthanen zugehöriges Schiff an den marokkanischen Küsten scheitern, oder sonst verunglücken, so sollen die Unterthanen dieses Gebiets gehalten seyn, den kaiserl. Unterthanen alle Hülfe zu leisten. 7) Dieser Vertrag soll sich auf den Fall erstrecken, wenn der marokkanische Kaiser mit den Alliirten des österreichischen Hauses im Krieg befangen wäre, und dabey von beyderseitigen Unterthanen einige gefangen würden, denn da soll das Lösegeld für jeden Kopf nur auf 30 Piaster festgesetzt seyn. Alle künftige Unterhandlungen sollen zu mehrerer Bequemlichkeit beyder Theile in Latein abgefaßt werden.

Unermüdet fuhr Joseph fort, den Plan seiner Neuerungen zu verfolgen, und den Staat seinen Grundsätzen gemäß einzurichten.

Die

Die Eheverträge haben unstreitig einen grossen Einfluß auf das einzelne sowohl als auf das allgemeine Beste. Joseph fühlte diese Wahrheit. Er glaubte, die bisher bestandenen Gesetze über diesen Gegenstand zu unbestimmt, dunkel und dem Wohlstande der Unterthanen nicht angemessen, und er wollte durch eine neue Verordnung genauere Grundsätze zu Einrichtung der Eheverträge bestimmen. Den 16ten Jäner erschien diese Verordnung, kraft welcher alle bisher bestandene Gesetze über diesen Gegenstand aufgehoben, die Ehe als ein bürgerlicher Vertrag betrachtet, und die Entscheidung der hierüber entstehenden Streitigkeiten den landesfürstlichen Gerichtsstellen überlassen wurde.

In Betreff der Mariages de Consciences erließ er den 29sten May folgendes Handbillet: „Die Religion, als die erste Grundlage aller „Gesetze, erlaubet es einem ledigen Mann ein „lediges Weibsbild, die ihm in keinem verbo„thenen Grade anverwandt ist, zu heurathen, „und sie macht keinen Unterschied zwischen dem „Rang und der Klasse der Menschen. Ahnen„stolz und gesellschaftliche Vorurtheile haben „die sogenannten Mariages de Consciences „erfinden gemacht, sie sollen von nun an da„hin aufgehoben seyn, daß sie den öffentlichen „Verkündigungen und Verbindlichkeiten, die „aus einem Kontrakte, wie die Ehe ist,

„ent-

„ entspringen, unterliegen müssen. Wer errö„ thet, eine Handlung öffentlich zu begehen, der „ muß sie auch in geheim bleiben lassen; der aber „ in einer Handlung sein zeitliches Glück und „ Vergnügen zu finden glaubt, der muß stand„ haft genug seyn, allen Vorurtheilen Trotz zu „ bieten. Hierüber sind die geistlichen und welt„ lichen Behörde zu belehren. Joseph.

Dieser Verordnung in Ehesachen folgte den 6ten May und 7ten Julius eine Erläuterung.

Von der Nutzbarkeit des Robotabolitionssystems sowohl für den Grundherrn als den Unterthan überzeugt wollte Joseph die Grundobrigkeiten zu Annehmung desselben durch sein eigenes Beyspiel bewegen. Er befahl daher den 10ten Februar, daß auf allen Kammeral- Exjesuiten- und sämmtlichen geistlichen Fundationsgütern, so wie auf den Gütern sämmtlicher Städte dieses neue System eingeführt, oder wenigstens auf jeden dieser Güter versucht werden soll, und ernannte zu mehrerer Beförderung dieser gemeinnützlichen Anstalt in jedem Lande einen eigenen Kommissar.

Zur Aufmunterung der inländischen Schaafzucht und der Verarbeitung derselben setzte der Kaiser den 21sten März eine Ausfuhrs-Prämie oder Belohnung von 30 Kreutzer für jeden Zenten gesponnener erbländischer deutscher und ungarischer Wolle, und von 2 Gulden für jeden

Zenten der daraus verfertigten Tücher, Zeuge und Strümpfe.

Eine gleichförmige Justitzverfassung einzuführen, verordnete Joseph den 24sten März, daß vom ersten May an ein allgemeines mährisch- und schlesisches Appellationsgericht, und ein allgemeines adeliches Gericht, unter der Benennung der mährischen und schlesischen Landrechte in Brünn bestehen, die andern aber bisher für sich bestandenen Gerichte als erloschen anzusehen seyn sollen. In Ansehung der Berggerichte bestimmte er den 3ten April folgende erste Behörden: Zu Steyer für Oesterreich unter und ob der Enns. In Eisenärzt, für den Innerberger, und in Vordernberg, für den vordernberger Bezirk Steyermarks. Zu Klagenfurth, für Kärnthen, zu Idria für Krain, Gradiska, Triest, und Görz. Zu Schwatz für Tyrol. Zu Freyburg für die österreichischen Vorlande. Die Landrechte in Grätz wurden durch eine Verordnung vom 18ten August als das alleinige forum fisci für Steyer, Kärnthen und Krain, vom ersten November angefangen, aufgestellet. Auch wurden das in Wien bisher bestandene Obristhofgericht, das Stadt- und Landgericht die Universitäts- und Konsistorialgerichte im Oktober aufgehoben, mit der Gerichtsbarkeit des Stadtmagistrats vereiniget, aus dieser Ursache den zwey Bürgermeistern noch zwey

Vize-

Vizebürgermeister zugetheilt, und die Zahl der Räthe auf 42 vermehret.

Joseph glaubte durch Aufhebung der Zunftbarkeit der Gewerbe und den gestatteten freyen Betreib derselben die Konkurrenz zu erzeigen, und so Wohlfeilheit zu verschaffen. Diese Meinung bewog ihn den 14ten April das Fleischhauergewerb nach zunftmässigen Vorrechten sowohl in den Städten als auf dem Lande in Böhmen aufzuheben, und jedermann, wer es auch sey, zu gestatten, Fleisch, in welchem Preise er wolle, jedoch unter der Aufsicht der Polizey, zu hauen.

Die wohlthäthigen Früchte des von dem Grafen von Buquoi auf seinen Gütern in Böhmen eingeführten Armeninstituts bewogen den Kaiser, diese nützliche Anstalt auch zu Wien und in ganz Oesterreich einzuführen. Er übertrug im Juny die Aufsicht über dieses Geschäft den Urheber des Instituts, dem Grafen von Buquoi, und ließ von allen Kanzeln das Volk zur mildthätigen Unterstützung dieser heilsamen Absicht aufmuntern. Der Magistrat mußte alle Hausinnhaber, Sequester und Administrator in der Stadt und auf den Gründen durch eine gedruckte Nachricht erinnern, die Arme insgesammt, wes Standes sie immer seyn mögen, sammt Kindern genau anzugeben, wo sonach für dieselbe das Allmosen durch freywillig hiezu erbothene Bürger, und auch durch Hilfe der Geistlichkeit gesammelt werden wird.

Die Ausfuhr sowol der Gold- als Silbermünzen suchte Joseph dadurch zu verhindern, daß er durch eine Verordnung vom 1ten September den Werth derselben erhöhte. Die Kremnitzer Dukaten, die Mayländer und Venezianer Zechini, die Florentiner Gigliati, welche ehedem 4 fl. 18 kr. golten, wurden auf 4 fl. 22 kr., die kaiserlichen, bayerischen, und salzburger, deren Werth 4 fl. 16 kr. war, auf 4 fl. 20 kr., und so die übrigen Goldmünzen verhältnißmässig erhöhet. Der Werth der Silbermünzen wurde nur bey den niederländischen Dukaton und Kronenthaler um 2 kr. erhöhet.

Die schädlichen Wirkungen der Schnürbrüste, oder sogenannten Mieder, auf die Gesundheit und den Wuchs des weiblichen Geschlechtes so viel als möglich zu hemmen verboth Joseph in allen Waisenhäusern, Klöstern, oder andern öffentlichen weiblichen Erziehungen das Tragen der Schnürbrüste; auch befahl er allen Schulhaltern, kein Mädchen mit einer Schnürbrust aufzunehmen, und zu leiden. Diese Anstalt erreichte die gehoffte Wirkung, und der schädliche Gebrauch der Schnürbrüste ist nun in Wien und andern grössern Städten fast gänzlich abgekommen.

Maria Theresia hatte den 1ten May 1780 eine Tranksteuer eingeführt, worüber, besonders

ders in Oesterreich manche laute Klage entstand. Joseph wollte diese Last seinem Volke erleichtern, und hob dieselbe durch eine Verordnung vom 1ten November unter der Enns auf Wein, Obstmost, Meth, Brandwein und Rosoglio gänzlich auf; doch blieb die auf das Bier gelegte Tranksteuer. Gegen die aufgehobene Tranksteuer wurde für jeden bey den Linien eingehenden Eymer Wein statt 50 kr. 1 fl. entrichtet; auch das Tatz- und Umgeld, dann das Liniengeld ohne Unterschied zwischen eigenen und gemietheten Pferden, das Passagegeld und die Wegmauth auf dem Lande wieder eingeführt.

Dem Müssiggange zu steuern ließ Joseph im Oktober das aufgehobene Siebenbüchner-Nonnenkloster in Wien zu einem freywilligen Arbeitshause, und für die Polizeyverbrecher zu einem Besserungshause zurichten. In dem Besserungshause müssen die Gefangenen ohne Unterschied ihren Unterhalt durch Arbeit verdienen. In dem freywilligen Arbeitshause, welches die Uberschrift hat: Hier können Arbeitsuchende einen Verdienst finden, werden alle um Arbeit sich freywillig meldende Personen ohne Unterschied des Geschlechtes mit Handarbeit versehen, und nach dem Werth ihres Verdienstes baar bezahlt.

Das in Pacht gestandene Tabakgefäll, dessen Kontrakt den letzten Dezember 1784 zu Ende ging, hat Joseph durch eine Verordnung vom 13ten November durch eine hiezu ernannte Direktion für Rechnung des Aerariums verwalten, und der Pachtgesellschaft für das letzte Pachtjahr einen dem kontraktmässigen Nutzen angemessenen Schadloshaltungsbetrag auszahlen lassen.

Das Gewitterläuten, ein Mißbrauch aus den Jahrhunderten der Unwissenheit und des Aberglaubens, welches die Gefahr vergrössert, und viele Menschen auf den Kirchthürmen vom Blitze getroffen zu werden aussetzt, verboth Joseph durch eine Verordnung vom 26sten November, und trug den Seelsorgern auf, das Volk über diesen Mißbrauch, und den Nutzen einer so heilsamen Abschaffung desselben zu unterrichten.

Nicht minder war Joseph für die Gesundheit der Bewohner Wiens besorgt, da er im Dezember verordnete, daß alle Kirchhöfe, oder sogenannte Gottesäcker, die sich innerhalb der Linien befinden, geschlossen, und statt derselben einige Freydhöfe auser den Linien in einer angemessenen Entfernung angelegt werden, die Todten in eigens hiezu gehaltenen Wagen abgeholt, in die neuen Kirchhöfe überführt, daselbst sechs Schuh tief in die Erde versenkt, und mit Kalk wohl bestreuet werden sollen.

Auch Ungarns Wohl beschäftigte den Kaiser nicht weniger als seine deutschen Erbstaaten. Den 25sten April unternahm er, von einem sehr kleinen Gefolge begleitet, eine Reise nach diesem Königreiche. Er erlaubte der Nation alle ihre Landesprodukte in die übrigen Erblande einzuführen; eine Wohlthat, die damals für Ungarn sehr beträchtlich war, denn der zwischen den Seemächten geschlossene Frieden hatte seiner Handlung einen großen Stoß versetzt, indem die Handelsleute zu Triest und Fiume des eben geschlossenen Friedens wegen die grossen Bestellungen für Wein, Getreid, Toback, und gesalzenes Fleisch wieder absagen mußten. Zu Beförderung des Kommerzes befahl Joseph den Graufluß im Gömörerkomitate, der bey Gran in die Donau fällt, schiffbar zu machen. In Siebenbürgen, wo noch die Leibeigenschaft herrschte, und diese leibeigenen Bauern Jobbagyones genannt wurden, befahl er, daß diese Leibeigenschaft sogleich aufhören, und zu Gunsten dieses gedrückten Volksstandes ein neues Reglement, nach jenem in Böhmen und Galizien bestehenden aufgesetzt werden solle. Bey der königlichen Statthalterey führte er verschiedene neue Einrichtungen ein. Die wichtigsten dieser Veränderungen bestanden darinn, 1) daß alle Kommissionen aufgehoben, und alle Geschäfte in dem gesammten Rathe behandelt werden sollen; nur verblieb noch die geistliche Kommission, bis alle Pfarr- und Kircheneinrichtungen zu Stande gekommen seyn würden. 2) Zum geschwinderen Betriebe der Geschäfte sollen auf alle von dem Statthaltereyrathe erlassene Kreisschreiben die verlangten Antworten, Gutachten u. s. w. in Zeit von einem Monate, auch geschwinder, im Fall es verlangt würde, eingesendet werden. 3) Sollen die politischen und ökonomischen Geschäfte der königlichen Freystädte, welche bisher von zweyfachen Stellen abhingen, von dem königl. Statthaltereyrathe allein besorgt werden, die Rechtssachen ausgenommen, welche bey ihren vorigen Gerichtsstühlen verbleiben. 4) Bittschriften, welche die untergeordneten Stellen übergehen, sollen bey der Statthalterey nicht angenommen werden. 5) Alle Aufschriften und Titulaturen seyn Kürze halber wegzulassen. 6) Für Dekrete, wodurch Ehren und andere Gnaden verliehen werden, soll eine gewisse Taxe bestimmt werden.

Den 11ten July traf der Kaiser wieder in Wien ein.

So sehr Joseph den Geist der Duldung zu verbreiten sich bemühte, so wurden doch hie und da seinen Absichten viele Hindernisse entgegengesetzt, und die deshalb erlassenen Verordnungen nicht befolgt.

Die zur protestantischen Religion sich bekennenden mußten eine Menge Bedrückungen erdulden, welche aus einer mißverstandenen Verordnung vom 30ten April flossen. Kraft dieser Verordnung wurde befohlen, daß diejenigen, welche sich vom 1ten Jänner und respektive 23sten April dieses Jahrs zu den tolerirten Religionen erklären, nicht gleich unter die Unkatholiken aufgeschrieben, sondern durch sechs Wochen unterrichtet werden sollen, um diese aus einem schlechten Unterrichte und Leichtsinn, oder aus fremder Verführung irrende Menschen entweder ihres Irrthums zu überzeugen, und sie zur wahren Religion zurückzuführen, oder wenigstens alles Mögliche diesfalls zu ihrem Heil zu versuchen. Diese Verordnung wurde nun sehr mißbrauchet, wie einige Beyspiele beweisen.

In Siebenbürgen, wo die Landesgesetze selbst für die Religionsfreyheit wachten, mußte eine Dame die härtesten den erlassenen Verordnungen des Kaisers offenbar zu wider laufenden Bedrükkungen der veränderten Religion wegen erdulden.

In Kärnthen machte die Religionsduldung nicht weniger schlechte Fortschritte. Man schlug den Protestanten an einigen Orten, wenn auch die normalmässige Anzahl derselben vorhanden war, ab, einen Prediger zu halten, und diese Hindernisse wurden ihnen nicht von Privaten, sondern von den Kreisämtern, als jenem zu Villach, wo Bleiberger darum einkamen, so den Weg gelegt. Man erschwerte den Angemeldeten, welche zur protestantischen Religion übertreten wollten, diesen Übergang auf alle mögliche Art, und verboth ihnen bey schärfester Strafe, in der Versammlung der Evangelischen zu erscheinen. Von dem Villacher Kreisamte erhielten die protestantischen Prediger ein Dekret, worin ihnen bey schwerer Ahndung, ja bey Verlust ihres Amtes in Bezug auf allerhöchste Verfügung verbothen wurde, Leute, die noch nicht von den geistl. Religions-Kommissaren examinirt worden waren, zu ihren Religionsübungen zuzulassen; und diese Dekrete beriefen sich auf eine hohe Gubernialverordnung vom 1ten und 20sten März. Um diesen Befehl genauer befolgen zu können wurde den Predigern die Liste der bereits Examinirten von den Pflegern geschickt. Da die Prediger sich entschuldigten, daß es ihnen unmöglich sey, die nicht gerichtlich Examinirten von ihren Versammlungen abzuhalten, theils weil sie keine Jurisdiktion hätten, theils weil sie nicht alle Leute bey ihren grossen Gemeinen zu erkennen im Stand wären, so erhielten die Pfleger den Auftrag, selbst darauf acht zu haben, um solche Leute vom protestantischen Gottesdienst abzuhalten, welches diese auch mit den Gerichtsschreibern und Gerichtsdienern thaten, wodurch die Protestanten in ihrem

zem Gottesdienste theils gehindert, theils gestöret wurden. Diese und noch mehrere Mißhand-
lungen mußten die Protestanten in Kärnthen
erfahren, ohne daß die Obrigkeiten sich bemühten, denselben Einhalt zu thun, oder die Frev-
ler der kaiserl. Verordnung zu folge zu strafen.

Unermüdet fuhr Joseph fort in seinen Neuerungen in Kirchensachen. In Böhmen errichtete er ein neues Generalvikariat zu Budweis, welches später zu einem Bisthume erhoben wurde. Für die Prediger ließ er ein Normale verfertigen, nach welchem sich dieselben in ihren Kanzelreden richten sollten. Er geboth ihnen, reine Evangeliumslehre, entfernt von allem Doppelsinne und ungeziemenden Anspielungen, zum Hauptstoff ihrer Reden zu wählen; verboth ihnen alle Anzüglichkeiten wider die von der Zensur erlaubten Bücher, wider die Gesetzgebung und Staatseinrichtung, ingleichen alle Kontroversien bey den Beweisführungen für die Wahrheiten des Evangeliums, und ermahnte sie, die praktischen Lehren des Christenthums mit deren Anwendung auf das alltägliche Leben in dem Zeitraum eines Jahres vorzutragen. Die neue für Wien gemachte Pfarreintheilung begnehmigte der Kaiser den 25. Februar. Sie nahm mit Ostern ihren Anfang, und ihr zu folge erhielt die Stadt 9

Pfarreyen, und in den Vorstädten wurden 19 errichtet.

Den 14. März ließ Joseph durch den Landeshauptmann in Oesterreich ob der Enns, Grafen von Thürheim, dem Passauerordinariat eröffnen, daß die ob der Ennsischen Lande nebst dem Innviertel von der Passauischen Diözes getrennt seyn, und ihren eigenen Bischof überkommen sollen. Aus dieser Ursache befahl er auch, die Passauischen im Lande ob der Enns und dem Innviertel liegende Güter zu untersuchen, und unverweilt in Besitz zu nehmen. Auf diese unverhofte Erklärung machte das Hochstift Passau, dessen Kardinal Bischof, von Firmian, unlängst verstorben war, den 15. März eine Vorstellung an den Kaiser, worin es anführte, daß diese Zergliederung der Hochstift Passauischen Diözes allen geistlichen und weltlichen Rechten, der Verfassung des H. Röm. Reichs, der darauf sich gründenden geistlichen Hierarchie im Reich, dem Westphälischen Frieden, andern Gesetzen und Reichsbelehnungen des Hochstifts mit seinen Herrlich- und Weltlichkeiten, vorzüglich aber des Kaisers feyerlich beschworenen Wahlkapitulation offenbar zuwider laufe; indem der Kaiser in dem ersten Artikel und 2. §. dieser beschworenen Wahlkapitulation die Erhaltung und Schützung der Reichsstände bey ihren Hoheiten, geistl. und weltlichen

Wür=

Würden, Gerechtigkeiten u. s. w. wortdeutlich zugesagt habe. Das Hochstift Passau berief sich ferner auf die vom Kaiser Karl VI. bey Erhebung des Bisthums Wien zu einem Erzbisthum, und der damals an dieses neue Erzbisthum geschehenen Abtretung eines Theils der Hochstiftl. Passauischen Diöces, das Viertel Unter-Wienerwald genannt, den 9. August 1728 unter kaiserl. und Erzherzogl. Treu und Glauben für sich und ihre Nachfolger ausgestellte feyerliche Reversalen, daß keine weitere Zerstückung der Passauischen Diözes jemalen mehr geschehen soll, u. s. w.

Ungeachtet dieser Vorstellung blieb Joseph bey seinem gefaßten Entschlusse. Der Kardinal Migazzy schrieb dem Domkapitel den 17. März, daß der Kaiser ihm den Auftrag gemacht habe, die Administration der Unter Ennsischen Diözes zu übernehmen, und deswegen forderte er von dem Domkapitel die Übertragung der Jurisdiktion. Graf Herberstein schrieb demselben gleichfalls am 17. März, und bedeutete, daß er vom Kaiser zum Bischof von Linz in Oberösterreich in dem Innviertel ernannt worden sey, und bat dasselbe um potestatem vicariam. Das Kapitel schlug beyder Ansuchen ab, und protestirte gegen alle Eingriffe; aber dem ungeachtet setzte Joseph seinen deswegen entworfenen Plan durch.

Die Bildung der für die Seelsorge bestimmter Geistlichen bewog den Kaiser den 30ten März zu Prag für Böhmen ein General Seminarium zu errichten, welches den 1ten November eröfnet wurde. Dieses Generalseminarium wurde zum Bildungsort aller künftigen Weltgeistlichen und Religiosen bestimmt, worin die Zöglinge den ganzen theologischen Kurs in den öffentlichen Schulen zurücklegen, nach Vollendung desselben ein Jahr alle Gattungen praktischer Seelsorger-Verrichtungen unter Anführung der Seminariumsdirektion ausüben, zugleich aber auch eine gute moralische Bildung erhalten sollten. Zu Erreichung dieser Absicht befahl Joseph, daß den 1ten November des laufenden Jahrs alle philosophischen und theologischen Schulen in sämmtlichen Stiften und Klöstern aufhören, die schon wirklich eingekleideten Religiosen zu Vollendung ihrer philosophischen oder theologischen Studien auf die Universitäten oder Lyceen geschikt, künftighin aber keiner, auser Layenbrüder, in einen geistlichen Orden aufgenommen werden sollte, der nicht durch 6 Jahre als Klerikus in dem Priesterhause gewesen. Auch Wien erhielt für Oesterreich unter und ob der Enns ein Priesterhaus, welches mit vielen Kosten zugerichtet und den 30ten Oktober den Zöglingen des geistlichen Standes zum Eintritte er-

eröfnet worden ist. Ober dem Eingange dieses Generalseminariums ist folgende Aufschrift:

Instructioni Cleri
Religionis Firmamento
Vovit
Iosephus II. Aug.
M. DCC. DXXXIII.

Die Neuerungen in Kirchensachen, welche Joseph in seinen deutschen und ungarschen Staaten eingeführt hatte, wurden durch eine Verordnung vom 24ten November auch in den Niederlanden einzuführen befohlen, und die Nuntiaturrechte in diesen Provinzen, da die Bischöfe in ihre ursprüngliche Rechte eingesetzt wurden, als überflüssig beschränkt und viele derselben gänzlich aufgehoben.

Die Religion von den sie verunstaltenden Mißbräuchen zu reinigen ließ Joseph viele Verordnungen zu Abstellung derselben ergehen. Die sonst üblichen vielen Prozessionen wurden schon den 27ten Dez. v. J. auf zwey in jedem Kirchspiele beschränkt; und den 3. Jänner des l. J. verordnete er, die Stiftungen auf Prozessionen sobald sie die gesetzmässige Zahl übersteigen, einzuziehen, und zum besten der Erziehung der Jugend zu verwenden. Den Grundobrigkeiten und Patronen wurde den 29ten Jänner aufgetragen, die Kirchen und Pfarrgebäuden der neu zu errichtenden Pfarreyen und Lokalkaplaneyen,

auf

auf ihre Kosten ohne Zuziehung des Religionsfonds zu erbauen. Die Einladungszeiteln zu gewissen Andachten, Ablässen u. s. w. wurden den 11ten Februar ohne das von der Zensur erhaltene imprimatur anzuschlagen verbothen. Die Bischöfe erhielten den 6ten März den Befehl, allen jenen Personen eines zärtlichen Gewissens, welche nach der kundgemachten Verordnung in Ehesachen in einem durch diese Verordnung nicht verbothenen Grade der Blutsfreundschaft dennoch die Dispensation bey ihnen ansuchen, dieselbe niemals abzuschlagen und unentgeldlich zu ertheilen. Damit die Seelsorge den Händen tüchtiger Seelenhirten anvertrauet werde, geboth der Kaiser den 11ten May, daß alle Privat Pfarr- und Lokalkaplaneyen durch Konkurs vergeben werden sollen. Den Bruderschaften wurde den 20ten März aufgetragen, ohne Einwilligung der Landesstelle weder ihre Realitäten noch Pretiosen zu veräusern, noch Kapitalen aufzukünden, oder aufzunehmen. Den 28ten April untersagte der Kaiser alle Resignation der geistlichen Benefizien zu Gunsten eines dritten mit oder ohne päpstliche Einwilligung.

Zu besserer Versorgung der Armen hatte Joseph das Armeninstitut bereits eingeführt. Um diese wohlthätige Absicht noch mehr zu erreichen hob er den 22ten May alle vorhandenen vielfältigen Bruderschäften auf, und errich-

tete

tete statt derselben eine einzige unter dem Titel: die thätige Liebe des Nächsten in Beziehung auf hülflose Arme. Das Vermögen der aufgehobenen Bruderschaften sollte zum Theil für diese neue Bruderschaft bestimmt werden, welche mit dem Armeninstitute vereiniget wurde.

In Betref der impedimenta occulta matrimonii (die geheimen Ehe-Hindernisse) wurde den weltlichen Gerichten am 10ten Julius die Weisung gegeben, in dieselbe nicht einzuschreiten, sondern es soll den Ordinarien unbenommen bleiben, sich in derley Fällen für die Partheyen ad forum pœnitentiæ zu verwenden. Die Geistlichkeit wurde den 16ten Julius von der an die Ordinarien abzuführen gehabten Cathedratica befreyet, und die zu Erlösung der gefangenen Kristensklaven bestimmt gewesene Kapitalien den 17ten Julius zu Versorgung der Armen in den Erblanden angewiesen.

Die Mittragung der Statuen bey den Prozessionen wurde den 28ten August allgemein verbothen; und den 24ten Oktober erschien eine Verordnung die Verbesserung und Vermehrung der Seelsorger, den Unterricht und Verwendung sowohl der Ordensgeistlichen, als der weltlichen Klerisey, und andere Disziplinaranstalten betreffend. Nachdem der Kaiser darin die bisher bestandenen Mißbräuche, Gebrechen und Unordnungen, welche aus Mangel an geistlichem Unterrichte, durch die häufigen Sammlungen der Bettelmönche, die ungleiche Stollordnung; die Nichtverwendung der Ordensgeistlichen zur Seelsorge, die Verschiedenheit in der Lehrart der Theologie; die nach Gutdünken der Patronen besetzte Pfarreyen entstanden sind, gezeiget hatte, so machte er zu Abhülfe derselben folgende Einrichtung bekannt. Daß neue Pfarrer und Lokalkaplane angestellt, und wo Kirchen und Pfarrhöfe mangeln, und die Ortsherrschaften solche nicht herstellen wollten, dieselben aus dem Religionsfond erbauet werden und alle Nebenkirchen und Kapellen, wo Pfarrey- oder Filialkirchen vorhanden sind, gesperrt werden sollten. Daß von den Klöstern diejenigen, welche zu Versehung der eigenen Pfarreyen oder zur Aushülfe der Seelsorge nöthig sind, beybehalten werden, die übrigen für die Seelsorge entbehrlichen Klöster aber nach und nach einzugehen haben. Zu Domherrnstellen soll künftig niemand, von welchem Stande er seyn möge, gewählt werden, der nicht wenigstens 10 Jahre in der Seelsorge zugebracht hat. Die Sammlung der Klostergeistlichen unter was immer vor einem Vorwande es seyn möge, die barmherzigen Brüder allein ausgenommen, soll gänzlich eingestellt, und den von der Sammlung lebenden Bettelmönchen der jährliche Unterhalt aus dem Religionsfond angewiesen werden. Für die Taufe

und

und dem damit verbundenen Einschreiben in das Taufbuch, soll nichts mehr gezahlet, und den Pfarrern, was ihnen dadurch entgeht, aus dem Religionsfond ersetzt werden u. s. w.

Noch immer fuhr Joseph mit Aufhebung der Klöster fort. Die Zahl der in diesem Jahre aufgehobenen belief sich in Böhmen auf 4 Mannsklöster in Gallizien auf 6 Mannsklöster und ein Nonnenkloster; in Kärnthen auf 1 Mannskloster; in Krain auf 2 Mannsklöster; in Mähren auf 2 Mannsklöster in Oesterreich unter der Enns auf 18 Manns- und 3 Nonnenklöster; in Steyermark auf 3 Mannsklöster und 1 Nonnenkloster; in Tyrol auf 1 Nonnenkloster.

In Gallizien wurden alle Trinitarier wegen gesetzwidrigen Handlungen, indem sie den Nexum mit auswärtigen Klöstern und Obern fortsetzten, aufgehoben. Die Klosterkerker gänzlich zu vernichten befahl Joseph den 11ten März alle Klöster in den Städten und auf dem Lande durch tüchtige und vertraute Kommissare mit genauer Vorsicht und Sorgfalt durchsuchen zu lassen; auch wurde den Ordensgeistlichen am 24 März aller geheime Briefwechsel mit den Ordensgeneralen zu Rom gänzlich untersagt.

Mit den Holländern entsponnen sich dieses Jahr einige Streitigkeiten, die vielleicht die Veranlassung zu dem in den 2 folgenden Jahren entstandenen Zwist Ursach gegeben haben mögen.

Eine Abtheilung der Holländischen Besatzung von Lieskenshoek begrub am 17ten Oktober einen Todten in die Grabstätte des innerhalb der österreichischen Grenze gelegenen Dorfes, Den = Doele. Dieses wurde von Seite des Kaisers als eine Teritorialverletzung angesehen. Der Baron von Reischach, ausserordentlicher Gesandter des Kaisers bey den vereinigten Niederlanden, erhielt den Auftrag, sich hierüber bey den Generalstaaten zu beschweren, wie auch über Teritorialverletzung am St. Paul Kanale, wo die Holländer mit Gewalt dreyen kaiserlichen Unterthanen, welche in diesem Kanale fischten, ihre Netze wegnahmen, und sie bedrohten, in die Gefangenschaft nach Sluis zu führen, wenn sie nicht eine bestimmte Geldstrafe erlegen würden. Die kleinen Festen St. Paul, St. Donat, und St. Job, wurden österreichischer Seits in Besitz genommen.

Die Generalstaaten erbothen sich zu allem, was die strittigen Grenzberichtigungen in Ordnung bringen könnte, und entschuldigten sich über das Vorgefallene, daß es wider ihr Wissen geschehen wäre, und so schien diese Strittigkeit beygelegt zu seyn.

Die zwey neuen in Böhmen angelegten Festungen, Theresienstadt und Pleß hat der Kaiser durch eine Verordnung vom 9ten Dezember zu königlichen Freystädten erhoben. Auch bewieß Joseph in diesem Jahre, wie sehr er ge-

gen

gen Verdienste dankbar sey: Er ließ die Brustbilder des Feldmarschalls, des Helden Oesterreichs, Freyherrn Gideon von Loudon und des Feldmarschalls Grafen Moritz von Lacy, in Lebensgrösse, vortreflich gearbeitet, in dem Saale des Hofkriegsraths errichten, und mit Innschriften versehen. Die Innschrift auf der Büste, des grösten Helden Oesterreichs lautet: Gideonis Loudon, summi, Castrorum Præfecti, semper strenui, fortis, felicis & civis optimi Exemplum Iosephus II. Aug. in ejus Effigie proponi voluit. Anno. MDCCLXXXIII. Die Innschrift auf der Büste des Feldmarschalls Lacy ist folgenden Innhalts, Mauricii Lascy, summi Castrorum Præfecti, qui Belli æque ac Pacis artibus clarus, illis vincere, his Patriam invictam reddere docuit, sui in scientia militari Institutoris & Amici Josephus II. Aug. grati animi sui monumentum hic poni jussit. Anno MDCCLXXXIII.

Der Verfasser dieser Innschriften ist der kaiserliche Hofrath, Freyherr von Sperges.

Den 6ten Dezember trat Joseph in Begleitung des General-Majors Grafen Franz Kinsky seine Reise über Florenz nach Rom an, dem Papste einen Gegenbesuch zu machen, wo er den 23ten Dezember anlangte.

Das Jahr 1784.

Joseph hielt sich nicht länger zu Rom auf bis den 29ten Dezember des verflossenen Jahres. Er ging nach Neapel und dann wieder nach seinen Staaten zurück, und langte den 30sten März zu Wien an. Bald nach seiner Ankunft (15. April) starb Maximilian Friedrich, Graf von Königsegg-Rothenfels, Churfürst von Köln, und Maximilian, Josephs Bruder, der schon zum Coadjutor unter Maria Theresia gewählt wurde, gelangte nun zur Churwürde.

Den 30ten Juny erhielt Joseph einen Besuch von seinem Bruder Leopold, dem Großherzoge von Florenz, der seinen ältesten Prinzen, den Erzherzog Franz mit brachte, damit dieser unter den Augen seines Oheims erzogen und die grossen weitschichtigen Staaten, deren Wohl einst seinen Händen anvertrauet seyn wird, zu beherrschen lernen sollte. Leopold hielt sich bis den 23ten Julius zu Wien auf, und reiste dann wieder nach Florenz zurück.

Josephs neue Einrichtungen wurden auch dieses Jahr mit der nähmlichen rastlosen Mühe, und schnellen Thätigkeit betrieben, wie in dem verflossenen Jahre.

Damit nicht durch Unwissenheit der Landwundärzte die Gesundheit, und öfters das Leben der Landleute gefähret seyn möchte, so verordnete der Kaiser durch ein Circulare vom 3ten

ein Hofdekret vom 22ten Jänner; " daß künftighin alle Landwundärzte in Betref der allgemeinen innerlichen Krankheiten sich den praktischen Unterricht beyzulegen, und dadurch in den Stand zu setzen hätten, in jenen Orten, wo kein Medikus vorhanden ist, auch innerliche Kuren vornehmen zu können. Es sey daher keinem zu gestatten, sich an einem Orte ansässig zu machen, oder die freye Praxis zu üben, der nicht vorher vorschriftmässig geprüfet, und als fähig befunden worden ist. Das chyrurgische Studium soll nun, gleich dem medizinischen ein freyes Studium seyn, und die Wundärzte, welche sowohl die theoretische, als praktische Prüfung im ganzen Umfange ausstehen, sollen nicht mehr als Magistri, sondern als Doctores Chyrurgiæ graduiret, und in der Fakultät, in allen Consilien und öffentlichen Versammlungen mit den Medikern gleichen Rang haben "

Das Schulwesen in Gallizien genoß Josephs vorzügliche Aufmerksamkeit. Unterm 23. Februar wurde zu Lemberg und im ganzen Lande bekannt gemacht, daß mit Anfange des künftigen Schuljahrs in den Kreißstädten Lemberg, Stanislaw, Zamosc, Przemisl, Rzeszow und Bochnia die neu errichteten Gymnasien ihren Anfang nehmen werden, die übrigen aber im Lande bestehenden Gymnasien und lateinischen Schulen mit eben diesem Zeitpunkte gänzlich

 auf-

aufzuhören haben. Die Verpachtung des Bier- und Mehlbräuens, wie auch die Uiberlassung obrigkeitlicher Schankhäuser an Juden sowohl auf dem flachen Lande als in den Städten von Gallizien und Lodomerien untersagte Joseph durch eine Verordnung vom 9ten Februar bey schwerer Strafe; doch sollte dieses Verboth erst mit Anfang des Jahres 1787 seine Wirkung haben. Verschiedene Bedrückungen, welche dem Unterthan in Gallizien eine nicht geringe Last waren, hob Joseph durch eine Verordnung vom 8ten März auf. Er verboth den Beamten oder Pächtern, die Unterthanen in Zukunft, wenn sie das Salz nicht in Natur nehmen wollten, zu zwingen, zu Erkaufung des Salzes ein Darlehn aufzunehmen, welches diese in der Folge doppelt zurückzahlen mußten; indem ein solches Verfahren, wenn es auch in den Grundinventarien gegründet ist, als dem von Kaiser eröffneten freyen Salzhandel zuwider, und der Emsigkeit des Unterthans nachtheilig von nun an gänzlich untersagt seyn soll. Nicht minder verboth er den Grundobrigkeiten, von ihren Unterthanen von der auf ihren eigenen Gründen gebleichten Leinwand eine Abgabe zu fordern. Ingleichen sollen die ausgetretenen Hauswirthe und Wirthinnen, die nicht durch Unwirthschaft und wider ihr Verschulden von ihren Häusern und Grundstücken abgekommen sind, die Innleuleute, welche preßhaft, oder 60 Jahre alt sind, die Kinder, welche noch in ihrer Aeltern oder Schwiegerältern Brod stehen, die unangesessenen Invaliden und beurlaubte Soldaten, nicht als wirkliche Innleute behandelt, zu keiner auf diese Klasse angemessener Schuldigkeit angehalten werden, und von aller Frohne, oder Robot frey seyn.

Den an der Weichsel gelegenen Ort Podgorze, welcher, da Gallizien an Oesterreich kam, nur aus wenigen elenden Bauernhütten bestand, seitdem aber ansehnlich erweitert und bevölket wurde, erhob der Kaiser durch eine Verordnung vom 26ten Februar zu einer königl. Freystadt.

Den Wohlstand des Landmanns in Gallizien zu erhalten, und ihm die Mittel, durch muthwillige Schulden sich zu verderben, zu benehmen, verordnete der Kaiser, daß für die Zukunft die Uiberlassung unterthäniger Grundstücke in den sogenannten oblatorischen, oder Pfandbesitz gänzlich untersagt, die aber bisher unter dem Nahmen des Pfandbesitzes besessenen Grundstücke längstens binnen Jahresfrist den Eingenthümern zurück gegeben werden, diese hingegen in leidlichen Zahlungsfristen ihre Gläubiger befriedigen sollen. Den Unterthanen soll es ferner nicht nur nicht frey stehen, ihre Gründe durch Verpfändung zu verschulden; sondern es soll auch verbothen seyn, ihnen, ohne obrigkeitliche

liche Bewilligung mehr als 5 fl. Rthl. oder 20 polnische Gulden zu leihen. Auf jede diese Summe ohne obrigkeitl. Einwilligung übersteigende Schuld wird dem Gläubiger weder Pfandrecht, noch gerichtliche Eintreibung ertheilet. Das im Schwang gehende wucherische, den dürftigen Landmann zu Grund richtende zur Hälftesäen wurde bey Strafe der Konfiskation gleichfalls untersagt.

Gleiche Sorgfalt für den Wohlstand des Landmanns äuserte Joseph für Oesterreich und Böhmen. Durch eine Verordnung von 9ten April wurden alle durch einen alten Mißbrauch gewöhnliche Todtenmahle, wobey ordentlich bestimmt wurde, wie viel verzehrt und vertrunken werden müsse, alle Hochzeit- und Taufmahle bey scharfer Strafe untersagt. Die Bevölkerung zu beförhdern bewilligte der Kaiser den 3ten May die bisher nur den aus den preusischen und sächsischen Ländern nach Böhmen zur Niederlassung kommenden Professionisten und Ackersleuten ertheilte Aushülfe von 50 fl. ohne Unterschied der Nationen, und ohne Untersuchung allen Einwandernden. In Ansehung der Kommerzialprofessionisten verordnete er den 17ten May, daß die Magistrate bey Ertheilung des Meisterrechtes sich weder auf die bestimmte Zahl, noch Wanderjahre binden, noch den Meistersöhnen und Innländern vor den Auswärtigen einen

einen Vorzug geben sollen; auch seyn alle kostbare und unnütze Meisterstücke, Formalitäten, Schmausereyen, und darauf abzielende Taxen abzuschaffen, und den verheuratheten, oder verdienten Gesellen, welche das Meisterrecht zu erlangen nicht vermögend sind, die Ertheilung des Schutzes zu Betreibung der Arbeit auf eigene Hand oder mit einigen Gehilfen zu gestatten.

Die bisher zu Wien bestandene Holzsatzung, vermög welcher das Holz nur nach dem festgesetzten Preise verkauft werden durfte, wurde durch eine Verordnung vom 12ten und 19ten July aufgehoben, und jedermann ohne Ausnahme gestattet, Holz ohne Satzung nach Wien zu liefern. Die Holzversilberer und Holzschreiber wurden entlassen, und jedem Holzlieferanten erlaubt, dieses Geschäft durch eigene Bestellte zu besorgen. *)

Zu Emporbringung der innländischen Fabricken, und die allgemeine Nahrungswege zu erweitern verboth Joseph durch eine Verordnung vom

*) Josephs Absicht bey Aufhebung der meisten Satzungen war, durch Konkurrenz Wohlfeilheit zu erzeigen; aber diese Absicht wurde nicht erreicht. Alle Gattungen von Waaren, die itzt der Satzung nicht unterliegen, stiegen so zu sagen vom Tage der aufgehobenen Satzung im Preise, und das Holz ist beinahe um mehr als ein Drittel wie wohl zu Ende 1789 und 1790 die Kälte gar nicht stark war, theurer.

vom 27ten August die Einfuhr der fremden entbehrlichen Waaren. Schön ist der Eingang zu dieser Verordnung. Es ist billig, sagt er, daß jene, welche aus Vorurtheil den fremden Waaren einen Vorzug vor den innländischen erzeugten geben, und so den Nationalgewerben von dieser Seite den Absatz und Verdienst entziehen, auf der andern Seite durch erhöhte Abgaben von diesen eingeführten fremden Waaren, welche ganz fur den Kommerzialfond bestimmt sind, einen Beytrag leisten.

Das Verboth wegen Einfuhr fremder Waaren nahm mit 1ten November seinen Anfang. Die Kaufleute, welche ihre Waaren bis dahin nicht verkauft hatten, mußten dieselbe in die allgemeine Niederlage abführen, wo es ihnen erlaubt war, noch 2 Jahre dieselbe zu verkaufen. Die öffentlich zu verkaufen verbothenen Waaren stehen jedoch einzelnen Personen gegen angesuchter Erlaubniß, und 60 von Hundert an Zollgebühr zu ihrem eigenen Gebrauche einzuführen frey.

Im August führte der Kaiser die Strafe des Schiffziehens bey den schweren Verbrechen ein. Dieser Verordnung zu folge, wurden alle jene Verbrecher, die bisher in Oesterreich, in andern österreichischen Provinzen, und in Ungarn in Kerkern lagen, und bereits abgeurtheilt waren, und die anerkannte Strafe empfangen hatten, wie der

1782 verurtheilte Kutscher, zum Schiffziehen nach Ungarn abgeschickt.

Josephs Reise im verflossenen Jahre nach Ungarn war für dieses Königreich von wichtigen Folgen. Der Bau der Landstrassen in Siebenbürgen und in Ungarn wurde auf das eifrigste betrieben. Mehr als hundert Brücken und Kanäle wurden zu Ableitung der Gebürgflüsse hergestellt, vorzüglich aber die von Hermannstadt nach Kronstadt angelegte Strassen zur größten Bequemlichkeit der Reisenden gebauet.

Den in Siebenbürgen bisher bestandenen Unterschied der drey dieses Großfürstenthum bewohnenden Nationen hob der Kaiser auf, und theilte das ganze Siebenbürgen in eilf Komitate. *)

Dem

*) Dieses Land wurde bisher von drey Hauptnazionen: als Ungarn, Zickler, und Sachsen bewohnet. Alle übrige Völksarten wurden als Fremdlinge angesehen, und mußten, wenn sie das Bürgerrecht erhalten wollten, mit einer der übigen Nationen sich verbinden. Die Sachsen genossen vor den übrigen allen viele Vorzüge und Privilegien, die ihnen anfänglich vom König Geysa II. im Jahr 1224 nicht nur bestätiget, sondern besonders dadurch ansehnlich vermehret wurden, daß ihnen der südliche Strich Siebenbürgens, von Broz bis Bürgerland, dieses mit eingeschlossen, unter dem Nahmen der Hermanstädter Gespannschaft, eigenthümlich überlas-

Dem Mangel an verschiedenen Professionisten in Ungarn, welcher besonders in dessen unteren Gegenden und in Kroatien und Slavonien herrschte, zur vollkommenen Aufnahme des Kommerzes abzuhelfen, ertheilte der Kaiser allen fremden Professionisten, welche sich in den königlichen Freystädten niederlassen wollen, besondere Freyheiten und Privilegien; indem ihnen leere Plätze zu Erbauung der Häuser unentgeldlich überlassen, auch die Baumaterialien auf Kosten der Ortsobrigkeit abgereicht, nicht minder zu Anschaffung des nöthigen Werkzeugs 50 fl. ausgezahlt werden sollten. Zum Behuf der Handlung wurde von Temeswar ein Kanal nach der Temesch gegraben, und dieser Fluß durchaus schiffbar gemacht. Die Pferdezucht zu veredlen ließ Joseph in der Tartarey schöne Beschеller einkaufen, welche unter dem Landvolke vertheilt wurden.

Dem Kaiser lag wohl nichts mehr am Herzen als alle seine Staaten nach einerley Gese-

zen

lassen, der darin fallende Zehend ihnen ganz, doch mit dem Bedinge geschenkt wurde, denselben ihrer Geistlichkeit zu geben; und daß sie endlich sogar von der Gerichtsbarkeit der Woiwoden befreyet wurden. Karl I. und noch andere ungarische Könige bestättigten von Zeit zu Zeit den Sachsen diese Nationalpriviegien, bis Joseph deisen Völkerunterschied aufhob.

hen zu beherrschen, und in Geschäften auch nur eine einzige allgemeine Sprache einzuführen. Aus dieser Ursache erließ er den 18ten May an alle Hofstellen, Gespannschaften und Gerichtsstühle in Ungarn eine Verordnung, daß bey der Hofstelle vom 1ten November des laufenden Jahres, bey den Gespannschaften ein Jahr später, bey den Gerichtsstühlen aber erst im dritten Jahr, in allen vorzunehmenden Geschäften der Gebrauch der deutschen Sprache eingeführet werden solle. Er machte in dieser Verordnung den Nutzen einer einzigen allgemeinen Sprache begreiflich, und erklärte ihnen, daß es keineswegs geschehe, um die in diesem Königreiche herrschenden Nationalsprachen zu unterdrücken, wenn künftig keiner zu einem öffentlichen Amte zugelassen werden würde, der nicht der deutschen Sprache vollkommen mächtig ist.

Die den 13ten May 1769 dem königlichen Gubernium in Siebenbürgen ertheilte Vollmacht, den im dritten und vierten Grad unter sich verwandten Akatholischen die Erlaubniß zur Ehe ertheilen zu können, hob Joseph durch eine Verordnung vom 11ten Dezember auf, und ertheilte den Akatholischen vollkommene Freyheit, ohne alle Taxen und Gubernialerlaubniß in erwähnten Graden zu heyrathen.

Auch in dem Schulwesen machte Joseph einige Neuerungen. Er befahl den 26ten April

daß

daß alle Vorlesungen künftighin deutsch gehalten, der unentgeltliche Unterricht mit dem kommenden November des l. J. auf sämmtlichen Gymnasien, Lyceen und Universitäten aufhören, und ein mässiges Unterrichtsgeld von jedem Studierenden bezahlt werden sollte, dessen Betrag dahin verwendet werden würde, die Stipendien zur Unterstützung der besseren Talente der unvermögenden Klasse zu vergrössern. Durch eine Entschliessung vom 1ten August hob er nicht nur die in Wien bestandene Theresianische und herzoglich Savoysche, sondern alle in den Provinzen gewesene adeliche Akademien auf, die Stiftungsplätze wurden in öffentliche Stipendien umgeändert, und in drey Klassen, nach den Stufen des Fleißes getheilet. Die erste Klasse 500 fl. die zweyte 400 fl. und die dritte 300 fl. Die Absicht, welche Joseph bey Aufhebung der adelichen Akademien hatte, war vortreflich, indem er in dieser Verordnung sagt: daß der adeliche Jüngling, wann er sich mit Schülern von allen Ständen in eine Klasse versetzt sieht, wann er sieht, daß hier Ahnen keinen sondern eifervolle Verwendung allein einen Vorrang geben, sich beeifern werde, mit Ernste den Wissenschaften obzuliegen, und dieser Wetteifer wird ihn unvermerkt eine freundschaftliche Näherung gegen Leute, die nicht von Geburt sind, einflößen, welche bis itzt mancher aus dem Adel als fremde

an-

angesehen hat. Das Maschinenmässige, welches allen Erziehungshäusern eigen ist, fällt weg. Man wird mit den Talenten und Neigungen der Jünglinge vertrauter, und diese, nicht klösterlich zwischen vier Mauern erzogen, werden frühzeitig mit dem Gesellschaftlichen vertraut, das häusliche Leben wächst mit ihnen auf; sie lernen nicht selten das Beschwerliche des menschlichen Lebens früh erkennen, wodurch Menschenliebe, Achtung und Wohlwollen für ihre Mitbrüder leichter aufkeimen.

Das Gebäude des Theresianums zu Wien wieß der Kaiser für die Zöglinge der bisher an der Laimgrube bestandenen Ingenieurakademie an.

Die kirchlichen Misbräuche beschäftigten noch immer Josephs Aufmerksamkeit, und seine Sorge gieng auch dieses Jahr dahin, viele derselben abzuschaffen. Durch eine Verordnung vom 9. Februar gab Joseph den Ordinarien zu erkennen, wie sehr er wünsche, daß der lächerliche, den Akatholiken zum Spott Anlaß gebende Gebrauch, die Statuen und Bilder mit Kleidungen, Perücken, Hembden, Schuhen u. d. gl. aufzuputzen, auch alle die Opfer und Opfertafeln, welche meistentheils Zeugnisse unerwiesener Wunderwerke sind, und die Kirchen mehr verunstalten, als zieren, abgeschafft, und der Werth derselben zur Vergrösserung des Kirchenfonds verwendet werden möchte. Die Ordinarien sollten sich also binnen drey Monaten vom Tag der empfangenen Verordnung bey den Landesstellen ausweisen, was sie hierwegen veranstaltet haben. Die Chor- und Kollegiatstifte, die Präbendarii und Präsentiarii, da sie keiner Seelsorge obliegen, befahl er in Kuratbenefizien umzuändern, oder zu Dotirung der neuen Pfarreyen zu verwenden. Da das Passauer Konsistorium zu Wien einigen Brautleuten im vierten den zweyten berührenden Grade der Verwandtschaft die Dispensation zur Verehligung verweigerte, so befahl der Kaiser den 28. Februar den Konsistorien und Bischöfen bey empfindlicher Strafe, den Brautleuten in diesem Falle die Kopulation nicht zu verweigern. Die noch hie und da üblich gewesene Segenssprüche über Brod, Wein, Wasser, Kerzen, Saamen, Früchte, der Vincenzisegen, wurden den 5. März untersagt, und anbefohlen, keine andere Segen, Weihungen und Generalabsolutionen zu gebrauchen, als die im Rituali romano ausdrücklich vorgeschrieben sind. Nicht minder wurden den 28. April die Beleuchtungen, das Zuküssen geben der Reliquien, das Anrühren der Bilder, Kreuze, Pfenninge und Rosenkränze an die Reliquien gänzlich abgestellt, und die Aussetzung der Reliquien ober dem Hochwürdigen, oder in der Mitte des Altars und derselben Beleuchtung, wodurch das Volk

mehr

mehr zur Verehrung derselben, als zu der schuldigen Anbethung Gottes verleitet ward, den 19. May beschränkt.

Die Klösteraufhebung wurde auch in diesem Jahre fortgesetzt, und erloschen in Krain 1 Mannskloster, in Mähren 30 Mannsklöster, in Oesterreich ob der Enns 20 Mannsklöster, und 1 Nonnenkloster, in Oesterreich unter der Enns 5 Mannsklöster, in Tyrol 1 Manns- und ein Nonnenkloster.

Der pensionirten Mönche wegen, die nicht als Pfarrer oder Lokalkapläne angestellt worden ergieng den 14ten Februar die Verordnung, daß sie als Kooperatoren auf dem Lande angestellt werden sollen, um sie ihre Pensionen nicht umsonst geniessen zu lassen. Die Ordensobern erhielten den 1ten April die Weisung, den studierenden Religiosen wenigstens einmal in der Woche einen gemeinschaftlichen Ausgang zu gestatten, und den unbeschuhten Klostergeistlichen wurde aufgetragen, daß sie ihren studierenden Religiosen die Tragung der Schuhe und Strümpfe zu erlauben, überhaupt aber alle studierende Religiosen von allen den Layenbrüdern zustehenden Handarbeiten, wie auch vom Chor, die Sonn- und Feyertäge ausgenommen, zu dispensiren haben.

In Betreff jener studierenden Klostergeistlichen, welche entweder wegen schlechter Verwendung oder gänzlicher Unfähigkeit in den vorgeschriebenen öffentlichen Prüfungen die dritte Klasse erhalten, ergieng den 17ten Junius eine Verordnung, daß sie, wenn sie die Profession noch nicht abgelegt, oder die höheren Weihungen noch nicht empfangen haben, aus den Orden entlassen, die Professen um die Gelübden-Entlassung bey den Ordinarien einkommen, oder zu Laybrüder verwendet; die aber schon höhere Weihungen empfangen haben, zu keinem Seelsorgeramte jemals angestellt werden sollen. Den 23. August erhielten alle Ordensobere den Auftrag: diejenigen Stellen und Ausdrücke, welche in ihren Ordensregeln, oder Konstitutionen etwas der jetzigen oder der künftigen landesfürstlichen Verordnungen entgegen laufendes in sich fassen, auszulöschen, und dergleichen Stellen niemals vorlesen zu lassen; im nicht Befolgungsfalle wurden die Obern mit erspiegelnder Strafe bedroht. Den 6ten Dezember erhielten die unter keinem Abten stehenden Klöster und Orden die Vorschrift, wie die Wahl ihrer Ordensobern künftig vorgenommen werden soll.

Joseph wollte in der Residenz, aus welcher Er seine Staaten beherrschte auch die Insignien derselben verwahret wissen. Aus dieser Ursache wurde die ungarische Krone den 13ten April Abends unter Begleitung der Grafen Keglewitsch und Balassa nach Wien gebracht, und

in

in der kaiserlichen Schatzkammer aufbewahrt. *) Nicht minder wurde der österreichische Erzherzoghut **) von Klosterneuburg, und die königliche böhmische Krone von Prag nach Wien überführt.

*) Diese Krone schickte Papst Sylvester II. zu Anfang des eilften Jahrhunderts dem heil. Stephan, Könige von Ungarn. Die Krone ist wahrscheinlich von einem griechischen Meister, und viele halten dieselbe sogar für die Krone der ehemaligen griechischen Kaiser. Sie wiegt 9 Mark 4 Unzen (150 Loth) an Gold, und ist mit 338 orientalischen Perlen, 153 Saphiren, 50 Rubinen, und einem grossen Schmaragd besetzt, welche Steine aber alle ungeschliffen sind. König Wenzel führte sie nach Böhmen; Otto nach Bayern; Ladislaus nach Siebenbürgen; Kaiser Friedrich nach Oesterreich, von dem sie König Mathias Corvinus um 60,000 Dukaten wieder auslöste. Nach der unglücklichen Schlacht bey Mohatsol fiel sie in die Hände Sulimans, der sie dem Johann Sapolija wieder zurück gab. Sapoltya's Wittwe brachte sie nach Siebenbürgen, und von da führte sie Ferdinand nach Presburg. Von da kam sie nach Wien; Rudolph II. nahm sie nach Prag, und Mathias führte sie wieder nach Preßburg. Bethlehem nahm sie nach Neusohl; von da wurde sie wieder nach Preßburg gebracht, wo sie bis den 13ten April dieses Jahrs blieb.

**) Dieser Großherzogliche Hut wurde 1516 verfertiget und das Stift der regulirten Chorherren zu Kloster Neuburg hatte ihn unter seinen Schlüsseln.

Ein grosses Beyspiel von Josephs Liebe für sein Volk, und thätiger Sorge für dessen Wohl ist das an der Stelle des aufgehobenen Armenhauses in der Alstergasse zu Wien aus seinem eigenen Vermögen hergestellte, und den 16ten August eröfnete allgemeine Krankenspital, Gebähr- und Tollhaus. Dieses Gebäude, das ehemahlige Armen- und Invalidenhaus ist von einem ungeheuren Umfange in das Gevierte für mehrere tausend Personen geräumig und zweckmässig zugerichtet, von aussen ohne Pracht, aber gleichförmig, niedlich und einfach. Ober dem Hauptthore liest man folgende Innschrift: Saluti & Solatio Ægrorum Josephus II. M. D. CCLXXXIV. Die innere Einrichtung besorgte der k. k. Leibarzt, Freyherr von Quarin, den der Kaiser die Oberdirektion anvertrauet hatte. Eine zureichende Anzahl Heil- und Wundärzte, Geburtshelfer u. d. gl. sind dabey angestellt, und es mangelt nichts, was sowohl zur gehörigen Pflege als Bequemlichkeit erforderlich ist. Alle übrigen Krankenhäuser und Spitäler, mit Ausnahme der barmherzigen Brüder, und Elisabethiner-Nonnen wurden aufgehoben, und verschlossen.

Während Joseph mit den neuen Einrichtungen seiner Staaten beschäftiget war, erhob sich in Siebenbürgen ein Aufstand unter den Wallachen, der mit unglaublicher Schnelle um sich griff, und eine grosse Strecke Landes verwüste-

te,

te. Dieses Volk, Nachkömmlinge der römischen Kolonien in Dazien, bey welchem der Geist der Freyheit noch nicht ganz erstickct ist, und das einen unauslöschlichen Haß gegen seine Uiberwinder, die Ungarn, in seinem Herzen nähret, schmachtete unter dem harten Drucke des in Siebenbürgen eingeführten Feudalsystems. Von dem Tage seiner Unterjochung an war es ein an Grund und Boden haftender Sklave, ohne Eigenthum und Recht, dem kaum so viel Zeit übrig blieb, sein Feld zu bestellen, um sich und seine Familie kümmerlich zu ernähren. Dieses Joch, und der von seinen Urhebern angestammte Hang nach Freyheit erzeugte bey demselben ein sichtbares Mißvergnügen, welches von Tag zu Tag wuchs, und gegen Ende Oktobers auffallend sich äusserte.

Im sogenannten Hatzeg brach die Empörung der Mißvergnügten zuerst aus. Eine grosse Anzahl Bauern rottete sich zusammen, und weigerte sich, Herrendienste zu leisten, weil sie keine andere Obrigkeit, als den Kaiser, erkennen, und eben deswegen niemanden roboten wollte. Sie verlangten von dem Kaiser, er möchte sie, gleich den Seklern, als Gränzmiliz, behandeln. Dieses wurde ihnen abgeschlagen, übrigens aber die Versicherung gegeben, daß ihren Beschwerden abgeholfen werden sollte. So wenig diese Antwort ihrem Wunsche entsprach, so entwaffnete

nete dieselbe doch nicht ihren Muth, und sie glaubten nun ihr Ziel erreicht zu haben, als in Ungarn und Siebenbürgen die Konskription eingeführt wurde. Diese Einrichtung sahen sie als eine Erlösung von der Sklaverey an, worin sie bis itzt geschmachtet hatten. Haufenweise liefen sie den Konskriptionsoffizieren zu, und baten auf das dringendste, konskribirt zu werden. Man that es, weil man die Ursache, warum sie es verlangten, nicht muthmaßte, die sich aber bald äusserte. Nun sie konskribirt waren, hielten sie sich auch für freye Leute, die niemanden, ausser dem Kaiser, Gehorsam schuldig wären. Sie beschuldigten die Edelleute, daß diese ihnen die für sie günstige Befehle des Kaisers vorenthielten, und verübten unter diesem Vorwande allerley Ausschweifungen. Sie fanden bald einige Anführer, worunter ein kassirter k. k. Major, von Salins, und Horja, ein gemeiner Wallache, die vornehmsten waren. Ersterer gab ihnen den Rath, den Winter hindurch ruhig zu verbleiben, noch mehrere Wallachen in ihre Verschwörung zu ziehen, und dann im Maymonate allenthalben zugleich auszubrechen, um an einem verabredeten Tage alle Grundherrn zu ermorden. Hätten die Wallachen diesem Rathe gefolgt, so würde ihr Aufruhr von den gefährlichsten Folgen gewesen seyn; aber so fiengen sie durch eine dem Horja von seinem Stuhlrichter zugefügten

Be-

Beleidigung gereitzt, ihre Verwüstungen in einer späten Jahrszeit, ohne Waffen, Munition und Lebensmittel an. Horja war im vorigen Sommer nach Wien gereist, die Marktgerechtigkeit für Brod, einen Ort im Zarander Komitate, bey Hof zu bewirken. Er sprach mit dem Kaiser, stellte ihm die Beschwerden seiner Landesleute vor, und beklagte sich hauptsächlich über seinen Stuhlrichter. Joseph versprach den Klagen desselben abzuhelfen, und wircklich erhielt der Stuhlrichter einen derben Verweis, der aber dem Horja dafür bey seiner Zurückkunft eine derbe Tracht Schläge zutheilen ließ. Dieses reitzte den Horja zur grausamsten Rache. Den 28sten Oktober erschien er zu Brod, beredete die daselbst auf dem Wochenmarkte versammelte Wallachen, daß sie sich in drey Tagen auf den Feldern bey dem Dorfe Meßtaken einfinden sollten, wo er ihnen auf Befehl und im Nahmen des Kaisers wichtige Dinge vorzutragen hätte. Es erschienen über 500 Wallachen auf den anberaumten Tag. Horja kam mit einer messingenen Kette, woran das Bildniß des Kaisers war, und mit einem ebenfalls messingenen Kreutze, was er aber alles für Gold ausgab, behangen. Er zeigte ihnen ein mit grossen goldenen Buchstaben geschriebenes Patent, und sagte den versammelten Wallachen, daß er dies alles von dem Kaiser erhalten habe, damit sie ihm glauben sollten, daß er von dem Monarchen gesandt sey, sie zu befreyen. Er beredete sie, ihm nach Karlburg zu folgen, wo sie von dem Hof mit nöthigen Waffen würden versehen werden, um gegen die Edelleute zu fechten. Horja fand bey dem leichtgläubigen und nach Freyheit lechzenden Volke sehr bald Gehör, das ihm mit Freuden versprach, alles, was er wolle, zu unternehmen. Indessen wurde diese Zusammenkunft vielleicht, selbst die daselbst geschlossene Verschwörung dem Vizegespann des Zarander Komitats verrathen, welcher drey Stuhlrichter mit einigen Panduren (Komitatssoldaten) abschickte, sich des Horja zu bemächtigen. Es war schon tief in der Nacht, als diese zu Kuretl ankamen, den Horja aufzusuchen, welcher, von ihrer Ankunft benachrichtiget, sich unter einem Dachstuhl verbarg, aber doch entdeckt und fortgeführt wurde. Unterwegs machte dieses Haupt der Rebellen ein erbärmliches Geschrey, wodurch seine Mitverschworene aus dem Schlafe geweckt wurden. Diese eilten ihm zu Hülfe, erschlugen die Stuhlrichter nebst den Panduren, und befreyten ihren Anführer.

Dieses war das Signal zum Aufruhr. Die Gewaltthätigkeiten fiengen von dieser Stunde an, und die ersten Grausamkeiten wurden zu Kuretl ausgeübt, wo die Wallachen alles Eigenthum der Edelleute zerstörten. Nun gesellten sich die Wallachen haufenweise zu den Rebellen, plünderten und verheerten alles, wo sie hinkamen, und erschlugen die Edelleute, wo sie diese Unglücklichen antrafen.

Bis itzt hatte Salins noch immer das Oberkommando über die Rebellen; da er aber leicht voraussehen konnte, daß das Ende ihrer Empörung sehr unglücklich für sie ausfallen müsse, so beschloß er nach Konstantinopel zu entfliehen. Er beredete die Wallachen, daß er daselbst Gewehr und Munition einkaufen wolle, und diese gaben ihm alles, was sie an Geld und Kostbarkeiten geraubt hatten. Horja übernahm nach ihm den Oberbefehl, und wählte sich zu seinen Gehülfen Glotzka, Krishan, und Snosg. Die Grausamkeiten dieser Rebellen sind unbeschreiblich, und machen der Menschheit Schande. Die Edelleute retteten sich durch die Flucht nach Hermannstadt, Temeswar, Lugos und Deva, und die Rebellen hatten Muth genug, sie bis nach der letzten Festung zu verfolgen, und daselbst zu belagern.

Der Schrecken verbreitete sich überall, und man war nun genöthiget, Truppen gegen die Rebellen anrücken zu lassen, welche aber Anfangs den Befehl hatten, sehr schonend zu verfahren, wodurch diese in ihrer Meinung bestärkt wurden, daß der Monarch alle ihre Grausamkeiten billige, und nun noch ärger zu wüthen

fort-

fortfuhren. Da die Anstalten von Seiten der Regierung den Edelleuten nicht thätig genug schienen, so beschlossen sie, aufzusitzen, und sich selbst gegen die Rebellen zu vertheidigen. Sie zogen nun wider diese zu Felde, tödteten oder nahmen sie gefangen, wo sie dieselben antrafen, wo ihnen sodann kurzer Prozeß gemacht, und sie gehängt, geköpft, gerädert, oder gespießt wurden. Dieses Betragen der Edelleute erhielt nicht den Beyfall des Hofes, und der Kaiser verboth nicht nur das Aufsitzen, sondern befahl zugleich mit den Todesstrafen so lange inne zu halten, bis die königl. Kommissare würden angekommen seyn; den Rebellen aber ließ er einen General-Pardon anbieten.

Die Güte des Kaisers hatte nicht den gewünschten Erfolg. Die Rebellen wurden immer dreuster, und Horja hatte fast den ganzen Zaruander und den größten Theil des Hunyader Komitats in Besitz genommen. Er übte die Macht eines Königs aus, vertheilte die in Besitz genommene Güter, und nannte sich zuletzt, Rex Daciae, (König von Dacien.) Diese Kühnheit zwang nun den Kaiser mit aller Schärfe gegen die Rebellen zu verfahren. Das Militar drang itzt von allen Seiten auf sie ein, und nöthigte dieselben, sich in die unzugangbaresten Gebirge zurückzuziehen. Dieser Ernst des Kaisers öfnete vielen von Horjas Anhängern die Augen, welche bisher noch immer geglaubt hatten, daß der Monarch ihren Aufruhr gutheisse. Sie verliessen haufenweise ihren Anführer, und nahmen die ihnen angebothene Gnade mit vielen Freuden an. Horja wäre gar zu gerne dem Beyspiele des Salins gefolgt, und in die Türkey entflohen; allein es war zu spät, und er wurde nebst seinem Vertrauten, dem Kotzka, von zwey Wallachen verrathen, und in den Kadacker Wäldern von dem Obristlieutenant Kray des 2ten Szeklerregiments bey einem Feuer sitzend überrascht, und gefangen. Er hatte so viel Gegenwart des Geistes, daß er bey seiner Gefangennehmung einen Pack Schriften unter seiner Weste hervorzog, und ins Feuer warf, welche sogleich von den Flammen verzehret wurden. Man machte beyden den Prozeß, und sie wurden den 28. Februar 1785 zu Karlburg von unten auf gerädert, dann geviertheilt, und an Pfählen auf den Straßen zur Warnung aufgestellt. Klotzka wurde zuerst gerichtet, der sich sehr zaghaft gebärdete, und unter Wimmern und Weheklagen seinen Geist aufgab; nicht so Horja. Dieser ging mit einer bewunderungswürdigen Standhaftigkeit seinem fürchterlichen Tode entgegen, und nicht der geringste Laut des Weheklagens entfiel ihm.

Joseph hatte auf seiner Reise nach Italien zu Florenz bey dem berühmten Abt Fontana

zum

zum Behuf des chyrurgischen Studiums die anatomischen Wachspräparate, welche dieser geschickte Mann selbst verfertiget, bestellet. Diese Sammlung, welche aus 200 Kiesten einzelner Präparate, und 18 Statuen in Lebensgrösse bestehet, und den Kaiser über 30000 fl., ohne den Transport, gekostet hat, kam im Sommer dieses Jahres zu Wien an.

Am 25. Dezember wurde das neu erbaute Betthaus der helvetischen Konfessionsverwandten zu Wien eröfnet, und der erste Gottesdienst mit vieler Feyerlichkeit gehalten.

Das Jahr 1785.

Kaum waren die Streitigkeiten der Grenzberichtigung wegen in Flandern mit Holland beygelegt, so erhoben sich schon wieder neue Mißhelligkeiten. Joseph machte Ansprüche auf das Gebieth von Lillo. Ein Schiffer von Doel fuhr den 31ten März des v. J. bey seiner Rückreise nach Antwerpen auf einem Kahn diesem Fort vorüber, ohne sich der gewöhnlichen Untersuchung unterziehen zu wollen. Auf diese Wiederspenstigkeit setzte sich das Wachtschiff der Republick in Bewegung, und schickte einige Mannschaft an dessen Bord. Den 2ten April fuhr der nähmliche Schiffer wider vorbey, und auf sein abermaliges Weigern wurde eine Kanone auf ihn abgefeuert. Dieses Verfahrens wegen ließ der Kaiser den 4ten April bey den

Gene-

Generalstaaten eine nachdrückliche Vorstellung machen, und stellte, um in Zukunft allen dergleichen Beleidigungen seiner Souveränitätsrechte vorzubeugen folgende Forderungen an die Republik. 1.) Erkenne der Kaiser in Rücksicht auf die Grenzbestimmungen keinen andern Traktat, als den vom Jahre 1664 nach welchem 2.) Die Aussenwerke von Lifkenshoek geschleifet, und 3.) alle Aussenwerke von Lillo auf den Fuß von 1648 gebracht werden müssen. 4.) Die Forts Friedrich, Heinrich und Kruisschanz müssen sogleich geschleifet werden. 5.) Soll kein Ausleger auf dem kaiserlichen Fahrwasser, von der Schelde an bis ans Land von Saaftingen, seyn. 6.) Die Dörfer in der Mayerey, Bladel und Reuzel, sollen als kaiserliche Dörfer geräumet werden, so wie auch 7.) Postel mit dem, was dazu gehört. 8.) Sollen alle Usurpationen gegen die klare Souveränität folgender Plätze aufhören; als, Königsheim, Telogne, Grotloon, Herr und Geer, Hopertingen, Moppertingen, Rederen, Pour, Russen, Sluysen, Sepperen, Falais, Argenteau, und Hermaal, 9.) Sollen die Generalstaaten der durch den Traktat vom 30ten August 1673 eingegangenen Verbindlichkeit ein Genüge thun, und endlich dem Kaiser die Stadt Mastricht und die Grafschaft Vronhove mit ihren Theilen in dem Lande Overmaze zurückgeben, die sie unrechtmässiger Weise und gegen den Inhalt des gedachten Traktats zurück halten. 10.) Verlangt der Kaiser eine Schadloshaltung und Zurückgabe der Einkünfte, Produkte, Früchte, u. s. w. die von den Beamten der Republick eingenommen worden sind. 11.) Verlangt derselbe eine Vergütung des unnenbaren Schadens, den er in dem Betrag der ein- und ausgehenden Rechte und Abgaben gelitten 12.) Sollen die Generalstaaten dem Kaiser alles das zurückgeben, was ihm wegen der Staadt Bergen op-Zoom, der Stadt und Baronie Breda und anderer Theile des Holländischen Brabants zukommt, ihm den Antheil an den Renten, die auf den alten Bestand der Provinz Brabant affektirt sind, vergüten, auch nebst der gänzlichen Zurückgabe des Kapitals von dem Augenblick an zu rechnen, da diese Besitzungen unter die Souveränität der Republick gekommen sind, künftig das Contingent auf dem Fuß, worüber man übereinkommen wird, abtragen. 13.) Verlangt der Kaiser die Zurückgabe und Bezahlung aller Artillerie und Kriegsbedürfnisse, die unter ihrer Verwahrung gelassen wurden, als ihre Truppen in Garnison gekommen sind; auch verlangt derselbe die Vergütung von zwey Millionen Livres, welche Frankreich nach dem Inhalt des Aachner Friedenstraktats an Holland muß bezahlt haben, und zwar wegen der aus diesem Platze weggeführten Artillerie und Kriegsbedürf-

nis-

nisse. 14.) Fordert der Kaiser, daß die Generalstaaten überhaupt, und alle Partikuliers die in der beygelegten Nota angezeigten Kapitalien und Interesse bezahlen sollen.

Diese Vorstellungen und Forderungen des Kaisers, worauf die Generalstaaten den 16ten Julius ihre Gegenvorstellungen und Forderungen dem Generalguvernement zu Brüssel übergeben ließen, veranlaßten dieselben, alle Vorkehrungen zu ihrer Vertheidigung zu treffen, und sie setzten eine grosse Strecke Landes unter Wasser, wodurch den k. k. Unterthanen ein beträchtlicher Schaden zugefügt wurde.

Indessen bot der Kaiser den Generalstaaten, da sie seine gemachten Forderungen bestritten, ein anderes Mittel zum Vergleich an. Er ließ ihnen zu wissen thun, daß er von allen seinen Forderungen gänzlich abstehen wolle, wenn die Generalstaaten ihm die Eröfnung und freye Schiffahrt der Schelde zugeständen, dergestalt, daß dieser Fluß offen, und die Fahrt auf demselben ganz und völlig frey seyn, die Forts Lillo, Liefkenshoek, Cruisschanz und Friedrich-Heinrich geschleifet, und den Unterthanen des Kaisers frey seyn sollte, aus den Häven der Niederlande direkte nach beyden Indien zu fahren, und zu handeln. Der Kaiser, der sich auf Frankreichs Vermittlung und Freundschaft verließ, fügte dieser Erklärung noch bey: daß er den geringsten Widerstand von Seiten der Republick als eine offenbare Feindseligkeit und Kriegserklärung ansehen würde.

Sobald die Generalstaaten diese Erklärung des Kaisers erhielten, so machten sie sich gefaßt, den Kaiserlichen Schiffen die Fahrt auf der Schelde in die See zu verwehren. Joseph, welcher nicht vermuthete, daß man es wagen würde, ihm diese Forderungen durch Gewaltthätigkeiten zu verweigern, beorderte eine Brigantine, Ludwig, geführt von Kapitän von Iseghom, von Antwerpen auf die Schelde, um nach Dünkirchen zu passiren, und gab dem Kapitän und dem Volke den ausdrücklichen Befehl, sich in seiner Fahrt auf keine Weise hindern zu lassen. Der Befehl lautete: "Von wegen des Kaisers " und Königs! Dem Kapitän der Brigantine " Louis, welcher sich mit seinem Schiffe und des" sen Ladung, unter unserer Flagge, gerade von " Antwerpen nach der See, längst der Schel" de begeben soll, wird hiemit nebst seinem Vol" ke ausdrücklich angesagt und verbothen, sich " irgend einer Anhaltung zu unterwerfen, oder " zu gehorsamen, auch keine Visitation von den " Schiffen und Fahrzeugen der vereinigten Nie" derlande auf der Schelde zu gestatten. Wir " verbieten zugleich dem Kapitän und seinem " Volke, irgend eine Deklaration an die Zölle

" der

„ der Republick auf diesem Flusse zu thun, oder „ sie auf irgend eine Weise zu erkennen."

Diesem Befehle zu Folge fuhr der Kapitän Iseghem den 18. October 1784 Lillo vorbey, und da er auf die von Seiten der Holländer gemachte Anfrage keine Deklaration von sich geben, auch den Anker nicht werfen wollte, wurde mit Kartätschen auf ihn gefeuert, sein Schiff an einigen Orten beschädiget, und er gezwungen, die Anker zu werfen. Ein anders Schiff, welches von Ostende nach Antwerpen wollte, wurde von der Eskadre des Vizeadmirals Reyns umringt, und genommen. Nun schien das Signal zum Kriege gegeben worden zu seyn. Der Kaiser ließ sogleich 17 Regimenter Infanterie und 9 Regimenter Kavallerie aus den Erbstaaten nach den Niederlanden ausbrechen; auch die Gränztruppen setzten sich dahin in Bewegung. Nicht minder rüstete sich Holland gegen alle Angriffe, und suchte sowohl bey Frankreich als bey England und Preusen Schutz und Hülfe.

Während beyde Theile mit vollem Eifer in ihren Kriegsrüstungen beschäftiget waren, bekamen die Sachen eine ganz andere Wendung. Man fing in Paris Friedensunterhandlungen an, und den 20ten September wurden daselbst die Präliminarartikel unterzeichnet. Dieser zu Folge zahlten die Generalstaaten dem Kaiser zum Ersatz für Mastricht 9500000 fl. und zur Vergütung für den durch die Uiberschwemmung den k. k. Unterthanen gemachten Schaden 500000 fl. Holl. Geldes in Terminen von 6 zu 6 Monaten. Ferner traten dieselben dem Kaiser verschiedene Obergerichtsbanne ab, wie auch den Grund und Boden von den geschliefenen Festungswerken Kreuzschanz, und Friedrich = Heinrich. Auch erkannten die Generalstaaten das volle unbeschränkte und unabhängige Souveränitätsrecht des Kaisers auf den ganzen Theil der Schelde von Antwerpen bis an das äuserste Ende des Gebiets von Saftingen, und thaten Verzicht auf die Erhebung aller Arten von Mauten und Zöllen an diesem Theile der Schelde u. s. w. Dies waren die vornehmsten Punkte dieser Präliminarartikel, und den 8. November wurde der völlige Definitivtraktat zu Fontainebleau unterzeichnet.

Nichts glich dem rastlosen Eifer, mit welchem Joseph fortfuhr, seine neuen Einrichtungen zu betreiben. Für die Geschäfte in Robotsaufhebungssachen und der Verwaltung sämmtlicher Domainen = Stiftungs- und geistlicher Gütersachen errichtete er im Monat April bey der k. k. vereinigten Hofstelle eine besondere Hofkommission unter dem Vorsitze des Hofvizekanzlers, Freyherrn von Gebler, und zur Beförderung des allgemeinen Steuerregulierungsgeschäftes wurde den 15. April für Ni. Oe. eine eigene Oberkommission zu Wien aufgestellt.

Schon

Schon im verflossenen Jahre hatte Joseph zu Ausführung dieser seiner Lieblingsidee, die Erhebung der Grundsteuer in allen seinen Staaten auf gleichen Fuß zu setzen, eine Steuerregulierungshofkommission unter dem Vorsitze des Karl Grafen von Zinzendorf errichtet, und sie von allen Hofstellen unabhängig erklärt. Alle Rathsprotokolle und Vorschläge kamen unmittelbar an den Monarchen selbst, so wie alle Protokollserledigungen und Befehle unmittelbar an die Kommission ergiengen. Das Hauptgeschäft dieser Kommission bestand in der Ausmessung des Bodens, wozu der Anfang in diesem Jahre in den sämmtlichen deutschen Ländern Oesterreichs (Tyrol und die Vorderlande ausgenommen) gemacht wurde. In jeder Provinz wurde zu diesem Ende eine von dem Landeschef ganz unabhängige Oberkommission, die unmittelbar nur von der Hofkommission zu Wien abhing, niedergesetzt, und derselben ein Kreiskommissar, und ein Beamter von jeder Kameralherrschaft, als Unterkommissar, beygegeben. Die Kreisämter erhielten die Weisung, daß sie den Kommissären allen Beystand leisten sollen. Im Monat April versammelten sich auf Befehl des Kaisers alle Kommissare in Wien. Es wurden öfters in Josephs Gegenwart Berathschlagungen gehalten, und er selbst setzte die Grundsätze fest, nach welchen den Kom-

Kommissars die nöthigen Instruktionen ausgefertiget wurden. Diese Instruktionen erschienen in einer Verordnung vom 20. April. Der Eingang dieser Verordnung zeigt von der guten und für das Wohl des Staats ersprießlichen Absicht. Joseph sagt darin, daß er, da der bestehende Steuerfuß nicht nach Gleichheit und Billigkeit weder zwischen den deutschen Erbländischen Provinzen unter sich, noch den einzelnen Besitzern, bestimmt ist, als Vater und Verwalter seiner Staaten eine Grundlage zu einem Steuerfusse gelegt, vermög dessen jede Provinz, und jeder einzelne Besitzer seinen Antheil vollkommen gleich beytragen, und die Emsigkeit auf dem Lande von aller Last befreyet bleiben soll. Dieses zu bewirken sollen alsobald in Böhmen, Mähren, Schlesien, Galizien, Oesterreich ob und unter der Enns, Steyermark, Kärnthen, Krain, Görz und Gradiska die erforderlichen Vorbereitungen zu Stand gebracht werden, nähmlich: a) Die Aufzeichnung und Ausmessung aller fruchtbringenden Gründe und Realitäten, b) Die Bestimmung des Körnerertrágnisses nach der Fruchtbarkeit der Gründe. Die Erhebung der Anzahl der Gründe und ihres Ertrages sollte vorzüglich auf das eigene Bekenntniß der Grundbesitzer beruhen: doch ward diesem Bekenntnisse eine genaue Kontrolle an die Seite gesetzt. Die Frist zu diesen Bekenntkenntnissen wurde durch eine Verordnung vom 18. August, auf den 1. April 1786 eingeraumt. Alle Ortsobrigkeiten und Jurisdizenten, welchen die Leitung der Grundausmessung und Bestimmung des Körnerertrages oblieget, sollten das Geschäft nach Möglichkeit beschleunigen, und trachten, daßelbe bis Ende Oktober zu Stande zu bringen. Jenen, welche sich eine Saumseligkeit zur Schuld kommen lassen, würden auf ihre Unkosten einige Beamte zur schleunigeren Betreibung des Geschäftes zugetheilet werden, u. s. w.

Die Ausmessung wurde nun, Josephs Befehl gemäß, mit aller möglichen Eile betrieben, und da man der erfahrenen Ingenieure zu wenig hatte, mußten junge, in den Anfangsgründen der Meßkunst kaum unterrichtete Anfänger dazu angestellt werden; doch auch diese waren noch nicht hinlänglich, und man sah sich genöthiget, allerhand Leute, denen man in Zeit von vierzehn Tagen die Ausmessungsmethode geschwind benzubringen bemüht war, zum Ausmessen zu brauchen, ja dieselben so gar als Geschäftleiter anzustellen. Die beträchtlichen Unkosten dieses Ausmessunggeschäftes mußten die Grundobrigkeiten aus ihrem eigenen Säckel bestreiten.

Joseph hielt es für das allgemeine Beste nützlich, die liegenden Güter von der bisher da-

darauf haftenden Last der Fideikommisse zu befreyen. Er verordnete deswegen den 9ten May, daß jedem Besitzer einer schuldenfreyen Fideikommißrealität erlaubt seyn solle, dieselbe in ein Kapital, welches in öffentliche Fonds anzulegen ist, umzuwandeln, ohne daß die Einwilligung der Anwärter hiezu vonnöthen sey.

Die Verordnung die Einführung der neuen Bankozettel betreffend wurde in den letzten Tagen des Monats May kund gemacht. Da das Bedürfniß derselben durch die Summe der alten Bankozettel nicht befriediget werden konnte, indem ihr Gebrauch auch auf Gallizien Lodomerien, Ungarn und Siebenbürgen erweitert wurde, so ließ der Kaiser für zwanzig Millionen neue Bankozettel verfertigen, nähmlich

770,000	Zettel zu	5 fl.	Betrag	3 900,000. fl.
205 000	= = =	10 =	= =	2,050,000.
102,000	= = =	25 =	= =	2,550,000.
51,000	= = =	50 =	= =	2,550,000.
30,000	= = =	100 =	= =	3,000,000.
6000	= = =	500 =	= =	3,000,000.
3000	= = =	1000 =	= =	3,000.000.
1,167,000	Zettel,			20,000000 fl.

Die Stärke und das Haarpuder belegte der Kaiser den 9. May mit einer Stämpelgebühr, hingegen hob er die bisher darauf bestandene Abgabe für das Land und die Landstädte gänzlich auf.

Die Juden hatten in ihren Rechtsstreitigkeiten ihre eigene Gerichte. Diese Absönderung hob Joseph den 28ten May auf, und verordnete, daß alle jüdische Rechtsfälle der ordentlichen Gerichtsbarkeit des Ortes unterworfen seyn sollen. Für Galizien entwarf Joseph gleichfals ein neues Judensystem, und verordnete, daß dasselbe mit Ende Julius seinen Anfang nehmen sollte. Dem zu folge wurden die bisher bestandene Judendirektion, Landes- und Kreißälteste, die sogenannten Kahale, oder Gemeindevorsteher und die Rabinalgerichte aufgehoben, und die Judengemeinden, oder einzelnen Juden, gleich andern Landeseinwohnern, den ordentlichen Behörden unterworfen. Es wurde den Juden erlaubt, Grundstücke zu kaufen, Handwerke zu erlernen, auch zunftmässige Gewerbe zu treiben. Den Handelsleuten, oder Krämern wurde befohlen, über ihren Handel ganz einfache Bücher und Rechnungen in der deutschen, oder Landessprache zu führen, und ihre Wechselbriefe nach der gewöhnlichen Form zu verfassen. Das Haussiren ward ihnen untersagt, und diejenigen Juden, welche kein anderes Gewerbe, als den Ackerbau, treiben, von aller Heurathstaxe befreyet. In Betreff der Herrschaftlichen Abgaben und Schuldigkeit sollen sie gleich andern Einwohner behandelt, und ihnen ausser diesen gemeinschaftlichen Schuldigkeiten unter dem Titel eines Schutz- oder andern Geldes nichts abgefordert werden.

 Die

Die für das in landgerichtlichen Fällen erforderliche parrere medicum bisher bezahlten Taxen hob Joseph durch eine Verordnung vom 9ten May auf, und befahl, daß die Leib- und Wundärzte diesen Dienst unentgeldlich leisten sollen; auch erstreckte er das Verboth, inländische Unterthanen zu relegiren, auf die Zigeuner in Ungarn aus, welche zwar, wenn sie über den Gränzen betreten werden, gestraft, aber nie des Landes verwiesen werden sollen.

Den Herrschaften, welche ihren Unterthanen die Jagdhunde in die Häuser legten, und dieselbe diese Werkzeuge ihrer Ergözlichkeiten zu verkösten zwangen, untersagte Joseph diesen Gebrauch den 22ten Julius, und verboth künftighin alle dergleichen herrschaftliche dem ohnehin gedrückten Unterthan lästige Mißbräuche auf das schärfeste.

Zu Erleichterung der Kontributionseinhebung schrieb Joseph eine andere Manipulation vor, vermög welcher jedem Kontribuenten in Zukunft, statt der bisher üblichen Quittungen, ein Zahlungsextrakt, worein die abgetragene, oder noch rückständige Kontributions- und Adminikularschuldigkeiten eingeschrieben werden, gegeben wurde.

Die nothwendigen Manufakturen und Fabricken in den Erbstatten emporzubringen erließ Joseph den 16ten September eine Entschließung, vermög welcher den Manufakturen und Fabricken

cken zur ihrer Unterstützung noch ferner angemessene Vorschüsse, aber nur innländischen Kaufleuten und Negozianten, in baarem gegeben werden, diejenigen Manufaktursgattungen, deren Urstoff in den Erblanden erzeugt wird den Vorzug haben, und die Unterstützungen sich nicht auf die Hauptstädte allein beschränken sollen. Von dem Vorschuß werden nur $3\frac{1}{2}$ prozent genommen, und die Interessen auch das erste Jahr nachgesehen.

Die Postregale, oder das Befugniß zur Posthaltung, deren Werth bisher, gleich andern Realitäten, auf einige tausend Gulden geschlagen und verhypothezirt wurde, hob der Kaiser durch eine Verordnung vom 15ten September auf; auch verboth er in Zukunft, auf das den Postmeistern ausgemessene Pauschquantum von Rittgeldern Briefportoantheil u. d. gl. eine gerichtliche Pfändung zu führen.

Von dem in Galizien bestandenen Handwerkszinns, welcher für die Aemsigkeit und die dem Staate allgemein nützliche Beschäftigungen nicht wenig drückend war, befreyte Joseph alle Professionisten durch eine Verordnung vom 25ten August, und verboth den Dominien auf das strengste, die Handwerker zur Schadloshaltung des durch die Aufhebung des Handwerkszinnses entgehenden Vortheils für sich unentgeldlich, oder um einen geringern Lohn arbeiten zu lassen.

In

In Betreff der Freymaurer setzte Joseph durch eine Entschliessung von 11ten Dezember die Art, nach welcher diese Gesellschaft in Zukunft bestehen soll, folgendermassen fest. Sonderbar ist der Eingang im Zusammenhange mit der ganzen Verordnung. „Da nichts (heist es) ohne „gewisse Ordnung in einem wohlgeordneten „Staate bestehen soll, so finde ich nöthig, fol„gende meine Willensmeinung zur genauen Be„folgung anzugeben. Die sogenannten Frey„maurergesellschaften, deren Geheimnisse mir „eben so unbewußt sind, als ich deren Gauckel„leyen zu erfahren wenig vorwitzig jemals war, „vermehren und erstrecken sich jetzt auch schon „auf alle kleinsten Städte; diese Versammlun„gen, wenn sie sich selbst ganz überlassen, und „unter keiner Leitung sind, können in Aus„schweifungen, u. s. w. Bald darauf heißt „es: Mir, obschon sie mir eben so unbekannt „sind (die Geheimnisse) ist genug zu wissen, daß „von diesen Freymaurerversammlungen dennoch „wirklich einiges Gutes für den Nächsten, für „die Armuth und Erziehung ist geleistet wor„den, u. s. w.

Nun verlangt Joseph, daß künftig in der Hauptstadt nur eine, oder höchstens zwey oder drey Logen, in den Provinzstädten aber nur eine Loge bestehen soll. Die Gesellschaft habe den Ort, und die Stund, wann die Loge gehalten

wird

wird, der Polizey anzuzeigen. Die Vorsteher jeder Loge haben den Landeschef auf Ehre und Reputation in einer Liste die Nahmen aller verbrüderten Maurer einzureichen, und soll dieses alle Jahre geschehen.

Nach dieser Einrichtung der Freymaurergesellschaft versprach Joseph derselben allen Schutz; auf den Uibertretungsfall aber würde eine Geldstrafe von 300 Dukaten gesezt. Das Handbillet, womit diese Verordnung begleitet war, lautete folgender maßen: „Die Freymaurerey ist „nur ein politisches Mönchthum, das blos „auf nächtliche Schwelgereyen ausgeht, und „in wohleingerichteten Staaten nicht geduldet werden kann. Die Polizey hat also „auf deren Aufhebung zu sehen. Joseph.

Den 11ten August erhielt die Zensurkommission eine Verordnung, vermög welcher Joseph erlaubte, die Werke socinianischen Innhalts zu toleriren; jedoch soll diese Erlaubniß auf Bücher, die zu dem Fache der wahren Gelehrsamkeit nicht gehören, sondern in Gestalt von Romanen, oder andern witzigen Schriften socinianische Grundsätze verbreiten, nicht erstrecket werden.

Aus allen Einrichtungen Josephs leuchtet deutlich hervor, wie sehr es sein einziger Wunsch war, alle seine verschiedene Staaten nach einer gleichen Verfassung zu beherrschen. Ungarn, das bisher seine besondern Freyheiten, Sitten und Gebräuche hatte, und dadurch im Verhältnisse mit den andern Provinzen sich vorzüglicher Rechte erfreuen konnte, erfuhr dieses Jahr die meisten Neuerungen, wodurch die besondern Freyheiten dieses Königreichs gänzlich aufgehoben wurden, und dasselbe eine mit den übrigen östreichischen Provinzen gleiche Verfassung erhielt.

Den bisher in Ungarn üblichen Obergespänen wurde die Verwaltung der Staatsgeschäfte gänzlich benommen. Sie behielten zwar den Titel eines Obergespans, und Sitz und Stimmen bey den Landtagen; an ihre Stelle aber wurden königliche Kommissare ernannt, welchen die Verwaltung aller Geschäfte anvertrauet wurde. Nach diesem neuen Verwaltungssysteme theilte der Kaiser alle Gespanschaften in zehn Kreise ein, nähmlich: in den Raaber, Pesther, Neutraer, Fünfkirchner, Agramer, Großwardeiner, Neusoler, Munkatscher, Caschauer und Temescherkreis. Jeder dieser Kreise erhielt nebst dem königl. Kommissar auch einen königl. Kameraladministrator, welcher die auf die königl. Finanzen sich beziehenden Angelegenheiten zu besorgen hat.

Die königliche Kammer wurde mit der königlichen Statthalterey vereiniget, und macht von nun an nur eine Stelle aus. In Siebenbürgen

bürgen mußte daß in Ungarn bereits bestandene Urbarium eingeführt werden.

Die Unterthänigkeit, oder den in Ungarn sogenannten Jobagestand hob Joseph durch eine Verordnung vom 22sten August gänzlich auf, und erklärte alle Unterthanen als ganz freye Menschen, die befugt seyn sollen, ohne Einwilligung der Grundobrigkeiten ihren Wohnort zu verändern, sich zu verehligen, Künste und Handwerke zu erlernen, ihr Eigenthum zu verkaufen, zu verschenken, und damit nach Willkühr zu verfahren. Die Grundherrschaften wurden dem Zufolge alles Rechtes beraubt, den Unterthan von seiner selbst Colonikalsession, abzuschaffen, oder wider seinen Willen in einen andern Ort, oder in ein anderes Komitat zu übersiedeln.

Zu einer besseren Justizverwaltung hielt Joseph für nothwendig, die bisher bestandenen Gerichtshöfe gänzlich aufzuheben, und statt derselben neue zu errichten, welche mit dem 1ten Jänner 1786. ihren Anfang nahmen. Die Einrichtung dieser neuen Gerichts- und Prozeßordnung wurde durch eine Verordnung vom 25ten September bekannt gemacht. Derselben zufolge ward ein oberstes Justizamt, unter der Benennung der Septemviraltafel, bestellet, welchem die Einsicht und Leitung der untergeordneten Gerichte obliegt. Ferner wurde ein Appellapellationsgericht, unter dem Namen, einer königlichen Tafel, eingeführt, und in zwey Sitzungen eingetheilt. Die Gerichte der ersten Instanz sind die in Ungarn gegenwärtig vorhandene vier Distriktualtafeln, und die in Kroazien befindliche Gerichtstafel. Alle übrigen Gerichte und Gerichtshöfe aber, die Landrichter, u. d. gl. sollen gänzlich aufgehoben seyn.

In Kirchensachen fuhr Joseph mit dem nähmlichen Eifer fort, Verbesserungen und neue Einrichtungen zu treffen, den er die verflossenen Jahre gezeigt hatte. Die Verordnung vom 23sten August 1784. in Betreff der Begräbnisse, daß die todten Körper in leinene Säcke eingenäht, und mit Kalk dicht bestreuet in die Erde versenkt werden sollen, hat bey dem unaufgeklärten Theile des Volkes ein grosses Murren erregt, das bis zu den Ohren des Kaisers gelangte. So nützlich, und für die Erhaltung des allgemeinen Gesundheitzustandes ersprießlich diese Verordnung auch war, so wollte Joseph doch nicht das Volk zu solchen Begräbnissen zwingen, und dasselbe dadurch beunruhigen. Er schrieb deswegen an den obersten Kanzler der böhmisch-österreichischen Hofstelle folgendes Handbillet:

" Lieber Graf Kollowrat!

„ Da ich sehe, und täglich erfahre, daß „ die Begriffe der Lebendigen leider noch so ma-

„ teriel

„ terkel sind, daß sie einen unendlichen Preis
„ darauf setzen, daß ihre Körper nach dem
„ Tode langsamer faulen, und länger ein stin-
„ kendes Aaß bleiben, so ist mir wenig daran
„ gelegen, wie sich die Leute wollen begraben
„ lassen, und werden Sie also durchaus erklä-
„ ren, daß, nachdem ich die vernünftigen Ursa-
„ chen, die Nutzbarkeit und Möglichkeit dieser
„ Art Begräbnisse gezeiget hätte, ich keinen
„ Menschen, der nicht davon überzeugt ist,
„ zwingen will, vernünftig zu seyn, und daß
„ also ein jeder, was die Truhen anbelangt,
„ frey thun kann, was er für seinen todten
„ Körper zum voraus, für das angenehmste
„ hält."

Den 18ten Jänner. Joseph.

Diesem Handbillet gemäß erging den 27ten Jänner ein Kreisschreiben, worinn der Willen des Kaisers bekannt gemacht, und jedem frey gestellt wurde, sich mit, oder ohne Truhen begraben zu lassen.

Die bisher auf dem Lande erlaubt gewesenen zwey Prozessionen wurden den 8ten März in allen Diözesen abgestellt, und statt derselben die Quatemberandachten eingeführt.

An die Stelle des Bisthumes von Wiener-Neustadt errichtete Joseph ein Bisthum zu St. Pölten. Durch eine den 10ten Februar erlassene Verordnung wurde jedem Geistlichen verbothen, zwey mit der Seelsorge verbundene Pfründen zu besitzen. Diesem Befehle gemäß wurde dem Kardinal Erzbischofe Migazzy von Wien, welcher zugleich Bischof zu Waizen in Ungarn war, frey gestellt, welche von beyden Pfründen er abtreten wolle. Da aber der Kardinal Erzbischof zu dieser Abtretung auf keine Weise sich verstehen wollte, so ließ der Kaiser das Bisthum Waizen den 1ten July durch die in Klostersachen aufgestellte Administration zum Besten des Religionsfonds in Verwaltung nehmen.

Das in den Kirchen gewöhnliche Umgehen mit dem Klingelbeutel unter der Predigt wurde den 6ten July untersagt; desgleichen auch das Opfergehen unter dem Hochamte, und befohlen, daß ersteres vor der Predigt, letzteres aber vor dem Hochamte geschehen soll. Nicht minder wurde Opfer in Naturalien auf den Altar zu legen, und das Einräuchern der Häuser am heiligen Abend und Dreykönigtage untersagt. In Galizien wurde die Beleuchtung und das Küssengeben der Reliquien, die Austheilung der Amulette und andere dergleiche durch den Aberglauben eingeführete Gebräuche verbothen, und alle Kongregationen und Bruderschaften, wie sie immer Nahmen haben, aufgehoben.

So wie Joseph an der Verbesserung der innern Staatseinrichtung und Abschaffung kirch-

licher

licher Missbräuche arbeitete, eben so sehr liess er sichs angelegen seyn, den Fleiss seiner Unterthanen aufzumuntern, und die Mittel zur Beförderung des Kommerzes zu erleichtern. Er liess in Galizien durch die Kreisämter bekannt machen, daß jene, welche ein Zeugniß von besserer Bestellung ihrer Felder und von mehr Zug- und Zuchtvieh aufweisen können, Prämien erhalten sollen. Auf seinen Befehl wurde eine neue Strasse von Zeng nach Novi im Weinthale angelegt, und die Strasse von Novi bis Buccari, welche gänzlich in Verfall gerathen war, hergestellt. Von Fiume nach Laibach liess er gleichfals eine Strasse bauen, und zwar nahe am Meere hin, wodurch bis Lippe die beschwerlichen Berge vermieden werden. Dem Egerflusse in Böhmen gab er einen neuen Lauf um die Festung Theresienstadt, welcher den 5ten Dezember eröfnet wurde.

Merkwürdig wird dieses Jahr in der Geschichte durch die Erfindung der Amalgamation, welche der verdienstvolle Herr Hofrath, Ignaz Edler von Born des h. R. R. Ritter, gemacht, und dieses Jahr zum Besten des Staates dem Hof mitgetheilt hat. Durch diese Methode wird nun das Gold und Silber statt der langsamen und kostbaren Schmelzprozesse auf eine geschwindere, wohlfeilere, holzersparendere Art mittelst des Quecksilbers aus den Erzen gebracht, und auch noch der Vortheil verschafft, daß geringhaltigere Erze, die ehedem des theuren Prozesses wegen nicht benutzt werden konnten, nun die Mühe und Kosten reichlich lohnten. Joseph, überzeugt von dem Nutzen dieser Erfindung, befahl den 14ten April, die Amalgamationsart in allen k. k. Aerarialwerken einzuführen, dem Erfinder aber das Drittel des nach dem Verhältnisse der damahligen Schmelzkosten sich ergebenden Gewinns durch zehn Jahre einzuräumen; nach Verlauf dieser 10 Jahre aber ihm oder seinen Erben den durch diese Zeit genossenen Betrag des ein Drittel Gewinns durch andere zwanzig Jahr mit 4 pr. Zento zu verinteressiren. *)

Zu Lemberg errichtete Joseph eine ganz neue Universität, und die Universitäten zu Wien, Pesth und Freyburg wurden mit einigen neuen Lehrstühlen vermehrt. Die Inauguraldisputationen zu Erlangung der Doktorwürde in der Arzneykunde wurden auf allen innländischen Universitäten abgeschafft,

*) Handwerksneid und dumme Chikane haben diesen grossen Gelehrten, Oesterreichs Stolz, seine ihm vom Monarchen anerkannte Belohnung durch vier Jahre unter allerley Vorwand zum Nachtheil des Staates immer vorzuenthalten gewußt, bis Joseph zwey Tage vor seinem Tode befahl, dem Herrn Hofrath von Born seinen Antheil alsogleich zubezahlen, und gegen die Chikane mit aller Strenge zu inquiriren.

schafft, und statt derselben praktische Prüfungen anbefohlen.

Den 28sten May reiste der Kaiser nach Mantua, welches Herzogthum vom Anfange dieses Jahrs mit den Mayländischen Provinzen unter dem Nahmen der österreichischen Lombardey gänzlich vereiniget und mit denselben auf einen durchaus gleichen Fuß gesetzt, zugleich bey den dortigen Gerichtsstühlen, wie in den übrigen österreichischen Provinzen bereits geschehen war, die Tortur abgeschafft wurde. Der Steyermarkische Herzoghut wurde im Juny nach Wien in die Schatzkammer übertragen. Den 7ten November wurde die auf Befehl des Kaisers nach der Angabe und unter der Aufsicht des k. k. Proto-Chyrurgus, Ritters von Brambilla, nunmehrigen Hofraths, in der Wahringergasse zu Wien neu erbaute medizinisch-Chyrurgische Akademie, welche den Nahmen der Josephinischen führet, feyerlich eröfnet. Den 12ten November kam das dem Kaiser von der Kaiserinn von Rußland geschenkte Korps Saporegischer Kosaken in Siebenbürgen an.

Das Jahr 1 7 8 6.

Das Jahr 1786 zeichnete sich durch die unermüdet fortgesetzten Neuerungen in Josephs Staaten nicht minder aus, als die vorherigen. Ja es wird in der Geschichte dadurch noch merkwürdiger, weil in demselben der Krim zu den später erfolgten Revolutionen in den Niederlanden und in Ungarn angelegt wurde.

Die Gleichförmigkeit der Gesetze, ein Hauptaugenmerk Josephs, immer mehr und mehr einzuführen, sandte er den Staatsrath, Freyherrn von Martini, zu Anfang dieses Jahrs nach Mayland, um die Verwaltung der Gerechtigkeit in der österreichischen Lombardey nach der in den deutschen Erbstaaten eingeführten neuen Gerichtsordnung zu reformiren. Zu Besorgung der politisch ökonomischen Angelegenheiten wurde zu Mayland eine Landesregierung, wie sie in den übrigen k. k. Provinzen bestehet, errichtet, welche mit dem 1ten May ihren Anfang nahm; die ganze österreichische Lombardey aber wurde in acht Bezirke getheilt, welche den Nahmen: Milano, Mantova, Pavia, Cremona, Lodi, Como, Bozolo, und Gallarate führen. In jedem derselben wurde ein Stadt- und Landeskollegium errichtet. Von dem 1ten November mußten alle Landesgeschäfte nach dem neu eingeführten Systeme eingeleitet werden, und von der nämlichen Zeit an wurden alle besondere Staatsverwaltungsämter ausser Wirkung gesetzt, an deren Stelle das Oberamt eines jeden Bezirkes, unter der unmittelbaren Aufsicht des Landesguberniums, die Verwaltung der Geschäfte besorgte. Den Bischöfen in der Lombardey wurde vorgeschrieben, in ihren Kirchsprengeln

geln diejenige Kirchen- und Gottesdienstordnung einzuführen, welche in den übrigen k. k. Provinzen im Gange ist. Die Wiener Stadtbankozettel wurden in der ganzen Lombardey eingeführet.

Aus der nähmlichen Ursache, aus welcher in Ungarn der Gebrauch der deutschen Sprache bey allen Geschäften und gerichtlichen Angelegenheiten anbefohlen wurde, erschien auch zu Anfang dieses Jahrs eine unterm 1ten Dezember 1785 ausgefertigte Verordnung für Galizien, worin die Einführung dieser Sprache bey allen Gerichtsstellen in Zeit von drey Jahren gebothen wurde. Jene Beamte, welche nach Verlauf dieser Zeit nicht Beweise ablegen können, daß sie sich der deutschen Sprache zur mündlichen und schriftlichen Geschäftshandlung hinlänglich eigen gemacht haben, sollten ihres Dienstes als unfähig entlassen werden.

In Betreff des Frohndienstes (Robot) in Galizien verordnete Joseph den 8ten August, daß jene Unterthanen, welche 3 Tage in der Woche Frohne zu leisten haben, von allen Aushilfstagen bey dem Heumachen, oder der Körnerfechsung befreyet seyn, und nur diejenigen, welche 1 oder 2 Tage roboten, zum Aushelfen gebraucht werden sollen; doch sey es dergestalt einzuleiten, daß diese auch nicht mehr, als nur drey Tage in der Woche zu roboten haben, und

 sollen

sollen ihnen die Tage, an welchen sie über ihre Schuldigkeit roboten, nach dem gewöhnlich bestimmten Preis für die Hand- und Zugfrohne bezahlt werden.

Die bisher bestandenen Jagdgesetze wurden durch eine Verordnung vom 28sten Februar gänzlich aufgehoben, und ein neues Jagdgesetz eingeführt, welches das Eigenthumsrecht der Jagdinhaber zwar nicht beeinträchtiget, aber auch nicht gestattet, daß einer allzugrossen Jagdlust wegen die Feldfrüchte zerstöhret und verwüstet werden können.

Die Polizeigeschäfte setzte Joseph in diesem Jahre in der ganzen österreichischen Monarchie auf einen gleichförmigen Fuß, und werden sie nun nach dem Muster der Residenzstadt, wo die Oberdirektion sich befindet, geführet.

Die Bildung der Juden zu befördern geboth der Kaiser den 15ten April, daß keinem Juden, der nicht ein Zeugniß aufweisen kann, daß er den normalmässigen Unterricht erhalten hat, der Heurathskonsens ertheilet werden soll.

Die Mißbräuche so vieler Kirchweihen, wodurch der Landmann theils in unnöthige Unkosten versetzt, und auch durch das Herumziehen von einem Kirchweihfeste zum andern in seiner Arbeit gehemmt wurde, wollte Joseph dadurch heben, daß er den 12ten Oktober verordnete, es sollen künftighin alle Kirchweihen

hen in den österreichischen Erbstaaten an einem Tage zugleich, nähmlich am dritten Sonntage im Monate Oktober, gehalten werden.

Josephs Reformationsgeist erstreckte sich über alle Gegenstände, worunter hauptsächlich die Gesetzgebung begriffen war. Da seine Lieblingsidee, alle Staaten nach gleichen Gesetzen zu beherrschen, nach den alten bestehenden Gesetzen nicht ausgeführt werden konnte, so ernannte er eine eigene Kompilationskommission, welche aus 4 Räthen bestand, und wobey Graf Wenzel von Sinzendorf den Vorsitz, und Herr Hofrath von Kees das Referat hatte, welche den Auftrag erhielt, ganz neue Gesetze für die sämmtlichen Provinzen der österreichischen Monarchie zu verfassen. Dem Wunsch des Monarchen zu entsprechen bemühte sich diese Kommission, den ersten Theil des Gesetzbuches, so geschwind als möglich zu verfertigen, und den 1ten November wurde auch schon die Erscheinung desselben kund gemacht. Das einstimmige Urtheil aller Menschen tadelte diese neuen Gesetze. Richter und Rechtsfreunde klagten schon ehedem über die neue Gerichtsordnung, und nun wurde ihre Stimme noch lauter. Sogar in öffentlichen Schriften, die mit Bewilligung des Hofes frey verkauft werden durften, wurde dieser neuen Gesetzen auf eine beissende Art gespottet, und die Unvollkommenheit derselben nicht undeutlich gezeiget; aber Joseph druckte denselben durch seine Unterschrift den Stämpel der Verbindlichkeit auf, und bey den Gerichtsstellen mußte darnach gesprochen werden. Vom 1ten Jänner 1787 erhielten sie ihre Kraft, und alle andere Gesetze wurden vernichtet. Bald nach der Erscheinung des ersten Theils dieses neuen Gesetzbuches kündigte der Herr Hofrath von Rees einen Kommentar über die neuen Gesetze und über die neue Gerichtsordnung auf Pränumeration an, wie wohl den Richtern gebothen ward, sich genau an den Buchstaben des Gesetzes zu halten.

Damit an den aufgehobenen Feyertagen durch Enthaltung von der Arbeit die Handwerksleute der bestehenden Verordnung nicht zuwider handeln möchten, wurde am 25sten Julius allen Zunftvorstehern befohlen, denjenigen Gesellen, welche an den aufgehobenen Feyertagen oder an den sogenannten blauen Montagen zu arbeiten sich weigern, bei sechs Reichsthaler Strafe keine Kundschaft auszufertigen.

Die im verflossenen Jahre in Ungarn eingeführten Neuerungen, besonders die Einrichtungen der Komitate, erhielten nichts weniger, als den Beyfall der Nation. Sie klagte über Verletzung ihrer Grundverfassung, und die ungarische Kanzley machte dem Kaiser dagegen Vorschläge, welche Er eigenhändig beantwortete.

rc. Dieser Aufsatz ist sehr merkwürdig. „Im Eingange setzte er auseinander, was ein Komitat ist, und worin die Pflichten eines Vizegespans bestehen. Er zeigte, daß die Komitate, da sie nur kleine Theile des Ganzen sind, von diesem auch lediglich ihre Richtung erhalten müßten, und daß es eine monstruöse Verfassung wäre, wenn man alle diese Theile, als besondere Provinzen betrachten wollte, welche gegen die allgemeine Gesetzgebung noch Gutachten, Ueberlegungen, Repräsentationen, Protestationen, Sistirungen u. d. gl. machen könnten, wie es bisher von ihnen geschehen ist. Es sey, fährt er fort, eine doppelte Ursache von der Fortdauer dieses Unwesens; nähmlich: eine von Alters durch die vielfältigen Kriege nach dem Ungefähr entstandene Abtheilung der Komitate; zweytens, weil die Könige durch diese vielfachen Abtheilungen mehr Einfluß durch die Mittel ihrer Höflinge, und durch die Verschiedenheit der Meinungen bey dieser vielfältigen Trennung, die Erhaltung ihrer Sicherheit, oder die Vermehrung ihrer Gewalt und Einkünfte, augenblickliche Vortheile, einzelne Verwilligungen u. d. gl. zu erhalten hofften. Das solche Mittel nicht die seinigen sind, beweise er hinlänglich, indem Er ausser seiner Seelenkraft keiner Sicherheit bedarf, auch nur das allgemeine Beste unausweichlich zum alleinigen Ziele habe.

Daraus

„Daraus folge nun, daß alles, was mit Nos universitas *) anfängt, aufhören müsse, weil nur Nos Status regni Hungariae existiren, und diese mit ihrem Könige in einem Landtag versammelt sagen können: statuimus. Dann zeigte er die Pflichten der Vizegespäne, und der von ihm eingesetzten Kommissare.

„Die Einrichtung der Judizialsachen betreffend, so hänge das Wesentlichste in der Justizverwaltung hauptsächlich von der guten Besetzung der ersten Instanzen ab, welche das factum erheben, und in das klare Licht setzen müssen, weil der alte Spruch ganz richtig ist: quod si dederis mihi factum dabo tibi legem. Es müsse also in jedem Komitat ein beständiges Gericht seyn, das alle wirkliche Prozesse und Kriminalfälle zu erheben und zu entscheiden hätte."

Die neue allgemeine in den österreichischen Provinzen eingeführte Gerichtsordnung wurde auch durch eine Verordnung vom 23sten November 1785 in Ungarn einzuführen befohlen, und den ersten May dieses Jahrs wirklich nach derselben in allen Prozeßsachen gesprochen.

Das in vorigem Jahre in Ungarn zu Grund gelegte System der öffentlichen Staatsverwaltung wurde dieses Jahr auch auf Siebenbür-

gen

*) Ein Titel, den jeder Komitat in Vorstellungen und Befehlen sich beyleget.

gen ausgedehnt, und dieses Großfürstenthum in drey Bezirke abgetheilt, in den Hermanstädter, Fagarascher, und Klausenburger.

Das im vorigen Jahre in den deutschen Erbstaaten eingeführte neue Steuerregulierungsgeschäft befahl Joseph durch eine Verordnung vom 10ten Februar auch in Ungarn und Siebenbürgen einzuführen. Joseph sagt in dieser Verordnung: "Da ein billiger Steuerfuß, wodurch die öffentlichen Lasten nach einem ächten Verhältniß untergetheilet werden, das meiste zur allgemeinen Glückseligkeit beytraget, der Bauer bisher in Ungarn nach unächten Grundsätzen belastet, der Adel aber, wegen der zu leistenden Insurektion, die doch zur Beschützung des Vaterlandes unverläslich ist, gänzlich befreyet war, so fordere es die Billigkeit, die Abgaben und Lasten des Staates nach einem gleichen Maaßstabe zu vertheilen." Im Monat Juny nahm dieses Ausmessungsgeschäft unter der Leitung des Freyherrn von Kaschnitz wirklich seinen Anfang, so sehr sich der Adel dagegen sträubte, und über Kränkung seiner Vorrechte klagte.

Verschiedene kleine Gespanschaften hat Joseph in ein Komitat verbunden, auch für dieselben eine Verordnung ergehen lassen, daß alle sowohl Kammeral- als Partikularkongregationen der Gespanschaften aufzuhören haben;

und

und nur dann zu gestatten sind, wann die Stände ihre Deputirte zum Landtage wählen. Das Recht, Vizegespane zu ernennen, behielt Joseph sich vor, so wie er den königl. Kommissaren die Vollmacht ertheilte, alle übrige Komitatsbeamte zu ernennen."

Den 5ten Oktober verboth Joseph den Grundherrschaften allen bisher in Ungarn üblichen Vorkauf, und erlaubte den Unterthanen, ihre Erzeugnisse und Waaren wo und wem sie wollen, ohne Voranfrage bey der Herrschaft, welcher auf das strengste untersagt wurde, die auf einen Ort kommenden Käufer von dem herrschaftlichen Gebiete abzuweisen, zu verkaufen.

Den Kindermord, welcher in Ungarn von einigen geschwächten Weibspersonen begangen wurde, in Zukunft zu verhindern, geboth Joseph, daß die den 14ten Nov. 1769. deswegen ergangene Verordnung in allen Komitaten auf das genaueste befolget, und eine geschwächte Weibsperson nicht mehr, wie es üblich war, mit Ruthen gezüchtiget, oder mit einer andern schimpflichen Strafe belegt werden soll. Dienstherrn, bey denen eine schwangere Weibsperson in Diensten ist, sollen gehalten seyn, sie bey sich zu behalten, und würden diejenigen, welche dieser Verordnung zuwider handeln, sollte sich ein Kindermord ergeben, exemplarisch bestraft werden.

In

In den Komitaten Liptau, Arva, Thurocz und Trentschin, wo der Getreidebau von der Natur nicht allzeit gesegnet ist, befahl Joseph zu Vermeidung einer Hungersnoth geräumige Schütthäuser anzulegen, welche auf königliche Kosten immer mit einem hinlänglichen Vorrath von Getreide versehen seyn sollen, wovon die armen Unterthanen im Fall der Noth zu ihren Bedürfnissen, oder zur Aussaat, Getreide in dem Preis erhalten sollen, als es in den fruchtbaren Komitaten ist erkauft worden. Gleichfalls sorgte Joseph für die Begünstigung und Emporbringung des ungarischen und siebenbürgischen Handels. Er verordnete, daß das Dreissigstamt in Ungarn und Siebenbürgen für Galiziens und andere einheimische Produkte, die aus den kaiserlichen Staaten durch Galizien herüber gebracht werden, nur 3 pr. C. fordern soll. Ferner befreyte er alle ausländische Waaren, die in Galizien aufgekauft, und nach Ungarn oder Siebenbürgen gebracht werden, von aller Mauth, wenn diese schon in Galizien bezahlt worden ist. Für erlaubte fremde Waaren, die aus Rußland, Danzig, oder andern fremden Provinzen einkommen, befahl er in Galizien die neu bestimmte Taxe, in Ungarn aber nur die gewöhnliche Mauth abzugeben.

In Ansehung der protestantischen Schulen verordnete Joseph, daß die Beyträge aus dem allge-

allgemeinen Fond auch ganz akatholischen Hauptschulen auf den Fall zufliessen sollen, wenn ein von Protestanten allein bewohnter Ort zu einer solchen Einrichtung nach der Vorschrift des Systems geeignet ist. An den Orten, wo den Protestanten die Privatreligionsübung zustehet, und sie doch keine Schulen, sondern nur Kantore für den Religionsunterricht haben, gestattete er denselben, daß sie auch andere Gegenstände, jedoch nicht in eigenen Schulen, nach der Normalvorschrift in den vorhandenen katholischen Schulen gemeinschaftlich mit dem katholischen Schulmeister lehren mögen, welche zusammengesetzte Schule dann alle Kinder ohne Unterschied der Religion zu besuchen haben; ein gleiches erlaubte er, wo sie zur Privatreligionsausübung nicht berechtiget sind. Aus den Lehrbüchern befahl er, alle für die Protestanten unannehmliche Stellen wegzulassen, und er stellte ihnen frey, die Abänderung der einzelnen ihnen anstössig scheinenden Stellen selbst anzuzeigen.

Der in der Haupt- und grössern Provinzialstädten eingeführte einfache Gottesdienst wurde nun auch für das platte Land in Nieder-Oesterreich vorgeschrieben, und nahm den 5ten März seinen Anfang. Die Vorschriften für Städte, Märkte und Dorfpfarreyen waren verschieden; allenthalben aber wurden die Wettersegen, Novenen, Kreuzgänge, und was immer

mer

mer für Nebenandachten gänzlich abgestellt. Die Prozessionen am Markustage, und in der Bittwoche wurden jedoch nicht über eine Viertelstunde weit um die Pfarrey zu führen erlaubt, so wie die Fronleichnahmsprozession, aber nur an diesem Tage; alle übrigen Prozessionen hingegen sind gänzlich abgestellt. In der Charwoche darf alles nur nach dem römischen Rituale gehalten werden. Die heiligen Gräber und die Auferstehungszeremonien blieben gänzlich weg, und das Glockenzeichen an Samstagen zum Feyerabende wurde verbothen.

Den für erledigte Kuratpfründen konkurrirenden Kandidaten die nahmhaften und wiederholten Reisekosten zu ersparen, erließ Joseph für alle sowohl deutsche, als ungarsche Erblande ein Normale, vermög dessen in jeder Diözeß nur zweymal des Jahres, nähmlich zu Anfang des Maymonats, und Ende August, ein allgemeiner Konkurs abgehalten werden soll, bey welchem zu erscheinen jedem frey stehet. Für diejenigen, welche die Note der ersten Klasse erhalten haben, erstrecket sich in ihrer Diözeß die Giltigkeit ihrer Prüfung auf drey Jahre. Jene Pfarrer aber, welche sich in ihren Seelsorgeramte besonders auszeichnen, können, ohne sich vorher einem Konkurse zu unterziehen, für andere Pfarreyen in Vorschlag gebracht werden.

Zu Leoben in Steyermark errichtete Joseph den 29ten May ein neues Bisthum, dessen Sprengel über den Brücker- und Judenburgerkreis sich erstrecket.

Josephs Neuerungen im geistlichen Fache verbreiteten sich bisher nur in den deutschen und ungarischen Erbstaaten; aber dieses Jahr sollte die Fackel der Aufklärung auch die Niederlande erleuchten. Den 10ten May wurden daselbst alle Prozessionen, (die an den Bittagen und am Frohnleichnahmsfeste ausgenommen) alle Wallfahrten, nebst den dabey gewöhnlichen Bildern, Statuen, Mummereyen, und andern Spielwerken, so wie alle Arten sogenannter Jubiläen gänzlich verboten. Den 14ten Juny untersagte Joseph den Besitz zweyer mit der Seelsorge verbundenen Pfründen, und den 16ten machte Er den Niederländern die Nothwendigkeit des Konkurses zu Erlangung der Seelsorgerpfründen durch eine Verordnung, worin künftig die Vergebung derley Pfründen nur auf diese Art und Weise geboten ward, begreiflich.

Die bischöflichen Seminarien in den Niederlanden, welche bis itzt unter der Aufsicht der Bischöfe standen, wurden den 16ten Oktober gänzlich aufgehoben, und an ihre Stelle an der Universität zu Löven ein Generalseminar; zu Luxenburg aber eine geistliche Filialschule nach dem Muster der geistlichen Erziehungshäu-

ser

ser in den Erblanden, errichtet; zur Aufsicht über die Studien in diesem Generalseminar wurde ein Direktor von Wien geschickt.

Diese neuen Einrichtungen misfielen den Niederländern, besonders den Bischöfen, die ihre Rechten dadurch für gekränckt hielten, und sie waren der Anlaß zu den Unruhen, welche die Niederlande itzt von der österreichischen Monarchie trennen, wie wir in der Folge sehen werden.

Den 15ten November würde das neu errichtete Generalseminar zu Löven eröfnet. Bey drey hundert Zöglinge mit den besten Zeugnissen von ihren Bischöfen versehen, erschienen daselbst, und waren Anfangs dem äussern Scheine nach mit der innern Einrichtung recht sehr zufrieden. Doch bald umwandelte sich diese ihre Zufriedenheit in lautes Klagen sowohl über die innere Verfassung des Seminars, als über die neuen Lehren der theologischen Schulen. Diese unbestimmte Klagen brachen endlich in eine aufrührische Meuterey aus, und nun begann diese Schaar geistlicher Zöglinge alle Disciplin aus den Augen zu setzen, und die erdenklichsten Ausschweifungen zu begehen. Alle Geräthschaften wurden zerstöhret, die Vorsteher des Hauses mishandelt und beschimpfet, gewissen Personen mit dem Tode gedrohet, und zuletzt wollten sie sogar das Gebäude in Brand stecken.

Das Generalgouvernement, von diesen aufrührischen Umständen berichtet, schikte, um dem gänzlichen Ausbruch der Unordnung vorzubeugen, am 8ten Dezember den k. k. Gubernialrath le Clerk nach Löven; zugleich wurden einige Dragoner und einige Bataillons Infanterie dahin beordert, die öffentliche Sicherheit herzustellen, und das Ansehen des Souverains zu behaupten. Le Clerk wollte die aufgebrachten Jünglinge durch sein Zureden zu ihrer Pflicht zurück führen; aber ein tumultuarischer Lärm unterbrach ihn, und bald darauf folgte ein Steinregen, der ihn zwang, das Seminar zu verlassen, und er mußte mit vieler Gefahr sein Leben retten. Den andern Morgen wurden die Aufrührer in ihren Zimmern in Verhaft gesetzt, der Haupturheber aber in das Gefängniß gebracht. Indessen wurden diese Unruhen bald beygelegt, doch glimmte ihr Feuer unter der Asche noch immer fort, bis es zu hellen Flammen ausbrach.

Die bisher in den Monaten September und Oktober üblichen Schulferien versetzte Joseph auf die Monate Julius und Augustus. In Ungarn wurde neuerdings erinnert, daß mit Ende des Schuljahrs 1787. kein Schüler angenommen werden würde, der nicht deutsch

kann;

kann; so wie auch alle Grammatikalschulen nicht anders, als deutsch im ganzen Königreiche gelehret werden sollen.

Den Professoren, so wie dem kommandirenden Staabschirurgus an der wiener und josephinischen Militarakademie der Chyrurgie hat Joseph den 15ten Februar die Doktorwürde aus der Chyrurgie unentgeldlich bewilliget, und können sie solche auch wieder andern verleihen. Er verordnete zugleich, daß die bey ihnen erlangte Doktor- und Magistergrade mit denen der ersten erbländischen Universitäten in gleichem Range und Ansehen stehen sollen.

In Brünn ließ Joseph zum Besten der Menschheit ein Gebähr- Findel- Kranken- und Tollhaus erbauen.

Die Goldmünzen wurden durch eine Verordnung vom 12. Jenner erhöhet, und stiegen vom 1. Februar an im Werthe. Die k. k. Dukaten zu 4 fl. 30 kr. Die Souverainsd'ors zu 13 fl. 20 kr., die halben Souverainsdors zu 6 fl. 40 kr. Die Kremnitzer Dukaten wurden in Umlauf bis 1. Jänner 1788 zu 4 fl. 30 kr. gestattet, nach dieser Zeit aber sollten sie als Kurrentmünze nicht mehr im Umlaufe bleiben. Allen übrigen Goldmünzen wurde der Umlauf bis letzten Dezember 1786 in dem in der dieser Verordnung angehängten Tariffe bestimmten Werthe

the bewilliget, dann sollten sie gleichfalls ausser den Umlauf gesetzt werden. *)

Zu Beförderung des Handels schloß Joseph den 12. November mit Rußland einen Handlungstraktat. Nicht minder verordnete er den 17. Julius, daß alle in den deutschen und galizischen Erblanden erzeugte Manufakte und Fabrikate sowohl als die einzuführen erlaubten in den deutschen und galizischen Erbländern schon pro Consumo verzollten fremden Waaren, wenn sie in die ungarischen Länder gehen, nicht nur von dem an den deutschen und galizischen Grenzen zu entrichtenden Ausfuhrzolle, sondern auch die deutschen und galizischen Manufakte und Fabrikate bey ihrem Eintritt in die ungarischen Länder von Bezahlung der bisher üblich gewesenen Consumo-Dreyßigstgebühr gänzlich frey seyn sollen. Ferner gestattete Joseph in diesem Jahre den Nachdruck aller ausländischen Zeitungen, doch mußte bey der N. Oe. Regierung um die Erlaubniß hiezu angesucht werden.

Von der Ottomanischen Pforte erhielt Joseph für die im Banate von den Türken verübten Räubereyen eine Entschädigung von 289,290 fl.

Durch

*) In Betreff der Kremnitzer Dukaten und anderer fremder Goldmünzen wurde ihr Umlauf 1789 noch länger bewilliget.

Durch das an dem Kutscher, welcher seine Geliebte ermordet hatte, und an andern ähnlichen Verbrechern vollzohene Urtheil glaubte fast jedermann, daß Joseph die Todesstrafen gänzlich in seinen Staaten aufgehoben habe. In dieser Meinung wurde das Publikum noch mehr bestätiget, da zu Anfang dieses Jahres ein Korporal ein Mädchen im öffentlichen Tanzsale auf der Rossau zu Wien beym Tanz ermordete, und gleich den übrigen Verbrechern mit einem Galgen und Rad gebrandmarket, und zur öffentlichen Arbeit verurtheilt wurde. Aber noch waren die Todesstrafen nicht aufgehoben. Die Richter mußten nach den bestehenden peinlichen Gesetzen sprechen, und Joseph änderte nur nach seinem Gutdünken das von den Richtern gefällte Urtheil in gelindere oder härtere Strafen um; wovon er einige Beyspiele gab.

Das Merkwürdigste ereignete sich mit einem Magistratsbeamten, der eine Weibsperson, welcher er die Ehe versprochen, vorher um ihr Vermögen bestohlen, und dann, diesen Diebstahl zu verheimlichen, als sie zu ihm kam, ein irdenes Einsatzgeschier auszuborgen, auf seinem Boden ermordet hatte. Seine That wurde bald entdeckt, und er wider die Vermuthung des ganzen Publikums, wider seine eigene Erwartung verurtheilt, mit glühenden Zangen dreymal gezwickt, und dann von unten auf gerädert zu werden. Als der Kaiser diesen Spruch der Richter bestätigte, wurden ihm darüber Vorstellungen gemacht, und die Beyspiele angeführt, wodurch er das Publikum in dem Wahn bestärket habe, daß die Todesstrafen aufgehoben wären. Man sagte ihm, daß der Verbrecher selbst keine andere Strafe erwartet habe, als die an den ihm ähnlichen Verbrechern vollzohen worden war. So triftig diese Vorstellungen seyn mogten, so blieb Joseph bey seinem einmal gefaßten Entschlusse, daß der Verurtheilte gezwickt und gerädert werden soll; auch wurde dieser Spruch wirklich an ihm vollzohen, obgleich ganz Wien bis auf den letzten Tag glaubte, es wäre nur ein Schreckbild, und er würde, wie der Kutscher und Korporal, deren Verbrechen dem seinigen glichen, gebrandmarket, und zur öffentlichen Arbeit verurtheilt werden.

Diese Hinrichtung war lange der Stof aller öffentlichen Unterredungen, bis endlich zwey andere Fälle das Publikum beschäftigten. Ein Graf aus einer ansehnlichen Familie, von einem feurigen Temperamente, der, da er sehr jung aus den Händen seines Hofmeisters und unter das Militär kam, durch die Lebhaftigkeit dieses Temperamentes verleitet, sich allen Freuden und Ergözlichkeiten, überließ; der von diesem

sem wilden Strom, gegen welchen sich zu stemmen er keine festen Grundsätze erhielt, von Thorheit zu Thorheit fortgerissen wurde, bis er seinen Dienst quittiren mußte; dann im Civildienste gleicher Thorheiten wegen wieder gezwungen war auszutreten, lebte in Wien. Sein Einkommen reichte nicht zu seinen Ausgaben. Sein Leichtsinn erlaubte ihm nicht, die Folgen seiner Handlungen zu überdenken, und so lebte er in Saus und Braus, machte Schulden so viel er konnte, und beherzigte immer nur den gegenwärtigen Augenblick, nie die Zukunft.

Von seinen Gläubigern gedrängt wußte er keine Aushilfe, und seine Mühe ein Mittel, diese ungestümmen Gäste zu besänftigen, ausfindig zu machen, war vergebens. In diesem Moment, wo er herum getrieben von der Unruhe dringender Schulden nirgends Rath zu schaffen wußte, trat ein Verräther zu ihm, und gab ihm den Vorschlag, durch Verfertigung falscher Bankozettel sich aus aller Verlegenheit zu reissen. So willkommen in des Grafen Lage ein solches Hilfsmittel auch war, so verwarf er es doch, und willigte nur darein nach vielen Vorstellungen dieses Bösewichts, der, um die dem Denunzianten versprochenen 10000 fl. zu erhaschen, boßhaft genug war, einen Menschen unglücklich zu machen, und so viele ehrwürdige Familien mit Schande zu bedecken. Auf das viele Zureden, daß nichts leichter sey, als die Bankozettel nachzumachen, daß sehr geschickte Männer daran mitarbeiten würden, daß gar keine Gefahr, verrathen zu werden, zu befürchten wäre, trat der Graf in die Gesellschaft, und gab seine Wohnung her, wo an der Verfertigung der Bankozettel gearbeitet wurde.

Als aber dem Grafen das Geld zur Unterstützung der arbeitenden Gesellschaft mangelte, ihn auch überhaupt diese gefährliche Unternehmung schon reute, so wollte er die ganze Sache aufgeben, und befahl auch wirklich dem Urheber dieses Vorschlags, der zugleich ihn schon denunzieret hatte, das ganze Werk liegen zu lassen, indem ohnehin nicht zu vermuthen sey, daß man die Aehnlichkeit mit den ächten Bankozetteln treffen würde, und er dann nur die größte Verdrüßlichkeit haben könnte. Dieser Entschluß des Grafen war nun nicht nach dem Sinne des Verführers. Er suchte alle mögliche Gründe hervor, den Grafen von dem glücklichen Ausgange zu überreden, und als dieser nicht einwilligen wollte, und sich entschuldigte, daß er kein Geld habe, drang er in ihn, einen Wechsel auf 10,000 fl. auszustellen, auf welchen er Geld verschaffen würde, und wirklich — verschaffte. *) Der Graf, der nun eine grosse

Summe

*) Unbegreiflich war es dem ganzen Publikum, wie der Graf, der nicht mehr für 10 fl. Kredit

hatte,

Summe Geldes im Händen hatte, ließ, seinem Leichtsinn zu Folge, die Leute unbekümmert an den Bankozetteln arbeiten, und lebte nach seiner gewöhnlichen Art munter und fröhlich fort. Nun waren für eine beträchtliche Summe Bankozettel abgedruckt, aber noch kein einziger ausgegeben, als der Graf in der Nacht überfallen und durchsuchet wurde. Man fand nicht nur die schon fertigen Bankozettel, sondern auch die zu ihrer Verfertigung erforderlichen Werkzeuge, und der Graf wurde eingezogen, untersucht, und verurtheilt, lebenslänglich auf eine Festung gesetzt zu werden.

Dieses Urtheil wurde an den Kaiser geschickt, welcher aber damit nicht zufrieden war, und es eigenmächtig dergestalt abänderte: „Der Graf „solle seines Adels und seiner Würde ent„setzt, und mit dem ersten Transport zum „Schiefziehen abgegeben werden, bis da„hin aber Gassen kehren.“ Fruchtlos waren alle Vorstellungen, die man dem Kaiser über diese Verschärfung des von den Richtern nach aller Strenge der Gesetze abgefaßten Urtheils machte; vergebens bat die Familie um Schonung, welche sie durch ihre grosse dem Vater-

Lan-

hatte, auf seinen blossen Wechselbrief 10000 fl. geborgt bekam, und es ist noch immer ein Räthsel, von welchem gutherzigen Wechsler des Grafen Verführer diese Summe ohne allen Abzug erhielt!!!

lande geleistete Dienste zu erwarten sich berechtiget glaubte; das Urtheil wurde vollzohen, der Graf mußte Gassenkehren, und ward zum Schiffziehen abgegeben, wo er bald starb. Seinen Bruder, der in einigen Monaten nach Wien kam, empfieng Joseph sehr gnädig.

Einen neuen Beweis seiner strengen Gerechtigkeit gab Joseph bey Verurtheilung des ehemaligen Gardeoberstlieutenants Szekely. Maria Theresia hatte diesem Manne, dessen Blut aus mancher Wunde für das Vaterland floß, die Verwahrung der Kassa anvertrauet, wie wohl Szekely offenherzig gestand, daß er vom Rechnungswesen nicht das geringste verstehe. Es ergab sich ein Abgang von 97000 fl. und Szekely selbst gieng zum Kaiser und entdekte denselben, indem er zugleich gestand, daß er sich um die Kassa nie viel bekümmert, die Rechnungen nie durchgesehen, und dem verstorbenē Rechnungsführer Lakner alles überlassen und die Kassaschlüssel auf immer übergeben habe, welcher das Geld veruntreuet haben müsse, da nach dem Zeugnisse der gesammten Garde derselbe einen sein Vermögen weit übersteigenden Aufwand geführet habe. Szekely wurde eingezogen, verhöret, und ein Kriegsrecht über ihn gehalten. Da Szekely eines Kassaangriffes weder selbst geständig war, noch auch überwiesē, sondern blos einer äusersten Nachlässigkeit beschuldiget werden

konn-

konnte, so hat das Kriegsrecht zufolge dessen ihn zu einer sechsjährigen Gefangenschaft auf eine Festung verurtheilt. Der Hofkriegsrath setzte die Dauer der Gefangenschaft auf acht Jahre und schickte dieses verschärfte Urtheil an den Kaiser zur Bestätigung. Aber Joseph war gewohnt, aus allzuharter Stränge alle Urtheile zu verschärfen, und that es auch bey diesem Falle. Hier ist sein eigenhändiger Entschluß: " Szekely ist ohne weiters zu kassiren, des Militarstandes unfähig zu erklären, und dem Civili zur Bestrafung zu übergeben, wo er nachher in Loco delicti, nähmlich in Wien, drey Tage nach einander, alle Tage zwey*) Stunden auf der Bühne auf dem hohen Markt, zum erspiegelnden Beyspiel zu stehen hat.

" Die ihm zuerkannte achtjährige Arreststrafe will ich ihm aus Gnaden wegen seines Alters bis auf vier Jahre vermindern, diese hat er in dem Civilstrafort Szegedin, der für Ungarn bestehet, mit der gewöhnlichen Atzung, wie andere Delinquenten, auszuhalten. "

Gegen diesen Entschluß wurde dem Kaiser gründlich vorgestellt, daß diese Strafe gar nicht Platz greifen könne, und so unverdient als alle

*) Sonst standen, und stehen noch gewöhnlich die Verbrecher nur eine Stunde auf der Bühne.

allen Gesetzen und der Gerechtigkeit gänzlich widersprechend sey. Joseph entschied darauf:

"Ein jeder unrichtiger Kassebeamter kann, wie
" Szekely, sagen, er wüßte nicht, wo das Geld
" hingekommen ist, wenn er es auch gestohlen
" hätte. Sobald als Geld, besonders eine so
" ansehnliche Summe, wie diese von 97000 fl.
" in der Kasse sich nicht befindet, so stehet es
" nicht mehr dem Richter zu ihm zu beweisen,
" daß er es entfremdet hat, sondern ihm steht
" zu, zu beweisen, daß er es nicht entwendet hat,
" und sobald er dieß nicht beweisen kann, so
" bleibt er ein Dieb. Es ist also ohne weiters
" der Sentenz gegen ihn, sobald er kassirt ist,
" folglich aufhöret, militar zu seyn, zu voll-
" ziehen, und ihm das Zettel, als untreuer Be-
" amter anzuhängen."

Dieses gegen alle Gesetze verschärfte Urtheil wurde also vollzohen. Der zitternde Greis müße die Schandbühne besteigen, und der Schnee seiner Haare erregte ein allgemeines Mitleid bey der häufig versammelten Menge Volkes. Laut sagte man: ihm ist zu viel geschehen! Als Szekely diese Strafe ausgestanden hatte, wurde er nach Ungarn in die Gefangenschaft abgeführt; doch bald zerbrach Joseph seine Fesseln, schenkte ihm die Freyheit, und hundert Dukaten.

Über

Über Szekelys Verurtheilung erschien eine Schrift, die in sehr harten Ausdrücken abgefasset war, und worin der Verfasser den Kaiser sogar einen Tyran nennet. Diese Schrift wurde öffentlich zu verkaufen erlaubt, und häufig gelesen.

Das Jahr 1787.

Joseph haßte allen Prunk, alles Zeremoniel, alles lästige Zeichen der äusserlichen Ehrerbiethung, die ein Mensch gegen den andern aus einer in den Zeiten der Barbarey eingeführten Gewohnheit, wo die Grossen sich über andere Menschen erhabene Geschöpfe dünkten, beobachtete. Joseph wollte dies in seinen Staaten abgeschafft wissen. Das steife Zeremoniel hatte er lange schon vom Hofe verbannt, und nun verscheuchte er auch jene Zeichen der Erniedrigung, welche den Sklaven bezeichnen, und die der freye Mensch nur seinem Schöpfer schuldig ist. Den 4ten Jänner verordnete er, daß von nun an und in Hinkunft die sogenannten Hof- und Apartementskleider der Damen, der Handkuß von Männern und Weibern gegen den Landesherrn und alle Personen vom Erzhause, so wie die kniegebogenen Reverenzen, und das Niederknieen von Jedermann, und in allen Fällen gänzlich unterbleiben, mithin auch niemand, wer es immer sey, der um etwas zu bitten, oder sonst was einzureichen hätte, künftig mehr nie-

berderknieen soll, weil, wie er sich ausdrückte, dieses von Mensch zu Mensch keine anpassende Handlung sey, sondern gegen Gott allein vorbehalten bleiben müsse.

Die Klagen der Unterthanen über ihre Zehendherrn, welche oft den Zehend auszustecken verzögerten, wann auch die Frucht schon in Mandel aufgerichtet war, und wodurch dem Unterthan viele Beschädigungen erwuchsen, hob Joseph durch eine schon den 12ten Dezember vorigen Jahrs verfaßte, und zu Anfang dieses Jahrs kundgemachte Verordnung, worin er die Art und Weise, wie der Zehend abzunehmen sey, bestimmte. Sobald die Frucht auf einem Felde in Mandel aufgerichtet ist, muß dem Zehendherrn sogleich die Anzeige gemacht werden, und dieser ist verbunden, binnen vier und zwanzig Stunden den Zehend auszustecken. Thut er es nicht, so ist der Zehendhold befugt, den Zehend von Richter und Geschworenen ausstecken zu lassen, und sein Getreide mit Zurücklassung des Zehends vom Felde zu führen. Hingegen ist der Zehendherr berechtiget, die Abzählung des Zehends bey was immer für einem Mandel anzufangen. Die übrigen bestandenen Gewohnheiten und Verordnungen wurden aufgehoben.

Der zweyte Theil des neuen Gesetzbuches über Verbrechen, und derselben Bestrafung erschien

schien zu Ende Jänner. In der Verordnung zu denselben sagte Joseph: „Der strafenden Gerechtigkeit durch ein allgemeines Gesetz eine „bestimmte Richtung zu geben, bey Verwaltung „derselben alle Willkühr zu entfernen, zwi„schen Kriminal- und politischen Verbrechen eine „anständige Grenzlinie auszuzeichnen, zwischen „Verbrechen und Strafen das billige Ebenmaß „zu treffen, wird dieses neue Gesetz kund ge„macht, und alle ältern Gesetze aufgehoben."

Josephs Absicht bey Einführung dieser neuen Gesetze war lobenswerth, aber die Auswahl der Männer, denen er dieses Geschäft anvertraute, entsprach, nach dem Urtheile aller Menschen, nicht diesen Absichten. Es waren thätige, geschwind arbeitende Kompilatores. Joseph liebte Thätigkeit und Schnelle in Geschäften, und darum gewannen diese sein Zutrauen; aber Gesetze lassen sich nicht so geschwind, als man wünscht, verfertigen. Es war ein zu gewägtes Unternehmen, ganz neue Gesetze für so viele Nationen von verschiedener Denk- und Empfindart zu verfassen, ohne diese Nationen mit zu Rathe zu ziehen; dieß that Joseph nicht, und darum waren diese Gesetze auch gar nicht geeignet, alles das zu erzwecken, was er im Eingange seiner Verordnung sagte, daß er erreichen wollte. Fast alle Verbrechen werden mit Stockstreichen gezüchtiget, eine Strafe, die das Gefühl von Ehre erstickt, den Geist der Nation herabsetzt, und den Verbrecher weder bessert, noch abschreckt. Das Bühnestehen ohne Unterschied des Standes und Ranges ist für Leute von feinerem Gefühle eine zu harte Strafe, und für den niedrigen Pöbel kein Ubel, so urtheilte jedermann.

Nach diesen neuen Gesetzen wurden die Todesstrafen aufgehoben, und nur in dem einzigen Falle, wo die Umstände erheischen, Standrecht zu halten, die Todesstrafe mit dem Strick beybehalten. Die bisher bestandenen Wuchergesetze hob Joseph durch eine Verordnung vom 29ten Jänner gänzlich auf, und wurde nun jederman gestattet, sein Geld zu welchen Zinsen, als er er immer wolle, auszuleihen, ohne den Fiskus fürchten zu dürfen; jedoch sollen die Gerichtsstellen nur auf 4 pr. Cento bey Hypotheken und auf 5 pr. Cento wo keine Hypothek ist, erkennen, und die Eintreibung (Exekutionen) ertheilen.

Der Kriminalgerichtsbarkeit in den sämmtlichen böhmisch-österreichischen deutschen Erbländern mit Einschluss Galiziens, die Vorlande ausgenommen, wo die Halsgerichte noch verblieben, gab Joseph durch eine Verordnung vom 20sten August eine andere Verfassung. Die allgemeine Kriminalrechtspflege wurde unter eigene Kriminalgerichte vertheilet, und jedem derselben sein Bezirk angewiesen.

Da

Da die Fleischhauer in Brünn um die Erhöhung des Fleischpreises einkamen, so bewilligte zwar Joseph ihr Gesuch, zugleich aber hob er durch eine Verordnung vom 8ten März alle zunftmässige Vorrechte des Fleischergewerbes in Mähren auf, und erlaubte jedermann, auch den Juden, unter der gehörigen Polizeyaufsicht das Fleischgewerb zu treiben, nur mußten diejenigen, die den Betrieb des Fleischverkaufes erhalten wollten, bey dem Magistrate, Stadtrathe, oder der Grundobrigkeit um die Ausweisung des Verkaufplatzes sich melden. Die Satzung auf das kälberne, lämmerne, schöpserne und schweinene Fleisch wurde den 9ten August aufgehoben, und der freye Verkauf gestattet. Durch eine Verordnung vom 1ten November entließ Joseph das bisher bestandene Zimmentirungsamt, und befahl, daß vom 1ten Dezember dieses Jahres die Magistrate in den Städten, auf dem Lande aber die Kreisämter und die Ortsobrigkeiten die Aufsicht über Maaß und Gewicht haben sollen.

Die bisher unter dem Bauernstande übliche Gewohnheit, daß bey jeder Verlassenschaft, wo mehrere Kinder des Erblassers waren, das Bauerngut dem jüngsten, meistens unmündigen Sohne übergeben, mithin die Kuratel der minderjährigen Kinder dem zweyten Manne des zurückgebliebenen Eheweibes überlassen wurde, und folglich in fremde Verwaltung kam, hob Joseph durch eine

Verordnung vom 3ten April auf, und befahl zur Sicherstellung des Vermögens der unmündigen Bauernkinder, daß von nun an das Bauerngut, oder die sogenannte Wirthschaft immer dem ältesten Sohne zufallen solle, ausser die Grundobrigkeit hätte einen gegründeten Anstand gegen denselben, worüber das Kreisamt dann zu entscheiden hätte. In Ansehung der Vormundschaft soll bey dem Bauernstand das nähmliche beobachtet werden, was nach dem 5ten Hauptstück des neuen bürgerlichen Gesetzbuches in diesen Fällen vorgeschrieben ist.

Den vierten Oktober verboth Joseph die Getreideausfuhr aus den ungarischen Ländern sowohl in das türkische Gebiet, als in alle fremde Staaten, und gestattete den 6ten November die freye Einfuhr des Getreides, wie auch des Stroh und Heues, welche Produkte von aller Mauthabgabe befreyet wurden.

Die Unordnungen, welche bey einer Klasse Menschen im politischen und gerichtlichen Verfahren, wie auch in ihrem Privatleben entstehen müssen, wenn die Familien keinen bestimmten Geschlechtsnahmen, und die einzelnen Personen keinen bekannten Vornahmen haben, bewogen den Kaiser, da dieses der Fall bey allen Juden war, unter dem 23ten Julius zu befehlen, daß längstens bis letzten November dieses Jahrs jeder Hausvater den für seine ganze Familie, und jede einzelne Person den für sich angenommenen bestimmten Vor- und Geschlechtsnahmen an den Ortsmagistrat, oder an die Ortsobrigkeit in deutscher Sprache schriftlich anzeigen soll. Ferner verordnete er, daß bis 1ten Jänner 1788. die Beschneidungs- und Geburtsbücher ohne Ausnahme in deutscher Sprache geführet, auch alle Geborne, Gestorbene und Getraute mit dem deutschen Vor- und bestimmten Geschlechtsnahmen eingetragen werden sollen. Die im Markgrafthum Mähren wohnende Judenfamilien, welche bisher auf 5106. beschränkt waren, vermehrte Joseph im Dezember auf 5400., und die von denselben bisher entrichtete Familientaxe, welche jährlich 10 Gulden betrug, setzte er auf die Hälfte herab, hingegen führte er statt derselben eine Abgabe von Eßwaaren (einen Verzehrungsaufschlag) ein.

Die weisse Schminke, als der Gesundheit nachtheilig verboth Joseph den 20sten September sowohl zu fabrizieren als zu verkaufen und einzuführen. Den Gebrauch der rothen Schminke aber, welche, wie Joseph sich ausgedrückt haben soll, die Damen unmöglich entbehren können, gestattete er zwar ferner noch, doch unterlag dieselbe einem eigenen Stämpel pr. 4 Gulden für jedes Pfund.

Noch bis itzt war es den Buchdruckern nicht erlaubt, ein Manuscript vor erhaltenem admittitur von der Censur zu drucken.

Den 11ten April entschied Joseph, daß den Buchdruckern erlaubt werden könne, ein Manuscript vor erhaltenem admittitur zu drucken; doch habe derjenige, der ein solches Werk zur Censur bringt, sollte dasselbe verbothen werden, für die Nichtverbreitung eines solchen Buches im Lande dergestalt zu haften, daß von ihm ohne alle weitere Untersuchung für jedes wo immer gefundenes Exemplar eine Strafe von 50 fl. eingetrieben werden würde.

Joseph, welcher seinen Unterthanen vollkommene Gewissensfreyheit gestattete, mißbilligte die bisher vorgekommene Mißbräuche mancher geldtischer Geburtshelfer und Helferinnen, welche oft Judenkinder wider Willen ihrer Aeltern tauften. Diesem Unfuge zu steuern geboth er den 12ten April allen Geburtshelfern und Helferinnen bey 1000 Dukaten Strafe, oder halbjährigem Gefängniße die Taufe der Judenkinder, selbst die sogenannte Nothtaufe auch dann zu unterlassen, wenn aus den Umständen der Geburt, oder der Schwäche der Kinder für das Leben derselben wirkliche Besorgnisse entstehen sollten, weil dergleichen Kinder immer den Eltern gehören, und es also auch nur diesen allein zustehen kann, sie taufen zu lassen, oder nicht. Durch die öfters vorgekommenen schrecklichen Fälle, daß todt vermeinte Juden, zu frühzeitig begraben, erst wirklich dadurch getödtet worden sind, bewogen befahl Joseph den 10. April, daß in den gesammten Erblanden unter einer den Vermögensumständen des Ueberttreters angemessenen Geldstrafe kein Jude vor Verlauf von zweymahl vier und zwanzig Stunden begraben werden soll, es wäre dann, daß eine ansteckende Krankheit dessen Tod veranlasset hätte.

In Ansehung jener Geistlichen, welche in Kriminalverbrechen befangen werden sollten, verordnete er, daß die ordentlichen Kriminalrichter sich derselben bemächtigen, sie gefänglich einziehen, die Untersuchung vollführen, und das Urtheil schöpfen sollen; doch sey dem ordentlichen Bischofe des Sprengels nicht nur von der Verhaftung eines solchen Geistlichen ungesäumt Nachricht zu geben, sondern es soll ihm auch das Kriminalurtheil mitgetheilet werden.

Schon im Monat Dezember des verflossenen Jahres wurde die Buckowina mit Galizien vereiniget, und die bisher daselbst bestandene militarische Verfassung in eine gleich in den andern Provinzen eingeführte Civilbehandlung umgeformet. Um nun diese beyde Länder unter sich mehr zu vereinigen gab Joseph den 14ten März dem Adel der Buckowina eine mit dem galizischen Adel gleichförmige Gestalt. Er hob die Titel Bojar, Masil. u. s. w. gänzlich auf; und theilte den sämmtlichen Adel der Bukowina in den Herrn- und Ritterstand.

Die in Ungarn angefangene Neuerungen wurden dieses Jahr noch immer fortgesetzt, und verschiedene neue Einrichtungen in diesem Königreiche getroffen. Die königlichen Freystädte insgesammt unterwarf Joseph durch eine zu Anfang dieses Jahres erschienene Verordnung in politischen Angelegenheiten der Gespanschaft, in Wirthschaftsangelegenheiten aber dem königl. Kammeraladministrator, und nahm diese neue Behandlungsart den 1ten März ihren Anfang.

Zu Befestigung und vollkommeneren Zustandebringung der in den Komitaten getroffenen neuen Einrichtungen ertheilte Joseph den 6ten Februar eine Vorschrift, wie die Behandlungsart der Geschäfte in den Gespanschaften zu geschehen habe. Diese Vorschrift hat zwey Abschnitte. Der erste betrift die Behandlungsart der Geschäfte, 1tens in Justitzsachen. 2tens in Urbarialsachen. 3tens in Adelsangelegenheiten. 4tens von der Art, wie die Gespanschaft ihre Berichte zu erstatten hat. 5tens von Einsendung der Protokolle. 6tens von der Untertheilung der Abgaben. 7tens von Kundmachung der Befehle. 8tens wegen Correspondenz in der deutschen Sprache. Der zweyte Abschnitt handelte von dem künftigen Personal- und Salarialstande der Beamten, und enthielt: 1.) Von den Vizegespanen. 2.) Von dem Notariate. 3.) Vom Fiskal. 4.) Die Gemeindrechnungen. 5.) Das Komitatspersonale. 6.) wurde für jeden Kreis, oder Prozeß, worinn die Komitate eingetheilt wurden, ein Ober- und ein Unterstuhlrichter bestimmt. 7.) Hören die Gerichtsbeysitzer, oder Juratssores gänzlich auf. 8.) Sollen die Contractional- und Transennalkommissare so lang verbleiben, bis die Regie der Militarverpflegung nach und nach allenthalben eingeführt wird. 9.) Wird jeder Gespanschaft für die Geschäfte des Strassen- und Wasserbaues ein Ingenieur bewilliget. 10.) Soll jede Gespanschaft einen Leibarzt und jeder Prozeß einen Wundarzt wie auch geprüfte Hebammen haben. 11.) Hören die Kastellane oder Hausinspektoren auf, und ihr Amt wird dem Hayduckenkorporal übertragen. 12.) Der Scharfrichter bleibt aus dem Status der Gespanschaft hinweg.

Zur ordentlicheren Rechtspflege, und zur grösserer Versicherung eines allgemeinen Kredits für die Güterbesitzer, welcher nur in der Sicherheit der Gläubiger bestehen kann, hielt Joseph für dienlich, statt der bis itzt bey den Gespanschaften üblichen Intabulirungen den 2ten April eine Landtafel in der königlichen Freystadt Ofen zu errichten. Die Einrichtung derselben

selben wurde fast ganz nach den in Böhmen und Oesterreich befindlichen Landtafeln getroffen.

Den Juden in Ungarn gestattete Joseph die nähmlichen Vorrechte in Betreff des Ackerbaues, welche er bereits den Juden in Böhmen und Galizien ertheilt hatte. Auch verboth er, daß von den Juden, welche sich verehligen, weder eine Beysteuer zur Tilgung der Gemeinderückstände, wie es bisher üblich war, noch eine andere Abgabe an die Herrschaft abgenommen werden soll.

Den 11ten April unternahm Joseph seine letzte Reise. Katharina, II. Kaiserinn von Rußland hatte beschlossen, die neu erworbene Krimm zu besehen. Seine erhabene Bundsgenossinn noch einmal zu sehen, und Theil an diesen Feyerlichkeiten zu nehmen, verließ er den 11ten April in Begleitung des Generalen Grafen Philipp von Kinsky, und eines sehr kleinen Gefolges Wien, um Katharinnen in Cherson, wo er den 14ten May Nachmittags um 5 Uhr eintraf, einen Besuch abzustatten. Am 28ten des nähmlichen Monats brach er in Gesellschaft der Kaiserinn von Cherson auf, und durchreiste die Krimm. Er nahm daselbst alles in Augenschein, und kehrte nach einem kurzen Aufenthalte wieder nach seinen Staaten zurück, wo er den 30ten Junius Nachmittag um 5

Uhr

Uhr zu Wien anlangte. Man sagte, daß Joseph an Geschenken und baarem Gelde mehr als drey Millionen Gulden mit sich genommen habe, die er unter das Gefolg der Kaiserinn vertheilte.

Den niederländischen Provinzen eine mit den deutschen Erbstaaten gleichförmige Verfassung zu geben hatte Joseph beschlossen, die konstitutionsmässige Verfassung dieser Provinzen durch eine neue eigenmächtig eingeführte Geschäftsleitung umzuändern. Den 1ten Jänner hob er die drey obern Rathskollegien und das Staatssekretariat auf, an deren Stelle er ein einziges Rathskollegium, unter dem Namen: eines Rathes des Generalgouvernements der Niederlande, errichtete, und wobey der bevollmächtigte Minister das Haupt und Vorsitzer dieses Rathes wie auch der Siegelbewahrer seyn sollte. Er theilte die Niederlande in neun Kreise, und setzte in jedem einen Kreishauptmann. Die bestehenden Kollegien der ständischen Abgeordneten aller Provinzen wurden aufgehoben, statt deren die Stände von Brabant, Flandern und Henegau unter denjenigen ihrer Mitglieder, die von dem Generalgouvernement vorher dazu für fähig werden erklärt worden seyn, einen Abgeordneten für jede dieser Provinz zu wählen haben, der dem Gouvernementsrath mit dem Titel, Rang und Gehalt eines Rathes einverleibt wer-

werden soll. Alle diese Einrichtungen in Beziehung auf die ständische Administration sollten mit 1t n November ihren Anfang nehmen.

Der Verwaltung der Gerechtigkeit wollte Joseph den nähmlichen Stufengang bey den Gerichtsbehörden geben, wie derselbe in seinen übrigen Staaten bestehet. Zu Folge dessen wurden alle gegenwärtige Gerichtshöfe aufgehoben, und an ihre Stelle ein oberster Gerichtsrath in Brüssel errichtet. Nicht minder wurden alle grundobrigkeitlichen Gerichte auf dem flachen Lande, alle übrigen Gerichtsbehörden, alle geistlichen Gerichte, und das Gericht der Löwner Universität gänzlich aufgehoben.

Der päbstliche Nuntius wurde beschuldiget, daß er, wider das bestehende Verboth des Kaisers, das päpstliche Breve, welches Eybels Werke verdammet, verbreitet habe. Aus dieser Ursache erhielt er am 14ten Februar im Nahmen des Kaisers den Befehl, mit seinem Auditor innerhalb acht Tagen aus Brüssel, und binnen 14 Tagen aus allen niederländischen Provinzen sich zu begeben.

Die im vorigen Jahre von den geistlichen Zöglingen wider die neue theologische Lehrart im Generalseminar geführten Klagen wurden von den Bischöfen unterstützet, und die Klöster weigerten sich, ihre junge Theologen in das Generalseminar nach Löven zu schicken. Das Ministerium gab daher hér den 19. März den Befehl, daß bey Strafe des Ungehorsams und der Widersetzlichkeit der Vorsteher des Kapuzinerklosters Gottfried von Alost seine jungen Ordensbrüder alsogleich dahin abschicken sollte. Ein gewisser Handelsmann de Hondt, welcher in der Legisfeldischen Sache mit verwickelt gewesen seyn soll, wurde auf Befehl des General Murray durch das Militar in seinem Hause aufgehoben, und nach Wien geführet.

So viele Eingriffe in die Rechte und Freyheiten der niederländischen Provinzen erregten eine allgemeine Unzufriedenheit. Die Stände machten dagegen die triftigsten Vorstellungen und verweigerten dem Kaiser die Subsidien.

Joseph, der, wie er sich selbst ausdrückte, nur das Wohl seiner Unterthanen zu befördern zur Absicht hatte, erklärte durch eine Verordnung vom 28ten May, daß das den 12. März erschienene Edickt, wo die Einrichtung der Kreishauptmannschaften anbefohlen wurde, ausser Kraft gesetzt seyn soll; nicht minder erklärte er die neue Einführung in Ansehung des Civilverfahrens für aufgehoben, und stellte die alten Gerichtshöfe wieder in ihr voriges Ansehen her. Den 3ten Julius erklärte er alle neuen Anordnungen indessen als suspendiret, und forderte, daß die Generalgouverneure mit den Deputirten der Provinzen sich zu Wien einfinden, und ihre Beschwerden mündlich ihm vorlegen sollen.

Die-

Diesem Befehle gemäß trafen die Generalgouverneur den 26ten Julius in Wien ein, und die Deputirten traten den 27ten des nähmlichen Manats ihre Reise dahin an. Sie langten den 11. August zu Wien an, und machten den 14ten bey dem Fürsten Staatskanzler von Kaunitz ihre Aufwartung. Tags darauf hatten sie früh um 10 Uhr bey den Generalgouverneuren, und um 12 Uhr bey dem Kaiser Audienz. Joseph empfing Sie mit einer ernsthaften Rede und mit einem Verweise über ihr Betragen bedeutete er ihnen, daß sie seine Gesinnungen von dem Hof- und Staatskanzler vernehmen würden. Den 21ten traten die Deputirten ihre Rückreise wieder nach den Niederlanden an, nachdem Sie vorher dem Fürsten Staatskanzler noch eine Denkschrift überreicht hatten.

Anstatt des bisher in den Niederlanden bevollmächtigten gewesenen Ministers, Grafen von Belgioso hat der Kaiser den Grafen von Trautmannsdorf dazu ernannt.

Die Unruhen, welche in den Niederlanden herrschten, und da sich sogar viele zusammenrotteten, und eine bewaffnete Agregation entstand, war das Militar genöthiget, die Patroulle zu verdoppeln, und viele der unruhigen Köpfe einzuziehen, doch dieses Betragen vergrösserte nur das Mißvergnügen, bis endlich die Kaiserliche Erklärung vom 21ten September die Ruhe

gänz-

gänzlich wieder herstellte. Vermög dieser Erklärung versprach Joseph, daß die Landesverfassungen, Grundgesetze, Privilegien und Freyheiten, kurz die Joyeuse-Entreé sowohl in Ansehung der Geistlichkeit, als des Civilstandes unverletzt erhalten werden sollten; daß die neuen Justitztribunäle. Indendanten u. s. w. nicht blos suspendirt, sondern gänzlich aufgehoben, und daß mit einem Worte, die ganze Verfassung wieder auf den alten Fuß sollte hergestellt werden.

Am 5ten Dezember haben die Stände von Brabant endlich die gewöhnliche Art der Subsidien bewilliget.

Das Jahr 1788.

Das Band, welches den Kaiser an Rußland knüpfte, wurde den 6ten Jänner noch fester zusammen gezoben. Die Vermählung des Erzherzog Franz mit der Prinzessinn Elisabeth von Würtemberg, einer Schwester der Großfürstinn von Rußland, wurde an diesem Tage mit der größten Feyerlichkeit vollzohen. Diese Vermählung, Josephs Werk und ernstlichster Wunsch, war ein Fest der Wonne und innigsten Zufriedenheit für sein Herz. Reiche und Arme ließ er an der Feyer dieses festlichen Tages Antheil nehmen. Die Theater sowohl in der Stadt als in den Vorstädten waren frey, und in dem Redoutensaale, welchen der Kaiser zu diesem Feste eigends ganz neu herstellen ließ, wurde ein Freyball für 4500 Personen gehalten. Unter die Armen sowohl in der Stadt, als in den Vorstädten ließ er 6000 Dukaten vertheilen, und zum Andenken dieses Tages in Gold und Silber eine grössere und kleinere Denkmünze prägen, welche sowohl unter den inländischen als auswärtigen Ministern, und dem Personale aller Dikasterien vertheilet wurde.

Die den 16. September 1784 bekannt gemachte Tariffe berichtigte Joseph durch eine den 2ten Jänner erschienene allgemeine Zollordnung, und bestimmte zugleich die Zolltariffen für die böhmischen, galizischen, und österreichischen Erbländer, mit Ausschliessung der österreichischen Vorlande und Tyrols.

Die in Böhmen angelegten Zuckerfabriken zu begünstigen wurde der Zoll für die Einfuhr des fremden Zuckers im Königreiche Böhmen erhöhet, damit dadurch die erbländischen Zuckersiedereyen vermehret werden möchten. Hingegen wurde den 3ten Julius der Ausfuhrzoll von wollenen Waaren auf 25 kr. vom Zenten herabgesetzt.

Die auf dem Semmelgebäcke bestandene Satzung wurde den 23ten Jänner aufgehoben, und dieses Gebäck im Gewichte und Preise gänzlich freygelassen, auch jedermann die Errichtung der Backöfen zu diesem Ende, wenn er sich vorher bey der N. Oe. Regierung um die Erlaub-

niß

niß zu dieser Broderzeugung gehörig gemeldet hat, gestattet. Das Publikum in Wien mit Brod desto besser zu versorgen, wurde den 29ten des nähmlichen Monats jedermann erlaubt, vom Lande, oder den von nahe angrenzenden Provinzen Brod nach Wien zu führen, und der an den Linien bestandene Konsumoaufschlag bis 1ten November nachgelassen. Nicht minder wurde den 9. Junius der freye Kauf und Verkauf des Unschlitts gestattet, und die Seife und Kerzen von aller Satzung befreyet.

Die Einkünfte der Herrschaften wurden durch die den 7ten März kund gemachte Verordnung um ein beträchtliches verringert, da vermög derselben allen Wirthen, wenn sie auch obrigkeitliche Schankhäuser in Bestand haben, erlaubt wurde, so fern sie nicht durch ein kontraktmässiges, oder sonst verabredetes freywilliges Verständniß verbunden sind, ihr Getränke in- oder ausser der Herrschaft, von wem sie wollen, wenn es nur in den Erblanden ist, sich beyzuschaffen. Ein gleiches wurde auch jedem Unterthane für seinen eigenen häuslichen Gebrauch bewilliget. Den in Tyrol bisher bestandenen scharfen Verboth aller Ausfuhr der Stuten, welcher den Geldeinfluß beträchtlich vermindert hatte, und wogegen dem Kaiser vielfältige Vorstellungen gemacht wurden, hob er endlich auf, und gestattete die freye Ausfuhr derselben gegen den gewöhnlichen Zoll.

Die Verwaltung der Religionsfondsgüter, welche bey der geistlichen Hofkommission bisher besorgt wurde, übergab der Kaiser der 1785 aufgestellten Staatsgüterverwaltungs- und Frohnablösungs-Hofkommission, und stellte den N. Oe. Saatsgüteradministrator, Holzmeister, in seiner bisherigen Eigenschaft, als wirklichen N. Oe. Regierungsrath, zum Korreferenten bey dieser Hofkommission an.

Den 11ten Junius erschien als Fortsetzung des allgemeinen Gesetzes über Verbrechen und Strafen die Vorschrift über das Kriminalverfahren, nach welcher vom 1ten August dieses Jahres bey allen Kriminalgerichten verfahren werden mußte. Ausser dieser Vorschrift, und den zwey Bändchen erschien nichts mehr von den neuen Gesetzen.

Die nachtheiligen Folgen, welche sowohl für die Landwirthschaft, und selbst für die Sittlichkeit des Landmannes aus dem Rechte der Heimfälligkeit entsprangen, bewogen den Kaiser, dieses Recht durch eine Verordnung vom 31ten März gänzlich aufzuheben, und er befahl, daß, nachdem er die Leibeigenschaft in allen seinen Staaten aufgehoben habe, die Unterthanen auch das Kauf- und erbrechtliche Eigenthum der Gründe, wo es noch nicht bestehet, besitzen sollen.

ken. Jene Grundherrn, welche bis itzt dieses Recht der Heimfälligkeit besessen, haben sich mit ihren Unterthanen in Güte hierüber zu vergleichen, und können sich allenfalls durch Erhöhung des Kaufschillings schadlos halten. So wie Joseph durch verschiedene Begünstigungen den Fleis des Landmannes aufzumuntern sich bestrebte, so väterlich sorgte er auch, durch manche gute Einrichtungen ihn gegen Mangel und Noth zu schützen. Unter diese trefflichen Anstalten gehört vorzüglich jene Verordnung vom 9ten Junius, welche in Böhmen Mähren und Schlesien die gemeinschaftliche Getreidevorrathskästen anempfielt, und den Unterthanen, welche dergleichen Getreidevorräthe noch nicht haben, die Anlegung derselben vom 1ten November dieses Jahres befohlen wurde. Jeder Unterthan ist Kraft dieser Verordnung verbunden, von den vier Fruchtgattungen, Waizen, Rocken, Gerste und Haber, sobald die Aussaat abgezogen und sicher gestellt ist, den dritten Theil des sonst zur Bestreitung der Winter= und Sommersaat nöthigen Betrags an Saamenkörnern jeder Gattung von guter Eigenschaft auf den Schüttkasten der Gemeinde abzuführen, und drey Jahre nacheinander damit fortzufahren. Die in den Unterthanskassen entbehrlichen Barschaften, die den Unterthanen verliehene Kontributionskapitalien, die in öffentlichen Fonds angelegten Kapitalien solchen Steuerkassen können mit Vorwissen des Kreisamtes zum wohlfeilen Einkaufe solcher Getreidegattungen verwendet werden. Die Obrigkeiten werden aufgemuntert, zu Anlegung und Vermehrung solcher Getreidevorräthe alles mögliche beyzutragen, wobey Joseph auf seinen Kammeral- und Staatsgütern mit gutem Beyspiele vorzugehen versprach. Zur Versorgung der armen Kranken auf dem Lande verordnete Joseph, daß die denselben nöthigen und der Kurart angemessene Nahrung und Arzneyen, mit zwey Drittheilen aus dem Aerarium und mit einem Drittheile von den Dominien, jedoch mit möglichster Wirthschaft, bestritten werden sollen. Den Normalschulfond zu vergrössern geboth Joseph den 8ten July, daß in dem ganzen Königreiche Böhmen, wie es in den andern deutschen Erbstaaten schon gebräuchlich ist, von jeder Verlassenschaft, deren reines Vermögen 300 fl. erreicht, oder übersteigt; an den Normalschulfond, ist der Erblasser vom Adel, vier, ist er von den sogenannten Honoratioren, zwey, und vom Bürger- oder Bauernstande ein Gulden von hundert abgegeben werden sollen. Zur mehreren öffentlichen Bequemlichkeit wurde vom 1. November dieses Jahres angefangen zu Wien ein unter der Aufsicht des Magistrats stehendes Dienstbothenamt errichtet, wo das dienstlose Gesinde sich um eine Herrschaft, und die

sie

se um einen ihr anständigen Dienstbothen melden kann.

Damit die Gesundheit und das Leben des Landmannes nicht unwissenden, und unversuchten Aerzten anvertrauet werde, befahl Joseph den 23ten Oktober, daß künftig kein Arzt ein Landphysikat erhalten soll, der nicht wenigstens einige Jahre vorher mit Nutzen im allgemeinen Spitale sich hat brauchen lassen. Den an manchen Orten herrschenden Mißbrauch, daß die Hausirer, bevor ihnen der Verkauf ihrer Waaren gestattet wurde, dem Bürgermeister, Stadtrichter, Gerichtsdiener, oder andern dergleichen Personen eine gewisse Zahlung an Geld leisten mußten, hob Joseph den 9ten Oktober auf, und verboth bey Strafe, den abgenommenen Geldbetrag zweyfach zu ersetzen, eine dergleichen Hausirungsgebühr abzufordern. Nicht minder befahl er den 11ten Oktober, daß, da bey Entstehung eines Gewitters das Glockenläuten, als ein Zeichen zum Gebethe, noch üblich sey, wodurch aber nur die Uibertretung des allgemeinen Verboths zum Grunde liegt, dieses Läuten auch nicht als ein Zeichen zum Gebethe gestattet werden soll; indem es ohnehin ganz überflüssig sey, weil die Gewitter sich von selbst ankündigen und zum Gebethe auffordern.

Da Joseph alle Kirchengrüften, und Kirchhöfe in den Städten, als der Gesundheit höchst schädlich, abgeschafft hatte, so wollte er den Mißbrauch der in den Kirchen noch bestehenden Familiengruften gleichfals abgeschafft wissen. Er verordnete demnach, daß alle Familiengruften sowohl in den Städten, als auf den Gütern, wie die allgemeinen Gruften, abgestellt, und auf den gemeinschaftlichen Kirchhöfen angelegt werden sollen.

Die bisher in Böhmen, Mähren, und Schlesien bestandene Gewohnheit, daß Fremde, die sich landesfähige adeliche Gatinnen nehmen, sich binnen Jahr und Tag, von der Verehligung an, zum Lande fähig machen mußten, widrigensfals sie, wenn sie nach der Hand auch wirklich das Inkolat erwarben, unfähig waren, von ihrem Weibe etwas zu erlangen, und ihre Kinder von dem mütterlichen Vermögen, ausser dem Pflichttheil, etwas zu empfangen nicht berechtiget waren, wurde den 16ten Oktober aufgehoben.

Zu Gratz in Steyermark ließ Joseph zu besserer Unterbringung der Kranken ein allgemeines Kranken- und Tollhaus erbauen. Die Weihnachtsferien in Studien wurden den 14ten November aufgehoben.

In Ungarn, das Joseph ganz nach dem Fuße seiner übrigen Erbstaaten einrichten wollte, wurden durch eine Verordnung vom 17ten Februar alle in diesem Königreiche und in Sie-

ben-

benbürgen bestandenen Wuchergesetze, wie dieselben schon im vorigen Jahre in den übrigen Erbstaaten vernichtet worden sind, gleichfalls aufgehoben. Den zur Einführung der deutschen Sprache für die juridischen Prozeßverhandlungen auf den 1ten November 1789 festgesetzten Termin verlängerte Joseph den 11ten März bis auf den 1ten November 1790. jedoch befahl er zugleich, daß alsdann auch im Justizfache blos die deutsche Sprache dienen, und von nun an bey künftiger Erledigung der Justizbedienungen die wirkliche Anstellung nur auf solche Personen beschränkt seyn soll, welche nebst den erforderlichen üblichen Eigenschaften auch der deutschen Sprache mächtig sind.

Da die bisher eingezogenen Klostergüter zu Bestreitung der aus dem Religionsfond zu tragenden Ausgaben nicht hinreichten, so forderte der Kaiser den 28ten Februar von der gesammten Geistlichkeit seiner Staaten zum Besten der Religion und ihrer Diener eine Beysteuer von 7 fl. 30 kr. von hundert, wovon diejenigen allein ausgenommen sind, deren jährliches Einkommen nicht über 600 fl. steigt. Die in der Seelsorge auf was immer für eine Art ausgesetzte Mönche wurden durch eine Verordnung vom 29ten November in allen ihren bürgerlichen Handlungen und Geschäften dem ordentlichen Richter unterworfen.

Die im vorigen Jahre halb gedämpften Unruhen in den Niederlanden glimmten noch immer unter der Asche, und alle Vorkehrungen, die man dagegen traf, schienen das Feuer mehr anzufachen, als auszulöschen.

Den niederländischen Bischöfen wurde unterm 5ten Jänner das Institut des Generalseminars zu Pavia mitgetheilt, und ihnen die Annahme desselben auf das neue empfohlen. Um die Stände hierüber noch mehr zu beruhigen, wurden ihnen die zwey Denkschriften des Kardinalerzbischofs von Mecheln, welche er, als er im vorigen Jahre auf Befehl des Kaisers in Wien sich befand, um die Einrichtung des dasigen Seminars selbst in Augenschein zu nehmen, dem Kaiser übergeben hatte, eingehändiget. In diesen Denkschriften bezeigte der Kardinal den größten Schmerzen über alles, was im Generalseminar zu Löven vorgegangen war, und woran er nicht den geringsten Antheil gehabt zu haben betheuerte. Die Veranlassung zu diesen Unruhen setzte er in die Ankündigungen einer neuen Lehre, in die vom Professor le Plat vorgetragene Sätze, in einigen unbehutsamen Reden des Rektors des Seminars über wichtige Materien, in die heftige Rede des Abbée du Four, und endlich in die Verbindlichkeit, die man zur Unterzeichnung des Statutenplans auferlegen wollte. Alle diese Umstände

de

de zusammengenommen veranlaßten in den Gemüthern der jungen Geistlichkeit Besorgnisse und Gewissensunruhen. Um nun die beunruhigten Gemüther zu besänftigen, schlug er folgende Mittel vor: 1.) Den Bischöfen die Oberaufsicht über den Unterricht der Glaubenslehre, und die Wissenschaften, welche die Religion betreffen, zu sichern. 2.) Keine protestantische Schriftsteller in Absicht auf theologische Wissenschaften zu erklären. 3.) Den Professor des kanonischen Rechts, le Plat, durch einen andern zu ersetzen. 4.) Die Abbees Stöger, la Joye, und Kopine von dem Seminar zu entfernen, und ihre Stellen mit innländischen Geistlichen zu besetzen. 5) Die Seminaristen nach ihren Diözesen in die verschiedenen Kollegien in Löven zu vertheilen, und sie der Direktion ihrer Ordinarien zu überlassen, u. s. w.

Den 22ten Jänner war zu Brüssel ein Auflauf, der zwar bald wieder gestillt wurde, aber eine grosse Erbitterung in den Gemüthern zurück ließ. Da der Rath von Brabant die Verordnung von 17ten Dezember vorigen Jahres, vermög welcher alle vor dem 1ten April 1787. erlassene Verordnungen und getroffene Anstalten sowohl in geistlichen als weltlichen Angelegenheiten durchaus bestehen und wirksam seyn sollen, noch nicht bekannt machen lassen, so erhielt derselbe von dem bevollmächtigtigten Minister den Befehl, vor Beendigung dieser Angelegenheit nicht auseinander zu gehen. Kaum erscholl das Gerücht von diesem Verbothe, so sammelte sich ein Haufe Volks um das Hotel des Gerichtshofes, und da man das zusammengerottete Volk durch das Militar zerstreuen wollte, wurde dasselbe von dem Pöbel beschimpfet, und genöthiget, zu seiner eigenen Sicherheit Feuer unter denselben zu geben, wobey einige Personen theils getödtet, theils verwundet wurden.

Da die Einführung des Generalseminars zu Löven noch immer eine Menge Hindernisse fand; ja selbst einige Mitglieder der Lövener Universität ihre Stellen willkührlich verließen, so befahl Joseph den 17ten Julius, daß die Stellen der entwichenen Professoren alsogleich mit andern besetzt, die Fakultäten der Rechte, der Arzneykunde und der Weltweisheit nach Brüssel übersetzt, und nur die theologische Fakultät zu Löven gelassen werden soll. Der Erzbischof von Mecheln, der Bischof von Antwerpen, und überhaupt alle Bischöfe, welche sich dem Generalseminar widersetzen, sollen sich selbst nach Löven begeben, und allda eine Zeitlang verbleiben, um sich von der Aechtheit der daselbst vorgetragenen Lehren zu überzeigen, ihr Gewissen zu beruhigen, oder die Professoren, wenn sie Irrthümer vortrügen, zu belehren. Übrigens

gens beharrte Joseph fest darauf, daß ausser dem Generalseminar kein theologisches Studium bestehen, die Bischöfe in den Niederlanden eben so wenig ein Recht haben, den Unterricht in der Gottesgelehrheit als ihr Eigenthum zu betrachten, wie die Bischöfe in Ungarn und Wälschland, und daß keiner zu den höhern Weihen zugelassen werden sollte, der nicht im Generalseminar zu Löven studirt hätte.

Um allem Uiberreste von Gährung ein Ende zu machen, befahl der Kaiser, sich der Anstifter der Empörungen zu bemächtigen, und nach aller Strenge der Gesetze gerichtlich zu verfolgen. Dieser Befehl wurde den Ständen von Brabant am 8ten April bekannt gemacht, und ihnen zugleich angedeutet, daß den beyden Leitern der Verschwörung, Mens und Quertemont der Prozeß gemacht werden würde. Die bischöflichen Seminarien zu Mecheln und Antwerpen wurden in den ersten Tagen des Monats August auf Befehl der Regierung geschlossen.

Während Joseph bemühet war, den Ungehorsam der Niederländer zu bändigen, und die Ruhe in diesen Provinzen wieder herzustellen, hatte er auf der andern Seite der grösten Sorgfalt nöthig, seine Staaten gegen den Anfall auswärtiger Feinde zu schützen. Schon im vorigen Jahre den 16ten August hatte die ottomanische

Pfor-

Pforte Rußland den Krieg angekündiget, wodurch Oesterreich vermög der mit diesem Reiche geschlossenen Allianz mit in dem Krieg verwickelt wurde.

Die eigentlichen Hülfstruppen, welche Joseph seiner Bundsgenossin zu überlassen verpflichtet war, bestunden in dreyssig tausend Mann; allein der Kaiser fand für gut, mit seiner ganzen Macht Rußlands Sache zu unterstützen. Die Truppen wurden nach Ungarn an die Grenzen beordert, und um diese zu ihrer Deckung ein Kordon gezogen. Am 13ten Februar erschien endlich die durch den kaiserlichen Internuntius Freyherrn von Herbert Rathkeal den 7ten Februar der Pforte auf Befehl des Kaisers gemachte Kriegserklärung, welche hier folget:

„In ganz Europa ist bekannt, mit welcher Redlichkeit und Aufrichtigkeit der kaiserl. königl. Hof seit so vielen Jahren eine ruhige gute Nachbarschaft mit der Pforte zu unterhalten gesucht, und mit welcher unermüdeter Sorgfalt derselbe sich bestrebet hat, durch seine freundschaftliche Vermittelung auch alle Veranlassung eines Friedensbruches zwischen dem Ottomannischen Reiche und dessen übrigen Nachbarn aus dem Wege zu räumen.

„Einen neuen überzeugenden Beweis von dieser Sorgfalt gab der kaiserl. königl. Hof, vereiniget mit seinem Allirten, dem königl. Fran-

zösi-

zösischen Hofe bey Gelegenheit der letzten zwischen Rußland und der Pforte entstandenen Beschwerden.

„Da nach dem wörtlichen Inhalte der Traktaten die Gerechtigkeit der Russisch-Kaiserlichen Forderungen nicht zu mißkennen war, und überdieß der Russischen Kaiserinn Maj. zu einem gütlichen billigen Vergleiche sich geneigt bezeigten, so zweifelte der kaiserl. königl. Hof keinesweges, daß es seinen und den königl. französischen vereinigten Bemühungen gelingen würde, dem Ausbruche des Kriegsfeuer zuvorzukommen, und den erwünschten Ruhestand aufrecht zu erhalten.

„Desto unerwarteter und befremdlicher mußte Sr. kaiserl. Majest. das Betragen der Pforte seyn.

„Weit entfernt, den wohlgemeinten dringlichsten Vorstellungen des kaiserl. königl., und königl. Französischen Hofes Gehör zu geben, gestattete sie dem Russisch-Kaiserlichen Gesandten nicht einmal die phisisch-nothwendige Frist, um von Petersburg mit neuen Anweisungen versehen werden zu können. Sie forderte von ihm, daß er durch eine schriftliche Urkunde den mit seinem Hofe bestehenden Handlungsvertrag, und die Transakzion wegen der an Rußland abgetrettenen Halbinsel Krim, für null und nichtig erklären sollte. Als er eine Forderung verweigerte, deren Bewilligung alle Gewalt und Vollmacht ei-

nes

nes Ministers weit übersteiget, ward derselbe, mit offenbarer Verletzung des Völkerrechts, als Gefangener in die sieben Thürme gebracht, und dem Russisch-Kaiserl. Hofe der Krieg angekündiget.

„Selbst noch in der Lage dieser Umstände sahen Se. Kaiserl. Majestät für die Abhaltung wirklicher Gewaltthätigkeiten nicht alle Hofnung als verloren an. Allerhöchst dieselben gründeten solche auf die Vermuthung, daß die Pforte durch die vereinigten Vorstellungen aller in Konstantinopel anwesenden fremden Bothschafter und Minister sich bewegen lassen dürfte, den Russisch-Kaiserl. Gesandten in Freyheit zu setzen, für die durch seine Gefangennehmung verübte schwere Verletzung des allgemeinen Völkerrechts hinlängliche Genugthuung zu leisten, und dadurch wenigstens die Möglichkeit einer gütlichen Unterhandlung wieder herzustellen.

„Allein, auch diese Erwartung hat die Pforte vereitelt. Sie hat mit Ausübung wirklicher Feindseligkeiten den Anfang gemacht, sie hat folglich den Russisch-Kaiserlichen Hofe in die unumgängliche Nothwendigkeit gesetzt, gleichfalls die Waffen zu ergreiffen, und zu seiner gerechten Vertheidigung Gewalt gegen Gewalt anzuwenden.

„Der Pforte sind die engsten Bande der Freundschaft und der Allianz zwischen Sr. Kaiserserlichen und Ihrer Russisch-Kaiserl. Majest. nicht unbekannt. Sie sind ihr mit allen ihren nothwendigen Folgen bey mehrern Gelegenheiten mündlich, und nahmentlich zu Ende des Jahres 1783. schriftlich in wohlgemeinte freundschaftliche und zugleich nachdrückliche Vorstellung gebracht worden.

„Die Pforte hat es also einzig und allein sich selbst beyzumessen, daß Se. Kaiserl. Majestät nach einer gegen sie beobachteten so vieljährigen friedfertigen guten Nachbarschaft, und nach allen bey jeder Gelegenheit angewandten eifrigsten Vermittelungsbemühungen, nunmehr sich veranlasset, und durch sie genöthiget sehen, die Allerhöchstdenenselben als getreuen Freunde und und Alliirten Ihrer Russisch-Kaiserl. Majest. obliegenden Pflichten in die vollständigste Erfüllung zu bringen, und an dem Kriege unverzüglichen wirklichen Theil zu nehmen.“

Allen Türken und türkischen Unterthanen wurde zugleich bekannt gemacht, daß denjenigen, welche sich in dem Gebiete des Kaisers befänden, würde ungehindert gestattet werden, allda zu verbleiben, und ihre Handlungsgeschäfte ruhig fortzuführen; denjenigen aber, welche das Gebiet verlassen wollten, würde nicht das geringste Hinderniß in den Weg gelegt, und ihnen aller Vorschub mit Pässen und andern Erfordernissen gemacht werden, sobald man erführe, daß

die

die Pforte gegen die k. k. Unterthanen ein gleiches freundschaftliches und billiges Betragen beobachte.

Bald nach gemachter Kriegserklärung begonnen die Feindseligkeiten, und die Truppen zohen sich immer mehr an den Grenzen zusammen. Den 29sten Februar verließ Joseph seine Residenzstädt um sich zur Hauptarmee nach Futak zu begeben. Er ging erst nach Triest, bereiste das Littorale, besichtigte den kroatischen und slavonischen Truppenkordon, und traf den 25sten März in Futak ein. Den 1ten März ging auch Feldmarschall Moritz Graf von Lacy zur Armee ab, und den 4ten folgte ihm der General der Kavallerie, Fürst Karl von Lichtenstein. Auch der Herzog Franz entriess sich am 14ten des nähmlichen Monats den Armen seiner Gemahlinn, und begab sich in Begleitung seiner Adjutanten auf den Schauplatz des Krieges.

Groß war die Erwartung des Publikums von diesem Feldzuge, und man weiß nicht woran es lag, daß sie nicht erfüllet wurde. Ein starkes gut geübtes Heer stand den ganzen Sommer bey Semlin im Angesichte der türkischen Festung Belgrad. Alles harrte einer Belagerung dieser Festung entgegen; aber es war vielleicht nicht in dem Plan dieses Feldzuges, Belgrad zu belagern. Die meiste Zeit brachte man

zu,

zu, das Lager zu verschanzen, und bey Beschania einen kostspieligen Damm aufzuwerfen, der das andere Jahr wieder niedergerissen wurde. Zwischen den 16ten und 18ten April setzte sich das zur Belagerung der oberhalb Belgrad an der Save liegenden Festung Schabacz bestimmte Korps in Marsch. Den 18ten traf der Kaiser selbst bey diesem Korps ein, und am 20sten wurden die Laufgräben eröfnet, den 24ten die Palanka in Brand gesteckt, und in Gegenwart des Kaisers mit stürmender Hand erstiegen, worauf die Besatzung sich auf Gnade ergab. Fürst Poniatovsky wurde dabey im rechten Schenkel verwundet. Den 30sten rückte das Korps wieder im Lager zu Semlin ein.

Fürst Karl von Lichtenstein, dem der Oberbefehl über das Truppenkorps von Kroatien anvertrauet war, bezog den 21sten April das Lager bey türkisch Dubiza, einem Schlosse, auf welches schon der Oberstlieutenant Knesewich gleich nach geschehener Kriegserklärung einen unglücklichen Versuch gewagt hatte, und mit einem Verlust von mehr als 100 Mann sich zurückziehen muste. Das Glück war dem Fürsten von Lichtenstein vor diesem Orte nicht günstiger. Alle darauf unternommene Versuche mislangen, und er lag vergebens bis im August vor diesem Schlosse, da ihn eine gefährliche Krankheit zwang, das Kommando über das Truppenkorps niederzulegen, und sich nach Wien bringen zu lassen, wo er auch zu Anfang des Jahres 1789 an den Folgen dieser Krankheit starb. Nun erst übertrug Joseph den Oberbefehl dieses Korps dem in den Kriegen gegen Friedrich den grossen wohlversuchten grauen Helden, Gideon von Loudon, den der Brennen König den Einzigen, nebst seinem Bruder Heinrich, nannte, und ihm das Zeugniß gab, daß er nie gefehlet habe. Den 3ten August reiste Loudon nach Kroatien ab, um neue Lorbern für sein Haupt zu sammeln. Er traf zwischen den 10ten und 11ten des nähmlichen Monats daselbst an, nachdem der Feldmarschall Lieutenannt de Vins die Türken aus ihrem Lager vor Dubicza am 9ten August vertrieben, und gänzlich in die Flucht geschlagen hatte. Sobald Loudon vor Dubicza

an=

ankam, zog er die Truppen des Kordons zusammen, ließ den Ort mit allem Ernste angreifen, und setzte demselben so gewaltig zu, daß die Besatzung den 26sten August zwischen 8 und 9 Uhr früh sich unter den nähmlichen Bedingungen, die der Kaiser der Besatzung von Schabacz zugestanden hatte, ergab. Sobald Dubicza gefallen war, rückte Loudon vor Novi, wohin er schon den Generalmajor Klebeck in der Nacht vom 11ten August vorangeschicket hatte. Auch diese Festung mußte der Macht des sieggewohnten Helden weichen, und die Besatzung sich zu Kriegsgefangenen ergeben.

Noch ehe Loudon mit seinem kleinen Korps Schrecken und Furcht unter die Feinde brachte, und der Muselmann vor seinem Namen mehr, als vor dem gewaltigen Donner der Kanonen, erbebte, fingen die Türken am 7ten August früh zwischen 3 und 4 Uhr an, von drey Orten zu Takia, Altorsowa gegen über, Disbuck, und jenseits der Mündung des Czernaflusses, unser Lager zu kanoniren, und überfielen den Generalmajor Papilla bey Schupanek. Durch

 einen

einen Zufall gerieth die kaiserliche Trupp in Verwirrung, der Feind bemeisterte sich 3 Kanonen, und eine Menge des Gepäcks fiel in seine Hände. In der Unordnung wurde das Reiskische Infanterieregiment, das de Vinsische, und das wallachisch-illyrische Bataillon ganz von einander getrennt. Die Feinde rückten überall vor, und trieben die Truppen zurück, von denen sehr viele in die Waldungen und Gebirge sich verliefen. Nun sammelten sich die Feinde bey Schupaneck bis 50000 Mann, breiteten sich in der ganzen Gegend aus, und zwangen die kaiserlichen Truppen sich immer mehr zurückzuziehen. Der Kaiser und der Feldmarschall Lacy eilten mit der Hauptarmee dem General Wartensleben im Banate zu Hülfe, welcher sich mit grossen Beschwerlichkeiten, da er gegen die Feinde und die fast unwandelbaren Wege zu gleicher Zeit zu kämpfen hatte, hinter Armenesch gegen die Temesch zurückgezogen, und daselbst gelagert hatte. Die Feinde rückten indessen immer mehr vorwärts, und breiteten sich bis Mehadia aus. Sie belagerten die Veteranische

Höh-

Höhle, worin der Major Stein mit einer Division vom Steinischen Regiment sich geworfen hatte. Die Mannschaft that Wunder der Tapferkeit. Sie hielt alle nur erdenkliche Ungemächlichkeiten mit männlichem Muthe aus, und ihre Gegenwehr erwarb ihr selbst bey den Feinden Ehrfurcht. Erst dann, da sie alle Munition verschossen hatte, kapitulirte sie, und erhielt am 31. August den freyen Abzug ohne Waffen.

Sobald die Hauptarmee sich mit dem Wartenslebenschen Korps vereiniget hatte, wurde beschlossen, sich bis Lugosch zurück zu ziehen. Der Rückzug gieng in der Nacht von dem 14. auf den 15. September in aller Stille vor sich, als auf einmal ein Lärm entstand: der Feind wäre da. Die ganze Armee gerieth in Unordnung. Man feuerte auf einander, und merkte in der Verwirrung nicht, daß es nur ein blinder Lärm war, und daß die eigenen Truppen sich aufrieben. Endlich gelang es den Generalen, die Ordnung in etwas herzustellen. Schrecklich muß dieser Tag der Verwirrung, deren ei-

 ge-

gentliche Veranlassung in ein finstres Dunkel eingehüllt ist, gewesen seyn. Nach dem Berichte der dabey gewesenen Offizier wurde viele Mannschaft von den Händen ihrer Brüder erschossen; die meisten Offizier verloren ihre Bagage, und es ist sicher, hätten die Feinde sich diese Verwirrung zu Nutzen gemacht, so wäre es ihnen sehr leicht gewesen, die Armee auf das Haupt zu schlagen. Joseph selbst irrte von seinem Volke verlassen in Begleitung eines einzigen Reitknechts herum, bis ihn einer aus seinem Gefolge fand, und zur Armee zurückbrachte.

Der Einfall der Türken in das Bannat, und die Verwirrung bey dem Zurückzug nach Lugosch machten auf Joseph einen so heftigen Eindruck, daß er glaubte, es wäre zur Sicherheit nöthig, die Truppen überall zurückzuziehen, und sich mehr zu konzentriren. Aus dieser Ursache befahl er dem General Gemmingen, der den Befehl über die bey Semlin zurück gebliebene Armee hatte, den Damm bey Beschania und die Stadt Semlin alsogleich zu schleifen, die

Maga-

Magazine, welche nicht fortgebracht werden konnten, zu vernichten, und sich mit der Armee so schleunig als möglich zurückzuziehen. General Gemmingen, welcher sich stark genug fühlte, den Türken Widerstand zu leisten, und den Damm sowohl, als Semlin und die Magazine gegen alle feindliche Anfälle zu decken, verschob diesen Befehl zu vollziehen. Er ließ dem Kaiser sagen: noch bis itzt wäre keine Gefahr. Er wäre stark genug, den Feind, sollte er ihn angreifen, zu schlagen; und dieses äusserste Rettungsmittel blieb ihn noch immer übrig, wenn es die Gefahr heischen sollte. Joseph war mit dieser Vorstellung zufrieden, und General Gemmingen blieb bey Semlin stehen.

Während die Hauptarmee den ganzen Feldzug in Unthätigkeit zubrachte, siegten Josephs Krieger unter der Anführung des Prinzen von Koburg. Diesem Helden würde ein kleines Korps, meist Veteranen, anvertraut, um in Vereinigung mit der Russischen Armee gegen die Feinde in der Moldau zu wirken. Die Russen konnten theils wegen der weiten Märsche, theils des Mangels an Lebensmitteln und anderer Hindernisse wegen von dieser Seite nur eine sehr kleine Armee den Feinden entgegen stellen, und man fürchtete für das Korps des Prinzen von Koburg, wenn man an die geringe Zahl seiner Streiter dachte. Doch nicht die Menge, sondern Klugheit und Tapferkeit erfochten Siege; dieß bewies Koburg. Er schlug mit seinem kleinen, meist aus dritten Bataillonen zusammengesetzten Korps die Feinde, wo sie sich blicken liessen, belagerte Chotym, ohne ein Belagerungsgeschütz bey sich zu haben, und zwang die Besatzung, nachdem er die herbeygeeilten Entsatztruppen allzeit mit Verlust zurück geschlagen hatte, die Festung zu übergeben. Nun rückte er weiter, Jassy wurde besetzt, und fast die ganze Moldau dem Feind abgenommen. Die Russen belagerten Oczakow, und eroberten diese Festung den 17ten Dezember mit stürmender Hand.

So endigte sich dieser erste Feldzug, von dem jedermann sich grosse Dinge versprochen hatte, und worin, hätten Loudon und Koburg

nicht

nicht die Ehre der österreichischen Waffen behauptet, gar nichts von Bedeutung vorgefallen wäre, wiewohl er eine Menge Leute kostete. Man muß den Truppen die Gerechtigkeit wiederfahren lassen, daß sie sich als Helden bey jeder Gelegenheit bewiesen haben, und es lag nicht an ihnen, wenn der erste Feldzug nicht so, wie es hätte seyn sollen und können, ausgefallen ist.

Ich übergehe mit Stillschweigen alle die kleinen Vorfallenheiten, die sich ereigneten, wodurch nichts entschieden wurde, und welche eine Menge Leute aufrieben, weil man immer nur einen Mann gegen vierzig Feinde stellte. Der gemeine Mann und der Subalternoffizier zeichneten sich durch Muth und kluges Benehmen dabey aus, aber endlich mußten sie doch allzeit der Menge unterlegen. Die schlechte Witterung im Oktober und November zwang die Türken das Bannat zu verlassen. Nun rückten die kaiserlichen Truppen wieder vor, besetzten die von den Feinden zerstörten Ortschaften, und Joseph kehrte nach Wien zurück, wo er den 7ten Dezember eintraf.

Der Krieg hatte den Preis der Lebensmittel fast um die Hälfte erhöhet, und alle Provinzen Oesterreichs drükte ein gewaltiger Brod-Mangel, der sich hauptsächlich zu Wien äusserte, wo die armen Leute oft zu zwey und drey Tage kein Brod zu kaufen erhielten. Diese Noth gab im Monat Julius zu einem Aufstand Anlas, der aber noch bald gedämpft wurde. Die Bäkker verkauften durch zwey Tage kein Brod, weil sie nach der neuen Brodsatzung, vermög welcher das Brod um einige Loth geringer ward, und die aber erst in einigen Tagen sollte bekannt gemacht werden, Brod gebacken hatten. Das gemeine Volk erfuhr dieses, stürmte die Brodladen, raubte alles aus, und mißhandelte die Bäcker. Der Tumult war so groß, daß das Militar ausrücken mußte, um die Ordnung herzustellen.

Die Zubereitungen für den künftigen Feldzug wurden mit Lebhaftigkeit betrieben. Zu Bestreitung der Unkösten schrieb Joseph eine Kriegssteuer

steuer aus, welche für alle Stände ungemein drückend war, und dieses um so mehr, da alle Früchte im Preise unendlich stiegen, und fast noch einmal so theuer, als vor dem ausgebrochenen Kriege, bezahlt werden mußten.

Das Jahr 1789

Den 1ten Jenner eröfnete Joseph ein Darlehn, worinn er 5 pr. Cent zu zahlen versprach, jedoch gegen dem, daß das Kapital die ersten acht Jahre beyden Theilen unaufkündbar bleiben, nach Verlauf derselben aber jedem die halbjährige Aufkündigung frey stehen soll.

Joseph theilte in diesem Jahre seine Sorge zwischen der Fortsetzung des Krieges und dem innere Einrichtungen seiner Staaten. Am meisten beschäftigte ihn die Beendigung des neuen Steuerregulirunggeschäftes, welches er für das Wohl seiner Staaten höchst vortheilhaft zu seyn glaubte. Den 10ten Februar erschien eine Verordnung, welche die Einrichtung der neuen Steuer nach der Vorschrift des Patents von 1785. enthielt. Nachdem Joseph darin die Belegung des fruchtbringenden Bodens als die einzizige sichere Bedeckung der Staatsbedürfnisse angiebt, und zugleich versichert, daß seine Absicht bey Einführung derselben keineswegs die Erhöhung der bisherigen Kontribution, sondern blos eine gleichmässige Vertheilung derselben gewesen sey, so zeigt er die Art, wie diese Steuer zu erheben, und wie viel für die landesfürstliche, dann Urbarialsteuer abzuführen komme. Dem Landesfürsten hat der Grundbesitzer im Durchschnitt 12 fl. 13 ⅞ kr. von dem fatirten und kontrollirten Grundertrag zu bezahlen: für die obrigkeitlichen Forderungen aber muß er 17 Gulden 46 ⅞ kr. vom hundert der Herrschaft entrichten. Nach diesem Fuße ist also blos das Geld der einzige unabänderliche Maaßstab zur Bestimmung aller Urbarialschuldigkeiten, und ist der Unterthan, so bald er diese Steuer zahlet, zu keiner andern Verbindlichkeit weder an Naturalarbeiten, noch Naturalgiebigkeiten verpflichtet. Den 16ten May erschien eine Erläuterung dieser Verordnung, worin verschiedene Anfragen über die Urbarialschuldigkeiten sowohl der Grundbesitzer als der sogenannten Häusler be-

bestimmter auseinander gesetzt wurden. Den 27ten September folgten endlich die näheren Bestimmungen, damit dieses neue Grundsteuer- und Urbarialsystem mit 1ten November dieses Jahres könnte eingeführt werden; zugleich wurden darin alle jene Zwischenmäute, welche nach Einführung dieser neuen Steuer aufzuhören haben, benennet.

Joseph war von der Güte dieser neuen Steuerrektifikation so sehr überzeuget, daß die triftigsten Vorstellungen, die ihm von allen Provinzen dagegen gemacht wurden, ihn nicht vom Gegentheil überführen konnten. Selbst die Weigerung des damaligen Kanzlers der böhmisch-österreichischen Hofstelle, Grafen von Chotek, dieses neue Steuerrektifikationssystem zu unterschreiben, welcher eher seine Dienste dem Monarchen zu Füssen legte, als eine Einrichtung, die, wie er sich ausdrückte, so allgemein landverderblich ist, durch seine Unterschrift zu billigen, bewog den Kaiser nicht, von seinem Entschlusse abzustehen. Graf Chotek erhielt die verlangte Entlassung, und an seine

Stelle

Stelle wurde der verdienstvolle Freyherr von Kreßl zum Kanzler ernannt. So ungnädig Joseph die Vorstellungen gegen dieses neue System aufnahm, so sehr belohnte er diejenigen, die sich zu Ausführung desselben brauchen ließen. Den Freyherrn von Kaschnitz, der vorzüglich das Vertrauen des Kaisers besaß, welches ihm dieser bey einer Gelegenheit, da Kaschnitz über sehr wichtige Sachen denunzirt wurde, am stärksten bewies, indem er ihm die wider denselben eingereichte Denuntiation zu lesen gab, und sie dann vernichtete, machte er ein Geschenk von 30,000 fl., und schrieb deswegen folgendes Handbillet an den böhmisch - österreichischen obersten Kanzler, Grafen von Kollowrath: " Da " ich mit der ausgezeichneten Verwendung des " Baron Kaschnitz in den vielen seiner Obliegenheit anvertrauten Verrichtungen, und vorzüglich in dem gegenwärtig in Ausübung gelangten neuen Rektifikationssystem zufrieden " zu seyn alle Ursache habe, so finde ich mich " bewogen, ihm und seiner Familie dafür ein " Merkmahl meiner Erkenntlichkeit dadurch zu-

" zu-

„ zuwenden, daß ich ihn von der Zurückzahlung
„ des auf den Ankauf seines Gutes Zdislawitz
„ ihm von dem Aerarium vorgestreckten Betrags
„ entheben, folglich die ganze Schuld nachse-
„ hen will, welches sie ihm also eröfnen, und
„ zugleich die hierauf ausgestellte Obligation zu-
„ rückstellen werden." Wien den 21ten Hornung

Joseph.

Nebst diesem Zeichen der Gnade ernannte ihn der Kaiser zugleich zum wirklichen Hofrath. Gleiche Merkmale der Zufriedenheit und Gnade des Kaisers erhielten die übrigen, welche bey diesem Geschäfte angestellt waren. Der Staatsrath und Präses der Steuer- und Urbarialregulirungs-Hofkommission, Friedrich Edler von Eger, wurde zum wirklichen geheimen Rath, der Regierungsrath Holzmeister, und der Hofkommissar von Zannetti, zu wirklichen Hofräthen, und der Adjunkt der N. Oe. Kammeraladministration Kernhofer zum N. Oe. Regierungsrath ernannt.

Die Verwaltung der Staatsgüter sowohl, als der eingezogenen Klöster- und Kirchengüter hatte

hatte dem Staate bis itzt wenig Vortheil verschafft; ja es ergab sich, daß die meisten der geistlichen Güter höchstens nur zu 1 ½ proc. genossen wurden. Dieses bewog den Kaiser sämmtliche Staatsgüter und Realitäten am 24sten März öffentlich feil zu biethen, und käuflich im Ganzen, oder in sogenannte Junkereyen abgetheilt, entweder in Erbpacht, oder in Zeitpacht auf längere Jahre durch den Weg der Versteigerung zu veräussern. Zur besseren Aufmunterung bewilligte er den 12ten May, daß denjenigen, die ein Gut in Erbnutz übernehmen, gestattet seyn soll, den jährlichen Zinns nach und nach mit einem fünf procentigen Kapital zu reluiren.

Alle Schenkungen, Vermächtnisse, oder Erbschaften, welche unehligen Kindern von ihren Eltern, oder diesen von unehligen Kinder durch letztwillige Anordnungen, oder gesetzliches Erbrecht zu fallen, befreyte Joseph den 29ten Jänner von aller Erbsteuer wie es bey Eheleiblichen Eltern und Kindern ohnehin gebräuchlich ist. Den Unterthanen erlaubte Joseph

ſeph die auf ihrem Grunde vorfindigen Steinbrüche aller Gattungen, als wahre Induſtrialgegenſtände, auf was immer für eine Art zu benutzen. Den an vielen Orten noch beſtandenen Gebrauch, vermög deſſen dem Unterthan obrigkeitliche Feilſchaften aufgedrungen wurden, ſchuff Joſeph den 5ten März gänzlich ab, und befahl keine Rückſicht weder auf Verträge, noch Gewohnheiten zu nehmen. Die in Böhmen bisher beſtandene Erbſteuerkommiſſion wurde den 23ten Februar aufgehoben, und mit dem Gubernium vereiniget, und den 6ten April hörte die in Prag noch beſtandene Sperrkreuzerabgabe gänzlich auf.

Nicht minder befahl Joſeph den 30ten Julius, daß der in Böhmen noch beſtehende herrſchaftliche Mühlzwang vom 1ten November d. J. gänzlich aufhören, und Jedermann die Freyheit eingeräumt ſeyn ſoll, ſeine Körner da, wo er will, in- und auſſer der Herrſchaft, zu welcher er gehört, frey, und ohne alle Abgaben an die Obrigkeit mahlen zu laſſen.

P Die

Die aufgekündigte und baar eingegangenen Geldfideikommisse befahl er den 16ten März in öffentliche Fonds anzulegen, und geboth zugleich, daß ihre Aufkündigung, sobald sie da angelegt sind, von den Gerichtsstellen nie verwilliget, sondern die Partheyen mit dergleichen Gesuchen an die Hofstellen gewiesen werden sollen.

Das nähmliche verordnete er den 30ten Julius in Ansehung der Substitutionen zu beobachten.

Batist, baumwollene gestrickte Waaren weisse und gefärbte, Linon glatten, gestreiften und geblumten; Musselin, gestreiften und geblumten, setzte Joseph den 3ten Februar ausser Handel, und verboth die Einfuhr dieser Waaren bey Konfiskation. Die für die Waarenstämplung ausgemessene Gebühr setzte er den 20ten April auf die Hälfte herab, und befreyte einige ehemals dem Stämpel unterlegene Artikel gänzlich davon. Die vermög Patent 1787 ausser Handel gesetzten Waaren befahl er den 19ten Julius bis Ende Dezember dieses Jahres gänzlich aus den Erblanden zu versenden, und

den

bedrohte, daß nach Verkauf dieses Terminties, alle solche vorfindige Waaren in Verfall gezogen und vernichtet werden sollten. Die Einfuhr des auswärts geläuterten Zuckers wurde durch eine Verordnung vom 28ten August verbothen, und hat dieses Verboth vom 1ten Jänner 1790 seine Wirkung zu erhalten.

Um jederzeit taugliche Feldkapläne zu erlangen verordnete Joseph den 4ten April, daß mit Anfang künftigen Schuljahrs in jedem Jahre 8 Zöglinge für den Seelsorgerstand der Armee gewählt werden sollen. Diesen Feldkaplänen sey die bey dem Militar in der Seelsorge zugebrachten Jahre zum besondern Verdienst anzurechnen, und sollen sie, wenn sie 10 oder 15 Jahre ihr Amt verwaltet haben, einen vorzüglichen Anspruch auf landesfürstliche Pfarreyen haben. In Rücksicht auf die Intestatsverlassenschaften eines Geistlichen, der nie eigentlich bey einer Kirche angestellt war, verordnete Joseph den 29ten April, daß dieselbe weder einer Kirche, noch dem Religionsfond, sondern ein Theil davon den Armen, die andern zwey

Theile aber den nächsten weltlichen Erbfolgern oder Befreundten ohne Unterschied zufallen sollen.

Den Staatsminister und Landmarschall in Oesterreich unter der Enns, den Reichsgrafen und Herrn von Pergen, hat Joseph wegen des geschwächten Augenlichts von der Besorgung der N. Oestr. Regierungsgeschäfte entlediget; doch verblieb dieser Minister Landmarschall, und wurde ihm zugleich das ganze Polizeywesen in der Residenzstadt, wie auch die Oberaufsicht über die Polizey- und Sicherheitsanstalten in den sämmentlichen Provinzen der Monarchie übergeben. Zu Leitung der niederösterreichischen Regierungsgeschäfte wurde als Amtsverweser der bisherige Stadthauptmann Graf von Auersberg ernannt.

Den 3ten Juny unterwarf Joseph alle Zeitungsblätter, periodische Schriften, und Brochuren dem Stämpel. Der Eingang zu dieser Verordnung, wie sie an die Zensur ergieng, lautet folgendermassen: "Um der zunehmenden Überschwemmung von Schriften und

„ Blät-

„ Blättern, die, ohne irgend von einer Seite „ etwas zur Nationalbildung beyzutragen, vielmehr der allgemeinen Denkungsart und bürgerlichen Folgleistung gefährlich, und für „ Wissenschaften und Litteratur nicht selten entehrend sind, Einhalt zu thun, haben Seine „ Majestät beschlossen, den Stämpel einzuführen.“

Es scheint also, daß Joseph die von ihm ertheilte Preßfreyheit zwar nicht durch ein Verboth einschränken, aber durch solche Mittel so viel als möglich erschweren wollte.

So sehr Joseph sich gleichgültig gegen alle Schmähschriften zeigte, so gab er doch Beweise, daß er die Verbreiter derselben bey Gelegenheit zu züchtigen bereit sey. Ein Beyspiel hatten wir in der Person des Groß- und Buchhändlers, Georgs Philipp Wucherer. Dieser wurde beschuldiget, verbothene Bücher verkauft zu haben. Wucherer wurde den 29ten Julius vor die Polizey gefordert, und dann in dem Polizeyhause festgesetzt.

Man untersuchte alle seine Papiere und Schriften, und inquirirte alle seine Leute, um gewisse Verbrechen, deren man ihn gerne hätte überführen wollen, zu erfahren. Wucherer saß 23 Wochen im Gefängnisse. Sein Prozeß wurde sehr geheim gehalten, doch so viel ist notorisch gewis, daß man ihn gerne zum Kriminalverbrecher geeignet hätte.

Da alle Untersuchung fruchtlos war, und man Wucherer keines andern Verbrechen, als verbothene Bücher verkauft zu haben, überführen konnte, entschied Joseph durch einen Machtspruch sein Urtheil, daß er 1000 Dukaten Strafe erlegen, seines Gewerbes verlustig, und des Landes verwiesen werden soll, obgleich das bestehende Geseze nur 50 fl. für jedes verkaufte Exemplar von einem verbothenen Buche, oder zeitliches gelindes Gefängniß als Strafe anerkennt. *)

Wie

---

*) Da Wucherer 1787 dem Kaiser ein Exemplar von seinem Damenkalender überreichte, gab ihm Joseph denselben mit diesen Worten zurück:

Wie sehr Joseph die Pressfreyheit zu hemmen suchte, woraus, wie er glaubte, viel Unheil in seinen Staaten entstanden sey, beweist eine Verordnung vom 20sten Jänner 1790, die ich wörtlich hersetzen will. "Da die zur Begün-
" stigung des Bücherhandels unterm 24ten Fe-
" bruar 1787 den Buchdruckern ertheilte Er-
" laubniß: auch vor erhaltener Zensur Hand-
" schriften abzudrucken, und dann erst um
" die Zulassung einzureichen, sehr gemißbraucht
" wurde, so haben Se. Maj. verordnet: daß
" künftig, so wie vormahls die Ordnung bestand,
" wieder nur Handschriften zur Zensur gebracht
" werden mögen, und der Abdruck derselben, ehe
" die Zulassung erfolget, gänzlich verbothen seyn
" soll. Wenn daher ein Buchdrucker, ohne die
" Zensursentscheidung eingehohlt zu haben, irgend

 ein

" Kalender brauch' ich keinen; aber wenn der
" Herr wieder einen Szekely drukt, so bring'
" er mir ein Exemplar;" Dieß war die Piece über Szekelys Verurtheilung, welche, wie schon erwähnt worden, in sehr harten Ausdrücken abgefaßt war.

„ ein Werk abdrukte, so wird derselbe das erste-
„ mal für jedes in Umlauf gekommene Exem-
„ plar mit 50 fl. bestraft, bey wiederholter Be-
„ tretung aber, ausser der hier bestimmten Geld-
„ strafe, noch seines Gewerbes verlustig wer-
„ den.

„ Indem aber Werke, welche die Grundsä-
„ ze aller Religion und Sittlichkeit aller ge-
„ sellschaftlichen Ordnung zu untergraben,
„ die Bande aller Staaten, aller Nationen auf-
„ zulösen fähig sind, einen allgemein erkannten
„ schädlichen Einfluß haben, und es Pflicht ge-
„ gen die Menschheit ist, der Verbreitung dersel-
„ ben so viel möglich Einhalt zu thun, so wird
„ derjenige, der von dieser Gattung, nothwen-
„ dig ohne Gutheissung der Zensur, hierlandes
„ gedruckte Bücher in das Ausland gesendet zu
„ haben, überwiesen wird, ohne Unterschied, ob
„ ein solches Werk von einer ursprünglich hiesi-
„ gen, oder von auswärtiger Verfassung sey, ne-
„ ben der oben bestimmten Bestrafung auch noch
„ insbesondere mit einer körperlichen Strafe be-
„ legt werden. „

Die

Die Unzufriedenheit der Niederländer mit den neuen Einrichtungen des Kaisers, welche sie als Eingriffe in ihre Rechte und Freyheiten betrachteten, äusserte sich nun immer mehr und mehr. Der dritte Stand des Herzogthums Brabant verweigerte die ordentlichen Subsidien, und diese Weigerung erregte Josephs ganzen Unwillen. Den 7ten Jänner erließ er an die Stände ein Depeche, worinn er alles dasjenige, was er dieser Provinz bewilliget hatte, besonders aber die gewährte Vergessenheit alles dessen, was in den letzten Unruhen geschehen war, wieder entzoh. Er verboth seinem Generalgouvernement, keine dieser Personen in ein Amt einzusetzen, untersagte alle fernere Benennungen zu den Abteyen von Brabant, und befahl, daß mit Beystand des Militars die strengste Nachforschung nach denjenigen Personen geschehen soll, welche in den letzten Unruhen durch Handlungen, Worte oder Schriften sich strafbar gemacht haben. Er erklärte, daß er nach der Verweigerung der schuldigen Subsidien sich nun nicht mehr an die Joyeuse = Entree gebunden halte, da sie ihrer Seits vergessen haben, was sie ihm als treue Unterthanen schuldig sind.

Nachdem die Stände diese Depesche erhalten hatten, begab sich eine Deputation zu dem bevollmächtigten Minister, um ihm zu bezeugen, wie leid es den Ständen sey, den Unwillen des Kaisers auf sich gezogen zu haben. Sie erklärten sich bereitwillig, allem, was der Kaiser verfügen würde, zu gehorchen, und baten, ihre Vorstellung vom 1ten Dezember 1788, als nicht geschehen zu betrachten. Sie äusserten den Wunsch, durch eine Deputation der 3 Stände die Unterwürfigkeit der Provinz an dem Fuße des Thrones bezeigen, und den Kaiser um die Wiederverleihung der Huld gegen sein Volk und die Aufrechthaltung der Landesverfassung bitten zu dürfen, zugleich aber würden sie auch in Rücksicht derjenigen Punkte dieser Verfassung, welche den heilsamen Absichten des Kaisers im Wege stehen mögen, auf das willfährigste Beweise ihrer Ergebenheit und ihres Eyfers geben.

Diese

Diese Aeusserungen der Stände legte der Minister dem Kaiser vor, und da wäre es noch Zeit gewesen, durch Mässigung und Nachgiebigkeit die Gemüther zu gewinnen, und die Niederlande in den Pflichten des Gehorsams zu erhalten. So bereitwillig sich die Provinz Brabant bezeigte, das gute Vernehmen zwischen Souverain und Unterthan zu erhalten, so standhaft verharrte die Provinz Hennegau, von ihren Rechten nicht das geringste zu vergeben. Die Stände daselbst hatten gleichfalls die Subsidien verweigert, ohne ihr Betragen, nach dem Beyspiele der Stände von Brabant, durch Reue und Bereitwilligkeit, den Verfügungen des Kaisers zu gehorchen, zu entschuldigen. Joseph ertheilte seinem General-Gouvernement den Befehl, Kommissare nach Mons zu senden, die Versammlung der Stände aufzuheben, und zu erklären, daß alle der Grafschaft Hennegau zugestandenen Privilegien und Begünstigungen zurückgenommen, aufgehoben, und vernichtet, die Deputation der Stände, so wie alle ihre Beamte abgesetzt seyn sollen, und dieselben nur

dann

dann ihre Aemter und den damit verbundenen Gehalt beybehalten können, wenn sie den ehedem den Ständen geleisteten Eyd, dessen Wirkung nun ganz aufhöret, dem Kaiser schwören u. s. w. Diese Verordnung machte das Generalgouvernement den 31sten Jänner in der ganzen Provinz bekannt.

Den 2ten März wurden die Stände von Brabant zu einer Generalversammlung berufen, in welcher ihnen die Depeche von 15ten Februar, als Antwort auf ihr Schreiben vom 26sten Jänner, vorgelesen wurde. Der Kaiser bezeigte ihnen darinn seine Zufriedenheit, und versicherte sie, daß er die Vorstellung von 1ten Dezember als nicht geschehen betrachten wolle. Mit Zutrauen und Vergnügen, sagte Er, nähme er das Anerbieten in Rücksicht auf die Verbesserungen der Staatsverfassung an. Mein Wille, „fuhr er fort, ist durch die Gesetze zu herr„schen, und meinem Volke Erleichterung zu „verschaffen. Das ist der einzige Gegen„stand meiner Sorgfalt. Es wäre zu früh „jetzt Abgeordnete nach Wien zu senden, aber

„wenn

„ wenn alle Sachen in Ordnung gebracht seyn „ werden, dann will Er mit Vergnügen die „ Stellvertreter der Nation aufnehmen, und als „ eifrige und aufgeklärte Mitwirker an der Be- „ förderung der allgemeinen Wohlfahrt an- „ sehen.“

Dem Erzbischofe von Mecheln, den Bischöfen von Antwerpen, Namür, Brügge, Ypern und Rüremonde wie auch sämmtlichen Aebten wurde von dem Gouvernement der Befehl ertheilt, bis 15ten März ihre theologischen Zöglinge in das Generalseminar nach Löven zu schicken, widrigenfalls ihre Temporalien gesperrt werden würden. Dem Erzbischofe von Mecheln wurde noch insbesondere aufgetragen, sich vom 8ten März an in Löven einzufinden, und allda so lange zu verbleiben, als nöthig ist, die dort vorgetragene Lehre für rein und ächt öffentlich zu erklären, oder anzugeben, was daran tadelhaftes sey.

Sobald der Erzbischof von Mecheln zu Löven angekommen war, legte er den theologischen Lehrern folgende zwey Fragen vor:

1) Ob

1) Ob die Bischöfe aus göttlichem Rechte befugt seyn, zu allen Zeiten durch sich oder durch andere zu lehren und zu unterrichten, und zwar nicht durch Katechisiren und Predigten, sondern auch dadurch, daß sie denjenigen, welche in den geistlichen Stand treten wollen, die Gottesgelehrtheit auslegen?

2) Ob sie in diesem Rechte durch weltliche Macht gehindert, oder beschränkt werden können?

Die Professoren versprachen, diese Fragen schriftlich zu beantworten; allein die Regierung verboth es ihnen, weil diese Fragen nicht in das Fach der Sendung des Erzbischofs gehörten. Das nähmliche wurde dem Kardinalerzbischofe durch eine Depeche vom 11ten März angedeutet; dieser aber verharrte darauf, daß, da diese zwey Fragen augenscheinlich zur Dogmatik gehörten, es ihm ganz unmöglich wäre, über die Lauterkeit der Lehrsätze und der persönlichen Gesinnungen der Professoren zu entscheiden, wenn diesen nicht erlaubet würde, über diese zwey Punkte frey und offenherzig zu antworten.

ken. Da der Kardinal Erzbischof die Untersuchung immer verzögerte, wodurch das Mißtrauen gegen die Aechtheit der Lehrsätze vergrössert wurde, so erhielt er am 24ten März neuerdings den Auftrag, sich über die Aechtheit der theologischen Lehren zu Löven zu erklären. Doch dieser wandte vor, es wäre ihm in so lange unmöglich, bis nicht die zwey von ihm aufgeworfene Fragen beantwortet würden. Indessen wisse er von einigen Professoren, daß ihnen Bücher wären in die Hände gegeben, und anempfohlen worden, welche verschiedene irrige Sätze enthalten, welches auch die Gerüchte einer Irrlehre verbreitet habe. Um nun diesen Vorwand der Verzögerung zu heben, erlaubte der Kaiser den Professoren, die Fragen des Kardinalerzbischofs zu beantworten; und um diesen gänzlich zu beruhigen, sagte er demselben: „Sie „ sind überdies bevollmächtiget, ja ich fordere „ Sie dazu auf, über alle zum Unterrichte die„ nende Bücher ihre Meinung zu sagen, und „ Sie dürfen nicht zweifeln, daß ich ernstlich „ gesinnet bin, alles, was darinn tadelhaft ge-

„ fun-

„ funden werden könnte, zu verbessern. Mei„ne beständige und unverbrüchliche Liebe zu „unserer heiligen katholischen Religion, derer „Vertheidiger und Beschützer ich von Standeswe„gen bin, muß Ihnen sowohl, als allen mei„nen Unterthanen, in Ansehung desjenigen, „was wahrhaft zu dem Glauben und dessen „Lehren gehört, dafür bürgen, daß ich mich „allzeit bestreben werde, den reinen und apo„stolischen Trieb der Bischöfe, durch Entfer„nung alles dessen, so demselben im mindesten „nachtheilig seyn könnte, zu unterstützen.“

Den 18ten Juny wurden die Stände von Brabant auf Befehl des Kaisers ausserordentlich versammelt, und ihnen vier Punkte zur Berathschlagung vorgelegt. 1ten Daß die gegenwärtigen gewöhnlichen Steuern beständig fortwähren und also, wie in Flandern, festgesetzte Subsidien bestehen sollen. 2ten Die Wiederherstellung des Mittelstandes auf den alten Fuß. 3ten Daß in den Berathschlagungen über was immer für allgemeine Angelegenheiten jeder Stand für sich eine unbedingte Entschliessung neh-

nehme, und das einstimmige Gutachten zweyer Stände die Mehrheit ausmache, und die Beyziehung des dritten Standes nach sich ziehe. 4ten Soll der Rath von Brabant gehalten seyn, jedes Edikt und Reglement, und jede andere aus höchster Macht erlassene Akte, wenn dadurch nicht offenbar ein Artikel der Joyeuse-Entreé, oder eines andern anerkannten Privilegiums verletzet wird, zu besiegeln und auf die gewöhnliche Art herauszugeben. Auf diese vier Punkte gründete der Kaiser die Aufrechthaltung der ehmaligen Verfassung der Provinz.

Diese Anordnungen waren nicht den Gesinnungen der Stände angemessen. Unter dem Vorwande, ihr Eid verbiete ihnen, darein zu willigen, weigerten sie sich dieselben anzunehmen, wodurch die Generalgouverneur dem erhaltenen Befehl gemäs genöthiget waren, die Verordnung vom 19ten Juny ergehen zu lassen: daß von diesem Augenblicke an die Deputation der Stände unterdrückt, der Rath von Brabant aufgehoben, und die Joyeuse-Entreé widerrufen sey. Um 6 Uhr Abends wurden die

Stände auch wirklich getrennt, und der Rath von Brabant, der seit Morgens versammelt war, erhielt das Diplom seiner Aufhebung. An die Archive der Stände und an derselben verschiedene Kassen wurde die Sperre angelegt. Am 20ten des Morgens erschienen zwey andere Verordnungen. Durch die erste wurde der Verwaltung der Gerechtigkeit vorgesehen, und durch die zweyte die Abgaben der Schlacht- und Mühlsteuern auf dem platten Lande aufgehoben. An dem nähmlichen Tage kamen sieben Räthe von Mecheln nach Brüssel, um eine Kammer des neuen Rathes auszumachen, und alle Einnehmer der Stände von Brabant schwuren sogleich dem Kaiser den Eid der Treue.

Durch dieses Benehmen des Kaisers brach nun das unter der Asche bisher geglommene Feuer der Empörung in lichte Flammen aus. Eine Menge Unzufriedene rotteten sich zusammen, und versammelten sich an den Grenzen des Lütticher Landes. Ihre Zahl wurde täglich durch eine Menge aus Brabant ausgewanderter Mißvergnügten vergrössert, und die Regierung sah sich

end-

endlich gezwungen, Militär gegen dieselbe zu schicken, um sie zu zerstreuen. Zwölf Abteyen, welche sich gegen die Verordnungen ungehorsam bezeigten, und das Volk aufzuhetzen sich bemühten, wurde nach dem Beyspiele Karls V. die Direktion der Temporalien abgenommen. Doch alle diese Maßregeln waren nicht vermögend, den Geist des Aufruhrs zu stillen, wozu die Geistliche, hauptsächlich die Mönche, alles beytrugen, denselben noch mehr anzufachen. Die Mißvergnügte sammelten sich bey Hasselt auf dem Lütticher Gebiethe, und ließen im Nahmen des Ausschusses der brabantischen Patrioten allenthalben Werbbriefe vertheilen. Von da zogen sie ins Holländische Gebieth, wo sie aber auf Ansuchen des Kaiserl. Gesandten von den Generalstaaten der vereinigten Niederlande zu Räumung des Gebieths der Republick gezwungen worden. Indessen wurde zu Brüssel eine Verschwörung entdeckt, welche nichts anders zur Absicht hätte, als mit den Wiedersachern der Mißvergnügten eine Sezilianische Vesper aufzuführen.

Um allen diesen Unordnungen zu steuern rechtfertigte Joseph durch eine Verordnung vom 19ten Oktober das Benehmen der Regierung seit 1781; aber seine Stimme fand nun kein Gehör. Es empörten sich ganze Ortschaften, die sich mit den ausgewanderten Patrioten vereinigten, und am 24ten Oktober in verschiedenen Haufen bey den Gränzen von Brabant einfielen und sich des Forts Lillo bemächtigten. Vergebens drohte General d'Alton den Aufrührern mit allen Strenge, und selbst fruchtlos war das Anrücken des Militärs gegen dieselbe. Die Zahl der Patrioten stieg von Tag zu Tag, und endlich erklärten sie den Kaiser der Souveränität von Brabant verlustig. Den 24ten Oktober erließ Van der Noot, welcher an der Spitze der Patrioten sich befand, ein Manifest, worin er die Patrioten für die Herren von Brabant erklärte, und alle das Vaterland liebende Bürger aufforderte, sich mit denselben zu vereinigen. Die Patrioten fingen nun an immer mehr und mehr den Meister zu spielen. Schon hatten sie sich verschiedener Städte bemächtiget, und das gegen

gen sie ausgeschickte Militar theils zurückgetrieben, theils die meisten bewogen, sich mit ihnen zu vereinigen.

Joseph versuchte nun in Güte die unruhigen Gemüther zu besänftigen. Den 20ten November erklärte er, daß das Generalseminar zu Löven aufhören, und in Ansehung des theologischen Studiums alles auf den alten Fuß hergestellet werden soll. Am 21ten wiederrief er die Verordnung vom 18ten Junius, und erklärte, daß er bereit sey, die Sachen wieder auf den Punkt herzustellen, wie sie sich vor der Depeche von 15ten Februar d. J. befanden, und daß er sich mit den Ständen von Brabant über dasjenige, was in der Joyeuse Entree einer Auslegung fähig wäre, verstehen wolle. Der Rath von Brabant wurde daher wieder eingesetzt, und überhaupt die Joyeuse Entree und alle Privilegien in ihrem ganzen Umfange hergestellt. Aber nun war es zu spät. Die Nation hatte zu den Verheissungen des Kaisers kein Zutrauen, und war fest entschlossen, ihre Vorrechte durch Gewalt zu behaupten.

Zu Anfang des Jahres 1790 behaupteten endlich die Niederländer ihr Unabhängigkeit von Oesterreich. Die Patrioten eroberten Gent, Antwerpen und endlich auch Brüssel. Die wenigen dem Kaiser treu gebliebenen Truppen zohen sich in das Luxenburgische, die einzige Provinz, welche dem Kaiser ergeben blieb. Graf Trautmansdorf und General d'Alton mußten sich gleichfals nach dieser Provinz flüchten. Sobald die Patrioten Meister von den meisten Städten waren, erklärten die Provinzen Flandern und Brabant den Kaiser der Souveränität unfähig, hoben alle neue Einrichtungen auf, und setzten alles wieder auf den alten Fuß her. Joseph versuchte alle Mittel, mit Güte die Herzen dieser verlornen Unterthanen zu gewinnen, aber vergebens; und er hatte nicht mehr das Vergnügen erlebt, diese gesegnete Provinzen unter seinem Zepter zurückkehren zu sehen.

Indessen wurde der Krieg gegen die Pforte mit aller Lebhaftigkeit betrieben. Die Gesundheitsumstände des Kaisers und des Feldmarschalls Lacy hinderten beyde, in diesem

Feld=

Feldzuge die Armeen gegen die Feinde anzufühｰren; der Kaiser übertrug also dem Feldmarschalle und Kriegspräsidenten, Grafen von Hadｰdick, den Oberbefehl über die Hauptarmee, welｰcher den 27ten April von Wien abreiste: ihm folgte den 7ten May Held Loudon, der sich zur Armee nach Kroatien verfügte.

Den Muth seiner Krieger anzuflammen, und die Thaten des gemeinen Soldaten der Vergessenheit zu entreissen und für die Nachkommenschaft aufzubewahren, verordnete Joseph im Monath Julius, daß einzelne tapfere Handlungen der obligaten Kriegsmannschaft nicht mehr mit Gelde, wie es bisher geschah, sondern durch ein öffentliches und fortdauerndes Ehrenzeichen belohnet werden sollen. Dieses Ehrenzeichen besteht in einer silbernen und goldenen zu diesem Zwecke eigens geprägten Denkmünze, deren Vertheilung den kommandirenden Generalen im Felde überlassen ist. Derjenige, welcher eine Denkmünze erhält, ist berechtiget, solche zu jeder Zeit in- und ausser Dienst öffentlich zu tragen. Zu diesem Ehrenzeichen sind so wohl Inn= als Ausländer vom Gemeinen bis zum Feldwäbel und Wachtmeister geeignet, und es ist der Lohn einer persöhnlichen besonders tapfern Handlung. Die silbernen Denkmünzen sind für tapfere Handlungen, und die goldenen für die ausgezeichnetesten bestimmt. Wer eine silberne Denkmünze erhält, bekommt die Hälfte, und wer eine goldene sich erwirbt, die ganze Löhnung als Zulage.

So wenig das Glück im verflossenem Feldzuge die österreichischen Waffen begünstigte, so siegreich waren sie in diesem. Den 12ten Julius eroberte Loudon Berbir. Er hatte die Feinde so sehr geängstiget, daß diese in der Nacht mit Zurücklassung einer Menge Munition und aller Kanonen nebst vielen Lebensmitteln die Festung verließen. Von Berbir zog Loudon nach Syrmien, wo er, weil Feldmarschall Haddick erkrankte, den Oberbefehl übernahm. Die Belagerung Belgrads wurde von dem grauen Helden beschlossen, und diese stolze Feste mußte sich den 7ten Oktober dem Sieger mit Kapitulation übergeben, nachdem er am 30ten September die Raitzen= und Wasserstadt mit Sturm erobert hatte. Die freudige Nachricht von der so schnellen und mit geringem Verluste erfolgten Einnahme Belgrads wurde den 12ten Oktober früh durch den Feldmarschallieutenant Klebeck nach Wien überbracht, und auf Befehl des Kaisers unter Vorausreitung von vier Postoffizieren und 24 Postillonen der ganzen Stadt bekannt gemacht. Ein lauter Jubel erfüllte alle Gassen, und das Volk frohlokte laut die ganze Nacht hindurch. Den 4ten fuhr der Kaiser nach St. Stephan, wo ein feyerliches: Herr Gott dich loben wir! abgesungen wurde. Während des Gottesdienstes wurden die Kanonen auf den Wällen dreymal gelöst, und ein vor der Kirche aufgezogenes Grenadierbataillon gab ein dreymaliges Salve. Des Abends wurden alle Häuser beleuchtet, und das Frohlocken des Volks dauerte die ganze Nacht hindurch.

Während Laudon der Türken Festen bezwang, schlug Held Koburg die Feinde im offenen Felde. Den 1ten August erfocht er in Vereinigung mit dem russischen General Suwa-

zig mit eisernen Ketten beladene Wagen folgen in dieser Absicht dem zahlreichen Heere, und sieh! Held Koburg, dessen ganze Macht, vereinigt mit der Russischen, aus 18000 Mann bestand, greift den Feind an, schlägt ihn aufs Haupt, und erobert alle Zelter, und alles Geschütz.

Joseph erkannte die wichtigen Dienste des Prinzen von Koburg. Den 13ten August übersandte er ihm durch einen eigenen Kurier das Großkreuz des militarischen Marien Theresienordens, und bey erhaltener Nachricht des glänzenden Sieges bey Martinestie ernannte er ihn zum Feldmarschall. Auch den General Suwarow belohnte Joseph. Er schrieb diesem Helden eigenhändig ein sehr huldreiches Handbillet, und überschickte ihm ein Reichsgrafendiplom.

Dieser Sieg und die Eroberung Belgrads verbreiteten ein panisches Schrecken unter den Feinden. Sie hielten nun nirgends Stand, und der Nahmen Loudon und Koburg erfüllte ihre Herzen mit Furcht. Das siebenbürgische

Korps

Korps erhielt Befehl, in die Wallachey einzurücken, während Prinz Koburg auf Bukarest vordrang. Sobald Mavroyeny Nachricht von dem Anzuge der kaiserlichen Truppen erhielt, verließ er Bukarest, und zog sich auf ein fünf Meilen entlegenes Schloß näher gegen die Donau. Den 3ten November trat Prinz Koburg seinen Marsch nach Bukarest an. Die Standhaftigkeit, welche die Mannschaft auf diesem Marsch bewies, und die Unverdrossenheit, mit welcher sie alle Beschwerlichkeiten des schlechten Wetters und der fast unwandelbaren Wege ertrug, zeigten von der Liebe, die das Heer für seinen Anführer hatte. Drey tausend Türken befanden sich in Bukarest, welche die Annäherung der kaiserlichen Truppen gar nicht vermutheten. Diese nahmen, sobald sie davon Nachricht erhielten, so schleunig als möglich die Flucht; doch wurden noch einige hundert von den Vortruppen überrascht. Der Einzug des Prinzen Koburg in Bukarest glich einem feyerlichen Triumphe. Die Geistlichkeit und der Adel gingen dem Helden eine Stundeweit entgegen,

und

und begleiteten ihn unter lautem Jubel in die Kirche, wo er die Huldigung empfing. Nun wurden die Truppen in die Winterquartiere verlegt, um der Ruhe, deren sie nach einem sehr beschwerlichen und mühsamen, aber eben so glücklichen und glänzenden Feldzuge so sehr bedurften, zu pflegen.

Held Loudon hatte nach der Eroberung von Belgrad gleich die Anstalten getroffen, die Belagerung der Festung Neuorsova zu unternehmen, und am 24ten Oktober langte das dazu bestimmte Korps vor der feindlichen Festung an. Da die Besatzung erklärte, sich bis auf den letzten Mann zu wehren, so wurde sogleich mit der Belagerung der Anfang gemacht; allein die Haltbarkeit dieses Ortes und die späte Jahreszeit machten die Einnahme der Festung unmöglich. Die Belagerung wurde in eine Bloquade verwandelt, die übrigen Truppen aber in die Winterquartiere verlegt.

Wollte man alle glückliche Vorfälle dieses Feldzuges erwähnen, so würde der Raum dieser Blätter zu eng werden; doch so was gehöret in eine besondere Geschichte dieses Krieges, und darum will ich hier schweigen. Genug; daß die österreichischen Waffen nie glücklicher, als in diesem Feldzuge fochten. Die Feinde wurden überal geschlagen, wo sie Stand hielten, und es gelang ihnen nirgend, wo sie es immer versuchten, einzubrechen. Der größte Verlust, den die kaiserliche Armee erlitt, war der Tod des Feldzeugmeisters, Freyherrn von Ruvroy. Er starb den 30ten September zu Semlin auf dem Krankenbette. Seiner hinterlassenen Wittwe gab Joseph die Pension des Großkreuzes, wiewohl ihr Gemahl nur Commandeur des militarischen Marien Theresienordens war, weil, wie Joseph sich ausdruckte, dieser im Artilleriewesen besonders geschickte General seiner ausgezeichneten Verdienste wegen, hätte ihn der Tod nicht weggerafft, das Großkreutz sicher würde erhalten haben.

Sobald Loudon alle nöthige Anstalten getroffen hatte, kehrte er nach Wien zurück, um dem Kaiser mündlich Bericht von allem abzustatten, und die im Fall eines dritten Feldzugs erforderlichen Vorkehrungen zu treffen. Seine Reise durch ganz Ungarn glich einen Triumphe. Uiberall, wo er ankam, wurde er mit lautem Jubel und vielen Freudenbezeugungen empfangen.

Joseph genoß nicht so ganz ungestört das Vergnügen, welches das Glück seiner Waffen ihm hätte gewehren können. Seine Gesundheit hatte in dem ersten Feldzuge stark gelitten, und ein von seiner Reise nach Cherson mitgebrachter Husten, den er anfangs nicht achtete, die gefährlichsten Folgen für sein Leben nach sich gezohen. Schon den ganzen Winter hindurch kränkelte er; und besonders empfand er ein heftiges Herzklopfen, und gewaltiges Klemmen auf der Brust. In der Nacht vom 13ten auf den 14ten April ergriff ihn plözlich ein gewaltiger Husten mit Blutauswurf begleitet. Den 15ten war der Blutauswurf heftiger, und den 16ten, da man für sein Leben fürchtete, verlangte er öffentlich das heil. Abendmahl zu empfangen, welches ihm auch früh um halb 10 Uhr gereichet wurde. Sogleich wurden alle

Schauspiele und öffentliche Lustbarkeiten eingestellt, und in allen Pfarrkirchen öffentliche Gebether für dessen Genesung gehalten. Einige Tage schwebte der Todesengel ober seinem Haupte; doch seine Zeit war noch nicht ausgelauffen, und er erholte sich wieder. Es schien, als hätte ihn die Vorsicht zu grössern Leiden aufbewahret, und daß er erst den Schmerzenkelch bis auf den letzten Tropfen ausleeren sollte, ehe er von seinem Thron zu dem Thron des Allmächtigen abgeruffen würde. Sobald als es sich mit ihm in etwas gebessert hatte, begab er sich nach Laxenburg, und von da nach Hetzendorf. Hier schien seine Gesundheit von Tag zu Tag zuzunehmen, und man glaubte, daß er noch viele Jahre seine Staaten beherrschen würde. Den 5ten Oktober kehrte er von Hetzendorf nach Wien zurück, und zeigte sich wieder öffentlich.

Die Hofnung für Josephs Leben war von kurzer Dauer. Die alten Zustände stellten sich im Monat Jäner 1790. und zwar heftiger, als das erstemal, wieder ein. Sein Körper wurde täglich schwächer, und die Aerzte gaben ihm nur noch eine sehr kurze Frist, Joseph selbst forderte ernsthaft von ihnen, ihm die Wahrheit unverhüllt zu sagen. Herr von Quarin gestand ihm, daß kein Aufkommen sey, und Joseph soll, wie man sagt, mit Standhaftigkeit die Ankündigung seines nahen Todes angehört haben. Die letzten Tage seines Lebens arbeitete er noch an verschiedenen Einrichtungen, bis er endlich zur Führung aller Geschäfte einen Konferenzrath ernannte, welcher aus den vier Konferenzministern, dem Fürsten von Kaunitz, dem Fürsten von Stahremberg, dem Feldmarschall Lacy, und dem Grafen von Rosenberg bistand.

Mit jedem Tage näherte sich Joseph immer mehr dem Grabe, und doch erreichte er es nicht geschwind genug, um den harten Schlägen des Schicksals in den dunklen Schatten des Todes eher auszuweichen, als sie ihn mit schwerer Hand noch treffen konnten. Es war im Buche des unveränderlichen Geschickes aufgezeichnet, daß er in seinen letzten Stunden die

härte=

härtesten Prüfungen, die ein Mensch an Leib und Seele nur immer dulden kann, ausstehen sollte. Hartes Loos der Sterblichen, dem selbst Könige unterliegen müssen!

Neun Jahre arbeitete Joseph rastlos an den Einrichtungen seiner Staaten, deren Glückseligkeit zu befördern seine einzige Absicht war; und noch vor seinem Tode mußte er alle seine Arbeit, alle seine Wünsche, seine Plane und Hofnungen vernichtet sehen.

Die neue Steuerregulierung, welche den 1ten November 1789 eingeführt wurde, veranlaßte in allen Provinzen die größte Unzufriedenheit. Laute Klagen drangen bis zu seinem Krankenstuhle, und in Ungarn wuchs die Zahl der Mißvergnügten mit jedem Tage. Die Komitate, denen Joseph so sehr es ihm wiederrathen wurde, befohlen hatte, Congregationen zu halten, verweigerten alle die Lieferungen, welche der König von ihnen forderte. Sie machten ihm in den stärksten Ausdrücken dringende Vorstellungen über die Eingriffe in ihre Freyheiten, und verlangten [illegible]nd, ihre alte

Verfassung wieder. Des Fürsten von Kaunitz weiser Rath erhielt noch die Ruhe in diesem Königreiche. Hätte die Stimme dieses grossen Staatsmannes in Betreff der Niederlande ein geneigteres Ohr bey Joseph gefunden, hätte dieser in den Angelegenheiten der belgischen Provinzen den österreichischen Nestor zu Rathe gezogen, so würden die Niederlande nie den Gehorsam gegen den Kaiser vergessen haben.

Joseph auf das heftige Ansuchen der ungarischen Nation, und auf die dringenden Vorstellungen kluger und getreuer Minister hob alle in Ungarn getroffene neue Einrichtungen den 4ten Februar gänzlich auf, und stellte die alte Verfassung dieses Reiches wieder auf den nähmlichen Fuß her, die dasselbe unter Maria Theresia hatte. Ein grosses, hartes Opfer für einen Monarchen, das mit einem Federstriche vernichten zu müssen, was er nach seiner Überzeugung durch so viele Jahre mit rastloser Mühe zur Glückseligkeit dieser Nation aufgeführt hatte. Hart waren diese Prüfungen des Schicksals in den letzten Lebensstunden Josephs; doch er

mußte

mußte noch härtere dulden. Das Band, das er mit eigener Hand zwischen Franzen, seinem Neffen, und Würtembergs Elisen geknüpft hatte, dieses Band, worinn er sich sowohl gefiel, zerriß der Tod zwey Tage vorher, eh er auch ihn von der Tafel der Lebendigen ausstrich. Diese Prinzessin, die durch ihre liebenswürdige Eigenschaften die Herzen aller Menschen gewonnen hatte, starb den 18ten Februar früh um halb sechs Uhr; starb an dem nähmlichen Tage, da die ungarische Krone im Triumph von Wien in den Schooß des Vaterlandes zurückkehrte! Elisens Tod war einer der härtesten Schläge des Schicksals, der Josephs nur noch matt schlagendes Herz treffen konnte. Auch erlag er unter dem Gefühle dieser grossen Leiden. Sein Körper war schon den 13ten Februar der Auflösung sehr nahe, und er wurde an diesem Tage um halb zwölf Uhr Mittags versehen. Vielleicht würde er noch einige Tage länger gesiechet haben, hätten nicht die Schmerzen seiner Seele jene des Körpers überwogen. Die Hand, welche Elisens Lebensfaden abschnitt, löste auch die Bande auf, die Josephs Seele nur noch schwach an den entkräfteten Körper knüpften. Er starb am 20ten Februar 1790 früh Morgens um halb 6 Uhr., ruhig, und mit allen Zeichen eines wahren frommen Christen. Tags vorher hatte er selbst noch Elisens Begräbniß angeordnet. Man wollte sie erst den 21ten zur Ruhe tragen, aber er befahl, daß es am 20ten geschehen soll: Ich brauche Platz, sagte er, man begrabe sie Morgen!

Joseph wurde mit der gewöhnlichen Feyerlichkeit bey den Kapuzinern in der Gruft seiner Väter am 22ten beygesetzt.

Nie starb ein Fürst weniger von seinen Unterthanen betrauert als Joseph; obgleich nie ein Fürst rastloser arbeitete, als er. Einfach war seine Lebensart. Seine Tafel beugte sich nicht unter leckerhaften Gerichten; seine Ergötzlichkeiten, deren er sehr selten genoß, waren nicht kostspielig. Er sprach mit Jedermann, und wurde oft von den geringsten Kleinigkeiten, die man ihm vortrug, belästiget. Seine Herablassung, seiner Leutseligkeit hatte ihm alle Her-

zen

zen gewonnen; und selbst jene, die er gekränkt hatte, waren seinen persönlichen Eigenschaften gut. Sparsam im höchsten Grade, doch gross in Belohnungen; dieses zeugen die vielfältigen Beförderungen in diesem Kriege. Den Herrn von Quarin erhob er unentgeldlich in den Freyherrnstand, weil dieser Muth genug hatte, ihm offenherzig zu gestehen: Es sey für ihn kein Aufkommen mehr zu hoffen.

Jene irren, welche glauben, Joseph habe den Unterricht seines Vaters genossen. Franz liebte Josephen nicht; denn er hatte eine grosse Vorliebe für den Erzherzog Karl, der in der Blüthe seines Lebens starb. Unbiegsamkeit war nicht Josephs Fehler. Daß er oft hartnäckig auf seinen Forderungen bestand, war auch nicht Folge des Eigensinns, sondern seiner alle Gegenstände schnell und leicht fassenden Vorstellungskraft. Er fand die Hindernisse niemals in der Sache selbst, sondern suchte sie nur immer in den Personen auf, die er zu Vollziehung seiner Aufträge brauchte. Die Vorstellungen, die ihm diese machten, hielt er nicht als Hindernisse, welche durch die Sache selbst in den Weg geleget werden, sondern für Hindernisse, welche diese Personen erfunden hätten, weil sie seine Aufträge nicht erfüllen wollten. Daher seine Mismuth, daher seine Strenge. Er fand in der grösten Thätigkeit auch sein gröstes Vergnügen; man machte seine Thätigkeit unwirksam, und raubte ihm also seine Zufriedenheit. War es Wunder, daß er manchmal Menschen haßte, die er glücklich machen wollte, und welche, wie er glaubte, sich mit aller Gewalt dagegen sträubten, glücklich zu werden?

Während Josephs Krankheit und nach seinem Tode erschienen eine Menge Schmähgedichte, von denen, wo nicht alle, doch die meisten den Stämpel einer pöbelhaften, äusserst niedrigen Schimpfsucht tragen, und Kinder des grösten Tavernenwitzes sind. Der Zweck der Satyre ist zu bessern; wo dieser nicht erreicht werden kann, da trifft der Spott den Spötter selbst. Der Todten spotten, wie klein, wie niedrig, wie

belebbeleidigend für die Nachwelt, welche Wahrheit fordert, um richtig über die Vorzeit urtheilen zu können; auch diese wird einst unpartheyisch über Joseph richten, und seinen Rang unter den Fürsten bestimmen.

Ende der Geschichte Josephs II.

Anhang

zur

Geschichte Josephs II.

Die Bewegungen, welche itzt in allen Provinzen der österreichischen Monarchie sich äußern, wurden unstreitig durch die Einführung des neuen Steuerrektifikationssystems veranlasset. Es muß also sowohl dem gleichzeitigen, noch mehr aber dem spätern Liebhaber der

S Ge-

Geschichte willkommen seyn, alle Verordnungen, welche in Betreff dieses Gegenstandes ergangen sind, wörtlich zu besitzen. Aus dieser Ursache habe ich dieselben als Anhang zur Geschichte Josephs II. abdrucken lassen, welchen ich noch die Verordnung Leopolds II., kraft welcher diese neue Steuerregulierung aufgehoben wurde beyfüge.

Wir Joseph der Zweyte,

von Gottes Gnaden erwählter römischer Kaiser, zu allen Zeiten Mehrer des Reichs, König in Germanien, Hungarn und Böhmen rc. Erzherzog zu Oesterreich, Herzog zu Burgund und zu Lothringen rc. rc.

„Nachdem der bestehende Steuerfuß nicht nach Gleichheit und Billigkeit, weder zwischen den deutschen Erbländischen Provinzen unter sich, noch zwischen den einzelnen Besitzern bestimmt worden ist, auch die Grundsätze, auf denen er beruhet, unsicher, und der Emsigkeit nachtheilig sind, so haben wir als Vater und

Ver-

Verwalter der uns von der Vorsicht anvertrauten Länder auf Mittel gedacht, die Grundlage zu einem solchen Steuerfusse zu legen, nach welchem ohne Erhöhung des gegenwärtigen Beytrags, der zur Bedeckung der Staatserfordernisse noch unentbehrlich ist, jede Provinz, jede Gemeinde, und jeder einzelne Eigenthümer nach Verhältnis des Grundes, den er besitzet, seinen Antheil vollkommen gleich beytrage, die Emsigkeit auf dem Lande aber von aller Last befreyet bleibe." Diesem zufolge verordnen wir:

§. 1.

Das in Böhmen, Mähren, Schlesien, Galizien, Oesterreich ob und unter der Enns, Steyermark, Kärnten, Krain, Görz und Gradiska, sogleich die hiezu erforderlichen Vorbereitungen zu Stande gebracht werden, nämlich a) Die Aufzeichnung und Ausmessung aller fruchtbringenden Gründe und Realitäten. b) Die Bestimmung des Körnerertrågnisses nach der Fruchtbarkeit der Gründe.

§. 2.

In der Zuversicht, daß jeder Grundbesitzer zur Ausführung unserer wohlthätigen Absicht alles, was in seinen Kräften liegt, zu seinem eigenen und dem damit verknüpften allgemeinen Besten beytragen werde, wollen wir es bey Erhebung der Anzahl der Gründe und ihres Ertrages vorzüglich auf das eigene Bekenntniß der Grundbesitzer ankommen lassen. Um aber ungetreuen Fatenten alle Gelegenheit zu unrichtigen Angaben zu benehmen, wird diesem eigenen Bekenntnisse der Grundbesitzer eine genaue Kontrole an die Seite gestellt.

§. 3.

Die Aufzeichnung und Abmessung aller fruchtbringenden Gründe und Realitäten, und weiters die Bestimmung des Erträgnisses nach der Fruchtbarkeit dieser Gründe haben unter der Leitung der Ortsobrigkeiten oder Jurisdizenten, oder der von ihnen hiezu ernannten Stellvertreter und Beamten, in Gegenwart eines Ausschusses von 6 das Vertrauen verdienenden Männern, die jede Gemeinde selbst wählen wird,

(nach

(nach Vorschrift einer besonderen der Verordnung am Ende angehängten Belehrung) zu geschehen. Die Ortsobrigkeiten, oder Jurisdizenten, ihre Stellvertreter und Beamten werden von der für dieses Geschäft in einem jeden Kreise aufgestellten, aus einem Kreiskommissär, einem Oekonom, und einem Ingenieur bestehenden Unterkommission die nähere Erklärung praktisch erhalten, nach welcher sie zum wirklichen Anfange der Operation, das ist, zur Ausmessung der Gründe, und Erhebung ihres Erträgnisses schreiten können. Da die erstgenannte Unterkommission über die Operation die beständige Aufsicht zu führen hat, so werden alle Ortsobrigkeiten, Jurisdizenten, ihre Stellvertreter und Beamten, wie auch sämmtliche Gemeinden an dieselbe angewiesen, alles dasjenige, was in diesem Geschäfte von ihr angeordnet wird, pünktlich zu befolgen.

§. 4.

Die in den Kreisen aufgestellten Unterkommissionen ihrerseits empfangen die Befehle von einer eigenen in jedem Lande errichteten Oberkommission, die dem Geschäfte in der ganzen Provinz vorstehen, und über die Erfüllung unserer am Eingange erklärten Absicht genau wachen wird.

§. 5.

Die glückliche Wirkung, welche ein billiger Steuerfuß zur Folge haben muß, ist zu wichtig, als daß wir irgend einer unnützen Verzögerung, oder Saumseligkeit Raum lassen könnten. Wir befehlen demnach allen Ortsobrigkeiten und Jurisdizenten, welchen die Leitung der Grundausmessung, und Bestimmung des Körner-Erträgnisses obliegt, ihre Operationen nach Möglichkeit zu beschleunigen, die Ausmessung in diesem Sommer und Herbste zu betreiben, und bis Ende Oktober zu Stand zu bringen, überhaupt aber eine solche Thätigkeit zu bezeigen, damit wieder unsere bessere Erwartung die Unterkommission, die nach und nach sich auf allen Dominien einfinden wird, oder die Oberkommission des Landes, die in jedem Kreise an verschiedenen Orten die erforderliche Lokalnachforschung ebenfalls vornehmen wird, keinen gegrüngründeten Anlaß finde, zu Beschleunigung und Vollendung des Geschäftes auf Unkösten der saumseligen Ortsobrigkeit, oder des Jurisdizenten, einige Beamte anzustellen, als wozu wir beyde nöthigenfalls vollkommen berechtigen. Es werden daher die Ortsobrigkeiten, Jurisdizenten, ihre Stellvertreter, Beamten und Gemeinden, sobald sie von der im Kreise aufgestellten Unterkommission die erforderliche Belehrung erhalten haben, sogleich mit der Aufzeichnung und Ausmessung der Gründe, und Erhebung ihres Körnererträgnisses den Anfang zu machen, und damit, bis sie, mit den allen zu den ihnen untergeordneten Gemeinden gehörigen Gründen fertig sind, ununterbrochen fortzufahren haben.

§. 6.

Die Bekenntnisse der Obrigkeiten, oder ihrer Bevollmächtigten und Beamten sollen in Gegenwart der Gemeinde, oder ihres Ausschusses, die Bekenntnisse der Unterthanen aber öffentlich, in Beyseyn des Richters und des Gemeindausschusses abgeleget werden.

§. 7.

Damit niemand in Besorgniß zu stehen habe, von seinen Gründen ein aufrichtiges und genaues Bekenntniß zu geben, sehen wir hiemit alle Strafen nach, die bey der ehemaligen Steuerregulierung gegen Verschweigungen der Gründe und ihres Erträgnisses festgesetzet worden waren; und wollen, daß kein Grundbesitzer darüber im mindesten angefochten werde, wenn gegenwärtig Gründe hervorkommen, die bisher unentdeckt geblieben, und nicht in Steueranschlag gebracht worden sind.

§. 8.

Dagegen erklären und verordnen wir, daß wenn einmal die neuen Bekenntnisse abgegeben und eingesammelt sind, alle diejenigen Gründe, die nicht fatiret worden, soferne sie nach der Hand entdecket werden sollten, als ein ganz verlassenes, niemanden gehöriges Gut anzusehen, und daher demjenigen, der hievon entweder bey der Unterkommission des Kreises, bey der im Lande bestellten Oberkommission, oder auch bey uns selbst, oder unseren Stellen die Anzei-

ge

ge macht, unentgeldlich und erblich als sein Eigenthum zu überlassen sind. Falls aber der Anzeiger unbekannt bleiben will, soll das verschwiegene von ihm angezeigte Grundstück an den Meistbiethenden verkauft, und der daraus gelöste Geldbetrag demselben mit Verschweigung seines Namens verabfolget werden.

§. 9.

Jede andere Art von Betrug, und was immer für Mittel, die zu Hintergehung der richtigen Ausmessung, oder Fatirung, sey es von Obrigkeiten, Beamten, Ingenieurs, Geschwornen, Ausschußmännern, oder einzelnen Grundbesitzern angewendet werden möchten, wird ohne Nachsicht nach Behältniß der Übertretung mit Strafe beleget, und der Strafbetrag dem Anzeiger zugesprochen, der Name desselben aber verschwiegen werden.

§. 10.

Endlich verordnen wir, daß die zu Stande gebrachte Fassionen, wenn sie von der Ortsobrigkeit, Jurisdizenten, ihrem Stellvertretter, oder Beamten berichtiget, oder unterschrieben worden sind, zu jedermanns Einsicht beständig bey dem Richter, oder Pfarrer niedergelegt werden, damit auf solche Art eine Gemeinde die andere, ein Besitzer den andern kontrolliren könne. Jedem muß nothwendig daran liegen, der Richtigkeit, der Maaß und Fatierung seiner Nachbarn nachzusehen, weil bey der Steueruntertheilung er die Verschwiegenen, oder zu gering Fatirten zum Theil zu übertragen hätte. Das nämliche ist von Gemeinden gegen benachbarte Gemeinden erforderlich, weil sonst eine den andern ihre rechtmässigen Anlagen zuwälzen würde. Uibrigens haben wir gegründete Ursache zu glauben, daß jedermann dieser unserer heilsamen Verfügung, die nur das allgemeine Beste zur Absicht hat, sich mit patriotischem theilnehmenden Eifer unterziehen, und sich selbst vor dem Nachtheile zu hüten wissen werde, den die Nichtbefolgung unausbleiblich über ihn bringen würde.

Gegeben in unserer Haupt und Residenzstadt Wien, den 20sten Tag des Monats April, im siebenzenhundert fünf und achtzigsten, unserer

serer Regierung der römischen, im zwanzigsten, und der erbländischen im fünften Jahre.

Joseph.

(L. S.)

Leopoldus Comes à Kollowrat,
Regis. Boh. Sup. & A.A. prmus. Cancius.

Johann Rudolph Graf Chotek.

Tobias Philipp Freyherr
von Gebler.

Ad Mandatum Sacæ Cæs.
Regiæ Majestatis proprium.
Joseph von Koller.

Dieser Verordnung folgte 1786, eine ausführliche Belehrung zur Ausmessung der Gründe und Erhebung eines wahren Grunderträgnisses, welche Joseph größtentheils selbst entworfen, und ausgearbeitet hatte. Diese Belehrung enthält achtzehn Bogen, und zwey

und

und zwanzig Musterbogen über die Berechnung der bey der Steuerregulierungsangelegenheiten vorgefallenen Auslagen, nebst den Anweisungen, wie sich bey Ausmessung der Aecker, Wälder u. s. w. zu benehmen ist; zugleich sind die dazu erforderlichen Instrumente in vier Tabellen beygefügt. Da das Ganze, um es wörtlich abzudrucken, zu viel Raum einnehmen würde, so will ich nur den Inhalt jedes Paragraphs hersetzen.

Vorläufige Bemerkungen.

§. 1.

Seiner Majestät vorzügliches Augenmerk und unabänderlicher Entschluß gehen dahin, daß Grund und Boden in der ganzen Monarchie, als die einzige von der Natur zum Unterhalt des Menschen angewiesene beständige Urquelle, ohne Ausnahm, und lediglich nach dem Verhältniß der mehreren, oder minderen Fruchtbarkeit des Bodens, wie imgleichen nach dem mehrern, oder wenigeren Werth, welchen die Pro-

Produkte des Erdreichs durch die nähere, oder entferntere Lage von den Hauptverschleißörtern erhalten, zum richtigsten und billigsten Maaßstab der künftigen Kontributionsvertheilung angenommen werden soll.

§. 2.

Um diesen Zweck zu erreichen, haben Seine Majestät (wie das dießfalls erflossene allerhöchste Patent ausweiset) zwey dahin führende Mittel festgesetzt: nämlich

a) Die Aufzeichnung und Abmessung aller fruchtbringenden Gründe und Realitäten; und

b) Die Erhebung des Körnererträgnisses nach der Fruchtbarkeit des Bodens

§. 3.

Aufstellung einer Oberkommission im Lande.

§. 4.

Davon abhängende Kreis- oder Komitatskommissionen.

§. 5.

Die Unterkommissionen haben alle Befehle von der Oberkommission zu empfangen, und alle Berichte an selbe zu erstatten.

§. 6.

§. 6.

Führungen monatlicher Protokollen.

§. 7.

Monatliche Einsendung aller Köstenliquidazionen, dann dießfällige Bestimmungen.

§. 8.

Bestimmung der Zehrungsgelder für die Unterkommissionen.

§. 9.

Von den Unterkommissionen vorzunehmen kommende Belehrung der Beamten und Gerichten.

§. 10.

Eintheilung der Kreise, oder Komitate in mehrere Unterabtheilungen.

§. 11.

Aufstellung eines Aufsehers in jeder Untertheilung.

§. 12.

Aufnehmung und Einsendung eines Protokols über die vorgenommene Belehrungen.

§. 13.

Beeidigung der Beamten, Richter und Gemeinschreiber bey den Kreis= oder Komitats= Kommissionen.

§. 14.

Die Beeidigung der Ausschußmänner hat bey den obrigkeitlichen Aemtern zu geschehen.

§. 15.

Unentgeltliche Verwendung der Richter und Geschwornen bey diesem Geschäft — derselben allenfällige Entschädigung — Dann Bezahlung der Gemeinschreiber.

§. 16.

Eintheilung der Gemeinden in Bezug auf die Abmessung, nebst andern dahin gehörigen Gegenständen.

§. 17.

Wie die Unterkommissionen mit den Belehrungen vorzugehen haben.

§. 18.

Alle Erfordernisse müssen von den Unterkommissionen gegen baare Bezahlung beigeschaft werden.

§. 19.

§. 19.

Meßwerkzeuge, die die Dominien schon haben sind zu zimentiren.

§. 20.

Der Leitfaden des Geschäfts ist das höchste Patent — Hauptgegenstände desselben.

Von der Ausmessung der Gründe.

§. 21.

Eintheilung der Gründe in gewisse kleinere Abtheilungen. Art solche zu machen.

§. 22.

Benennung dieser Abtheilungen.

§. 23.

Diese Abtheilungen sind nicht zu durchschneiden — Ausnahme.

§. 24.

Wie die Abmessung zu geschehen hat.

§. 25.

Erscheinung der Besitzer auf dem Felde zur Abmessung und Fatirung.

§. 26.

§. 26.

Wie sich zu benehmen, wenn Streitigkeiten wegen der Gränzen zwischen Ländern, oder Gemeinden obwalten.

§. 27.

Wie sich bey in Pacht überlassenen Gründen zu benehmen.

§. 28.

Die Abmaas ist allemal bey einem obrigkeitlichen Mayerhof anzufangen.

§. 29.

Nachspürung der Unterkommissionen auf den Fortgang der Abmessung.

§. 30.

Wie sich in Ansehung derjenigen Gründe zu benehmen, die nicht durch Bauern abgemessen werden können — Zutheilung der Operations- und Militäringenieure.

§. 31.

Hülfsmittel zu Beschleunigung der Ausmessung.

§. 32.

Waldungen, die bereits geometrisch gemessen sind, sind anzuzeigen.

§. 33.

Bestimmung der Bezahlung für die operirende Ingenieurs.

§. 34.

Vorschrift zu Kontrollirung der operirenden Ingenieurs.

§. 35.

Ingenieure, welche von Privatobrigkeiten zur Ausmessung anverlangt werden, sind von denselben zu bezahlen.

§. 36.

Mit Formirung ordentlicher Plane ist sich bey diesem Ausmessungsgeschäft nicht aufzuhalten.

§. 37.

Privatingenieure sind zu prüfen und zu beeidigen.

§. 38.

Abmessungen, welche für das Robotaboliziionssystem geschehen, können als geltend angenommen werden.

§. 39.

Wie sich zu benehmen, wo Mappen vorhanden sind.

§. 40.

Abmessung und Fatirung der Festungswerke.

§. 41.

Berechnung des Flächeninhalts ist zu beschleunigen.

§. 42.

Anzeigen an die Unterkommissionen über den Fortgang der Abmessung von 10. zu 10. Tägen.

§. 43.

Vorschrift zu Berechnung des Flächenmaasses.

§. 44.

Anzeige über das volle Ausmessungsoperatum mit Ende dieses Jahres.

Von der Fatirung der Gründe.

§. 45.

Rubrick der Äcker. Fatirung der Anbau.

§. 46.

Die Anbau muß anmerkungsweis angeführt werden.

§. 47.

Verschiedene Winter und Sommeranbau sind zu bemerken.

§. 48.

Von jedem Brachgrunde muß eine doppelte, von jedem nicht brachenden Grunde aber eine dreyfache Erträgniß fatiret werden.

§. 49.

Wie sich bey Feldern zu benehmen, die das 4te 5te oder 6te Jahr gebrachet werden.

§. 50.

Wie zu verfahren: wenn durch Industrie die Brache auf das 4te oder 5te Jahr hinausgesetzt werden kann.

§. 51.

Wie sich in dem Fall zu benehmen, wo ein Feld alle zweyte Jahr mit Korn bebauet wird?

§. 52.

Wenn in einer Gemeinde ein Theil der Fatenten brachet, und der andere nicht.

§. 53.

Wie zu verfahren, wenn die Gründe durch den Bau der Nebenfrüchte geschwächt würden?

§. 54.

Der beständige Bau der Nebenfrüchte wird dem beständigen Körnerbau gleich geachtet.

§. 55.

Wie? wenn mehrere Früchte auf einem Felde gebauet würden?

§. 56.

Wie? wenn der Boden auf einem, und dem nämlichen Felde verschieden ist?

§. 57.

Das Erträgniß ist nach einem Mitteljahr zu fatiren — Strafe für jene, die ein, oder mehr Körner zu wenig fatiren.

§. 58.

Wie sich zu benehmen, wenn der Grundbesitzer durch Industrie mehr Körner erzielte, als der Grund sonst ordentlicher Weis giebt.

§. 59.

Nothwendige Ausgleichung zwischen Obrigkeit und Unterthanen in Ansehung des Erträgnisses.

§. 60.

Wozu die neunjährigen Rechnungsauszüge der Obrigkeiten zu dienen haben.

§. 61.

Formular zu den Rechnungsauszügen — Diese sind stäts bey Hand zu halten.

§. 62.

Nebenfrüchte, wenn solche beständig gebauet werden, müssen auch in dem obrigkeitlichen Rechnungsauszug erscheinen.

§. 63.

Das Neuntel aus diesen Rechnungsauszügen darf nicht fatiret werden.

§. 64.

§. 64.

Bei Fatirung des Erträgnisses wird kein Abzug gestattet.

§. 65.

Auf Servituten und andere Verbindlichkeiten darf kein Bedacht genommen werden.

§. 66.

Auf mitteres, oder hinteres Getraid ist keine Rücksicht zu nehmen.

§. 67.

Wo Winterfrüchte in kalte Waldböden gebauet werden, sind nur Sommerfrüchte zu fatiren.

§. 68.

Uibel bewirthschaftete Gründe sind nach der innern guten Beschaffenheit des Bodens, und nicht nach ihrem geringen Erträgniß zu fatiren.

§. 69.

Feldraine und Feldwege sind nach den Gründen zu fatiren, die sie einschliessen.

§. 70.

Vorschriften für die Trischfelder, welche nicht dafür zu achten.

§. 71.

Wie sich bei wirklichen Trischfeldern zu benehmen?

§. 72.

Trischfelder, die über 12 Jahre trisch liegen, sind wie Hutweiden zu behandeln.

§. 73.

Wie die Teuchte zu fatiren?

§. 74.

Fatirung der Wiesen. Vorschriften für die Fatirung der Wiesen.

§. 75.

Wiesen, die öfter gemähet werden, sind höher, als andere zu fatiren.

§. 76.

In Aecker verwandelte Hutweiden sind als Aecker zu fatiren.

§. 77.

Wie sich zu benehmen, wenn gute und weitläufige Gründe blos als Hutweiden genossen werden.

§. 78.

Von Hutweiden ist bloß Heu, und kein Grumet zu fatiren.

§. 79.

Heu von den Hutweiden ist in den Summarien von jenem der Wiesen abzusöndern.

§. 80.

Wie das Hutweidenheu zu schätzen?

§. 81.

Wie das Erträgniß von Auen anzunehmen?

§. 82.

Wie? wenn Fruchtbäume in den Gärten stehen?

§. 83.

Kleine Fenstergärten sind nicht zu fatiren.

§. 84.

Wie die Dorfsanger zu fatiren?

§. 85.

Aufgehobene Kirchhöfe sind in die Fassionen einzubeziehen — Die neuen hingegen daraus zu exscindiren.

§. 86.

Wie die in Waldungen befindliche Hutweiden zu fatiren.

§. 87.

Wie sich in Ansehung der Heupreise zu benehmen?

§. 88.

Fatirung der Weingärten.

Bei dem Erträgniß der Weingärten wird kein Abzug gestattet.

§. 89.

Wie sich bei Weingärten zu benehmen, die oft 20 Jahre öd liegen bleiben müssen, ehe sie benutzet werden können.

§. 90.

Was überhaupt bei den Weingärten zu bemerken?

§. 91.

Auch öde Weingärten sind zu fatiren.

§. 92.

Unbeständige Weingärten sind gleich den anliegenden Aeckern, oder Wiesen zu behandeln.

§. 93.

§. 93.

Wie sich bei Bestimmung der Weinpreise zu benehmen?

§. 94.

Wie? wo mehrere Weinpreise sind?

§. 95.

Weinzehendregister können einige Richtschnur an Hand geben.

§. 96.

Fatirung der Waldungen.

Vorschriften dazu.

§. 97.

Von vorstehender Waldabschätzung kann keine Gattung des Holzes ausgenommen werden.

§. 98.

Ganz unanbringliche und unnutzbare Waldungen sind nur mit einer Hutweidnutzung zu fatiren.

Wo die Hutweidnutzung in Wäldern ergiebig ist, muß die Fassion auch verhältnißmäßig abgeleget werden.

§. 100.

§. 100.

Servituten, oder andere stabilirte Holzabgaben können bei der Waldfassion nicht abgezogen werden.

§. 101.

Auch der eigene Holzkonsumo kann nicht außer der Fassion belassen werden.

§. 102.

Kleine Jagdremisen sind nicht als Wald zu fatiren.

§. 103.

Sogenannte Auen müssen mit einem verhältnißmäßigen Holzertrag fatiret werden.

§. 104.

Schätzung und Fatirung der Waldungen hat durch die obrigkeitlichen Forstbeamten zu geschehen — Zur Beihülfe können ihnen jedoch die zur Revision bestimmten Kammeralforstbeamten dienen.

Beurtheilung der Fassionen von Seiten der dirigirenden Beamten und Geschäftsleiter.

§. 105.

Wie sich zu benehmen, wenn die Fatenten unrichtige Bekenntnisse ablegen.

§. 106,

§. 106.

Nothwendige Bestimmung eines Kontrolenmaaßes.

§. 107.

Hiernach sind die abgelegten Bekenntisse zu beurtheilen.

§. 108.

Wie sich zu benehmen, wenn die Fatenten nicht durch angeordnete Vergleichungsmittel zu aufrichtigern Bekenntnissen zu bewegen wären.

§. 109.

Formular zu einem Kontrolenmaas für Wiesen.

§. 110.

Nöthige Ausgleichung in Ansehung des Erträgnisses von den kleinen Industrialgärten.

§. 111.

Kontrolenmaaßstab für die Weingärten.

§. 112.

Kontrole der Waldfassionen.

§. 113.

Bemerkung der Scheiterlänge.

§. 114.

Was nach ausgenommenen Fassionen zu geschehen hat.

§. 115.

Die Fassionen müssen ins Reine geschriebener den Unterkommissionen vorgelegt werden.

§. 116.

Beobachtung in Ansehung jener Fassionen, die von den Stadträthen aufgenommen werden.

Vorschriften zur Revision von Seiten der Unterkommission.

§. 117.

Was in Ansehung der Revision der Abmaas und Berechnungen zu geschehen habe?

§. 118.

Worauf das Wesentlichste der Revision beruhe?

§. 119.

Auszüge aus den Fassionen zur Kontrole.

§. 120.

Vergleich der Fassionen zwischen mehreren Gemeinden.

§. 121.

Formularien der nöthigen Auszüge.

§. 122.

Gleichförmigkeit der Fassionen in allen Gemeinden, Kreisen, oder Komitaten.

§. 123.

Besondere Gegenstände der Revision.

§. 124.

Wegen der Gemeinde, die ihre eigene Bedürfniß nicht erbauet.

§. 125.

Abschreibungen von dem Getraidpreis nach Maaß der Entfernung von dem Verkaufsplatz.

§. 126.

Besondere Beobachtungen bey der Rubricke: Wiesen.

§. 137.

Vorschrift in Anbetracht des sogenannten Eichelrechts, oder der Eichelweide.

§. 128.

Weingärten.

§. 129.

Waldungen.

§. 130.

Waldungen müssen immer in ein gewisses Ebenmaas mit den ackerbaren Gründen gesetzet werden.

§. 131.

§. 131.

Was zu geschehen hat, wenn die Fassionen richtig befunden werden? oder im Gegentheil, wenn sie der Beamte selbst als unrichtig angiebt.

§. 132.

Was vorzunehmen, wenn das Amt eine unrichtige Fassion bestättiget hätte?

§. 133.

Vorhergehende Weisung ist von allen Fällen zu verstehen.

Schlüßliche Anordnungen.

§. 134.

Winterarbeit.

§. 135.

Körnererträgnißkalkulation im Felde.

§. 136.

Ein Verzeichniß der unbesetzten Bauernwirthschaften ist anhero einzusenden.

§. 137.

Endliche Erinnerung an die Unterkommissionen.

Wir

Wir 2c.

Die Zusicherung, welche dem unterm 20ten April des laufenden Jahrs über die Steuerregulierung erlassenen Patent vorausgeht, daß es nähmlich, dabey keineswegs auf eine Erhöhung des gegenwärtigen Beytrags, sondern lediglich auf eine vollkommen gleiche Belegung abgesehen sey, und das Geschäft der ganzen Steuerregulierung überhaupt auf das allgemeine Beste abziele, sollte Uns allerdings erwarten lassen, daß sowohl bey der Ausmessung der Gründe, als bey der Fatirung des Ertrágnisses von jedermann mit aller Treue und Redlichkeit würde zu Werke gegangen werden.

Da Wir aber wider Unsere Erwartung wahrnehmen, daß verschiedene Fassionen über das Körnerertrágniß weit unter dem wahren Werthe eingereicht worden, so wollen Wir glauben, die Ursache dieser Unrichtigkeit darinn suchen zu müssen, daß vielleicht mancher Grund-Eigenthümer bisher seine Aernte nicht genau gemessen, oder angemerkt habe.

Nun sind Wir weit entfernt jemanden ohne Verschulden zu Schaden kommen, und in die Strafe verfallen zu lassen, damit also jedermann seine Aernte nach der heurigen messen, aufschreiben, und, mit Vergleichung gegen andere Jahre, ob das laufende ein gutes, mittleres, oder schlechtes sey, die Nutzung seines Grundes genau bestimmen könne; so wollen Wir die zur Einreichung der Bekenntnisse bestimmte Zeit bis auf den 1ten April 1786. erweitern, und diese Frist auch zur Abänderung der schon eingereichten vielleicht unrichtigen Bekenntnisse einräumen.

Sollten nach dieser zugestandenen Frist dennoch ungetreue Bekenntnisse einkommen, so sind Wir denjenigen, die sich redlich fatiren, den Schutz schuldig, sie durch ihre Rechtschaffenheit und die Unredlichkeit anderer nicht verkürzen, noch ihnen eine grössere Last aufbürden zu lassen, daher befehlen Wir hiemit, und lassen es zu Jedermanns Warnung kund machen, daß wenn nach einmal geschehener Einreichung der Fassionen über Körner, oder sonst ein Erträgniß

niß sich ein Pächter oder Käufer von was immer für einer Gattung fruchtbarer Gründe hervorthut, der um ein Korn oder um ein Prozent mehr an Erträgniß anbietet als fatiret worden, ihm die Gründe, Waldungen, Wiesen ꝛc. eingeräumt werden sollen; wogegen der Besitzer, da er um ein Korn, oder um ein Prozent am Werthe mehr, als er selbst fatiret hat, bekömmt, sich nicht beschweren kann, ohne seine unrichtige Angabe zu gestehen, welche auf diese Art billig bestraft wird.

Gegeben in der Haupt- und Residenzstadt Wien, den 18ten Tag des Monats August im siebenzehnhundert fünf und achtzigsten, unserer Regierung der römischen im zwanzigsten, der erbländischen im fünften Jahre.

Joseph.

(L. S)

Leopoldus Comes à Kollowrat,
Regis. Bohiæ. Supus. & A.A. primus. Cancrus.

Johann Rudolph Graf Chotek.

Tobias Philipp Freyherr
von Gebler.

Ad Mandatum Sacæ. Cæs.
Regiæ Majestatis proprium.
Johann Wenzl Freyherr von Margelik.

Wir ꝛc.

Da in dem, dem Lande Oesterreich ob der Ens einverleibten Innviertel die Steuerbelegung bereits nach dem Verhältnisse der übrigen Theile dieses Landes eingeführt; und dadurch zur Gleichförmigkeit in der Verfassung dieses Viertels mit der übrigen Provinz einer der wichtigsten Schritte gemacht ist:

So haben wir, zur weitern Herstellung dieser Gleichförmigkeit, beschlossen, die in dem Innviertel befindlichen adelichen Gültenbesitzer der Gemeinschaft der ob der ensischen Landstände einzuverleiben, und sie mit diesen an den ständischen Vorzügen, Rechten, Freyheiten und Gerechtigkeiten Antheil nehmen zu lassen. Wir verordnen daher:

1tens Daß alle diejenigen adelichen Standespersonen des Innviertels, welche mit den erforderlichen Eigenschaften versehen, und sich darüber vorläufig auszuweisen fähig sind, auf ihr Ansuchen, um die Landmannschaft, dem ständischen Kollegium mit Nachsehung aller Taxen einverleibet, in dasselbe ordentlich eingeführet, und

als

als Glieder unserer treugehorsamsten Stände des Landes Oesterreich ob der Ens angesehen werden sollen.

2tens Zur Eigenschaft eines ständischen Mitglieds aber wird gefordert, daß sie begütert und von dem Herren oder Ritterstande, auch diesen Stand mit einem ordentlichen von unseren innländischen Hofstellen, oder von unserer Reichskanzley ausgefertigten Diplome zu beweisen, im Stande sind.

3tens Denjenigen, die nach dem vormals zwischen dem alten, dem mittleren, und neuen Herrenstande, und zwischen dem alten und neuen Ritterstande bestandenen Unterscheide in den alten oder mittleren Herren oder in den alten Ritterstand der Landesmatrikel eingeschaltet zu werden, Verlangen tragen, wollen wir allerdings freylassen, die nach der Verfassung dieser Provinz hiezu erforderlichen Ahnenproben beyzubringen.

4tens Dagegen denen, welche sich mit einem von unseren innländischen Hofstellen, oder unserer Reichskanzley ausgefertigten Herren oder

Ritterstandsdiplome auszuweisen nicht vermögen, falls sie ständische Mitglieder zu werden wünschen, freygestellt wird, sich um das Ritter oder Freiherrenstandsdiplom ordentlich zu bewerben, als ohne welches sie weder die Landmannschaft erlangen, noch in Ansehen ihrer Giltenbesitzungen mit den wirklichen Landesmitgliedern in der Steuerentrichtung gleiche Vorrechte geniessen können, sondern auf die nämliche Art werden behandelt werden, wie es in Ansehen derjenigen Giltenbesitzer in Oesterreich ob der Ens Herkommens ist, welche die Landmannschaft, und das davon abhangende Indigenatsrecht nicht besitzen.

5tens Den Indigenatswerbern wird hiemit eine Jahrsfrist eingeräumt, binnen welcher die, welche schon Herren oder Ritterstandes sind, ihren Stand behörig ausweisen, und ihr Gesuch, dem ständischen Kollegium einverleibet zu werden, einbringen; diejenigen aber, die es nicht sind, um die erforderliche Standeserhebung und dann um die Einverleibung in das ständische Kollegium ansuchen können. Nach

Ver=

Verlauf dieses Jahres wird jeder es sich selbst zuzuschreiben haben, wenn er in der Steuerbelegung den mit der Landmannschaft nicht versehenen Giltenbesitzern gleichgehalten, auch von ihm die bey den Ständen sonst gewöhnlichen Einverleibungstaxen gefordert werden.

6tens Gestatten wir hiermit, daß die nach der österreichisch ständischen Verfassung zur Landmannschaft allein geeigneten zwey geistlichen Stifter des Innviertels, Reichersberg und Ranshofen auf der geistlichen Bank der ob der ensischen Stände ihren Sitz erhalten. Ubrigens, und

7tens Erklären wir bey diesem Anlasse zugleich, daß die Güterbesitzer im Innviertel gleich allen österreichischen Insassen verbunden sind, im Lande zu wohnen; es wäre denn, sie hätten über ihre Abwesenheit aus dem Lande eine besondere Erlaubniß erhalten.

Gegeben in unserer Haupt- und Residenzstadt Wien, den 14ten Tag des Monats Dezember im siebenzehnhundert fünf und achtzig-

 sten,

sten, unserer Regierung der römischen im ein und zwanzigsten, und der erbländischen im sechsten Jahre.

Joseph.

(L. S.)

Leopoldus Comes à Kollowrat,
Regis. Boh. Sup. & A.A. prmus. Cancius.

Johann Rudolph Graf Chotek.

Tobias Philipp Freyherr
von Gebler.

Ad Mandatum Sacæ Cæs.
Regiæ Majestatis proprium.

Joseph von Koller.

Wir Joseph ꝛc.

Da die nach Vorschrift des Patents vom 20ten April 1785. in Böhmen, Mähren, Schlesien, Oesterreich ob und unter der Ens, in Steyermarkt, Kärnten, Krain, Görz und Gradiska biska unternommene Ausmessung der Gründe, und die Erhebung ihres Ertrages nunmehr vollendet ist, so finden Wir Uns in Stand gesetzt, den Beytrag zu dem öffentlichen Aufwande sowohl für einzelne Grundbesitzer, als ganze Gemeinden, Kreise und Provinzen, nach einem durch das erlangte möglichst genaue Kenntniß der wahren Kräfte, an die Hand gegebenen Maßstab bestimmen zu lassen, und dadurch die in dem bisherigen Kontributionsfusse so sehr vermißte Gleichheit herzustellen. Und da auch sonst alle zu diesem Ende erforderlichen Anstalten bereits getroffen worden, so kommt es nur noch darauf an, dasjenige vorzuschreiben, was zu Erreichung eines so wichtigen Zweckes allgemein zur Richtschnur genommen, und befolgt werden muß.

I.

Von der landesfürstlichen Grundsteuer.

§. 1.

Wie die Bedürfnisse des Staats, welche durch die Belegung des fruchtbringenden Bodens ihre Bedeckung erhalten sollen, verhält-nißmässig allen Provinzen gemein sind: eben so müssen auch die Beyträge hiezu nach diesem Maßstabe überall gleich, und ohne Rücksicht auf die bisherige Länderproportion bestimmt werden, welche, da sie für Fehlerhaft erkennet worden, hiermit gänzlich aufgehoben wird.

§. 2.

Die bisherige Kontribution kann wegen des unentbehrlichen Bedürfnisses, und der Sicherheit des Staats nicht vermindert, jedoch soll dieselbe bei der gegenwärtigen neuen Untertheilung auch keineswegs erhöhet werden: nur ist derselben zum Besten der allgemeinen Landwirthschaft, der Ertrag derjenigen Zwischenmäute zugeschlagen worden, die dem freyen wechselseitigen Absatze der landwirthschaftlichen Erzeugnisse zwischen den an dem neuen Kontributionsfusse theilnehmenden Provinzen hinderlich sind, folglich neben der überall gleichen Versteuerung des Grundertrags nicht mehr bestehen können, und daher in dem nämlichen Zeitpunkte aufzuhören haben, ein welchem mit

der

der Entrichtung nach der neuen Untertheilung der Anfang wird gemacht werden.

§. 3.

Die ganze, bisher unter der Benennung Kontribution behobene Entrichtung, mit Zuschlag dessen, was bisher von den Häusern des Bürgerstandes, des Adels und der Geistlichkeit gezahlet worden, und des Ertrages der im vorhergehenden §. erwähnten Zwischenmäuthe, hat künftig einzig und allein als Grundsteuer auf Grund und Boden zu ruhen.

Bey diesem Gegenstande der Belegung würde es wider die Billigkeit und unverkennbaren, besseren Grundsätze streiten, auf Stand und Eigenschaft des Besitzers Rücksicht zu tragen, und nach denselben einen Unterschied einzuführen, oder beizubehalten: daher hierin eine durchgängige Gleichheit zu beobachten ist. Dagegen werden die Urbarialeinkünfte der Obrigkeiten, und die Gewerbe freygelassen werden.

§. 4.

Die übrigen, neben der Kontribution bestandenen Abgaben bleiben indessen ohne einige

Abände-

Abänderung. Jedoch werden Wir Bedacht nehmen, auch hierin zwischen den Ländern die nöthige Gleichheit einzuführen.

§. 5.

Zur Bedeckung der Kontributionshauptsumme sind der gemachten Berechnung gemäß, in Böhmen, Mähren, Schlesien, Oesterreich ob und unter der Ens, in Steuermarkt, Kärnten, Krain, Görz und Gradiska, von hundert Gulden des daselbst angegebenen (fatirten) und kontrolirten Grundertrags im Durchschnitt 12 fl. 13⅓ kr. zu entrichten.

Um jedoch den durch Verschiedenheit der Kultursauslagen, auch verschieden fallenden Ertrag zwischen Aeckern, Weingärten, Wiesen, Waldungen und Hutweiden, in ein angemessenes Verhältniß zu setzen, und dadurch die Belegung der auf verschiedene Art benützten Gründe gegen einander auszugleichen, wird die auf 12 fl. 13⅓ kr. im Durchschnitte bestimmte Anlage, nach Unterschied der Gattungen und Anwendung des Grundes, folgendermassen untergetheilt:

Von

Von ordentlich haubaren Aeckern, Trischfeldern, von Teichen, die nach ihrer Eigenschaft mit Aeckern verglichen sind, von Weingärten, wie auch von Seen und Flüssen sind zu entrichten 10 fl. 37½ kr. vom Hundert; von Wiesen und den mit Wiesen verglichenen Gärten und Teichen 17 fl. 55 kr. vom Hundert.

Von Hutweiden, Gestrippen und Waldungen, bei welchen letzteren nach Abzug des Schlagerlohns der erhobene Anwerth oder Holzpreis zum Gegenstande der Belegung genommen wird, 21 fl. 15 kr. vom Hundert.

§. 6.

Es ist die Einleitung bereits geschehen, daß jedem Besitzer die schriftliche Ausweisung zugestellt werde: wie viel die Steuerschuldigkeit von seinem verschiedenen Grundertrage ausmache. Binnen 4 Wochen nach dieser Zustellung hat derjenige, dem vielleicht bei dem eigenen Anschlage, oder auch bei den Anschlägen anderer Steuerpflichtigen (Kontribuenten) welche einzusehen, jedermann das Recht gegeben wird, Zweifel und Bedenken aufstoßen, solche zu erklären,

der

der Gemeinde zur öffentlichen Beurtheilung vorzutragen, und bei derselben erledigen zu lassen, damit die Steuereinhebung mit voller Beruhigung angefangen werden kann. Indessen bleibt auch nach der über die empfangenen Steueranschläge erfolgten Erklärung, und nach geschehener wirklichen Belegung sowohl einzelnen Steuerpflichtigen, als wo es um einen alle Mitglieder betreffenden Umstand zu thun ist, ganzen Gemeinden unbenommen, sich der Ordnung nach, zuerst bei der leitenden Obrigkeit zu melden, welche die Sache mit Beiziehung des Gemeinderichters und der Ausschußmänner zu erörtern, und darüber den Bescheid zu geben hat. Wäre das Bedenken dadurch nicht gehoben, so ist sich weiters an das Kreisamt, hierauf an die zu diesem Geschäfte bestellte Oberkommission, so lang solche noch besteht, und, wenn diese nach geendigtem Geschäfte das Ziel ihrer Bestimmung erreicht, mithin aufgehört haben wird, an die Landesstelle zu wenden. Endlich, wofern es nöthig seyn sollte, kann selbst bey Unserer höchsten Behörde Abhilfe angesucht

gesucht werden, welche dieselbe nach Billigkeit und Umständen durch Ausgleichungen in dem Inneren der Provinzen zu verschaffen, bedacht seyn wird.

§. 7.

Die Aufsicht über die Steuereinhebung haben dort, wo die Dominien nicht geschlossen sind, keineswegs alle in einer Gemeinde begütteten Obrigkeiten zu führen, sondern eine einzige und zwar diejenige, welche dazu eigens bestimmt werden, und für eine angemessene Anzahl von Gemeinden zu Bestreitung der mit der aufgetragenen Obsorge verbundenen Arbeiten, mit einem Steuereinnehmer auf Kosten der Gemeinden, zu versehen seyn wird. Die Einsammlung der Steuerbeträge von einzelnen Grundbesitzern geschieht, gegen eine mässige Belohnung aus dem Gemeindevermögen, durch die Richter, welche jede Gemeinde sich nach ihrem Gutbefinden zu wählen, berechtiget ist.

§. 8.

Bei dem neuen Grundsteuerfusse, und mit dessen Anfang hat jede Gemeinde für ihre Ent-

rich-

richtung selbst zu haften. Zu diesem Ende aber wird derselben auch zu Erleichterung ihrer nach Umständen zu sehr belegten Kontribuenten, unter der Aufsicht ihrer Obrigkeit, das Mittel einer verhältnißmäßigen Untertheilung, und bei üblen Haushältern das Recht eingeräumt, die kreisämtliche Eintreibung (Exekution) anzusuchen, ehe die Rückstände sich häufen. Diese Haftung der Gemeinden dauert so lange, bis der Richter die Grundsteuer der Gemeinde an den obrigkeitlichen Einnehmer abgeführet hat. So bald aber der obrigkeitliche Einnehmer die Grundsteuer aus den Händen des Richters übernommen, hat die Obrigkeit bis zur Ablieferung der Baarschaft in die angewiesene landesfürstliche Kasse, für den Steuereinnehmer zu haften, da ihr die Auswahl dieses Beamten und die Vorsicht, sich in Ansehung desselben die erforderliche Sicherstellung zu verschaffen, uneingeschränkt überlassen wird.

§. 9.

Nach vollendeten Subrepartitionsarbeiten wird die neue Steuer vom 1ten November

1789 den Anfang nehmen, und daher die Bestimmung der Zahlungstermine von diesem Zeitpunkte auszugehen haben.

II.

Von den herrschaftlichen Urbarialforderungen.

Der Endzweck des Staats, durch eine verhältnißmäßige Untertheilung der Grundabgaben die Gleichheit herzustellen, und dadurch die Grundbesitzer bei Kräften zu erhalten, daß sie ihre Bürgerpflichten ohne Beschwerlichkeit zu tragen, und ihre Aemsigkeit nicht bloß fortzusetzen fähig seyn, sondern auch zu vermehren angeeifert werden sollen, könnte niemals erreicht werden, wenn nicht zu gleicher Zeit denjenigen Unterthanen, welche die Last oder Foderungen ihrer Grund- Vogt- und Zehendherren zu schwer drückt, Erleichterung verschafft würde.

§. 10.

So sehr Wir demnach entfernt sind, in das Eigenthumsrecht der Obrigkeiten willkührlich einzugreifen, oder diejenigen Ursachen, Gewohnheiten oder Verträge zu untersuchen, von welchen die bisherigen Frohn, Geld und Naturalienentrichtungen, und die zum Theile in Abgaben bei Sterb= und Veränderungsfällen bestehenden so genannten Unterthansgiebigkeiten abgeleitet werden; so fordert doch die Pflicht, durch welche Wir über die Erhaltung des Ganzen zu wachen verbunden sind, daß da, wo die bisherigen Giebigkeiten an die Obrigkeiten, die Vermögenskräfte des Unterthans, die er aus Grund uud Boden zieht, übersteigen, ein billiges Ziel und unabweichliche Schranken gesetzet werden. In dieser Absicht, und da durch die vorausgegangenen Anstalten der blosse Bruttoertrag erhoben, mithin weder Saamen, noch die baaren Kulturskosten abgerechnet worden, überdieß der Grundbesitzer noch den eigenen und seiner Familie Unterhalt, die Gemeindeauslagen und die Entrichtungen an die Seelsorger und Schullehrer besonders zu tragen hat, so setzen Wir zum allgemeinen Maßstabe hiermit fest: daß dem Unterthan zu Bestreitung dieser Erfordernisse von dem fatirten und kontrollirten

Bru=

Bruttoerträge im Durchschnitte wenigstens 70 Guld. vom Hundert frey gelassen werden: und nur die übrigen 30 vom Hundert sollen zu Bedeckung der in der 1ten Abtheilung dieses Patents bestimmten landesfürstlichen Grundsteuer, und Abtragung der obrigkeitlichen Forderungen, für die erstere, wie der 5te §. bereits bestimmt, mit 12 Guld. 13⅓ Kr., für die letztere mit 17 Gul. 46⅔ Kr., und zwar auf solche Art gewidmet werden, daß unter diesen 17 Gul. 46⅔ Kr. alles begriffen sey, was der Unterthan seinem Grundvogte und Zehendherrn zu leisten hat, es sey in Baarem, oder an den nach Geld berechneten Naturalien, Zug oder Handfrohnen, wie auch an den in einigen Provinzen üblichen Taxen, Sterb und Veränderungsgefällen, welche letztere nur in so weit, als sie Realität und Gewerbe betreffen, nach einem Mittel von 20 Jahren anzuschlagen, und hiernach in eine bestimmte, jährliche Zinsgiebigkeit zu verwandeln sind.

Bei Berechnung der Urbarialschuldigkeiten ist nach Verschiedenheit der Grundgattungen, aus welchen der Besitz eines Unterthans besteht, das nämliche Verhältniß zu beobachten; welches bei Bestimmung der landesfürstlichen Grundsteuer zwischen Aeckern, Wiesland und Waldungen in dem 5ten §. vorgeschrieben worden; nach welchem Verhältnisse also der höchste Maßstab für die Urbarialschuldigkeiten von Aeckern und Weingärten auf 15 Gul. 25 Kr. von Wiesen, Gärten und Teichen auf 26 Gul. 2$\frac{2}{4}$ Kr., von Hutweiden und von Waldungen auf 30 Gul. 50 Kr., endlich von Seen und Flüssen auf 15 Gul. 25 Kr. vom Hundert festgesetzt, und dadurch im Ganzen der nie zu übersteigende Hauptdurchschnitt vom 17 Gul. 46$\frac{2}{8}$ Kr. erreicht wird.

Es versteht sich jedoch, daß, wo der Unterthan schon gegenwärtig weniger zu leisten hat, derselbe auch künftig bei der geringeren Schuldigkeit zu verbleiben haben wird.

§. 11.

Nach diesen Grundsätzen ist also künftig bloß das Geld der einzige unabänderliche Maßstab zur Bestimmung aller Urbarialschuldigkeiten,

ken, und kann die Obrigkeit der allgemeinen Regel nach von dem Unterthan weiter nichts als Geld fordern. Aber es steht beyden Theilen frey, diese Geldbestimmung nach einem freywillig unter sich getroffenen Einverständnisse in Naturalgiebigkeiten, Frohnen oder Lohnarbeiten umzustalten, nur muß dieses Einverständniß wenigstens jedesmal auf 3 Jahre festgesetzet, und von dem Kreisamte bestättiget werden.

In dem Falle, wo über den Werth der bisherigen Frohnen (Roboten) Naturalarbeiten oder Naturalgiebigkeiten zwischen Herrn und Unterthanen nicht übereingekommen werden könnte, hat das Kreisamt unter Anleitung der in dem Geschäfte aufgestellten Oberkommission die Schätzung der Frohnen (Roboten) und Naturalarbeiten, nach dem Beyspiele des in dem Kreise und in der nämlichen Lage befindlichen Staatsguts, wo die Frohnen (Roboten) bereits in eine billige, verhältnißmässige Geldentrichtung verwandelt sind, die Naturalgiebigkeiten aber nach dem Lokalpreise zu bestimmen.

Nach diesem Maßstabe und Geldanschlage hat das Kreisamt unter der Leitung der Steuerregulierungs-Oberkommission auch in jenen Fällen, wo der Unterthan darzuthun im Stande ist, daß seine dermalige sämmtliche Urbarialschuldigkeiten die auf das höchste bestimmten 17 Gul. 46 Kr. von Hundert übersteigen, die Abgaben, die er in Zukunft an seinen Grundvogt oder Zehendherrn zu leisten haben wird, herabzusetzen.

Diese Beschwerden und Beweise einzubringen, wird den Unterthanen die längste Zeitfrist auf 2 Jahre bestimmt, nach deren Verlauf keine weitere Klage mehr soll angenommen werden.

§. 12.

Wird bey einer solchen, gegen die bisherige Ausübung der obrigkeitlichen Rechte geführten Beschwerde gefunden, daß nach dem allgemeinen Grundsatze des 10ten §. der Fall zu einer Mässigung eintritt, und der beschwerdeführende Unterthan ist an verschiedene Grundvögte und Zehendherren zu abgesonderten Entrichtungen verbunden, so muß jeder Theilnehmer sich

nach

nach Maaß seines vorigen Genusses eine Verminderung gefallen lassen. Doch ist die Ausgleichung in diesem Stücke von der Steuerregulierungs-Oberkommission nach den vorigen Fassionen und Einlagen, und nach dem hiernach ausfallenden Verhältnisse zu berechnen, und zu bestimmen.

§. 13.

Die Vorschrift des 10ten §. bezieht sich lediglich auf die sogenannten Rusticalgründe, welche von jeher dem Landvolk zur sogenannten Ansiftung und seinem Unterhalte dienten, und vermöge der erlassenen Patente zum obrigkeitlichen Genusse, unter Strafe nicht mehr eingezogen werden durften. Auch macht es bey diesen keinen Unterschied, ob dieselben käuflich und erbrechtlich oder uneingekauft besessen werden. Bey Dominikalgründen aber wird in das Einverständniß zwischen den Grundherren und ihren Pächtern oder Emphyteuten keine Einsicht genommen.

Sollte hier und da über die Eigenschaft der Gründe: Ob solche Dominikal, oder Rustikalgründe sind? eine Frage entstehen, so hat man zu Vermeidung aller verzögernden Weitläuftigkeiten sich an den gegenwärtigen Besitzstand zu hal-

halten, und ist den Unterthanen, welche einige Gründe in Händen der Obrigkeiten für Rustikalgründe angeben, so wie den Obrigkeiten, welche diese oder jene in Händen der Unterthanen befindliche Realität, als wirklich Dominikal ansprechen, der Beweis aufzulegen, daß solche in den Normaljahren, welche zu Unterscheidung der Dominikal- und Rustikalrealitäten in jeder Provinz festgesetzet worden sind, zu derjenigen Gattung gehöret habe, unter welcher gegenwärtig Anspruch darauf gemacht wird; zum Beyspiele also: daß dieser oder jener Grund, den jetzt ein Unterthan genießt, von einem obrigkeitlichen Mayerhofe herrühre, der in Normaljahren bestanden, und daß diese Ableitung allgemein bekannt, oder wenigstens, daß der in die Frage gekommene Grund in der letzten Dominikalfassion zur Versteuerung angezeiget worden sey.

§. 14.

Die Häusler ohne Unterschied, so wie die Inleute, haben in Ansehung des Schutzes bey ihren dermahligen, vorschriftmässigen Schuldig-

kei-

keiten zu verbleiben, die sie mit Einverständniß ihrer Herren ebenfalls mit baarem Gelde ablösen (reluiren) können; so wie auch dort, wo ihre Schuldigkeit in gewissen Entrichtungen bey Sterb und Veränderungsfällen besteht, solche in eine jährliche Ablösung nach dem Durchschnitte des obrigkeitlichen Genusses in den letzten 20 Jahren, zu verwandeln ist.

Wenn Häusler nebst ihrem Hause, oder wenn Inleute auch steuerbare Gründe besitzen, so sind sie in Ansehung derselben gleich allen andern Grundbesitzern nach dem allgemeinen Maßstabe zu behandeln.

Dagegen verordnen Wir: Müller, Bräuer, Schänker und dergleichen Besitzer eines mit einem Gewerbsrechte verbundenen Eigenthums, in so fern sie zugleich Rustikalgründe besitzen, in Beziehung auf diese zwar gleich anderen Grundbesitzern nach dem allgemeinen Maßstabe zu behandeln, die Entrichtung jedoch, welche nach dem Grundbesitze ausfällt, soll von derjenigen Last, welche auf der Realität im Ganzen haftet, abgezogen, und der Uiberrest, der eigentlich auf dem Gewerbe ruht', da, wo statt jährlicher, bestimmter Zinse oder anderer Schuldigkeiten wandelbare Sterb, Veränderungsfälle und Taxen eingehoben werden, nach dem erweislichen obrigkeitlichen Genusse, welcher sich gemeiniglich alle 20 oder 25 Jahre zu ergeben pflegt, in eine bestimmte jährliche Ablösung verändert werden. Es versteht sich jedoch, daß diese in einen jährlichen Zins veränderte Abgabe nur von dem unbeweglichen Vermögen gefordert werden kann.

§. 15.

Zu den sämmtlichen auf den Körper einer Gemeinde fallenden, öffentlichen Auslagen muß von allen denjenigen, welche in dem Gemeindumfange Gründe von was immer für Gattung, auch Waldungen nicht ausgenommen, besitzen, sie mögen Obrigkeiten oder Unterthanen, und in der Gemeinde selbst wohnhaft seyn oder nicht, nach dem Verhältnisse ihrer Grundbesitzungen in gleichem Masse beygetragen werden.

§. 16.

§. 16.

Da nun hiermit alles, was die unterthänigen Grundbesitzer betrifft, auf eine solche Art eingeleitet worden, daß sie künftighin ihrer Erwerbung ohne irgend ein Besorgniß obliegen können, so versehen Wir Uns, daß sie unsere väterliche Absicht mit Dank erkennen, Unsere Befehle nicht zum Vorwande einer Widerspenstigkeit oder voreiligen Behelligung mißbrauchen; daß sie den für den Anfang dieser neuen Verfassung bestimmten Zeitpunkt ruhig abwarten, und inzwischen durch genaue Erfüllung ihrer für jetzt noch bestehenden Obliegenheiten, als getreue und folgsame Unterthanen sich Unserer Vorsorge würdig machen werden: wie Wir dann gegen diejenigen, welche in der Zwischenzeit zu gegründeten Klagen Anlaß geben sollten, mit nachdrücklicher Strenge vorgehen lassen würden.

Gegeben in der Haupt- und Residenzstadt Wien, den 10ten Hornung im siebenzehnhundert neun und achtzigsten, unserer Regierung, der römi-

römischen im fünf und zwanzigsten, und der erbländischen im neunten Jahre.

Joseph.

(L. S.)

Leopoldus Comes à Kollowrat,
Regis. Bohiæ. Supus. & A.A. prmus. Cancius.

Franz Karl Freyherr von Kreßel.

Johann Wenzel Graf
von Ugarte.

Ad Mandatum Sacræ Cæs.
Regiæ Majestatis proprium.

Joseph von Koller.

CIRCULARE

von der kaiserl. königl. Landesregierung im Erzherzogthume Oesterreich unter der Enns.

Seine Majestät haben aus Gelegenheit verschiedener Anfragen über die Befolgung des Patents, welches unterm 10ten Hornung laufenden Jahrs in Betreff der Grundsteuer und Ur-

Urbarialregulirung erflossen ist, folgende Entschließungen zur nähern Erklärung der höchsten Gesinnung zu fassen geruhet, mit dem Befehle: hievon die öffentliche Kundmachung zur allgemeinen Nachachtung der Obrigkeiten, und Unterthanen zu veranlassen.

§. 1.

Im 10ten §. des Patents ist zwar schon deutlich vorgeschrieben worden, daß unter der gesetzmässig bestimmten Urbarialschuldigkeit alles begriffen sey, was der Unterthan seinem Grundvogte und Zehendherrn zu leisten hat; gleichwie aber eben allda zugleich vorgesehen wird, daß der unterthänige Grundbesitzer noch außerdem die Gemeinauslagen, und die Entrichtungen an die Seelsorger, und Schullehrer besonders zu tragen habe, und daraus die Frage sich ergeben hat: Ob nicht etwann der Zehend, wenn derselbe an die Geistlichkeit entrichtet wird, neben der ausgemessenen Urbarialschuldigkeit fernerhin, als eine besondere Abgabe stehen zu bleiben habe? So verordnen Seine Majestät: daß zwischen dem Zehende, welchen

chen Weltliche beziehen, und jenem, welcher der Geistlichkeit zufliest, kein Unterschied statt finde; daß der Zehend überhaupt, es möge denselben wer immer beziehen, unter die Urbarialgiebigkeiten gehöre, von welchen der Unterthan gegen Anführung der nach dem Verhältnisse seines Grunderträgs ausgemessenen Urbarialschuldigkeiten enthoben wird: daß folglich unter jenen besondern Entrichtungen an die Seelsorger, welche das Patent dem Unterthan auch für die Zukunft auflegt, der eigentliche Zehend, das ist, die Abgabe des 10ten Theils der Aernden, oder die an deren Stelle in Körnern, oder im Gelde verglichenen Ablösungen niemal, sondern bloß die übrigen mässigen Beiträge zu verstehen seyn, welche unter verschiedenen Benennungen nach der in jedem Orte üblichen Beobachtung zum Unterhalte der Seelsorger gereichet zu werden pflegen.

§. 2.

Aus der vorausgehenden Erklärung versteht sich von selbst, daß, nachdem die gesetzmäßig bestimmte Urbarialschuldigkeit des Unter-

thans

thans das Entgeld aller bisherigen obrigkeitlichen Forderungen in sich schließt, künftighin von demselben auch bei Sterb- und Besitzveränderungsfällen die bis itzt üblich gewesenen Pfundgelder, Protokollsgefälle, Kanzleytaxen, und dergleichen Gebühren nicht mehr verlangt werden können: nichts destoweniger wird hiemit ausdrücklich verfüget: daß diese, und andere ähnliche Entrichtungen mit dem Anfange des neuen Urbarialsystems ganz aufgehoben seyn, und daß hievon nur allein die in dem Patente vom 1ten November 1781 in Streitsachen, und die in dem Patente vom 13ten September 1787 für die Ausübung des adelichen Richteramts bewillgten Taxen ausgenommen werden.

§. 3.

Es wäre mit dem Rechte, welches sich der Unterthan durch Abführung der gesetzmäßigen Urbarialschuldigkeit auf eine im übrigen ganz freye, und unbeschwerte Benützung seiner Grundstücke erwirbt, eben so, wie mit den Grundsätzen einer guten Wirthschaftspflege unvereinbarlich, wenn obrigkeitliches Vieh auf Gründe, die

der

der Unterthan mit Körnern, Futterkräutern, oder auf sonst eine Art erbaut, oder auch auf seine Wiesen, in was immer für Jahrszeiten aufgetrieben würde; der Austrieb des obrigkeitlichen Viehes ist demnach dort, wo derselbe bisher ausgeübet worden, lediglich auf Stoppel- und Brachäcker, wenn, und so lang der Grundbesitzer selbe aus freyem Willen ohnehin unbebaut liegen läßt, zu beschränken, und dagegen den Unterthanen gleichfalls die Weide auf obrigkeitlichen Stoppel- und Brachäckern zu gestatten. Auf diese unschädliche Weise wird der Vortheil einer guten Acker- und Wiesenpflege mit dem Vortheile der Viehzucht, insbesondere der Schaafzucht vereiniget, damit nicht ein Theil der Landwirthschaft dem andern im Wege stehe.

§. 4.

In Folge §. 13 des Patents macht es bey Bestimmung der Urbarialschuldigkeiten von Rustikalgründen keinen Unterschied, ob dieselben käuflich, und erbrechtlich, oder uneingekauft besessen werden. Hiedurch wird jedoch

den

den in Ansehen jener Rustikalgründe, die ehehin uneingekauft waren, zwischen Obrigkeiten und Unterthanen geschlossenen, bis itzt aber wegen noch rückständiger fristenweisen Zahlungen nicht vollends erfüllten Einkaufsverträgen an ihrer Kraft nichts benommen. Seine Majestät verordnen vielmehr, daß diese Einkaufsverträge (selbe mögen auf fristenweise Zahlungen des verglichenen Kaufschillings, oder auf andere ausdrücklich für die Ulberlassung des Eigenthums bedungene Entgeltungen hinausgehen) in ihre genaue Erfüllung gebracht werden sollen; wie es denn der höchsten Gesinnung gleichfalls angemessen ist, daß sich uneingekaufte Unterthanen mit ihren Obrigkeiten auch in Zukunft, doch ohne mindesten Zwang, und unter Bestätigung des Kreisamts über ein mäßiges Grundeinkaufsgeld verstehen, um dadurch das Recht, mit ihrem Besitze bey Lebzeiten, und letzten Willen schalten zu können, sich zu erwerben, welches Recht den uneingekauften ausser dem nicht zustehet.

Im übrigen bestätigen Seine Majestät neuerdings die früheren gesetzlichen Vorsehungen, vermöge welcher Rustikalgründe, uneingekaufte sowohl, als eingekaufte, niemal zum obrigkeitlichen Genuße eingezogen werden dürfen, sondern immer der Klasse der Unterthanen, zu deren Anstiftung sie gehören, überlassen bleiben müssen, und befehlen ferner: daß die Abstiftungen, wenn selbe in den durch die Gesetze bestimmten Fällen geschehen, immer nur als persönliche Bestrafungen der Besitzer, die es betrifft, angesehen werden, und auf ihre Kinder keinen Einfluß haben sollen, also zwar, daß diese in dem Besitze der Wirthschaft nach der in dem Patente vom 3ten April 1787 für Bauerngüter bestimmten gesetzlichen Erbfolgordnung, auch im Falle einer Abstiftung des Vaters, um so mehr also damal nachzufolgen haben, wenn der Vater als wirklicher Besitzer stirbt, und ohnehin der Fall zur gesetzlichen Erbfolge (die Gründe mögen eingekauft, oder uneingekauft seyn) eintritt.

§. 5.

§. 5.

Meistens ist es zwar durch den Gebrauch, und zum Theile auch durch gesetzliche Bestimmungen schon festgesetzt, welche Klasse der Unterthanen unter den Häuslern, wovon der 14te §. des Patents handelt, verstanden werde; um aber allen noch übrigen Zweifel zu heben, so wird jener für einen Häusler zu halten seyn; der auf einem Rustikalgrunde sein Haus hat, und entweder gar keine, oder nur so wenige Grundstücke besitzt, daß er von selben allein mit seiner Familie nicht leben kann, sondern vorzüglich zur Handlohnarbeit, oder durch ein Handwerk sich und den Seinigen die Nahrung verschaffen muß. Ein solcher Unterthan bleibt als Häusler in Ansehen des obrigkeitlichen Schutzes, den er genießt, zu den dermaligen vorschriftmäßigen Schuldigkeiten so lang verbunden, bis nicht die landesfürstliche Steuer von seinen Rustikal-Grundstücken den Betrag von 2 fl. übersteigt, als wodurch er in die Klasse der Bauern übertritt, und eine besondere Schutzgebühr schuldig zu seyn aufhört; zugleich muß jenen Häuslern, deren landesfürstliche Grundsteuer nicht 2 fl. übersteigt, in der Betrachtung, daß sie keineswegs in einer doppelten Eigenschaft, als Häusler nämlich, und als Grundbesitzer bebürdet werden können, jenes, was sie nach der allgemeinen Bestimmung von ihrem Rustikalgrundbesitze an Urbarialschuldigkeiten entrichten, von ihrer Schuldigkeit, als Häusler allemal abgerechnet werden.

§. 6.

Endlich sind zur Vorspann, da sie den öffentlichen Dienst zum Gegenstande hat, alle jene, so Züge halten, ohne Unterschied, ob das Zugvieh den Unterthanen, oder Obrigkeiten gehöre, anzuweisen, und in so weit, als die gewöhnlichen Vorspannsvergütungen zur Entschädigung derjenigen, welche die Vorspann leisten, nicht zureichen, oder wenn die Vorspann unentgeldlich verlanget wird, haben zu ihrer Entschädigung alle Dominikal- und Rustikalgrundbesitzer in der Gemeinde, nach Maaß ihrer Besitzungen auf die nämliche Art, wie es die Vor-

schrift

schrift im 15ten §. des Patents in Ansehung der Gemeinauslagen überhaupt mit sich bringt, beizutragen.

Wien den 16ten May 1789.

August Graf und Herr v. Auersperg,
Landmarschalls, und n. ö. Regierungs-Amtsverweser.

Franz von Aichen.

Wir rc.

Um das neue Grundsteuer- und Urbarialsystem in Böhmen, Mähren, Schlesien, Oesterreich ob und unter der Ens, Steyermark, Kärnten, Krain, Görz und Gradiska, zu welchem durch unser Patent vom 10. Hornung 1789 die Hauptvorschriften gegeben worden sind, mit 1. November, als dem Anfange des Militärjahrs 1790, in wirkliche Ausübung zu bringen, sind noch verschiedene nähere Bestimmungen erforderlich, die Wir Uns auf den gegenwärtigen Zeitpunkt vorbehielten.

§. 1.

Die dem freyen inneren Absatze der landwirthschaftlichen Erzeugnisse hinderlichen Zwischenmäute, welche vermöge §. 2 des Patents vom 10. Hornung mit dem Anfange des neuen Steuerfusses aufzuhören haben, derer Einhebung Wir also, vom 1. November an, durch die Behörde einstellen lassen, bestehen namentlich in folgenden:

a. der ständische und Bankalwetzaufschlag an den Gränzen von Böhmen, mit Einschluß des ständischen Aufschlags auf die Weinerzeugung im Lande selbst;

b. der Weinaufschlag der mährischen Stände;

c. der ständische Weinimpost in Schlesien;

d. der Kammeralaufschlag auf hungarische Weine in Niederöstreich;

e. der ständische Getränkaufschlag in Oesterreich ob der Ens, sammt dem sogenannten alten und neuen Sarmingsteiner Aufschlage;

f. der ständische Getränkaufschlag in Kärnten, mit Einbegriff der Getraidmaut, wie auch des Weinzapfentazes und der Brandsteuer daselbst.

§. 2.

§. 2.

In den Grafschaften Görz und Gradiska werden gleichfalls, vom 1. November an, noch insbesondere einige Abgaben aufgehoben, die, ob sie schon nicht unter dem Namen der Kontribution eingefordert wurden, doch eigentlich nichts, als abgesonderte Theile der Kontribution gewesen sind, und zwar:

a. die sogenannte neue Auflage auf die Gemeinden;

b. die theils zum Waldamte in Görz, theils zum Rentamte in Gradiska abgeführte Landsteuer;

c. die Kammersteuer;

d. die Steuer der Kaufleute und Gewerbtreibenden in Städten und Dörfern, wie auch die Steuer der dem Görzer Magistrate untergeordneten Einwohner, mit Ausnahme der Juden, welche bey der bisherigen Entrichtung verbleiben.

§. 3.

Hingegen waren unter der bisherigen Kontribution einiger Provinzen noch verschiedene

Steuerbeträge begriffen, die in anderen Provinzen schon durch Getränksteuern abgelöset worden sind, und aus dieser Ursache auch dort, wo sie noch bestehen, in die neue, auf Grund und Boden gelegte Kontribution, nicht eingerechnet werden konnten.

Diese Abgaben werden also von denjenigen, die es betrifft, auch nach dem 1. November auf die bisherige Art zu entrichten seyn, bis die im 4ten §. des Patents vom 10. Hornung 1789 angekündigte allgemeine Ausgleichung der Nebenabgaben, die wirklich in der Bearbeitung stehet, zu Stande kommt.

§. 4.

Jede Gemeinde im Ganzen und jeder Grundbesitzer im Einzelnen, muß die im 5ten §. des Patents vom 10. Hornung 1789 ausgemessene Grundsteuer in dem Betrage, wie dieselbe bey der Untertheilung anfänglich für ganze Gemeinden, und nachher für jeden einzelnen Besitzer bestimmt worden ist, in monatlichen Fristen, und zwar immer zum voraus, folglich die erste Monatrate für das mit 1. November anfangende Militarjahr 1790 im Oktober entrichten.

In

In der Gemeinde besorgt die Steuereinhebung ein vertrauter Mitnachbar, den sich die Gemeinde frey und unabhängig zu ihrem Vorsteher und Richter wählen kann, und der bey diesem Amte so lange als ihn die Gemeinde ihres Vertrauens würdig achtet, zu verbleiben hat. Für seine Treue und Ordnung, so wie überhaupt für die Sicherheit der Steuer, bis dieselbe in die Hände des in dem Bezirke bestellten landesfürstlichen, mithin keineswegs von den Dominien, sondern von der Steuerregulirungs-Oberkommission und von dem Kreisamte abhangenden Steuereinnehmers abgeführt wird, hat die Gemeinde zu haften. Der Gemeinderichter muß die Einhebung zeitlich genug anfangen, und die eingesammelten Gelder sogleich abführen, damit der landesfürstl. Steuereinnehmer nicht gehindert werde, die monatliche Schuldigkeit der Gemeinden, welche er zu besorgen hat, längstens am 21. des Monats bey der Kreiskasse abzustatten.

§. 5.

Während des Verlaufs des Jahres wird in den Steuerbestimmungen weder bey ganzen

Gemeinden, noch bei einzelnen Grundbesitzern irgend eine Veränderung mehr gestattet, und alle Abschreibungen, so wie alle Zuschreibungen werden immer erst zu Ende des Militarjahrs, bevor die Zahlungen für das Künftige den Anfang nehmen, in der Zeit, da man die Steuerbücher neu ordnet, und in Richtigkeit bringt, zu bewerkstelligen seyn; es hat also auch derjenige, welcher in dem Jahrslaufe eines oder das andere einzelne Grundstück, so vom Hause trennbar ist, hindangibt, die laufende Steuer bis zum Eintritte eines neuen Jahres selbst abzuführen, und der Uibernehmer muß sich darüber gegen den Verkäufer aus der Ursache sicher stellen, weil, wenn die Steuer zurückbliebe, sich an den verkauften Grund eben so, als wenn derselbe noch ein Eigenthum des Verkäufers wäre, würde gehalten werden.

§. 6.

Wie bereits im 8ten §. des Patents vom 10ten Hornung 1789 verordnet worden, hat jede Gemeinde für die Entrichtung ihrer Steuer selbst zu haften. Dieses versteht sich auf die

Art,

Art, daß die Mitglieder der Gemeinde durch den von ihnen gewählten Richter mit Beistand der ihm beigegebenen Ausschußmänner dafür sorgen lassen sollen, damit keiner aus ihnen mit der schuldigen Steuer zurückbleibe, und daß sie, wenn sich gleichwohl Rückstände ergeben, für diejenigen, welche selbst zu steuern unfähig sind, die Zahlung zu übernehmen haben. Wenn daher die monatliche Steuersumme der Gemeinde nicht aufgebracht wird, muß der Abgang auf der Stelle auf sämmtliche Mitglieder der Gemeinde, ohne jemanden, als nur diejenigen, welche selbst im Rückstande sind, auszunehmen, durch den dem Bezirke vorgesetzten landesfürstlichen Steuereinnehmer, nach dem Steuergulden vertheilt, und auf diese Weise, mit Vorbehalt, der Wiedereinbringung von den Rückständnern, ergänzet werden.

Da auf einer Seite die Grundbesitzer bey Feuer- Wetter- oder Wasserschäden; wie auch bey einem Viehumfalle aus dem dazu bestimmten Ertrage der künftigen Häusersteuer, werden unterstützt werden, und auf der anderen Seite

den

den Gemeinden das Befugniß eingeräumt wird, im Falle durch die dermalige individuelle Steuervertheilung die wahre Gleichheit unter den Mitgliedern derselben nicht erreicht worden wäre, zu Ende des Jahrs auf eine verbesserte Eintheilung anzutragen, so kann sich kein Gemeindekörper durch die verordnete Haftung für die demselben im Ganzen aufgelegte Steuersummen beschwert finden. Sollte daher eine oder die andere Gemeinde diese Verbindlichkeit nicht erfüllen, und die schuldige Steuer nicht richtig und ganz abführen, so wird wider dieselbe zu dem unangenehmen Zwangsmittel der Execution geschritten werden.

§. 7.

Die künftige auf das Patent vom 1. September 1788 gegründete Häusersteuer, welche an die Stelle der bisherigen mit Ende des Militarjahrs 1789 gleichfalls aufhörenden Häuserbesteurung, zu tretten hat, wird sich nach den gewöhnlichen Terminen richten, in welchen die Häuserinhaber selbst ihre Zinsen erheben. Dieselbe wird folglich nur halbjährig, und auch

nicht

nicht in voraus, sondern für die erste Hälfte des Militarjahrs im April, und für die zweyte im Oktober, auf die nämliche Art, wie die Grundsteuer, einzusammeln seyn.

Der Theil der Zinseinnahme oder das Perzent, so als Haussteuer entrichtet werden soll, wird nachträglich festgesetzt, und alsdann zugleich die Vorschrift über die Verwendung dieser Häusersteuer zur Vergütung der Feuer- Wetter- und Wasserschäden, wie auch der Viehumfälle, ausgegeben werden.

§. 8.

In Ansehung der im 10. §. des Patents vom 10. Hornung 1789 ausgemessenen Urbarialschuldigkeiten, versteht sich von selbst, daß bey denselben weder eine Vorausbezahlung, noch auch die gemeinschaftliche Haftung der Gemeindeglieder eintrete.

Jeder Unterthan hat daher seiner Obrigkeit für die Berichtigung der ihn treffenden Urbarialschuldigkeiten ganz allein, und ohne Theilnehmung der Mitnachbarn, zu haften.

Die-

Diejenigen Unterthanen, die sich mit der Obrigkeit über die Art der Abstattung nicht insbesondere verglichen haben, welche also, der allgemeinen Regel nach, ihre patentmäßigen Urbarialperzente im Gelde abzutragen schuldig seyn werden, sollen diese ihre Schuldigkeit, vom 1. November an, in vierteljährigen Fristen, jedoch (wie schon oben erinnert worden ist) nicht zum voraus; sondern zu Ende des verflossenen Vierteljahrs, abführen; die übrigen Unterthanen aber, die sich nach dem Fingerzeige des 11. §. im Patente vom 10. Hornung 1789 mit der Obrigkeit über die Abtragung ihrer Urbarialschuldigkeiten eigens einverstanden haben, müssen die in dem Vergleiche ausgemessenen Fristen genau zuhalten.

In einem, wie in dem andern Falle, hat es zu Betreibung der etwann zurückbleibenden Urbarialentrichtungen, bey der bisher in jeder Provinz bestandenen Ordnung zu verbleiben; jedoch wird davon allemal die Militarexekution ausgenommen, welche nur zur Einbringung lan-

des-

desfürstlicher Forderungen angewendet werden kann.

Gegeben in unserer Haupt- und Residenzstadt Wien, den 17. September im siebenzehnhundert neun und achtzigsten, unserer Regierung, der römischen im sechs und zwanzigsten, und der Erbländischen, im neunten Jahre.

Joseph.

(L. S.)

Leopoldus Comes à Collowrat,
Reg. Boh. Sup. & A. A. prmus. Cancius.

Franz Karl Freyherr von Kreßel.

Johann Wenzel Graf
von Ugarte.

Ad Mandatum Sacræ Cæs.
Regiæ Majestatis propr.

Anton Friedrich von Mayern.

Wir ɩc.

Obschon Wir durch das Patent vom 10ten Hornung vorigen Jahrs, und durch die weiter nachgefolgten Cirkularverordnungen, deutlich genug Unseren festen Entschluß jedermann zu erkennen gegeben haben, auf was für eine Art sowohl der neue Steuerfuß nach möglichster Gleichheit, und ohne allen Unterschied zwischen den bisherigen Dominikal- und Rustikal-Besitz, als auch die von jedem Unterthan an seine Obrigkeit künftig zu leistende Urbarialschuldigkeiten reguliret, und wie mit beiden vom 1ten November 1789 an der Anfang sicher gemacht werden soll; so haben Wir doch nicht ohne Mißvergnügen vernommen, daß diese Unsere väterliche Absicht hie und da, theils von unerfahrnen oder falsch belehrten, und theils von übel unterrichteten Unterthanen verkannt wird;

Da nun Unsere Absicht nur allein dahin geht, für den Unterthan zur künftigen Urbarialschuldigkeit ein solches Maß zu bestimmen, welches er nach seiner Grundbesitzung zu tragen im

Stan-

Stande ist, dadurch aber denselben von dem dieses Maß übersteigenden unerschwinglichen Schuldigkeiten zu befreyen; so sehen Wir uns veranlaßt neuerdings zu erklären:

1tens daß sicher und ohne weiters das neue Steuer- und Urbarialregulirungssystem mit 1ten November 1789 seinen Anfang nehmen müsse.

2tens daß auf keine Art von den in dem Patente vom 10ten Hornung 1789 zur Regulirung der Steuer und Urbarialschuldigkeiten bestimmten Maßstabe abgewichen werden könne; sondern daß es bey allem dem, was durch dieses Patent, und durch die nachgefolgten Cirkularverordnungen angeordnet worden ist, sein festes und unabänderliches Verbleiben haben müsse. Daher die Unterthanen

3tens wohlbegreiflich zu entnehmen haben, daß die durch das Patent vom 10ten Hornung 1789 ausgemessene Perzente ganz unwiderruflich jenen Maßstab liefern, gegen dessen Betrag die Unterthane von allen ihren vorigen Schuldigkeiten, an ihre verschiedene Obrigkeiten als: Grund-

Vogt- Robot- Zehend- oder Bergrechtsherrn ꝛc. entlastet werden sollen.

Nur hat es

4tens in jenem Falle, wenn der Unterthan vorhin weniger bezahlt oder geleistet hat, als die patentmäßige Perzente betragen, auch bey diesem wenigeren Betrage zu verbleiben. Es ist daher

5tens nach dem 11ten §. des Patents vom 10ten Hornung 1789 bloß das Geld ein für allemal der unabänderliche Maßstab zur Bestimmung der Urbarialschuldigkeiten, und die Obrigkeit kann, der allgemeinen Regel nach, von dem Unterthan nichts als Geld fordern; es steht beyden Theilen aber frey, diese Geldbestimmung nach einem freywillig unter sich getroffenen Einverständnisse in Naturalgiebigkeiten oder Lohnarbeiten umzustalten; Sollte aber

6tens wider Verhoffen ein oder der andere Unterthan weder zu dem patentmäßigen Perzent, noch zu einem freywilligen Einverständnisse sich bequemen wollen, so ist derselbe ohne weiters mit seinen künftigen Urbarialgiebigkeiten zu jenem

Geld-

Geldbetrage zu verhalten, welcher für ihn nach dem patentmäßigen Perzent ausfällt, und die Obrigkeit ist allerdings berechtigt, diesen Betrag in Geld, der jedoch die im Durchschnitte ausfallende 17 $\frac{2}{3}$ Perzente niemals übersteigen darf, zu fordern, und einzubringen, auch kann dieser Unterthan in jenem Falle, wenn er den Betrag abzuführen sich weigerte, denselben mit Naturalien abzustatten oder abzuarbeiten, allerdings verhalten werden, dessen Werth jedoch jedesmal nach den Lokalumständen von der Oberkommission auszumessen ist.

Wir versehen Uns daher zuverläßlich, daß die sämmtlichen Unterthanen diese Unsere feste Entschließung nun vollkommen einnehmen, und sich derselben in allem gehorsam und genau fügen, der in jedem Lande hiezu eigens aufgestellten Oberkommission sowohl, als den Kreisämtern alle schuldige Folge leisten, und sich durch Uebertretung dieses ernstlichen Befehls Unserer höchsten Gnade, und wahrhaft väterlichen Vorsorge nicht unwürdig machen, somit Uns in den Fall nicht setzen werden, zu Handhabung alles dessen, und zu Sicherstellung der landesfürstlichen sowohl, als der künftigen obrigkeitlichen Urbarialgiebigkeiten, wirksame Zwangsmittel und nachdrückliche Schärfe anzuwenden.

Gegeben in unserer Haupt und Residenzstadt Wien, den 19ten Herbstmonat im siebenzehn hundert neun und achtzigsten, unserer Regierung, der römischen im sechs und zwanzigsten, und der erbländischen, im neunten Jahre.

Joseph.

Leopoldus Comes à Kollowrat,
Regis. Bohiæ. Supus. & A. A. prmus Cancius.

Franz Karl Freyh. v. Kreßel.
Johann Wenzel Graf von Ugarte.

Ad Mandatum Sacræ Cæs.
Regiæ Majestatis proprium.
Anton Friedrich von Mayern.

Wir Leopold der Zweite von Gottes Gnaden König zu Ungarn

Gleich bey unserem Regierungsantritte haben Wir Uns durch die einhelligen Klagen der niederösterreichischen Obrigkeiten, und die Anzu-

frien

friedenheit eines grossen Theils der Unterthanen selbst über das seit 1ten November 1789 eingeführte Steuer- und Urbarialsistem bewogen gesehen, von den sowohl in Absicht auf die Bestimmung und Einhebung der landesfürstlichen Steuer, als der sogenannten Urbarialgaben getroffenen Einrichtungen die genaueste Kenntniß zu nehmen.

Durch die Untersuchung der Wirkungen, welche dieselben auf das Wohl von Grundobrigkeiten und Unterthanen, und das allgemeine Beste hervorgebracht haben, sind Wir überzeugt worden, daß weit entfernt die landesväterlichen Absichten, aus welchen es von Weiland seiner kaiserl. königl. Majestät, Unserem geliebtesten Herrn Bruder, eingeführet wurde, zu erfüllen, dieses Sistem vielmehr noch unter seiner Regierung würde aufgehoben worden seyn, wenn alle widrige Folgen desselben durch die Erfahrung damals schon so bestättiget gewesen wären, als sie gegenwärtig vor Augen liegen.

Fürs Erste ist die durch die neue Steuer- und Urbarialregulirung abgezielte Hauptabsicht der Beförderung des Wohlstandes deren Unterthanen nicht erreicht worden.

In der Ausmaaß herrscht Unrichtigkeit, indem vielen Grundbesitzern mehr, und vielen weniger zugemessen wurde, als der wahre Flächeninhalt war, einige Grundfassionen sind auf eine nicht mögliche Naturalerträgniß hinauf gesteigert, andere hingegen zum Schaden ihrer Mitunterthanen tief unter die wahre Erträgniß gesetzt, und bey der Bestimmung der Körnerpreise die Zufuhrskosten auf Wochenmärkte nicht in Betrachtung gezogen worden. Die Vergleichung, oder sogenannte Parifizirung aller Erträgnisse des Unterthans mit den 4 Hauptkörnergattungen hat die Fassionen theils unrichtig theils den Fatenten selbst unverständlich gemacht. Die Belegung ist ungleich ausgefallen, da auf die Urbarungskosten keine Rücksicht genommen, folglich die Erträgniß eines ungleich mehr Arbeit und Kosten in seiner Kultur erfoderenden Grundes mit jener, welche ein besserer Grund, der weniger Kosten und Arbeit nöthig hat, abwirft, gleich gehalten, und die Nebenfrüchte so

wie

wie alle Industrialnutzungen, welche doch einen so beträchtlichen Unterschied in dem Vermögens-stande der Besitzer gleich grosser, und gleich fruchtbarer Gründe verursacht, ganz übergangen worden.

So wie die hieraus entstehenden Mißverhältnisse für viele Unterthanen drückend sind, eben so ist die statt des Naturalzehends eingeführte Urbarialabgabe lästig, weil sie bey Mißwachs, wie in fruchtbaren Jahren immer gleich, und an 4 bestimmten Terminen entrichtet werden muß, wo der Unterthan oft nicht bey Gelde, noch eines zu erwerben im Stande ist, und ihm, um den seine Vermögenskräfte noch mehr schwächenden Exekutionsmitteln zu entgehen, nichts übrig bleibt, als seine Produkten unter ihrem Werthe loszuschlagen, wohl gar sein Vieh zu verkaufen, und Schulden zu machen, damit er sowohl die monatliche Vorausbezahlung der landesfürstlichen Steuer, als die quartalige Zahlung der Urbarialgaben bestreiten möge; dahingegen bey der Naturalabgabe des Zehends mußte der Zehendinhaber alle ungefähren Fälle mittragen,

mit-

mithin bey schlechterer Fechsung sich mit einer geringeren Einnahme begnügen, und bey gänzlichem Mißwachse sogar auf allen Bezug entsagen.

Die Bezahlung des Veränderungspfundgeldes, welches vorhin nach dem Tode des Unterthans von seinem Erben, der bey Uiberkommung eines nicht gehabten Vermögens die Last der Zahlung weniger empfand, entrichtet wurde, wird ihm durch das neue System vermittelst einer jährlichen Abgabe bey Lebzeiten aufgedrungen, und die gegenwärtig lebenden Unterthanen müssen die bereits bey der Uibernahm ihrer Gründe und Häuser bezahlte Gebühren in einer jährlichen Abgabe wieder neuerdings theilweis entrichten.

Die Haftung der ganzen Gemeinde für die Kontribution fällt besonders dem fleissigen Wirthe, der für die unfleissigen, und sogar für die in Abführung ihrer Steuer saumselige Grundobrigkeit zahlen muß, zur beschwerlichen Last, und bereitet allmählig den Ruin ganzer Ortschaften vor, so wie sie jedwedem Kontribuenten schon deswegen lästig ist, weil keiner im vor-

aus

aus wissen kann, wie viel er über seine eigene Steuer für andere jedes Jahr beyzutragen haben werde, mithin worin eigentlich seine jährliche Schuldigkeit bestehe; wogegen bey der vorigen Verfassung die Grundobrigkeit nicht nur die Haftung, und den Vorschuß für die Steuer des Unterthans übernahm, sondern auch ihm Gelegenheit ließ, seine Fechsung um gute Preise an Mann zu bringen, und ihr den Vorschuß nach Thunlichkeit zu ersetzen.

Viele Unterthanen haben anstatt der gehofften Erleichterung an der landesfürstlichen Steuer mehr, als vorhin zu entrichten, und selbst diejenigen, die weniger zahlen, müssen da, wo sie keinen Nebenverdienst haben, durch die Verwandlung der Urbarialschuldigkeit in eine Geldabgabe, welche nun die Grundobrigkeiten unnachsichtlich eintreiben müssen, in Rückstände verfallen, und daraus häufige Abstiftungen entstehen.

Die Einführung deß neuen Systems hat zu der vorhin mit keinen Unkösten für den Unterthan verbundenen Einhebung der landesfürstlichen Steuer eine Menge Beamten nothwendig gemacht, deren Besoldung die Steuer selbst um mehr als ein Zwölftel erhöhet.

Es ist hieraus für den Unterthan noch die weitere Beschwerde in der Art der Abfuhr entstanden, daß mancher seine Steuer monatlich an mehrere zum Theil weiter entlegene Steuerrichter abgeben, und so auch wieder die Urbarialschuldigkeiten, wo deren Bezug unter mehrern Obrigkeiten getheilt ist, quartaliter an unterschiedenen Orten hätte entrichten müssen.

So auffallende Nachtheile für den Unterthan konnten wir keineswegs gleichgültig ansehen, so wie Wir uns auch gegen die Obrigkeiten und die Geistlichkeit verpflichtet erachten, ihr rechtmässiges Eigenthum zu schützen, und ihren wehmüthigen Klagen über die willkührliche Herabsetzung erworbener Rechte Gehör zu geben: denn Wir können, vermöge des Schutzes, den Wir jedem Stande schuldig sind, eben so wenig gestatten, daß der Unterthan sich auf Kosten seiner Obrigkeit einen unrechtmässigen Vortheil zueigne, als daß eine Obrigkeit ihre Urbarialforderungen an die Unterthanen willkührkührlich überspanne, und sie widerrechtlich behandle.

Die Wiedereinsetzung der um einen beträchtlichen Theil ihrer Einkünfte gebrachten Obrigkeiten in ihre rechtmässigen Urbarialbezüge ward Uns also einerseits zur Pflicht, anderseits fanden Wir dieselbe mit dem Wohlstand der Unterthanen selbst innig verbunden; weil nur dadurch das natürliche Band zwischen Herrn und Unterthan, woraus letzteren so wesentliche Unterstützung in allen Umständen zufließt, zum beiderseitig gemeinschaftlichen Besten wieder hergestellt und befestigt werden kann.

Eben so wenig konnte die höchstschädliche Wirkung, welche aus dem so sehr verminderten Werth der Güter, der daraus entstehenden Verkürzung mancher Stiftungen, und dem durch die Herabsetzung des Zehends beschränkten Unterhalt der Seelsorger sich ergeben müßte, Unserer Aufmerksamkeit auf das allgemeine Beßte entgehen. Da die Verbindlichkeit für die Erhaltung der Religionsdiener und der frommen Stiftungen in anderem Wege zu sorgen, Uns

im

in die unausweichliche Nothwendigkeit versetzt haben würde, mit neuen Abgaben Unsere lieben Unterthanen zu belegen, wodurch auch jene, deren Entrichtungen, bey dem neuen Sisteme geringer ausgefallen, wieder neuerdings beschweret worden wären, ihre übrigen Mitunterthanen aber, denen keine Verminderung zu statten gekommen, unter einer unerträglichen Last hätten ganz erliegen müssen.

Endlich gestatten es die gegenwärtigen Kriegsumstände weniger als jemals, daß Wir die landesfürstliche Steuer der Gefahr, nicht richtig eingebracht zu werden, aussetzen; und dieses wäre doch aus einem Sistem, welches den Wohlstand der Unterthanen zum Theil, und jenen der Obrigkeiten überhaupt sehr beträchtlich vermindert, in der Folge unausbleiblich entstanden.

Diese wesentlichen Betrachtungen haben Uns bewogen, alle, die neue Steuer- und Urbarialregulirung betreffenden Anordnungen überhaupt, und insbesondere die Patente vom 1ten

Sep-

September 1788. 10ten Hornung, 17ten und 29ten September 1789, soviel es das Land Oesterreich unter der Enns angehet, aufzuheben, und ausser Kraft zu setzen, gleichwie Wir solche für aufgehoben und ausser Kraft gesetzt hiemit erklären.

Wir befehlen demnach, daß in Oesterreich unter der Enns vom 1ten May dieses Jahrs in Ansehung der landesfürstlichen Steuer, die Einhebungsart der Steuer, und der Haftung der Grundobrigkeiten, alles auf den Fuß, wie es in dem verflossenen Militärjahre 1789 bestand, provisorie wieder hergestellt werden soll, bis ruhige Zeiten Uns erlauben werden, die Gebrechen, welche sich allenfalls in dem alten Steuerfuß befinden mögen, in reifere Erwegung zu ziehen, und nach Einvernehmung Unserer niederösterreichischen Stände die den Umständen angemessene Abhilfe zu treffen.

Vom 1ten May dieses Jahres anzufangen soll also die vorige Steuerschuldigkeit wieder durchgehends eintreten.

Nach-

Nachdem aber die niederösterreichischen Stände sich zu einer gleichen Belegung ihrer Gründe mit den unterthänigen freiwillig erkläret haben, so wird hieraus für den unterthänigen Kontribuenten eine Verminderung seiner Steuerschuldigkeit entstehen, worüber wir Uns vorbehalten, das Weitere näher zu bestimmen.

Eine andere Wohlthat gedenken Wir Unseren Unterthanen in der Folge darin zuzuwenden, daß Wir die verschwiegenen Gülten, welche bisher der Versteuerung entzogen waren, nach Einvernehmung der niederösterreichischen Stände über die Art der Belegung, in die Steuer miteinziehen, den ausfallenden Betrag von der ganzen Kontribuzionsquote abrechnen, und den Grundbesitzern zu Guten kommen lassen wollen.

In Ansehen der Prästazionen der Unterthanen an ihre Grund- Vogt- und sowohl weltlich als geistliche Zehendherren, so wie der Urbarialschuldigkeiten überhaupt, befehlen Wir, daß solche für das laufende Militärjahr, mithin vom 1ten November 1789, an die Theilnehmer, die vorhin einen Anspruch daran hatten, ganz entrichtet, so wie auch von denselben für das ganze Jahr versteuert werden sollen: wobey es sich von selbst verstehet, daß dasjenige, was der Unterthan auf Abschlag des durch das Patent vom 10ten Hornung 1789 ausgemessenen Urbarialprozents an seinen Grund-, Vogt- oder Zehendherren bereits in der Zwischenzeit entrichtet hat, an den Urbarialschuldigkeiten abgeschrieben werden muß.

Von der ganzjährigen Urbarialschuldigkeit, zu deren Leistung Wir die Unterthanen verpflichten, sind jedoch die Natural- oder durch besondere Kontrakte zwischen Herrn und Unterthan reluirten Roboten vom 1ten November vorigen Jahres bis 1ten May dieses Jahres ausgenommen, welche weder von den Unterthanen nachzutragen, noch bey der zwischen ihnen und ihren Obrigkeiten in Ansehung des baar bezahlten Urbarialprozents zu pflegenden Ausgleichung mit in Anschlag zu bringen sind; weil Unsere getreuen niederösterreichischen Stände auf die vom 1ten November vorigen Jahres bis 1ten May

die-

dieses Jahres fälligen Robbothen zum Beßten der Unterthanen freywillig Verzicht thun; und nachdem gedachte Stände weiter erkläret haben, in jenen Gegenden, wo es dem Unterthan an Nebenverdienst nicht fehlet, und ihm leichter fällt, die Roboth nach einem billigen Geldmaßstab zu reluiren, als abzuarbeiten, zu einem gütlichen Einverständnisse auf eine bestimmte Anzahl von Jahren die Hände biethen zu wollen: so wird die Zustandbringung solcher Behandlungen über die Reluirung der Roboth durch freywillige Herbeylassung von Seite der Grundobrigkeiten und der Unterthanen zu unserem besonderen Wohlgefallen gereichen.

Wo aber dergleichen Einverständnisse nicht zu Stande kommen: hat es bey derjenigen Schuldigkeit in der Leistung, oder Reluirung der Roboth zu verbleiben, zu deren Forderung die Grundobrigkeiten bis letzten Oktober vorigen Jahres berechtiget waren.

Wie dann auch, wo die Reluirung im Geld vor Einführung des neuen Sistems schon bedungen war, nach den bestehenden rechtmäßigen

sigen Verträgen für die festgesetzte Zahl der Jahre sich zu achten ist.

Wenn gegen besseres Vermuthen in Absicht auf die Roboten, Dienstkörner, Bergrecht und Grundbuchsgebühren, oder andere Schuldigkeiten hie und da überspannte Forderungen und Mißbräuche bestünden: so sollen von Fall zu Fall die vorkommenden Klagen genau untersucht, und wenn nach Maßgab des Unterthanspatents vom 1ten September 1781 die Sache in der Güte nicht abgethan werden kann, die den Umständen und der Billigkeit angemessene Entscheidung von Unseren politischen Behörden, denen das Erkenntniß darüber zustehet, geschöpft werden.

Nachdem gegenwärtige Anordnungen bloß dahin abzielen,

1tens das wahre Wohl der Unterthanen mit jenem der Grundobrigkeiten zum wechselseitigen Vortheil beider, und zum allgemeinen Besten zu verbinden.

2tens Die schädlichen Folgen abzuwenden welche das neue System theils schon hervorgebracht hat, theils noch weit mehr hervorgebracht haben würde (vorzüglich, wenn dessen fernere Beybehaltung die öffentliche Verwaltung gezwungen hätte, gegen die in Entrichtung der Urbarialschuldigkeiten rückständigen, oder widerspenstigen Zahler jene ernstliche Zwangsmittel zu ergreifen, welche den Obrigkeiten ohne Ungerechtigkeit nicht hätten versagt werden können,

3tens den auf keine billige Art auszugleichen jemals möglichen Ansprüchen mehrerer Theilnehmer an dem nämlichen Urbarialprezent ein Ende zu machen.

4tens Die Last der so kostbaren Steuereinhebung durch eigends besoldete Bezirkseinnehmer zur Erleichterung gesammter Grundbesitzer aufzuheben.

5tens Den richtigen Einfluß der landesfürstlichen Steuer sicher zu stellen, und

6tens Der Nothwendigkeit auszuweichen, wegen des durch das neue Sistem verminderten Einkommens, und vermehrten Aufwandes des

Sta-

Staates unseren lieben Unterthanen neue weit beschwerlichere Lasten auflegen zu müssen: so versehen Wir Uns, daß unsere N. Oe. Obrigkeiten und Unterthanen diese Unsere väterliche Absichten mit Dank erkennen, und mit vereinbarten Kräften mitwirken werden, damit die provisorische Herstellung der Sache auf den vorigen Fuß in dem bestimmten Termin unaufhaltlich, und ohne Weigerung zu Stand gebracht werde.

Gegeben in unserer Haupt, und Residenzstadt Wien den 6ten April im siebenzehenhundert neunzigsten, unserer Reiche im ersten Jahre.

Leopold.

(L. S)

Leopoldus Comes à Kollowrat,
Regis. Bohiæ. Supus. & A.A.prmus. Cancrius.

Franz Karl Freyhr. v. Kreßel.
Johann Wenzel Graf
von Ugarte.

Ad Mandatum Sacræ. Regiæ.
Majestatis proprium.
Joseph von Koller.